A MISTAGOGIA DOS
EXERCÍCIOS ESPIRITUAIS
DE SANTO INÁCIO DE LOYOLA

JAVIER MELLONI, SJ

A MISTAGOGIA DOS
EXERCÍCIOS ESPIRITUAIS
DE SANTO INÁCIO DE LOYOLA

Tradução:
Maria de Fátima Buschinelli M. Barbuto
Regina Console Simões

Edições Loyola

Título original:
La mistagogía de los Ejercicios, by Javier Melloni, SJ
© Ediciones Mensajero, 2019 – Grupo de Comunicación Loyola,
Bilbao (Spain)
c/ Padre Lojendio, 2, 2º – 48008 Bilbao – Spain – gcloyola.com
ISBN 978-84-271-2361-8

© Editorial Sal Terrae, 2019 – Grupo de Comunicación Loyola,
Cantabria – (Spain)
Polígono de Raos, Parcela 14-I – 39600 – Maliaño, Cantabria –
Spain – gcloyola.com
ISBN 978-84-293-1385-7

Dados Internacionais de Catalogação na Publicação (CIP)
(Câmara Brasileira do Livro, SP, Brasil)

Melloni, Javier
  A mistagogia dos exercícios espirituais de Santo Inácio de Loyola / Javier Melloni ; tradução Maria de Fátima Buschinelli M. Barbuto, Regina Console Simões. -- São Paulo : Edições Loyola, 2024. -- (Exercícios espirituais & discernimento ; 1)

  Título original: La mistagogía de los Ejercicios.
  Bibliografia.
  ISBN 978-65-5504-326-6

  1. Cristianismo 2. Espiritualidade 3. Exercícios espirituais 4. Inácio, de Loyola, Santo, 1491-1556. Exercícios espirituais 5. Mistagogia I. Título. II. Série.

23-182337   CDD-269

Índices para catálogo sistemático:
1. Exercícios espirituais : Cristianismo   269
Tábata Alves da Silva - Bibliotecária - CRB-8/9253

Capa: Ronaldo Hideo Inoue
Composição a partir do detalhe de um brasão jesuíta, foto de © bernardojbp, sobre imagem do interior da Gruta de Santo Inácio em Manresa, Catalunha, Espanha, foto de © Iván Vieito García.
© Adobe Stock.
Diagramação: Desígnios Editoriais
Revisão: Ana Luzia Videira Parisotto
Revisão técnica: Luiz Beltrão

Edições Loyola Jesuítas
Rua 1822 nº 341 – Ipiranga
04216-000 São Paulo, SP
T 55 11 3385 8500/8501, 2063 4275
editorial@loyola.com.br
vendas@loyola.com.br
www.loyola.com.br

Todos os direitos reservados. Nenhuma parte desta obra pode ser reproduzida ou transmitida por qualquer forma e/ou quaisquer meios (eletrônico ou mecânico, incluindo fotocópia e gravação) ou arquivada em qualquer sistema ou banco de dados sem permissão escrita da Editora.

ISBN 978-65-5504-326-6

© EDIÇÕES LOYOLA, São Paulo, Brasil, 2024

*Os Exercícios são tudo de melhor que eu nesta vida
posso pensar, sentir e entender,
tanto para a pessoa aproveitar a si mesma
quanto para poder frutificar e ajudar
a muitos outros*[1].

*Que a suma e infinita Bondade de Deus
dê a todos graça abundante
para sempre sentir a sua santa vontade
e esta plenamente cumprida*[2].

Inácio de Loyola

Este trabalho é uma reelaboração da tese de doutorado apresentada no Centro Sèvres (Paris), outubro de 1997.

---

1. Carta de Santo Inácio a Padre Manuel Miona [Paris]. Veneza, 16 de novembro de 1536. (N. das T.)
2. Modo usual de Santo Inácio terminar suas cartas, que aparece inicialmente na Carta a Jaume Cassador, futuro bispo de Barcelona, 12 de fevereiro de 1536. (N. das T.)

Siglas utilizadas

AHSI	*Arquivum Historicum Socitatise Iesus*
BAC	*Biblioteca de Autores Cristianos*
BIHSI	*Bibliotheca Instituti Historici Societatis Iesu*
Cb	*Compendio Breve*
CIS	*Centrum Ignatianum Spiritualitatis*
DDB	*Desclée de Brouwer*
DHC	*Directorio de las Horas Canónicas*
D	*Directorio*
DS	*Dictionnaire de Spiritualité*
EE	*Ejercicios Espirituales*
Ejer	*Ejercitatorio*
FN	*Fontes Narrativi*
IHSI	*Institutum Historicum Societatis Iesu*
MHSI	*Monumenta Historica Societatis Iesu*
Monum	*Monumenta*
MVC	*Meditaciones de la Vida de Cristo*
RAM	*Revue d'Ascétique et Mystique*
SCh	*Sources Chrétiennes*
S.Théo	*Summa Theologica*

Nota das tradutoras

Este livro, apesar de publicado há anos, mantém sua atualidade, força e originalidade, o que nos levou a solicitar a autorização de Javier Melloni para sua tradução, confiantes na ajuda que pode prestar a tantos acompanhantes e orientadores dos *Exercícios Espirituais* [*EE*] de língua portuguesa.

Procuramos ser o mais fiéis possível ao autor e ao texto, mantendo os termos e o espírito com que foi escrito. Ter tido a oportunidade de ouvir o autor expondo sua compreensão dos *EE* também foi de grande valia para este trabalho.

Quando possível, usamos a tradução brasileira de Edições Loyola do livro dos *Exercícios Espirituais*, *Diário Espiritual* e *Autobiografia*, bem como a Bíblia de Jerusalém. Todavia, para respeitar as ideias do autor e ser coerente com o seu estilo de escrita e com o uso que ele faz de algumas palavras ou frases, por vezes mantivemos o texto original da fonte que ele utilizou. Contamos com a compreensão dos leitores.

Boa leitura e reflexão!

Maria de Fátima Buschinelli M. Barbuto
Regina Console Simões

Sumário

Prólogo 17
Introdução 21

1. **A mistagogia de Deus na vida de Inácio** 37
   1. As imaginações e introspecções de um soldado 37
   2. O peregrino em sua "Igreja Primitiva" 44
      2.1. *Etapa de purificação ativa* 45
      2.2. *A purificação passiva do peregrino* 48
      2.3. *Etapa iluminativa* 52
      2.4. *Duas afirmações mistagógicas* 56
      2.5. *As transformações interiores deste período* 57
   3. A vocação pessoal do peregrino, critério interno de eleição 60
   4. As eleições do peregrino 62
   5. O peregrinar e a transformação do peregrino no *Diário Espiritual* 65
      5.1. *Tempo tranquilo*: n°s 1-22 (sábado, 2 de fevereiro – terça-feira, 11 de fevereiro de 1544, 1º-10º dia) 66
      5.2. *Primeira crise*: n°s 22-23 (terça-feira, 12 de fevereiro, 11º dia) 67
      5.3. *Primeira reconciliação*: n°s 23-42 (quarta-feira, 13 de fevereiro – domingo, 17 de fevereiro, 12º-16º dia) 67
      5.4. *Segunda crise*: n°s 44-50 (segunda-feira, 18 de fevereiro, 17º dia) 68
      5.5. *Início da segunda reconciliação*: n°s 51-64 (terça-feira, 19 de fevereiro – sexta-feira, 22 de fevereiro, 18º-21º dia) 69
      5.6. *Continuação da reconciliação através da mediação de Jesus*: n°s 65-103 (sábado, 23 de fevereiro – terça-feira, 2 de março, 22º-32º dia) 70

5.7. *Continuação da reconciliação e início do "acatamento reverencial" ante a Trindade*: n⁰ˢ 103-143 (terça-feira, 4 de março – terça-feira, 11 de março, 32º-39º dia) 73
5.8. *Terceira e última crise*: n⁰ˢ 144-146 (Primeira parte da quarta-feira, 12 de março, 40º dia) 75
5.9. *Resolução final*: n⁰ˢ 147-153 (Segunda parte do mesmo 40º dia) 76
5.10. *O acatamento amoroso. Oblação definitiva da eleição e os sinais da transformação operada no peregrino*: n⁰ˢ 154-490 (quinta-feira, 13 de março de 1544 – sexta-feira, 27 de fevereiro de 1545) 77
  a. *Consolidação deste novo estado*: n⁰ˢ 154-160 (quinta-feira, 13 de março – domingo, 16 de março) 77
  b. *Nova matéria de eleição*: n⁰ˢ 161-190 (segunda-feira, 17 de março – segunda-feira, 7 de abril). *A humildade amorosa* 78
  c. *O dom de lágrimas e o dom da "loquela"*: n⁰ˢ 221-240 (domingo, 11 de maio – quarta-feira, 28 de maio) ... 79
  d. *Registro sucinto do dom de lágrimas*: n⁰ˢ 241-490 (quinta-feira, 29 de maio de 1544 – sexta-feira, 27 de fevereiro de 1545) 82
6. O término da mistagogia: Inácio em estado de união e de unificação interior 83

2. **Os elementos antropológicos dos *Exercícios*** 87
  1. A formação teológica de Inácio 87
  2. A terminologia inaciana 92
    2.1. *A constelação do afeto-desejo-querer* 92
      a. Afeto, afeição ou afetar-se 92
      b. O desejo 95
      c. O querer 97
    2.2. *Os sentidos e a imaginação* 99
    2.3. *A Aplicação dos sentidos* 101
      a. Os sentidos imaginativos 104
      b. Os sentidos espirituais compreendidos alegoricamente 105
      c. Os sentidos propriamente místicos 108
    2.4. *O sentir* 112

    3. O "interior" nos *Exercícios*: o coração e o espírito 116
        3.1. *O coração* 116
        3.2. *O espírito* 119
    4. A transformação do ser humano ao longo do itinerário dos *Exercícios* através de três círculos concêntricos e baseada na polaridade conhecimento-amor 124

3. Modo e ordem dos *Exercícios* 129
    1. O marco da iniciação 129
        1.1. *Um espaço e um ambiente* 129
        1.2. *Um tempo* 131
        1.3. *As disposições do exercitante* 134
    2. A estrutura fractal da iniciação 135
        2.1. *"Modo e ordem" de cada oração* 137
        2.2. *Modo e ordem para cada dia* 145
        2.3. *Modo e ordem do mês* 147
    3. Uma mistagogia acompanhada em Igreja 149
    4. Em direção ao coração do Mistério 151

4. O horizonte da transformação 153
    "Princípio e Fundamento" [23] da mistagogia inaciana 153

5. Primeiro estágio de transformação: rechaço da pulsão de apropriação 159
    1. Conhecer a malícia e dinâmica do pecado 160
        1.1. *Primeira meditação [45-54]: entendimento e abominação da raiz e expansão do pecado* 161
        1.2. *Segunda meditação [55-61]: compreensão e rejeição da pulsão de apropriação que está concentrada em mim mesmo* 164
        1.3. *Terceiro e quarto exercícios [62-64] ou a interiorização do conhecimento* 168
        1.4. *A meditação do inferno [65-71] ou o desassossego insaciável dos sentidos* 169
    2. As regras de discernimento de espíritos para Primeira Semana [313-327] ou a iniciação no discernimento 173
        2.1. *Noção inaciana dos "espíritos"* 173
        2.2. *Apresentação das regras* 175

3. Outras "operações espirituais" [1,2] de Primeira Semana 180
   3.1. *O exame de consciência ou a guarda do coração*
        [24-31; 32-43] 181
        a. O Exame Particular [24-31] 182
        b. Exame Geral de consciência para melhor purificar-se
           e para melhor se confessar [32-43] 183
   3.2. *A penitência [82-87]* 190
   3.3. *A confissão geral [44]* 194
4. Término da *via purgativa* e da Primeira Semana 195

6. **Segundo estágio de transformação: a atração de Cristo Jesus, modelo da divina-humanidade**.. 197
   1. A atração do chamado de Cristo [91-98] 197
   2. A contemplação dos mistérios... 200
      2.1. *Mistério*.. 200
      2.2. *Contemplação* 202
   3. Desenvolvimento dos mistérios 207
      3.1. *A Encarnação [101-109] o amor kenótico de Deus* 207
      3.2. *A contemplação do Nascimento ou a visibilidade da kénosis de Deus na vulnerabilidade de um recém-nascido [110-117]*... 211
      3.3. *As demais contemplações da vida de Cristo* 214
   4. Preparação para a eleição.. 219
      4.1. *Duas Bandeiras [136-147] ou o desvelamento de duas dinâmicas opostas* 221
      4.2. *Três Binários [149-157] ou o sutil autoengano dos afetos* 227
      4.3. *Três modos de humildade [164-168] ou os graus descendentes do amor*.. 231
          a. O exercício da "consideração"..................................... 231
          b. O primeiro modo de humildade [165] ou a
             humildade da obediência 234
          c. O segundo modo de humildade [166] ou a humildade
             da indiferença 235
          d. O terceiro modo de humildade [167] ou a loucura
             do amor... 237

7. Os três tempos de eleição ou os três tempos do espírito: passagem para o terceiro estágio de transformação 245
   1. Preâmbulo para fazer eleição [168]: a simplicidade de coração 247
   2. Outras considerações sobre a simplicidade de coração [169,3-7] 252
   3. Marco eclesial da eleição 253
   4. Uma máxima da mistagogia inaciana 256
   5. Os três tempos de eleição [175-188] ou as três manifestações do Espírito 258
      5.1. *Terceiro tempo para fazer eleição [177-188] ou a terceira manifestação do Espírito correspondente ao terceiro estado de transparência* 260
         a. Primeiro modo do terceiro tempo [178,2-183] ou o tempo ativo do entendimento 261
         b. Segundo modo do terceiro tempo [184-188] ou o tempo ativo da intuição 263
      5.2. *Segundo tempo de eleição [176] ou a segunda manifestação do Espírito correspondente ao segundo estado de transparência* 266
      5.3. *Regras de discernimento para a Segunda Semana [328-336] ou a sutileza do discernimento de espíritos* 270
      5.4. *Primeiro tempo de eleição [175] ou o tempo unificante do Espírito correspondente ao primeiro grau de transparência da alma* 278
   6. Os três tempos de eleição e os três estados de transparência da alma 280
   7. Os três tempos de eleição nos primeiros Diretórios 283
   8. Fim da Segunda Semana 286

8. Iniciação ao terceiro estágio de transformação depois da eleição: a progressiva configuração com Cristo Jesus 289
   1. Terceira Semana: a participação na kénosis de Cristo 291
      1.1. *O desenvolvimento das contemplações da Terceira Semana* 295
      1.2. *A kénosis de Cristo Jesus e a kénosis do exercitante* 297

  2. Quarta Semana ou a participação nos efeitos da ressurreição 298
    2.1. *As contemplações da Quarta Semana apresentadas em uma só contemplação: como Cristo Nosso Senhor apareceu a Nossa Senhora [218-225]* 299
    2.2. *O caminho até a transparência do olhar* 303

9. O retorno ao mundo com o olhar e a palavra transformados ... 313
  1. A *Contemplação para alcançar amor [230-237]* ou a reciprocidade do amor 314
    1.1. *Duas advertências: as obras e o intercâmbio do amor* 314
    1.2. *Viver desde a consciência de que tudo é dom* 317
    1.3. *O primeiro ponto: o dar-se a mim de Deus* 319
    1.4. *O dar-se do exercitante: "Tomai, Senhor e recebei"* 320
    1.5. *O segundo ponto: a presença de Deus em todas as coisas e de todas as coisas em Deus* 322
    1.6. *Terceiro ponto: o trabalho e a fadiga de Deus em sua criação* 323
    1.7. *Quarto ponto: a criação como participação na glória de Deus* 324
  2. Os três modos de oração como três vias de acesso à comunhão 327
  3. Regras para sentir com a Igreja [352-370] ou o marco da comunhão eclesial 330

10. Conclusões 337
  1. A "Epéctasis" Inaciana 337
    1.1. *O enraizamento na história* 341
    1.2. *A vocação pessoal* 341
    1.3. *O discernimento como qualidade do conhecimento em estado de oferta* 342
  2. Recapitulação final 346
    2.1. *A mistagogia dos* Exercícios *como síntese da ascensão linear das três vias e da descontinuidade* kénosis-théosis 346

Bibliografia 349

Prólogo

No campo dos estudos teológicos sobre os *Exercícios*, o presente trabalho percorre um itinerário pouco frequentado. Até o momento, a grande maioria das teses e estudos teológicos sobre os *Exercícios* (deixando de lado os de caráter histórico) têm se centrado nos aspectos objetivos ou doutrinais do livro inaciano (Cristologia, Pneumatologia, criação, oração, etc.). Javier Melloni avançou no campo da "mistagogia" ou "iniciação espiritual", sem dúvida a parte mais importante dos *Exercícios Espirituais*. Porque estes, como enfatizaram os comentaristas clássicos, não se destacam pelo conteúdo ou elementos objetivos, mas pela experiência pessoal que no livro se propõe, e pelo modo como se acompanha tal experiência.

Porém, antes de entrar na apresentação da *Mistagogia dos Exercícios*, convêm dizer umas palavras sobre a laboriosa pré-história deste livro, oculta à vista do leitor, mas que soma um valor a mais ao presente estudo. Javier Melloni dedicou um grande esforço à investigação do *Compendio Breve de los Ejercicios Espirituales* como possível apoio de Inácio na elaboração de seus *Exercícios Espirituais*. O *Compendio* é uma obra do séc. XVI que, embora se refira ao *Ejercitatorio de Vida Espiritual* [ou *Exercitatório*], não é um simples resumo desse livro, mas uma síntese com traços originais. Melloni realizou uma nova e laboriosa transcrição desse texto, redigido em castelhano arcaico, e o distribuiu de maneira lógica em parágrafos. A edição crítica desse *Compendio* com uma ampla introdução aparecerá provavelmente em um próximo número desta mesma Coleção.

Entretanto, na obra que aqui prefaciamos não aparece apenas esse estudo das fontes, mas a reflexão teológica que estas suscitaram em sua compreensão dos *Exercícios*. À semelhança de um *cantus firmus*[1], Javier Melloni retoma de vez em quando o sentido profundo de sua investigação. Segundo ele, os *Exercícios* de Santo Inácio ajudam a uma experiência de Deus em uma direção precisa: a progressiva configuração com Jesus, Cristo, que é a imagem e arquétipo da divina-humanidade. Nessa experiência mística da configuração com Cristo, a entrega pessoal se realiza mediante a eleição.

De uma maneira muito convincente, Javier Melloni argumenta a mudança de perspectiva que introduzem os *Exercícios* em relação à Tradição espiritual precedente. Na mistagogia do livro inaciano, o fim de uma verdadeira experiência espiritual cristã, a união com Deus, sofre uma nova interpretação: a ascensão das três vias clássicas se transforma em uma subida em espiral. A eleição aparece desde o começo, ainda que não se realize até o momento da plena transformação pessoal. É o momento da unificação do amor e conhecimento em um ato único de entrega total. Quando o exercitante chega ao ponto da eleição, inicia a via unitiva (*vida*, segundo Inácio), porque, a partir desse ato, se dá a união de vontades do exercitante com Deus. Contudo, a eleição é só o início da via unitiva e, devido precisamente a esta condição embrionária da via unitiva nos *Exercícios*, Inácio praticamente ignora o término da *via unitiva*. Dado que a união seria sobretudo repouso, enquanto os *Exercícios* conduzem a incorporar-se no movimento kenótico de Cristo num mundo, ainda, em dores de parto.

Até aqui me limitei a falar do conteúdo da obra, mas é preciso também realçar o modo como Melloni realizou a investigação teológica, já que responde satisfatoriamente ao desejo frequentemente manifestado por muitos de uma *teologia de joelhos*. Isto pode ser sintetizado nos seguintes pontos:

— Capacidade de captação de tudo o que se refere à experiência pessoal, mais que à doutrina objetiva. Isso sobressai na profundidade

---

1. *Cantus firmus* é uma melodia pré-existente que constitui a base de uma composição polifônica, ou seja, o uso de algo já existente como base para algo novo. (N. das T.)

das análises da experiência pessoal de Inácio (*Autobiografia* e *Diário Espiritual*), fonte e fundamento da mistagogia dos *Exercícios Espirituais*.
– Precisão e sensibilidade para detectar e analisar os sinais da presença e ação de Deus.
– Exatidão da expressão para mostrar as nuances da experiência de Deus, sem profaná-la com raciocínios ou locuções que pareçam se apropriar do mistério.
– Páginas luminosas consagradas ao estudo de alguns elementos antropológicos dos *Exercícios*.
– Enfim, o mesmo estilo fluido e, ao mesmo tempo, simples e brilhante se acomoda ao tema tratado.

No conjunto, aparece uma profunda familiaridade entre o autor da investigação e o tema de que trata. Em consequência, o presente estudo é uma notável contribuição a uma maneira inaciana de fazer teologia, segundo o pensamento de Jerônimo Nadal. De acordo com este íntimo confidente de Inácio, um dos erros de sua época era o cultivo e apreço da cultura (e particularmente da teologia) sem devoção. Inácio, por outro lado, pensava que estudo e espiritualidade deveriam estar juntos (cf. *FN* I, 317). Porque, "se o estudo de matérias distintas da teologia tem que ser feito com espírito, como pode considerar-se teólogo aquele que só o é especulativamente, mas é incapaz de compreender com o coração e com sentido espiritual o que trata?" (*FN* I, 322). Por isso, uma das maiores contribuições de Inácio à Igreja foi "juntar as letras e o espírito" (*FN* I, 305).

Já em sua introdução, Javier Melloni sustenta que o estudo de um texto de espiritualidade tem que ser um "ato espiritual", uma transformação do próprio sujeito que se aproxima de uma obra que é fruto da ação do Espírito. As páginas do livro o confirmam plenamente.

Como é óbvio, talvez nem todos os resultados da investigação do autor sejam compartilhados pelos estudiosos da obra inaciana. Inclusive atrevo-me a sugerir a conveniência de um maior aprofundamento, desenvolvimento ou, inclusive, discussão de alguns pontos: maior desenvolvimento da relação explícita entre Inácio e o *Compendio*; aprofundar mais na importância atribuída à *théosis* (divinização) no desenvolvimento da mistagogia dos *Exercícios*, pois pode parecer excessiva, em detrimento da experiência espiritual como encontro amoroso que leva ao serviço; subsequente estudo sobre a interpretação inaciana das três vias, já que em Inácio, mais que uma reformulação deste esquema, poderia se tratar de seu simples abandono.

Entretanto, é inegável que o sulco aberto por Javier Melloni é uma contribuição da mais alta qualidade ao conhecimento do mais característico do carisma dos *Exercícios Espirituais* de Inácio, sua mistagogia. Esta não só é iluminada por sua relação com uma tradição que a endossa e enriquece, mas que se desvela no ponto mais central dos *Exercícios*, o da eleição como experiência íntima de Deus. Pode ser, e este é meu vivo desejo, que esta obra consolide uma inflexão nos estudos inacianos, muitas vezes mais polarizados na objetividade dos dados do que no dinamismo de sua pedagogia espiritual ou mistagogia. Em todo caso, as raízes inacianas do autor, iniciado espiritualmente na mesma Gruta de Santo Inácio, e o rigor de seu estudo, realizado sob a direção de teólogos de Paris, são, por sua vez, símbolo e garantia de umas primícias que já são fruto maduro.

Josep Rambla, SJ

Introdução

A mística busca o fundo
onde as potências afundam e se acomodam,
em que se conhece, deseja e sente com toda a alma,
não ver mais as coisas em Deus,
mas sentir que todas as coisas são n'Ele.
MIGUEL DE UNAMUNO

Os *Exercícios Espirituais* de Santo Inácio têm sido e são para a Igreja do Ocidente uma fonte de inspiração, um impulso e um caminho para adentrar-se no mistério de Deus, e através dele, no mistério de si mesmo e do mundo.

A geração precedente os redescobriu a partir do paradigma da liberdade[1], tratando de responder assim às exigências do momento: os *Exercícios* não eram ocasião de alienação, fazendo filhos do céu que se exilavam da terra, mas propiciavam a eleição livre e lúcida para o compromisso histórico. Acreditamos que nossa geração está chamada a reinterpretá-los por outra perspectiva, já que, se durante os anos 60-70 se refletia e dialogava a partir do paradigma da Modernidade, o início do milênio nos faz filhos de outra sensibilidade. Uma nova época com uma nova configuração de

---

1. Pensamos em obras como: FESSARD, Gaston. *La dialectique des Exercices Spirituels*, 2 vols. Aubier, 1955 e 1966; POUSSET, Edouard. *La vie dans la foi et la liberté*. Publicações do Centre d'Études et de Recherches Philosophiques, Paris, 1972, inspirado na obra de FESSARD; BOROS, Landislaus. *La decisión liberadora*. Herder, 1979 (1977 em alemão). Também é significativo o título da obra de BAKKER, Leo. *Libertad y experiencia* (1970). Bilbao-Maliaño (Cantabria): Mensajero-Sal Terrae, Col. *Manresa* 13, 1995.

valores que, por ser apenas emergente, ainda não tem nome. E se o tem – *a pós-Modernidade* –, é ainda um nome pobre, porque se define apenas em forma de negação/superação do paradigma anterior.

No meio dessa nova configuração de valores, há quem tenha falado de "retorno salvador selvagem da mística"[2]. Feliz formulação que expressa bem as ambiguidades desse fenômeno: por um lado, enquanto "retorno", se reconhece como positivo o redescobrimento do Transcendente em certos âmbitos de nossa cultura, fazendo que a razão, a ciência, a técnica comecem a aceitar que suas aproximações à realidade não são as únicas válidas, superando assim o sentimento adolescente de onipotência de outrora; mas, por outro lado, enquanto "selvagem", aponta o componente confuso que esse anseio pelo místico contém frente à complexidade do momento histórico que vivemos: o sincretismo religioso, a confusão ideológica, o possível escapismo diante de um mundo cada vez mais desigual, etc.

As épocas de crises têm sido sempre propícias a essas explosões da mística. Como nos foi dado viver neste tempo, achamos oportuno aproximarmos aos *Exercícios* desde o interior de tal desejo pelo místico de nossos contemporâneos – desejo que também é nosso – para tentar contribuir com alguns elementos de discernimento. Por outro lado, essa atitude aberta e positiva em relação à posição do outro está inscrita no próprio pórtico dos *Exercícios*, quando Santo Inácio pressupõe "que todo bom cristão deve estar mais pronto a salvar a proposição do próximo que a condená-la"[3] [22].

Fazemos nossa a frase de André Malraux: "O século XXI será místico ou não será". E a de Karl Rahner: "O cristão do futuro será místico

---

2. Cf. LÉCRIVAIN, Philippe. *Comme à tâtons... Les nouveaux paysages de la mystique. In*: Christus 162 (1994), 145. Veja também a obra de VELASCO, Juan Martin. *El mal-estar religioso de nuestra cultura*. Madrid: Paulinas, Col. *Biblioteca de Teología* 30, 1993, 53-80.
3. Nesta edição, os textos relativos às fontes inacianas foram traduzidos diretamente do original espanhol; quando necessário, foram utilizadas também as versões publicadas por Edições Loyola: *Diário Espiritual*, São Paulo: Loyola, 2007; *Exercícios Espirituais de Santo Inácio*, São Paulo: Loyola, [14]2015; O *Relato do peregrino*, São Paulo: Loyola, [2]2006. (N. do E.)

ou não será cristão"⁴, entendendo com isso que todo cristão deverá fundamentar sua fé em uma experiência pessoal de Deus, uma vez que o suporte social de Cristandade terá desaparecido de todo. O ponto de partida deste livro é a convicção de que os *Exercícios* de Santo Inácio acolhem e propiciam a experiência mística, encaminhando-a a uma direção precisa: a progressiva configuração com Cristo Jesus, imagem e arquétipo da divina-humanidade, onde a paixão mística adquire o rosto da doação, através do ato da eleição.

Dito de outro modo: nos *Exercícios*, o adentramento na interioridade se converte em lucidez para saber onde se tem que estar presente no mundo; a elevação da oração verte-se em descida para uma mais plena encarnação; a intimidade da vocação pessoal é o impulso para viver a intempérie da missão. Entendemos que os *Exercícios* introduzem nos paradoxos da mística cristã, na qual o caminho para a plenitude humana passa pelos caminhos do despojamento. Desse modo, acreditamos que o anseio pelo místico de nossos contemporâneos é assumido na proposta dos *Exercícios*, ao mesmo tempo em que é purificado de sua possível ambiguidade.

Convém esclarecer agora mesmo o significado da palavra "mistagogia" – eixo e alma de nosso trabalho.

Mistagogia é um termo grego que significa literalmente: "iniciação nos mistérios". É composto por duas raízes: "*mystós*", "pertencente aos mistérios", e "*agía*", substantivo do verbo "*ago*", que significa "conduzir". "Mistério", por sua vez, significa literalmente "o secreto, o que está oculto". Provém do verbo grego "*myo*", "manter os lábios e os olhos cerrados". Os *mistagogos*, no mundo helênico, eram aqueles sacerdotes que *iniciavam* na experiência mística do Sagrado, através de uns ritos muito precisos⁵.

---

4. *Elemente der Spiritualität in der Kirche der Zukunft. In: Schriften zur Theologie.* Einsiedeln: Benziger Verlag, vol. 14, 1980, 375.
5. Embora sua prática tenha durado mais de mil anos na cultura grega, conserva-se pouca informação precisa sobre tais mistérios. Suas origens provêm de culturas orientais. Os mistérios mais célebres são os que se praticavam em Eleusis, nos quais havia um sincretismo de ritos dionisíacos e órficos. *Os mistérios*

De fato, todas as culturas possuem certos *ritos de iniciação* nos quais se podem distinguir quatro tempos: 1) uma separação ou afastamento inicial da comunidade; 2) algumas provas que contêm o caráter de "uma descida aos infernos"; 3) uma experiência pessoal de iluminação; e finalmente 4) a incorporação – ou reincorporação – a um grupo determinado que acolhe a pessoa transformada[6]. Mircea Eliade fala de "mutação ontológica do regime existencial" que toda iniciação comporta[7]. Do ponto de vista da experiência do iniciado, todos os ritos de passagem têm uma estrutura tripartida: morte, renascimento e crescimento iniciático. Tudo isso encontramos nos *Exercícios*.

A terminologia mistagógica encontramos na Igreja Primitiva: os primeiros cristãos chamaram "*mysteria*" aos sacramentos que celebravam, e concebiam o Batismo, a Confirmação e a Eucaristia como *sacramentos de iniciação*, na medida em que são os três *mistérios* que introduzem tanto na experiência crística como na comunidade cristã. Alguns dos Padres da Igreja incorporaram explicitamente o termo mistagogia em seus escritos. Talvez o mais significativo seja Cirilo de Jerusalém (séc. IV) com suas *Catechesis mistagógicas*, nas quais expõe os sacramentos (*misteria*) de iniciação da Igreja[8].

---

de Eleusis são mencionados por PÍNDARO (em *2ª Olímpica e Trenodia*) e PLATÃO (em *Fedo*, 250 a.C.), entre outros autores clássicos. A filosofia de Platão parece estar influenciada pela experiência mística que ele mesmo teve em tais iniciações. Cf. *O mito da Caverna* (*A República*, l. VI).

6. "Por iniciação se entende o conjunto de ritos e ensinamentos orais que têm por finalidade a modificação radical da condição religiosa e social do sujeito iniciado", ELIADE, Mircea. *Iniciaciones místicas*. Madrid: Taurus, 1975 (1958), 10. Veja-se também o artigo de CODINA, Victor. *Estructura iniciática de los Ejercicios*. In: *Manresa* 46 (1977), 291-307.
7. Op. cit., 10. Cabe dizer que se podem distinguir três tipos de iniciações: as iniciações "tribais", obrigatórias para todos os membros de uma tribo – é sempre obrigatória para os meninos; a obrigação para as meninas é menos frequente; as iniciações religiosas eletivas de diversos intermediários entre o mundo humano e o mundo invisível (sacerdotes, adivinhos, xamãs...); e as iniciações voluntárias a sociedades secretas.
8. Também MÁXIMO, o confessor (580-662), *Mistagogia*; SANTO AMBRÓSIO, *Tratado sobre os Mistérios*; Teodoro de MOPSUÉSTIA, SÃO

Tomaremos aqui o termo *mistagogia* apenas a partir do primeiro de seus aspectos, isto é, enquanto experiência interior que transforma o exercitante, e não em seu aspecto socializador, enquanto passagem que introduz em um grupo determinado[9]. Quer dizer, apresentaremos os *Exercícios* como um caminho iniciático, concreto e preciso, que adentram no Mistério de Deus – que está em nós e que sempre está mais além e mais aqui de nós mesmos –, no mistério de si mesmo e no mistério do mundo. Esse triplo adentramento se produz na medida em que se vai aprendendo que só pode acessar a Ele se se é recebido e se vai se deixando conduzir.

Aplicando o termo de *mistagogia* aos *Exercícios* nos propomos mostrar que o *ato de liberdade* que propiciam os *Exercícios* brota de uma Profundidade sem fundo que não tem sua origem em nós. Os *Exercícios libertam* porque nos transformam; e nos transformam porque nos colocam em contato com a Fonte de nosso ser. Sendo recriados, geramos atos novos, por participação na Fonte que nos dá o ser. Os *Exercícios* conduzem até tal Fonte. E mostram que há tanto mais participação quanto mais despojamento. Tal é o *Mistério* no qual nos adentramos: quanto mais nos perdemos em Deus, mais nos reencontramos. "Se o grão de trigo não morrer..." (Jo 12,24)[10].

Dito ainda de outra maneira: apresentamos os *Exercícios* como uma *mistagogia* porque nos adentram no *Mistério de Cristo Jesus*. Ávidos de mistérios como estavam os gregos, São Paulo repete algumas vezes em suas cartas que "Jesus o Cristo, é o *mistério* mantido em silêncio durante

---

PACIANO... no artigo de Víctor CODINA citado anteriormente comparam-se os elementos iniciáticos dos *Exercícios* com os sacramentos da iniciação cristã, 300-305.

9. Este segundo aspecto da iniciação mistagógica como elemento socializador faz referência, por exemplo, ao papel dos *Exercícios* no noviciado da Companhia de Jesus, ou em grupos de espiritualidade inaciana, tais como a CVX, ou em outras congregações religiosas... Veja-se o título significativo que Joseph THOMAS deu a seu comentário dos *Exercícios: Le Secret des jésuites*. Paris: DDB, Col. *In Christus* 57, 1984. THOMAS, porém, fala unicamente dos EE como uma *pedagogia*.

10. As citações bíblicas serão tiradas da *Bíblia de Jerusalém*. Nova ed. rev. e ampl. São Paulo: Paulus, 2002, quando não se faz fundamental manter a tradução utilizada pelo autor. (N. das T.)

séculos inteiros" (Rm 16,25) e que Deus quis revelar na plenitude dos tempos[11]: "Todas as coisas foram criadas por meio Dele e para Ele" (Cl 1,16)[12]. Cristo abre o que estava oculto; e aberto o Mistério, nos atrai para que Nele adentremos. Os *Exercícios* se apresentam como *um caminho de transformação interior*, como uma mistagogia de iniciação e de adentramento no Mistério de nossa existência, que é nossa configuração em Cristo Jesus: "Tudo vem Dele, tudo passa por Ele e tudo se dirige para Ele" (Rm 11,36).

A essa configuração em Cristo chamaremos *divinização* – em grego, "*théosis*". Esse termo não pertence ao vocabulário inaciano, como tampouco o *mistagogia*. Na Tradição Ocidental, o termo que tem sido usado para falar dessa transformação é "cristificação" ou a "graça santificante"[13]. Preferimos o de *divinização* porque vincula melhor com a herança patrística, comum às duas Igrejas, tanto do Oriente como do Ocidente[14], e porque ajuda a situar os *Exercícios* na Tradição mística universal.

---

11. Cf. Rm 16,25; Ef 1,9-10.3,3-11; Cl 1,26-27.2,2-3.4,3; 1Tm 3,16.
12. Cf. também Rm 8,29; Ef 1,4.11.
13. Existem algumas exceções: SÃO BERNARDO, *De diligendi Deo*, 10, 27-28; SAINT-THIERRY, Guilhermo de, *Carta a los hermanos de Monte Dei*, 263; BALMA, Hugo de, *Sol de Contemplativos*, cap. 24 e 33; SÃO BOAVENTURA falará do *hábito deiforme* e de *deiformidade* da graça; SANTO TOMÁS DE AQUINO falará mais sobre "a participação na natureza divina pela graça" (Cf. CONUS, Humberto-Thomas, *Divinization*, em DS 3 [1957], col. 1416-1432); está muito presente também na Mística renano-flamenca (ECKART, TAULERO, SUSO, RUYSBROECK, HERP); em Benito de CANFIELD (1562-1610), influenciado pela mística renana. Em SAN JUAN DE LA CRUZ, *Subida al Monte Carmelo*, II, 15,4; *Cántico Espiritual* B, 22,3.4.5, e em *Chama viva do Amor* 3,1-17. Mais recentemente, foi significativo o título da obra de: Henri RAMIÈRI, *El corazón de Jesús y la divinización del cristiano* (Toulouse, 1891). Entre os autores contemporâneos, CHARDIN, Teilhard de utiliza o termo "divinização" com frequência. Cf. *O Meio Divino* etc.; também VARILLON, François: "La vocation de l'homme est d'être divinisé", *Vivre le Christianisme*, Paris: Éd. Centurion, 1992 (1978), 82; também: ibid., 25-26; 81-83; *Beauté du monde et souffrance des hommes*, Paris: Éd. Centurion, 1980, 336-339.
14. Cf. ALEXANDRIA, Clemente de: "O Verbo de Deus se fez homem para que tu aprendas de um homem como o homem pode converter-se em

Com essa palavra se realça que o fim da transformação que propiciam os *Exercícios* se adentra na própria natureza de Deus. E que esse adentramento é o que constitui a mais plena humanização do homem. Um adentramento que não se faz por si mesmo, mas que só se vai acedendo – a este "Interior" divino e divinizador – na medida em que se é conduzido e se é recebido. Por isso, de novo, a ideia de *mistagogia*: à *divinização* só acedemos se somos conduzidos pelo Filho no Espírito. Assim, o termo *divinização* inclui tanto a ação – *oikonomía* – do Filho como a do Espírito.

Uma interpretação

Gostaríamos de precisar aqui que nossa interpretação dos *Exercícios* se situa no contexto de uma história de interpretações que nos precedem. Em continuidade com elas, desejaríamos ao mesmo tempo aportar elementos que nos parecem próprios e significativos para nosso tempo.

Concretamente, desejaríamos poder superar o debate presente no período de 1920 a 1950 sobre se os *Exercícios* conduziam à união com Deus ou à mera eleição[15]. Entre os que defendiam os *Exercícios* como método de eleição, encontramos Léonce de Grandmaison[16] e Joseph de

---

Deus" *Protéptico*, prólogo; SANTO ATANÁSIO: "O Verbo de Deus se fez homem para que o homem se fizesse Deus", *Sobre a Encarnação do Verbo*, 54; SANTO IRINEU, *Contra os Herejes*, III, 102; 16,3; 19,1; 20,2; V, prol. DIONÍSIO, o areopagita, é o primeiro a utilizar o termo *théosis*, por influência de PROCLO e do Neoplatonismo tardio. É um termo muito frequente nos escritos de MÁXIMO, o confessor, afirmando que a *divinização* é o único fim que pode satisfazer a natureza humana, já que a natureza espiritual foi criada para ele (*Questões a Thalassius*, 60). Cf. DALMAIS, Irénée. *Divinization*. In: *DS* 3 (1957), col. 1370-1389.

15. Para ter uma visão panorâmica das diferentes tendências interpretativas ao longo da história dos *EE*, veja-se: CUSSON, Gilles. *Petite histoire de l'interprétation des Exercices – "écoles et tendances"*. In: *Suppléments de Cahiers de Spiritualité Ignacienne*, 34 (1993), 15-34.
16. Cf. *Les Exercices de Saint Ignace dans l'édition de Monumenta, Bulletin de Littérature Religieuse*. In: *Recherches de Science Religieuse*, 10 (1920), 391-408,

Guibert[17]. Entre os que defendiam os *Exercícios* como caminho de santificação e de união com Deus, encontramos sobretudo o belga Luis Peeters[18]. O que estava por trás desse debate era se os *Exercícios* eram um caminho ascético ou um caminho místico. E se havia uma dissociação entre: eleição-ato ascético por um lado, e contemplação-união mística por outro. De tal dissociação resultava uma contraposição entre o polo ascético e o polo místico, e se opôs a eleição – atividade – à contemplação – passividade.

Anos depois, a partir de outro ângulo e em diálogo com a Modernidade, como já indicamos, apareceu uma corrente interpretativa que redescobria os *Exercícios* como um método para libertar um ato de liberdade. A contribuição de Gaston Fessard foi determinante[19]. Pelos anos 70 apareceram várias obras que se situavam em uma posição integradora. Destacamos três autores: Gilles Cusson, Leo Bakker e Harvey D. Egan. O primeiro, em sua obra: *Experiência pessoal do mistério da Salvação* (1968)[20], concebe os *Exercícios* como um método para "fomentar um processo de purificação e de entrega à luz poderosamente eficaz do mistério de Deus"[21], e os interpreta como "fonte de *contemplação* deste

---

      particularmente 400-408. Especificamente se lê: "Os *Exercícios Espirituais* têm, em primeiro lugar um objetivo concreto, claramente determinado: seu fim é colocar a um homem que está livre para dispor de sua vida e que está bem-dotado para o apostolado, em estado de discernir claramente e de seguir com generosidade a chamada de Deus", 400.

17. Cf. *La espiritualidad de la Compañía de Jesús.* Santander: Sal Terrae, 1995, 80-87; 388-390.
18. Cf. *Hacia la unión con Dios por medio de los Ejercicios de San Ignacio.* Bilbao: Mensajero, 1944, 247p., particularmente 46-67: "Os *Exercícios* não podem ter outro centro de perspectiva nem outro ponto culminante que a mais íntima e total união com Deus. Aqui está porque rechaçamos toda interpretação que distorça ou turve esta perspectiva", 62.
19. Cf. *La dialectique des Exercices Spirituels de saint Ignace de Loyola.* Paris: Aubier. T. I, *Temps, Liberté, Grâce* (1956) e T. II, *Fondement, Péché, Orthodoxie* (1966).
20. O título original é: *Pédagogie de l'expérience spirituel personnelle.* Edición castellana en *Hechos y dichos*. Zaragoza: 1973, 302p. Em particular 43-45.76-85.
21. Op. cit., 43.

mistério divino e de *experiência* para *aprofundar* em nossa vocação cristã, em nossa inserção atual, pessoal, na história da salvação"[22]. Leo Bakker, em *Libertad y Experiencia* (1970)[23], escreve: "A alternativa: eleição ou união ou disposição é falsa. É uma tríade inseparável"[24]. E o terceiro, em: *Os Exercícios Espirituais e o Horizonte Místico Inaciano* (1976)[25], trata de mostrar como os *Exercícios* conduzem à experiência pessoal do mistério de Deus. Harvey Egan chama precisamente a essa experiência "o momento *mistagógico* dos *Exercícios*"[26].

Ao introduzir o termo *mistagogia* no próprio título de nosso trabalho, pretendemos incorporar e nos aprofundar nessa corrente interpretativa dos *Exercícios* como propiciadora da experiência mística[27]. Explicando, o que nos parece ser a contribuição de Santo Inácio é a convicção de que é possível a união com Deus nesta vida, e que tal união se alcança por meio da eleição. Assim compreendida, a eleição não é um mero ato ético, mas místico, de oferta, de esvaziamento (*kénosis*) para ser configurado em Cristo pelo Espírito (*théosis*), em um lugar preciso da história, através de um modo concreto de serviço. Esse modo concreto de serviço e de missão o compreendemos como um progressivo descobrimento da *vocação pessoal*, centro de gravitação de cada pessoa pelo qual vai se unificando em Deus através de seu serviço ao mundo.

Ao longo de nosso trabalho compreenderemos que o próprio da mística é a integração do que aparece como oposto. A partir desse horizonte, não tem sentido opor o mundo interior ao exterior: a pacificação e

---

22. Ibidem.
23. Edición española: Bilbao-Maliaño (Cantábria): Mensajero-Sal Terrae, Col. *Manresa* 13, 1995, 276p. Particularmente 29-30; 193-220.
24. Ibid., 216. Também "Como em Inácio, também no exercitante, a eleição, a união com Cristo e a assimilação de uma clara disponibilidade para encontrar a Deus em todas as partes e em todas as coisas, devem formar uma unidade e constituir o 'fim' dos *Exercícios*", 220.
25. The Institute of Jesuit Sources, St. Louis University (USA), 1976, 170p.
26. Ver o cap. 5, *The Mystagogical Moment of the Exercises and the Ignatian Mystical Horizon*, 112-131.
27. Nos referimos novamente ao artigo de Victor CODINA: *Estructura Iniciática de los Ejercicios*.

unificação interior com o combate e compromisso histórico, a ação com a contemplação, o conhecimento com o amor, a palavra com a visão... Essa unificação de polos aparentemente contrapostos se produz à medida em que se vai acessando ao próprio Centro. Aqui encontramos de novo o paradoxo: para acessar ao Centro de si mesmo, tem que perder-se previamente a si mesmo. O reencontro com nós mesmos só ocorre após um radical des-centramento que nos re-centra em Deus. Todos esses paradoxos não são mais que participação da maior afirmação paradoxal que jamais foi possível formular sobre o mistério de Jesus: *verdadeiramente Deus e verdadeiramente homem*[28]. Quer dizer, totalmente Deus e totalmente homem, em uma unificação na qual um polo não só não contradiz ou limita ao outro, senão que, ao contrário, um impulsiona o outro, um chama o outro, mutuamente imbricando-se, dando-se e recebendo-se reciprocamente. O próprio da mística é perceber essa unificação; e o próprio da mistagogia é orientar o caminho que conduz à experiência de tal integração. Uma progressiva integração e transformação que não se produz sem rupturas nem interrupções[29], porque de Deus procede o dom e de nós o obstáculo, um escuro peso original; embora também esteja em nós o desejo de nos transformar em disposição e em acolhida.

Por fim, compreendemos também os *Exercícios* como uma *mistagogia* porque são caminho, porque concebem esse chamado à união com Deus e à unificação interior como um processo, como uma itinerância contínua, como uma peregrinação sem término. Não é de estranhar que seu autor se chamava a si mesmo *o peregrino*. Como sintomático é também o interesse demonstrado nos últimos anos pelo relato autobiográfico de Inácio, apresentando-se como o relato do *peregrino*[30].

---

28. Concílio de Calcedônia (ano 451).
29. Este processo foi descrito em três tempos: *assumir, corrigir, plenificar*, nos que ressoam os três grandes momentos da História da Salvação: Encarnação, Paixão, Ressurreição. Cf. MANRESA, Fernando. *Asumir, corregir, plenificar*. Cuadernos de l'Institut de Teologia Fonamental, n⁰ˢ 17-18. Barcelona: Sant Cugat del Vallès, 1991, 88p.
30. Em 1922, a primeira tradução francesa feita por Eugène THIBAUT aparecia sob este título: *Le récit du pèlerine* (Louvain). Também a versão de 1956

Os *Exercícios* e a Tradição mística das três Vias

Por outro lado, desejamos situar nossa interpretação dos *Exercícios* na Tradição mística do Cristianismo, tanto do Oriente quanto do Ocidente. Daí que, com frequência, estabeleçamos alguns paralelismos com outras correntes cristãs de espiritualidade que contêm o mesmo desejo pelo místico, isto é, pelo adentramento em Deus, até a união com Ele.

Para isso iremos nos valer do esquema das *três vias*: purificativa, iluminativa e unitiva. Tal esquema, de origem neoplatônica, remonta a Dionísio, o areopagita, um monge dos séculos V-VI[31]. Esse esquema é a espinha dorsal de uma das fontes que consideramos que mais influenciou nas origens dos *Exercícios*: a obra de Frei Garcia de Cisneros, Abade de Montserrat entre 1493-1510. Tanto seu *Ejercitatorio* como o *Compendio Breve*[32], que foi feito logo depois a partir dele, partem dessa

---

editada por A. THIRY (Louvain). O mesmo para as versões alemãs de 1956 e 1990: *Der Bericht des Pilgers*, respectivamente a cargo de Burkhart SCHNEIDER (Freiburg) e de Peter KNAUER (Leipzig). A primeira edição catalã se intitula: *El pelegrí. Autobiografia de Sant Ignasi de Loiola*. Traducció i comentaris de Joseph Rambla. Barcelona: Claret, Col. *Horitzons* 9, 1983. Do mesmo modo, a primeira tradução catalã completa do *Diario Espiritual* apareceu sob o título: *El pelegrí endins. Diari espiritual de Sant Ignasi de Loiola*. Traducció i comentaris THIÓ, Santiago de Pol. Barcelona: Claret, Col. *Horitzons* 20, 1990.

31. Cf. ARZUBIALDE, Santiago. *Theologia Spiritualis*, t. I. Madrid: Publicaciones de la Universidad Pontificia de Comillas, 1989, 235-239.
32. Recentemente apareceu uma edição crítica desta obra. Até o momento, a primeira edição que se conhece deste texto data de 1555 e a última, de 1789. Este *Compendio* foi redescoberto por acaso em Chantilly alguns anos atrás por SOLIGNAC, Pe. Aimé. Assim o explica ele mesmo em seu artigo: *Le "Compendio breve" do "Ejercitatorio" de Cisneros et los "Exercices Spirituels"*. In: *Archivum Historicum Societatis Iesu* (*AHSI*) 125 (1994), 141-159. Este artigo voltou a aparecer, um pouco adaptado, no ano seguinte. *In*: *Christus* 167 (1995), 358-369, sob o título: *Le Manuel de Montserrat et les exercices de saint Ignace*. Até esta data, os únicos que haviam feito menção desta obra menor haviam sido ALBAREDA, dom Anselmo, monge de Montserrat, em um artigo de 1956: *Intorno alla scuola di orazione metodica stabilita a Monserrato dall'abate Garsia Jimenez de Cisneros* (1493-1510),

compreensão da dinâmica da vida espiritual. Com frequência faremos menção dessas fontes para situar os *Exercícios* na grande corrente da espiritualidade do Ocidente à qual pertencem, ao mesmo tempo que apontaremos a originalidade da mistagogia inaciana em relação à Tradição que a precede.

Nosso interesse concentrou-se em mostrar como o esquema "ascendente" das *três vias* foi assumido e transformado nos *Exercícios* por meio da *eleição*, através do discernimento contínuo da vontade de Deus e através da entrega de si mesmo a essa Vontade. A *eleição* assim entendida – como busca (discernimento) e entrega à vontade de Deus – é o que acreditamos que dá à mistagogia dos *Exercícios* sua especificidade. Trataremos de mostrar que as *três vias* clássicas – entendidas como processo ou caminho iniciático para a união com Deus: a perda de si para *ser encontrado Nele*[33], o fim e fundo místico de toda ação e de toda contemplação – estão presentes no itinerário dos *Exercícios*, mas com uma inflexão diferente, marcada pelo movimento *kenótico* da eleição[34].

O esquema das três vias se encontra na base do crescimento humano. Pensemos, por exemplo, na aprendizagem de uma língua, ou de um instrumento musical, ou de dirigir um veículo. De fato, toda aprendizagem tem um começo difícil (*via purgativa*); segue uma etapa que começa a ser mais amável e gratificante, em que se começam a dar os primeiros passos, as primeiras criações (*via iluminativa*); e um termo, onde se produz uma assimilação espontânea e conatural com o aprendido, que é o que se chama o "virtuosismo" (*via unitiva*). A partir dessa perspectiva, as *três vias* representam três estágios sucessivos que tendem a ser irreversíveis. Em outras palavras, uma vez consolidado um estágio, voltar a ele resulta em uma regressão. Daí que com frequência

---

AHSI 25 (1956), 254-316, particularmente 288-299; e JURADO, Manuel Ruiz. ¿*Influyó en S. Ignacio el Ejercitatorio de Cisneros?*. In: *Manresa* 198 (1979), 65-75.

33. Gl 3,8.
34. Nesta interpretação teremos como interlocutor Gaston FESSARD, o qual considera que a centralidade da eleição invalida o esquema clássico das *três vias*. Op. cit., t. I, 33.

as *três vias* tenham sido colocadas em paralelo com a terminologia clássica dos *principiantes, avançados e perfeitos*.

No âmbito da vida espiritual, há que se entender bem essa progressão esquematizada em três tempos. A união com Deus não se encontra só ao final do itinerário, mas está presente desde o início. Senão, a *purificação* e *iluminação* seriam atos meramente humanos, pelagianos, deixados nas mãos de cada um e à margem da graça de Deus. Tudo está presente desde o começo, porque em Deus "vivemos, nos movemos e existimos"[35]. A progressão das *três vias* faz referência às etapas de uma transformação que está latente em todos, mas que precisa se desdobrar. É claro que não se produz em todos do mesmo modo. As *três vias* simplificam um processo que é muito mais complexo, e que não se produz com a linearidade nem com a continuidade que se enuncia. Entretanto, parece-nos válido na medida em que marca três grandes momentos dessa viagem iniciática que é a existência humana, chamada a participar da plenitude da vida divina, revelada e possibilitada em Cristo Jesus. Algum autor considerou que as *três vias* são tributárias da mística especulativa de Plotino e que, portanto, não são próprias do Cristianismo. O próprio do Cristianismo – dizem – é deslocar o interesse pelo crescimento do espírito humano pelo seguimento de Jesus. Assim, a mística da elevação se transforma em mística da encarnação[36]. Sem negar as tentações que a introspecção da experiência mística pode suscitar, parece-nos que opor ambas as místicas resulta insatisfatório. O que nós nos propomos ao longo de nosso trabalho é mostrar precisamente como nos *Exercícios* a mística da interioridade e da exterioridade, da elevação e da encarnação, se unificam nesse ato de abandono e de despojo que se dá através da *eleição*.

As *três vias* podem, ainda, ser compreendidas em outro sentido: não só como uma progressão, mas em simultaneidade, válidas para todos os momentos da vida, na medida em que cada uma delas é um modo de acesso ou de relação com Deus sempre possível e sempre presente.

---

35. At 17,28.
36. Cf. ARZUBIALDE, Santiago. *Theologia Spiritualis. El camino spiritual del seguimiento de Jesús*, t. I. Madrid: Publicaciones de la Universidad Pontificia de Comillas, 1989, 239-243.

A *via purificativa* põe de manifesto a transcendência de Deus e a pequenez do ser humano, insistindo na necessidade permanente de conversão e de perdão; a *via iluminativa* é a que se concentra na inteligência da fé, tratando de compreender o sentido das Escrituras e dos dogmas da Tradição; a *via unitiva* é a que abre as portas do afeto e do desejo, excitando o amor e silenciando o pensamento, "transcendendo toda ciência".

Essas diversas interpretações não se excluem entre si. A Tradição espiritual as tem compreendido de diferentes modos, segundo os autores. Nos *Exercícios* aparecem ao menos duas simultaneamente: na medida em que Santo Inácio fala de *vida purgativa* e de *vida iluminativa*, e não de *vias* [Anotação 10], parece inclinar-se pela primeira interpretação; mas na medida em que os *Exercícios* propõem um conjunto de práticas espirituais que se repetirão ao longo da vida, as diferentes Semanas têm o significado de *vias* ou *modos de acesso* à experiência de Deus, e supõem sua circularidade.

Estrutura e método

O que guiará a presente interpretação e exposição dos *Exercícios* será a união transformante do exercitante a partir de um duplo movimento complementar: a progressão ascendente (*anabasis*) das *três vias* e a dinâmica descendente (*katabasis*) da *eleição*. Neste processo distinguiremos três estágios de transformação através do itinerário das quatro *Semanas*: um primeiro estágio compreendido como rechaço da pulsão de apropriação (*via purgativa*); um segundo estágio compreendido como o deixar-se atrair por Cristo Jesus como modelo da divina-humanidade (*via iluminativa*); e um terceiro estágio no qual a *via unitiva* começa através do despojo-plenitude da eleição, caminho específico inaciano da configuração crística.

Esse itinerário descrito em três tempos contém, por sua vez, os elementos daquele processo iniciático que mencionávamos no começo: uma separação inicial, a descida aos infernos (purificação), a iluminação, e o retorno ao mundo do exercitante como um ser novo, que foi transformado pela experiência mística dos *Exercícios*. Transformação que está chamada a aprofundar-se mais e mais ao longo de toda a vida, pela disposição contínua da doação.

Tal desenvolvimento é precedido por dois capítulos:

Um primeiro capítulo onde se mostrará a mistagogia de Deus para com Inácio, o *peregrino*. É que, nas leis do espírito, só aquele que foi iniciado pode iniciar a outros. É patrimônio da mística universal que apenas o ser transformado pode ajudar a transformar os demais.

E um segundo capítulo, no qual se apresentarão os elementos antropológicos que estão mais em jogo nessa experiência e nessa transformação. O que pretendemos com isso é identificar aqueles termos antropológicos que entendemos como chaves da mistagogia inaciana: os *afetos*, o *desejo*, o *querer*, os *sentidos*, a *imaginação*, o *conhecimento interno* e o *sentir*. Concentrando-os em um só capítulo, no umbral de nossa interpretação, pretendemos facilitar a compreensão da transformação e unificação interior que tal itinerário induz.

Apontamos finalmente também que, além de nos remetermos às fontes e a outras Tradições espirituais, em alguns momentos faremos referência aos primeiros *Directorios*[37] e a alguns comentários dos *Exercícios* de autores das primeiras gerações (Aquiles Gagliardi, Francisco Suárez e Luis de la Palma). Tanto esses *Directorios* quanto esses primeiros comentários são um testemunho privilegiado de como as primeiras gerações de jesuítas entenderam a originalidade do legado inaciano. Concretamente, a elaboração do *Directorio Oficial* (publicado em 1589, no início do generalato de Acquaviva), mostra o interesse que teve a Terceira Geração de que não se perdesse o espírito das origens. Veremos as diferenças de acento entre uns e outros e como o *Directorio Oficial* optou por algumas interpretações discutíveis que marcaram durante séculos a prática e a compreensão dos *Exercícios*.

---

37. Manuais com diretrizes práticas e concretas sobre o modo de dar os *Exercícios*. Ao longo da presente obra nos referiremos à reedição apresentada por Miguel LOP, publicada recentemente nesta mesma Col. *Manresa* 23 (2000). A primeira edição preparada pelo mesmo autor surgiu sob o título de *Ejercicios Espirituales e Directorios*. Barcelona: Balmes, 1964.

1
A mistagogia de Deus na vida de Inácio

*É certo que se sabia bem antes de Santo Inácio que a vida
interior, tanto dos principiantes como dos perfeitos, deve gravitar
em torno da vontade de Deus. Querer o que Deus quer sempre foi
e será a regra suprema. Mas, antes de Santo Inácio, havia mais
preocupação por cumprir que por "encontrar" esta Vontade.
Os Exercícios são mais uma autobiografia do que um tratado. Explicando-se,
Inácio transpõe para a ordem doutrinal sua própria experiência.*
HENRI BREMOND (1929)

1. As imaginações e introspecções de um soldado

A primeira conversão de Inácio produziu-se através de uma brusca interrupção da direção de suas pulsões: o desejo de glória foi ceifado por uma bala de canhão que o imobilizou durante meses. Durante esse tempo de convalescença[1], o antigo soldado e cortesão[2], que até então só se

---

1. Do final de maio de 1521 até o fim de fevereiro de 1522.
2. Utilizamos estas expressões de "soldado e cortesão" conscientes de que podem dar uma imagem um pouco distorcida de Inácio antes de sua conversão. De fato, Iñigo López de Loyola só pegou em armas no cerco de Pamplona, estando a serviço do Duque de Nájera, Vice-Rei de Navarra. Tampouco foi propriamente um "cortesão" – imagem de ociosidade – no palácio do Comendador-mor do Rei Católico, mas esteve a seu serviço ajudando-o na administração. Cf. MEDINA, Francisco de Borja de. *Íñigo López de Loyola: probable estancia en Sevilla (1508 y 1511) y su reflejo en los Ejercicios*. In: *AHSI* 125 (1994), 5-20. POLANCO dirá que, antes de

havia "dado às vaidades do mundo"[3], teve pela primeira vez a ocasião de encontrar-se consigo mesmo. Chegou a esse primeiro encontro com seu ser profundo graças a um duplo movimento de extroversão da imaginação e introspecção da reflexão, através da auscultação do movimento e direção de seus desejos[4].

Observou uma alternância básica em seu interior, que está na base do que mais tarde chamará moções de *consolação* e *desolação*: percebeu que quando seguia a direção daquela vaidade – imaginando a si mesmo fazendo grandes proezas por alguma grande dama –, depois de uma primeira deleitação, "ficava seco e descontente"[5]; por outro lado, quando inflamado pela leitura da vida dos santos, imaginava-se imitando-os com a mesma radicalidade, "não somente se consolava quando estava em tais pensamentos, mas mesmo depois de os deixar, permanecia contente e alegre"[6]. Essa polaridade fundamental, mais baseada em um *sentir*[7] do que em um *entender*, é a que orientou sua primeira eleição: uma mudança radical de vida que, de soldado e cortesão, o converteria em peregrino.

---

sua conversão, Inácio "não se guardava de pecados, antes, era travesso em jogos e em coisas de mulheres, e em revoltas e coisas de armas [...] por vício de costume", *FN I* I, 154. Na *Autobiografia* se lê que "foi homem dado às vaidades do mundo, e principalmente se deleitava no exercício de armas com um grande e vão desejo de ganhar honrarias", n° 1. Se tem notícias de um julgamento da Câmara de Azpeitia contra Inácio e seu irmão, Pedro López. Cf. LETURIA, Pedro de. *El gentilhombre Iñigo López de Loyola*. Barcelona: Labor, 1949, 85-97. Contudo, NADAL afirma que Santo Inácio não matou ninguém em sua vida (Cf. *FN* II, 5).

3. *Autobiografia*, 1.
4. Sobre a importância da imaginação no processo de conversão de Santo Inácio. Ver: BALLESTER, Mariano. *Ejercicios y métodos orientales*. Roma: CIS, 1985, 2ª Parte: *La imaginación*, cap. 3, *Narraciones y fantasías en la experiencia meditativa de san Ignacio*, 83-92.
5. *Autobiografia*, 8.
6. Ibidem.
7. Em castelhano, "sentir" conserva ao mesmo tempo a ideia de percepção sensorial e percepção mental. Veremos no capítulo seguinte que "sentir" para Santo Inácio é a forma mais completa da compreensão ou do conhecimento espiritual.

Junto à vida dos santos⁸, leu também uma volumosa vida de Cristo escrita por Ludolfo da Saxônia (±1314-1378), um ex-dominicano que havia entrado na Cartuxa⁹. O prólogo da versão castelhana da *Vita Christi* estava dedicado aos Reis Católicos, os quais haviam acabado de conquistar Granada e unificar a Espanha. Nele, o tradutor, Frei Ambrósio de Montesinos, que aparece em uma gravura na primeira página entregando aos reis seu trabalho, diz-lhes que eram a imagem terrena do Rei Celeste:

> O reinar neste mundo (segundo diz São Crisóstomo) não é outra coisa senão um adiantamento e figura do Reino perdurável [...]. Que as nações e reinos alcancem conhecimento disto: devem a vossas altezas imortal servidão, e servindo aos que tão bem servem ao Rei eterno, por quem e em cujo nome todos os reis reinam, considerem-se mais livres do que aqueles que nunca careceram de liberdade [...]. Porque os reis e príncipes são figura da Majestade de Deus, da qual são na terra ordinários presidentes e instrumentos (segundo diz o apóstolo aos Romanos)¹⁰ porque (segundo diz São Dionísio no livro da *Hierarquia Celestial*) quanto as coisas são aqui de maior dignidade na figura, tanto serão depois de mais glorioso estado, quando forem revestidas e informadas no Reino dos Céus da verdade que aqui representaram¹¹.

Na mente do soldado ferido, ávido de honras e de glória, mas também de lutar por causas justas, essas palavras deviam ter causado uma

---

8. A obra que Inácio teve em suas mãos foi a tradução espanhola de *Flos Sanctorum*, de Jacobo de VARAZZE ou de VORAGINE (†1298).
9. A tradução em castelhano, lida por Inácio, supõe uma redução de dois terços em relação à obra original escrita em latim. Cf. RAITZ VON FRENTZ, Emmerich. *Ludophe Le Chartreux et les Exercices de S. Ignace de Loyola*. In: *RAM* 25 (1949), 376.
10. Cf. Rm 13,1-4.
11. *Vita Christi Cartujano, romançado por Fray Ambrosio* (1502 y 1503), *Prohemio del intérprete*, f. 2.

profunda impressão. Tomando-o onde estava, abriram-se-lhe novos horizontes, espaços insuspeitos para sua generosidade. Tal é o movimento que deixaria plasmado na meditação do *Rei Temporal* [91-98]. Uma imagem semelhante de Cristo apresentado como Sumo Capitão aparece na meditação das *Duas Bandeiras* [136-147]. O chamado volta a ser o mesmo: conquistar o mundo inteiro.

No entanto, naquele momento, o sentido pleno de sua conversão estava muito longe de ser compreendido por Iñigo.

Em primeiro lugar, porque ainda estava centrado em si mesmo. No leito em Loyola apenas se operou no soldado e cortesão um deslocamento de ideais, mas o gesto mimético e narcisista seguia sendo o mesmo. Em vez de querer imitar os heróis dos livros de cavalaria, imitaria os heróis da santidade: "se parava a pensar consigo mesmo: – O que seria, se eu fizesse isto que fez São Francisco, e isto que fez São Domingos?"[12] Ainda não aparece nem um pouco a interrogação sobre a vontade de Deus para si. Há só um impulso generoso, mas cego e autocentrado: "Mas todo seu discurso era dizer *consigo*: – São Domingos fez isto, pois eu hei de fazê-lo. São Francisco fez isto, pois eu hei de fazê-lo"[13].

Em segundo lugar porque, quando decidiu partir para a Terra Santa, só podia perceber o sentido externo – geográfico – de sua peregrinação, mas não o permanente deslocamento interno que, a partir daquele momento, iria seguir: a busca contínua da vontade de Deus. Busca esta que convocará seus desejos sempre mais além de si mesmo, em um permanente movimento de des-centramento, como o único meio de encontrar seu verdadeiro Centro, ali onde se produz a união com Deus e a unificação de si mesmo. Que o Inácio ancião, narrando sua autobiografia ao final de sua vida, chamará a si mesmo o *peregrino*, mostra a consciência que foi adquirindo de sua verdadeira peregrinação[14]. Mas, naquele momento de sua vida, sua peregrinação era concreta e meramente espacial: ir à Terra Santa. Talvez, a própria leitura da *Vita Christi* lhe tivesse sugerido:

---

12. *Autobiografia*, 7.
13. Ibidem.
14. Cf. RAMBLA, Josep Mª. *Del "peregrino" a la "mínima" Compañía de Jesús*. In: *Manresa* 54 (1982), 9-12.

> Santo e piedoso exercício é, por certo, contemplar a Terra Santa de Jerusalém, pois que todas as Igrejas de nosso Redentor não a deixam de acompanhar noite e dia, pois que aquele Soberano Rei nosso Senhor Jesus Cristo, morando nela e iluminando-a com sua palavra e sua doutrina, a consagrou com seu precioso sangue [...]. Quem pode contar quantos devotos discorrem e andam por cada lugar dela, e com espírito inflamado beijam a terra, adoram e abraçam os lugares nos quais sabem e ouvem que nosso Senhor esteve ou se assentou ou fez alguma coisa![15]

Percebe-se assim a importância das mediações utilizadas por Deus para o ir conduzindo e transformando. Tanto as mediações externas – a bala de canhão, a ferida, a convalescença, as leituras – como as mediações internas: seu caráter idealista e generoso, o dinamismo de seus desejos, mesmo que ainda fossem ambivalentes e autocentrados.

A leitura de *Flos Sanctorum* havia suscitado nele a imitação de São Francisco e de São Domingos. O próprio de São Domingos é a *contemplata aliis tradere*: levar aos demais o fruto da contemplação[16]. Também São Francisco representava a alternância entre tempos de vida contemplativa e tempos de vida ativa. Porém, naquele primeiro momento de sua conversão, tudo parece estar mais decantado pela vida contemplativa:

---

15. I, *prólogo* 4, f. 9, col. 1ª. Quando na *Autobiografia* se narra que Inácio se separou do grupo de peregrinos para voltar ao lugar da ascensão e olhar com atenção "que parte estava o pé direito, ou que parte o pé esquerdo" (47), está fazendo referência ao cap. 82 da Quarta Parte de *Vita Christi*, onde Ludolfo escreve: "Naquela pedra em que (o Senhor) colocou os pés quando quis subir ficou marcada e impressa (a marca) de seus sacratíssimos pés, como se os assentasse sobre neve ou sobre cera mole: e tal impressão fizeram que nunca puderam depois ser cobertas, por mais que tentassem pavimentar aquele santo lugar [...]. Até o venerável Beda diz que, como os crentes e todos os peregrinos que vão à Terra Santa removam continuamente a poeira destas divinas pisadas para levar como relíquias à suas terras, nunca se tornam mais profundas nem diminuem" (II 82,9, f. 242v., col. 2ª).
16. Literalmente: "Levar aos demais as coisas contempladas".

convalescente no leito em Loyola, chegou a pensar em entrar na Cartuxa de Sevilha quando regressasse de Jerusalém[17]. Embora não chegue nunca a realizá-lo, a atração pela vocação cartuxana persistiu durante anos e seu afeto por eles duraria para sempre[18].

A peregrinação à terra de Jesus estava impulsionada por essa mesma paixão contemplativa: queria mergulhar, pelos sentidos do corpo e da alma, na humanidade transfigurada de Cristo.

Sabe-se que, a caminho da Terra Santa, decidiu passar por Montserrat para oferecer à Virgem suas armas de cavaleiro e vestir-se com roupa de saco. Um desvio que deveria ter durado uns poucos dias implicou o atraso de um ano inteiro. O menos conhecido é que, graças a essa subida ao monastério, recebeu o ensinamento da escola espiritual de García Jiménez de Cisneros, Abade de Montserrat entre 1493 e 1510[19].

Santo Inácio é muito pouco explícito a esse respeito. O pouco que nos diz sobre sua estada no Monastério de Montserrat é que, antes de velar suas armas perante a Virgem, esteve preparando sua confissão geral

---

17. Estava a tal ponto interessado que pediu a um dos empregados da casa que se dirigiria a Burgos para que se informasse das Regras dos cartuxos de Miraflores. Cf. *Autobiografia*, 12. Sobre porque Inácio pensou na Cartuxa de Santa Maria das Covas de Sevilha. Ver: MEDINA, Francisco de Borja de. *Iñigo López de Loyola: Probable estancia en Sevilla (1508 y 1511) y su reflejo en los Ejercicios*. In: AHSI 125 (1994), 3-75; particularmente 43-44.
18. Esta simpatia e atração do peregrino pelos cartuxos perdurariam pelo resto de seus dias. Em Paris frequentou, com os primeiros companheiros, a Cartuxa, localizada onde atualmente estão os Jardins de Luxemburgo. Este vínculo afetivo ficou particularmente refletido aos 11 de junho de 1547, quando Inácio proclamou a comunicação de bens espirituais da Companhia de Jesus com os Cartuxos. Ver: FALKNER, Andreas. *Relaciones de San Ignacio con los Cartujos como causa del influjo de la tradición cartujana sobre los Ejercicios Espirituales*. In: PLAZAOLA, Juan (ed.). *Las fuentes de los Ejercicios Espirituales de San Ignacio*, Actas del Simposio Internacional (Loyola, 15-19 de setiembre de 1997). Bilbao: Mensajero, 1998, 429-452.
19. Para ter uma informação mais completa sobe isto, ver: MELLONI, Javier. *Las fuentes cisnerianas de los Ejercicios*. In: PLAZAOLA, Juan (ed.). *Las fuentes de los Ejercicios Espirituales de San Ignacio*, Actas del Simposio Internacional (Loyola, 15-19 de setiembre de 1997). Bilbao: Mensajero, 1998, 354-377.

durante três dias. A *confissão geral* é o primeiro exercício que o Abade recomenda para iniciar o caminho espiritual[20]. Também nos diz Inácio que Dom Juan Chanon, o monge que o recebeu em confissão, "foi o primeiro homem a quem revelou sua determinação, porque, até então, a nenhum confessor a havia revelado"[21]. Essa confidência indica que Inácio encontrou neste monge alguém digno de sua confiança. Se sua determinação não era outra que a de peregrinar à Terra Santa, então, por que se deteve durante um ano, e precisamente no pequeno povoado de Manresa?

Quando o peregrino chegou a Montserrat aos 22 de março de 1522, sabia que não podia demorar-se muitos dias se quisesse chegar aquele ano em Jerusalém, porque as permissões para ir à Terra Santa só eram dadas em Roma, e uma vez ao ano: na segunda-feira de Páscoa, que naquele ano caía dia 20 de abril. Inácio dispunha, pois, de menos de um mês para chegar a Roma. A *Autobiografia* menciona que surgiu um inconveniente: o cortejo do novo Papa, Adriano VI, passava então por terras catalãs, e o peregrino queria evitar a todo custo encontrar-se em Barcelona com antigos conhecidos da corte de Arévalo[22].

Para evitar esses encontros, renunciou a continuar seu caminho para Barcelona, donde deveria embarcar com urgência. A demora de uns poucos dias implicava o atraso de todo um ano. Parece-nos verossímil que Inácio viveu esse inconveniente como uma oportunidade para continuar com o acompanhamento espiritual que havia começado a receber do monge confessor. Em nosso entender, isso explica que escolheu o povoado de Manresa, já que era nele que se encontrava o hospital – quer dizer, a hospedaria gratuita para pobres e peregrinos – mais perto do Monastério. Efetivamente, nos narra o peregrino, ali "determinou ficar

---

20. Cf. *Ejercitatorio*, cap. 4, p. 104, l. 4-8. No *Compendio Breve* (*Cb*) lê-se: "O primeiro que deve fazer o que quer se exercitar na vida espiritual é que purgue seu coração de todo pecado mortal por confissão, como se tem por costume fazer nas Religiões, no início de sua conversão, os que entram para servir a Deus" (*Cb*, 12).
21. *Autobiografia*, 17.
22. Cf. *Autobiografia*, 18: "partiu para não ser conhecido".

alguns dias[23], e também anotar algumas coisas em seu livro, que levava bem guardado consigo, e com o qual sentia-se muito consolado"[24].

Nossa hipótese é que essas "coisas" que queria "anotar em seu livro" eram ideias e fragmentos do *Compendio Breve de los Ejercicios Espirituales*, um resumo anônimo da obra de Cisneros, que Dom Chanon pôde deixar em suas mãos, e com o qual foi vendo, nos meses seguintes, para ser acompanhado nos exercícios espirituais que ali eram propostos[25].

2. O peregrino em sua "Igreja Primitiva"[26]

Podemos distinguir três grandes etapas no período manresano, no qual a evolução interna do peregrino corresponde a regimes de vida

---

23. Em castelhano antigo, "dia" não se refere sempre a uma jornada de vinte e quatro horas, mas designa, frequentemente, uma unidade de tempo mais ampla.
24. *Autobiografia*, 18.
25. Esta interpretação tem o problema de que Inácio não volta a mencionar, nem na *Autobiografia* nem em nenhum outro lugar, seu vínculo com o Monastério nem com Dom Chanon. Em nosso entender, isso pode ser explicado porque a narração autobiográfica de Inácio a González de Câmara ficou interrompida por um ano e meio justo quando explicava a sua chegada e permanência em Manresa. A narração autobiográfica começou em setembro de 1553 e se interrompeu poucos dias depois, até março de 1555; voltou a se interromper até outubro deste mesmo ano. González de Câmara a terminou de redigir apressadamente em italiano em dezembro de 1555, em Genova. Cf. *Introducción a la Autobiografia*, 2-5. Por outro lado, os testemunhos dos monges de Montserrat durante os processos de beatificação (1595) e de canonização (1605) são unanimes a este respeito: todos afirmam que Santo Inácio subia com frequência ao monastério para receber os exercícios espirituais de Cisneros que lhe dava Dom Chanon. Cf. MHSI, s. IV, t. II, 384-385.445-447.869; e ALBAREDA, dom Anselm. *Sant Ignasi a Montserrat*. Montserrat: Publicacions de l'Abadia de Montserrat, Biblioteca Abat Oliva 90, 1990, 208-237.
26. Expressão utilizada pelo próprio Inácio, referindo-se a seu tempo de Manresa. Cf. LAÍNEZ, Diego recorda isso na *Carta sobre el P. Maestro Ignacio*. *In*: *FN* I, 138-140, 59 e também RIBADANEIRA, Pedro. *In*: MHSI, *Scrip. Ign.*, *Dicta et Facta*, 353-354 (*FN* II, 344, 40).

distintos: uma primeira etapa de *purificação ativa*, que foi preparatória e tranquila, em que se acentuam os traços da vida eremítica; uma segunda etapa de *purificação passiva*, marcada pelo combate contra os escrúpulos, na qual seguiu com um regime de vida eremítico; e uma terceira etapa *iluminativa*, com um regime de vida "misto"[27]. Por sua vez, toda essa estadia de Santo Inácio em Manresa também corresponde aos quatro tempos da experiência iniciática: o afastamento; a descida aos infernos; a iluminação; e o retorno ao mundo como um ser transformado.

2.1. Etapa de purificação ativa

A etapa purificativa havia começado para Inácio em Montserrat, fazendo aquela confissão geral de sua vida, que preparou durante três dias[28]. Uma vez em Manresa, o peregrino acentuou os elementos da vida eremítica, influenciado muito provavelmente não só pela subida a Montserrat, onde deve ter conhecido a vida solitária que levavam alguns monges[29], mas também pelo encontro com o prior de São Paulo,

---

27. Nem todos os autores estão de acordo em interpretar assim a cronologia dos fatos. No relato de CÁMARA, González de (conhecido como a *Autobiografia*, porque foi ditado por Inácio) apresentam-se assim. Por outro lado, Lainez (*Carta a Polanco* de 1547, *FN* I, 80) e Polanco (*FN* I, 163, baseando-se em Lainez) situam a iluminação do Cardoner no quarto mês, antes da noite dos escrúpulos. Nós estamos mais de acordo com os que defendem a cronologia da *Autobiografia*, porque após a última das graças místicas, a *iluminação do Cardoner*, diz-se que: "lhe parecia como se fosse outro homem e tivesse outro intelecto" (*Autobiografia*, 30); o qual se compreende depois da cegueira e perturbação dos meses anteriores, coisa que não se compreenderia se as precedesse. Ver particularmente: CANTIN, Roger. *L'illumination du Cardoner*. In: *Sciences Ecclésiastiques* 7 (1955), 26-31 e JIMÉNEZ, Julio. *Formación progresiva de los Ejercicios Ignacianos*. In: *Anales de la Facultad de Teología* 21 (1970). Santiago de Chile, 58-59.
28. *Autobiografia*, 17.
29. Os peregrinos costumavam visitar os doze eremitérios que existiam então na montanha para pedir sua benção. Cf. ALBAREDA, Anselm. *Historia de Montserrat*. Montserrat: Publicacions de l'Abadia de Montserrat, 1988.

responsável pelo hospital de Santa Lúcia e que anteriormente havia aglutinado um grupo de ermitões nos arredores de Manresa, na zona onde atualmente se venera a Gruta de Santo Inácio[30].

Diz-nos em sua *Autobiografia* que durante os primeiros meses fazia sete horas diárias de oração[31]. O porquê desse número de horas se compreende melhor se se considerar a hipótese de que dispunha do *Compendio*. Nele se apresentam umas pautas para a oração das sete horas da oração Canônica[32]. Nossa interpretação é que Inácio tomou essas pautas para praticar a oração mental, prescindindo da reza dos Salmos. Tal é o modo de oração que irá propor nos *Exercícios*. Junto com essa intensificação da oração, se impôs duras penitências e deixou crescer seus cabelos e unhas[33]. Esse período aconteceria em uma gruta nas imediações de Manresa. Um período eremítico que deve ter durado uns quatro meses[34].

As exortações do *Compendio* que pude ler referentes à entrega que pede a vida contemplativa acentuariam ainda mais seu desejo de isolamento:

> Aos que que são dedicados ao serviço de Deus e chamados por sua Majestade a uma particular vocação [...] lhes são prometidos dons mais particulares, [aos] que tem segregado do mundo,

---

30. Cf. MARCH, José María. *Quién y de dónde era el monje manresano, amigo de San Ignacio de Loyola*. In: *Estudios Eclesiásticos* 4 (1925), 185-193. Também pode tê-lo influenciado a vida de Santo Onofre, que leu na obra de Jacobo de VARAZZE. Nobre de origem, procedente da Pérsia, Abissínia ou Etiópia, Onofre viveu numa austeridade beirando ao exagero, escondendo as graças místicas que recebia. A tradição fez dele o protótipo do solitário selvagem. Cf. LETURIA, Pedro de. *El influjo de San Onofre en San Ignacio en base a un texto de Nadal*. In: *Estudios Ignacianos*. Roma: Institutum Historicum SI (IHSI), 1957, 97-111.
31. *Autobiografia*, 23 e 26.
32. *Cb*, 415-463. As sete horas canônicas são: 1) Matinas; 2) Laudes [antiga Prima]; 3) Prima [antiga Terça]; 4) Sexta; 5) Nona (ou Noa); 6) Vésperas; 7) Completas. [Terça = 9h; Sexta = 12h; Noa ou Nona = 15h.]
33. *Autobiografia*, 19.
34. Cf. LETURIA, Pedro de. *Vida solitaria en Montserrat o Manresa*. In: *Estudios Ignacianos*. Roma: IHSI, 1957, 177.

encerrado em sua casa, libertado dos estrondos e tumultos de sua confusão, e livrando-lhe de muitas ocasiões de o ofender, colocando-os num lugar de paz e de quietude, onde possam corrigir sua vida passada, pela penitência e compunção; para que dos inumeráveis benefícios lhe deem graças e para que, consideradas suas perfeições e maravilhas pelo exercício da contemplação, se façam por amor um só espírito com Ele e alcancem a verdadeira sabedoria [...] Os afastou dos buliçosos e enojosos negócios do mundo, [para que] toda sua ocupação seja em contemplar e pensar que Ele é Bem infinito a quem devem amar (*Cb*, 2-4).

Note-se que nesse texto está condensado o essencial da mistagogia monástica que chegou às mãos de Inácio. Nele, encontramos as *três vias clássicas* da vida espiritual já mencionadas:

1. "onde possam corrigir sua vida passada, pela penitência e compunção": *Via purgativa*.
2. "Para que dos inumeráveis benefícios lhe deem graças": *Via iluminativa*.
3. "E para que, consideradas suas perfeições e maravilhas pelo exercício da contemplação, se façam, por amor, um só espírito com Ele": *Via unitiva*.

O peregrino teria iniciado os exercícios da *via purgativa* fazendo sua confissão geral em Montserrat, e durante os meses seguintes deu-se a duras penitências. Pouco a pouco conheceria não só as penitências corporais voluntárias, mas também a penitência involuntária – passiva – do espírito, que nele consistiu na obsessão dos escrúpulos.

Conta em sua *Autobiografia* que, no princípio, viveu um "mesmo estado interior, com uma igualdade grande de alegria"[35], como se se tratasse da paz que precede a tormenta. Nesse primeiro tempo, Inácio mesmo nos diz que não tinha "nenhum conhecimento de coisas interiores espirituais"[36].

---

35. *Autobiografia*, 20.
36. Ibid., 20.

Pouco antes havia dito que "esta '*ánima*' ainda estava cega, embora com grandes desejos de O servir em tudo que soubesse [...], não olhando a coisa alguma interior, nem sabendo que coisa era humildade, nem caridade, nem paciência, nem discrição para regrar nem medir essas virtudes"[37]. A caminho de Montserrat havia estado a ponto de matar um mulçumano por este não aceitar a virgindade *postpartum* de Maria[38]. É que o peregrino ainda não havia sido despojado de seu *eu* violento e conquistador; tão somente havia mudado a direção de suas pulsões, porém ainda havia muito por purificar, isto é, por despojar. Logo começaria a descobrir que, na vida do Espírito, a pessoa não se arrebata, mas é arrebatada; não se conduz, mas é conduzida; não é ela quem toma as iniciativas, mas sim que as "padece".

A primeira tentação que lhe veio foi o desânimo, "representando-se lhe a dificuldade de sua vida, como se lhe dissessem dentro da alma: 'E como você poderá sofrer esta vida pelos setenta anos que ainda há de viver?'"[39]. Venceu rapidamente esse pensamento, dizendo e desafiando o "inimigo", que nem sequer poderia prometer-lhe uma hora de vida.

Logo experimentou uma alternância muito forte de consolações e desolações, que vinham e se iam sem que ele soubesse como. "Espantou-se com estas variedades que nunca havia provado antes"[40]. Sem o saber, o peregrino estava adentrando na *vida purgativa*, não naquela que ele havia elegido, mas sim aquela na qual haveria de aprender a deixar-se conduzir. Ele ia rumo à Noite, à descida a seus próprios infernos. Tempo que corresponde ao segundo estágio de todo processo iniciático.

2.2. A purificação passiva do peregrino

A "purificação" se fará mais árdua e extrema no seguinte assalto, que durará meses: seu combate contra os escrúpulos. De acordo com a

---

37. Ibid., 14.
38. Cf. *Autobiografia*, 15-16.
39. *Autobiografia*, 20.
40. *Autobiografia*, 21.

hipótese de que o peregrino se valia do *Compendio* para suas orações, cremos que esses escrúpulos foram atiçados pelos exercícios da *via purgativa* que ali são propostos e por um capítulo que os precede, intitulado: *Das coisas que deve, aquele que se exercita, trazer à memória ao princípio de sua conversão, para que seja provocado a temer*[41]. Tanto nesse capítulo como nos exercícios próprios da *via purgativa*, fomenta-se o temor pelas consequências dos próprios pecados – morte, juízo e inferno[42] –, recorrendo aos exemplos de Lúcifer e de Adão e Eva[43], confrontando-os sempre com a Paixão do Senhor[44]. Ali, Inácio pôde ler obsessivamente pontos como estes:

> Pensa e pondera a multidão e gravidade de teus pecados antes de tua conversão cometidos; os quais dão vozes a Deus demandando castigo, pois por eles ofendeste a teu Criador, e por falta de agradecimento, outra vez o tornaste a crucificar (*Cb*, 42).
> Pensa quão pouco hás satisfeito por eles, e quão pequena tem sido tua contrição, sendo eles tão feios, tão torpes e tão prejudiciais a ti e a teus próximos (*Cb*, 43).
> Pensa e tem por certo que nesta vida ou na outra os hás de pagar, até o último dinheiro (*Cb*, 44).

Assim, a Inácio começou parecer que havia feito mal sua confissão geral em Montserrat. Confessou-se uma e outra vez sobre o que acreditava não haver dito, mas não ficava tranquilo com isso[45]. Essa angústia converteu-se em tormento, e se prolongou durante meses. Os escrúpulos eram o lado escuro do autocentramento em que seguia ancorado: frente à imagem idealizada de si mesmo como herói da santidade, a sombra do seu eu jogava-lhe as chagas de seu passado, em forma de culpabilidade implacável. Tal era seu tormento que chegou inclusive ao desejo

---

41. *Cb*, 20-33.
42. Cf. *Cb*, 28-32; 49-85.
43. Cf. *Cb*, 27; 37-48.
44. Cf. *Cb*, 33; 42; 46; 63; 73; 86-116.
45. Cf. *Autobiografia*, 22.

de suicidar-se: "Vinham-lhe muitas vezes tentações, com grande ímpeto, de jogar-se de um agulheiro[46] grande que aquele seu recinto tinha, e estava ao lado do lugar onde fazia orações. Mas, sabendo que era pecado matar-se, tornava a gritar: – Senhor, não farei coisa que te ofenda"[47].

Nada nem ninguém podia aliviá-lo dessa *noite passiva do espírito*[48]: "E assim começou a buscar alguns homens espirituais que lhe remediassem destes escrúpulos; mas nenhuma coisa o ajudava"[49]. Inácio era conduzido ao conhecimento extremo de sua indigência. Já não é o soldado convertido que acredita poder conquistar a Deus como se conquista a uma dama ou a um reino. Existem forças mais ocultas e mais obscuras das quais a pessoa não pode se libertar por si mesma, se não se entrega, ou seja, se não se "des-centra". "Embora, de certo modo, soubesse que tais escrúpulos lhe fizessem grande mal e que seria bom se livrar deles, não conseguia levar a termo por si mesmo."[50] Nem sequer uma semana de jejum total aplaca aquele tormento[51].

Já não resta nada daquela arrogância de Loyola, quando "todo seu discurso era dizer consigo: – São Domingos fez isto; pois eu o tenho

---

46. Abertura para permitir a entrada de luz e ar, geralmente estreita e alta, comum em construções medievais. (N. das T.)
47. *Autobiografia*, 24.
48. Utilizamos esta expressão tomando-a de SAN JUAN DE LA CRUZ (Cf. Noche Oscura, L. II). Talvez possa parecer um pouco excessivo introduzi-la aqui, porque a "noite passiva do espírito" descrita por São João da Cruz é mais radical e duradoura que a experimentada por Inácio durante os meses em que foi combatido pelos escrúpulos. Porém, a introduzimos aqui para realçar o aspecto passivo e kenótico que experimentou o peregrino nesta segunda fase do período manresano, depois do qual Inácio emergirá transformado.
49. *Autobiografia*, 22.
50. *Autobiografia*, 22.
51. *Autobiografia*, 25. Os primeiros companheiros também fizeram seus *Exercícios* dando-se a fortes jejuns. Inácio não permitiu que Pedro Fabro prolongasse mais o jejum de seis dias que levava sem comer, embora seu primeiro desejo ter sido passar o mesmo tempo "quanto o Pai Inácio havia estado, para o qual lhe faltava pouco". Inácio recordará com nostalgia a radicalidades daqueles começos. Cf. *Memorial de González de Cámara. MI.*, s. IV, I, p. 303 (*FN* I, 305, p. 704-705).

que fazer. São Francisco fez isto; pois eu o tenho que fazer"[52]. Este "consigo" é correlativo do "eu", do "tenho" e do "fazer": no primeiro momento de sua conversão acreditava que estava em suas mãos a "apropriação" da santidade, *fazendo* coisas e "tendo-as" que *fazer* por impulsos da própria vontade. Nos princípios de sua estadia em Manresa, "quando se lembrava de *fazer* alguma penitência que *fizeram* os santos, propunha-se *fazer* a mesma e ainda mais"[53]. Agora Deus lhe estava mostrando que para chegar a Ele não havia outro caminho que a "desapropriação", não sabendo, não gostando, não querendo.

Estando assim desfalecido fisicamente pela semana de jejum que se havia imposto, estava inclusive disposto a seguir um cachorrinho que lhe pudesse indicar o remédio[54]. E aqui, no limite de seu abaixamento, esgotada toda forma de arrogância e estando rendido totalmente, é quando Deus pode começar a manifestar-se. E assim diz que "quis o Senhor que despertasse como de um sonho"[55]. Começou "a olhar os meios com que aquele espírito (acusador) havia vindo e assim se determinou com grande claridade de não confessar mais nenhuma das coisas passadas, e, assim, daquele dia em diante ficou livre daqueles escrúpulos, tendo por certo que nosso Senhor o quisera libertar por sua misericórdia"[56]. A experiência desse "inferno" vivido por Inácio permanecerá espelhada nos *Exercícios* ao final da Primeira Semana: "Exclamação admirativa com crescido afeto, discorrendo por todas as criaturas, como me deixaram com vida e nela me conservaram..." [60].

Liberto de seus próprios fantasmas e mais consciente de sua indigência, inicia-se para ele um segundo período que podemos identificar com a etapa *iluminativa* e que alguns autores qualificaram de autêntica "invasão mística"[57].

---

52. *Autobiografia*, 7.
53. *Autobiografia*, 14.
54. *Autobiografia*, 23.
55. *Autobiografia*, 25.
56. *Autobiografia*, 25. Inácio elaborará umas *Regras para sentir e entender os escrúpulos e persuasões do inimigo*, que incorporará ao final de seus *Ejercicios* [345-351].
57. Cf. GUIBERT, Joseph de. *La espiritualidad de la Compañía de Jesús*. Santander: Sal Terrae, 1955, 40.

2.3. Etapa iluminativa

O relato autobiográfico situa justo em continuação da purificação ativa e passiva que acabamos de ver a descrição das experiências místicas que recebeu. "Algo" lhe foi mostrado da essência trinitária – Deus *ad intra*; "algo" de sua energia criadora – Deus *ad extra*; "algo" de sua presença na humanidade de Cristo e no pão eucarístico, quer dizer, no cosmos transfigurado pela invocação sacramental; e "algo" da razão última das coisas. Sobre essas experiências Joseph de Guibert comenta: "Duas coisas tocam imediatamente: a grande pobreza do elemento imaginativo destas visões, e a importância e riqueza de conteúdo que lhes atribuía Inácio trinta anos depois"[58].

Vejamos um pouco mais detidamente cada uma delas:

1. Em primeiro lugar, produziu-se nele uma "elevação do entendimento" a propósito do mistério da Trindade, que se lhe apresentou sob "a figura de três teclas, e isto com tantas lágrimas e soluços, que não se podia conter". Todo o resto daquela manhã continuou derramando lágrimas, e "depois de comer, não podia deixar de falar senão na Santíssima Trindade; e isto com muitas comparações e muito diversas, e com muito gozo e consolação"[59]. Foi tal o impacto dessa experiência, que nos diz Laínez que começou a escrever um livro sobre a Trindade[60]. Essa "invasão" trinitária, que o fazia "falar *na* Santíssima Trindade", encontrando todo tipo de comparações referentes a ela, aparece de novo em seu *Diário Espiritual,* na terça-feira dia 19 de fevereiro de 1544:

---

58. *La espiritualidad de la Compañía de Jesús.* Santander: Sal Terrae, 1955, 10. Esta observação foi logo repetida por muitos autores. Parece-nos que ainda está por fazer um estudo profundo e interpretativo destas experiências místicas. Nossa intenção aqui não é a de analisar a natureza destas experiências, senão de mostrar, de um modo geral, a evolução espiritual de Santo Inácio, para compreender melhor a dinâmica que deixou escrita nos *Exercícios*.
59. *Autobiografia*, 28.
60. *FN* I, 82.

"Neste dia, ainda andando pela cidade com muita alegria interior, seguia tendo representações da santíssima Trindade, ao ver ora três criaturas racionais, ora três animais, ora três outras coisas e assim por diante"[61].

2. A representação de como Deus havia criado o mundo, vendo como "uma coisa branca da qual saiam alguns raios e que dela fazia Deus luz"[62].

3. A visão interior da presença de Cristo na Eucaristia: vi "com os olhos interiores", no momento da elevação do Corpo de Cristo, "como uns raios brancos que vinham de cima; embora isso, depois de tanto tempo, não o posso bem explicar", insiste em "o que viu claramente com o entendimento foi como Jesus Cristo nosso Senhor se encontrava no Santíssimo Sacramento"[63].

4. A visão de Jesus com seus "olhos interiores" sob a aparência de um "corpo branco, nem muito grande nem muito pequeno [...]. Isto viu muitas vezes em Manresa: se dissesse vinte ou quarenta, não se atreveria a julgar que fosse mentira. Outra vez o havia visto entrando em Jerusalém, e outra vez caminhando perto de Pádua"[64].

5. E por último, a chamada *ilustração ou iluminação do Cardoner*, na qual se lê: "começaram a abrir os olhos do entendimento e não que viesse alguma visão, mas entendendo e conhecendo muitas coisas, tanto de coisas espirituais, como de coisas da fé e letras; e isto com uma ilustração tão grande, que lhe pareciam novas todas as coisas"[65].

---

61. *Diário Espiritual*, 35.
62. *Autobiografia*, 29.
63. Ibid., 29.
64. Ibid., 29. A brancura desta visão recorda a brancura da manifestação da glória de Jesus no Tabor. Cf. Mt 17,2; Mc 9,3; Lc 9,29. Em outras passagens da *Autobiografia* se mencionam mais *visões interiores* de Cristo: 41.44.48.96.99. Vinte e dois anos depois, na terça-feira, 27 de fevereiro de 1544, Inácio passará de perceber a Cristo em sua humanidade, a percebê-lo em sua divindade: Cf. *Diário Espiritual*, 87. TERESA DE JESUS também conheceu tais experiências. Cf. *Vida*, cap. 27 e cap. 28,5.
65. Ibid., 30.

O Oriente cristão dispõe de certas chaves para interpretar esta última experiência[66]. As origens do monacato oriental estão próximas ao neoplatonismo e ao estoicismo. O estoicismo concebe que o cosmos está formado pelos *logoi* – "razões" – dos seres; estes, não manifestos à vista, são os que configuram a substância das formas visíveis. Entre os teólogos orientais, São Máximo, o Confessor[67], é um dos que mais se referiu à percepção mística dessa essência oculta dos seres: "O Reino dos Céus é a compreensão do puro conhecimento dos seres segundo suas próprias *razões*, este conhecimento que está em Deus antes de todos os séculos"[68].

Também Elias, o Ecdico (séc. XI-XII), diz: "As *razões* (*logoi*) do incorporal são como a armação óssea que está recoberta pela pele do sensível. Ninguém que não se tenha liberto de sua inclinação apaixonada pelo sensível poderá vê-las [...]. Nos incorporais revela-se a razão (*logos*) mais alta que o ser, a qual a alma fervorosa trata de alcançar"[69].

---

66. Também está presente na Igreja do Ocidente. Teresa de JESUS parece que experimentou algo semelhante. Cf. *Vida*, cap. 18,15 e cap. 40,4.9. Nas *Sextas Moradas*, cap. 3 também faz referência a experiências semelhantes. MARIA DE LA ENCARNACIÓN (mística francesa do séc. XVII) as conheceu também: "Minha alma experimentava sem cessar uma tendência puramente espiritual para Deus. O queria de um modo que até então me era desconhecido. O reconhecia em todas as criaturas e nos fins pelos quais haviam sido criadas, porém tão espiritualmente, que esta contemplação estava tão purificada da matéria que as criaturas não me distraíam nada. Tinha um conhecimento infuso da natureza de cada coisa", *Relation de 1654*, 4º estado de oração, XI. In: *Marie de L'Incarnation*. Paris: Aubier & Montaigne, Col. *Les Maîtres de la Spiritualité Chrétienne*, 1942 (18-IV-95). A *iluminação do Cardoner* se pode colocar também nesta relação com o *satori*, a experiência da iluminação Zen. Assim o faz LASSALLE, H. M. *Enomiya*. In: *Zen y mística Cristiana*. Madrid: Paulinas, 1991, 302.
67. Monge do séc. VII e um dos maiores teólogos que a Igreja do Oriente nos deu.
68. *Philocalie des Pères Neptiques*, vol. VI, *Centurias Teológicas y Económicas*, II, 90, p. 122. Ver também: ibid., I, 59, p. 91; 70, p. 93-94; II, 92, p. 145; IV, 5, p. 147; 98, p. 166 e *Centurias sobre el amor*, I, 95, p. 31.
69. Ibid., vol. VII, 86 e 85, p. 153. Encontramos textos semelhantes em PALAMAS, Gregorio, vol. X, p. 257; em CALIXTO, o patriarca, vol. XI, 34, p. 50-51; e em CALIXTO cataphygiotes, vol. XI, 81, p. 211.

Pedro Damasceno (séc. XI), sem utilizar a terminologia estoica dos *"logoi"*, refere-se frequentemente em seus escritos a iluminações semelhantes: o monge purificado "considera a bondade e a sabedoria de Deus ocultas nas criaturas, o poder e a providência que existe nas artes, a sabedoria que está nas letras e nas palavras"[70]. Também: "Pelo conhecimento espiritual e a humildade, aquele que se consagra à solitude compreende o mistério que está oculto nas Divinas Escrituras e em todas as criaturas"[71].

Entre os primeiros companheiros, Nadal é o que melhor expressa o que supôs para Inácio a iluminação do Cardoner:

> Quando alguma vez se lhe perguntavam sobre questões importantes ou sobre o modo do Instituto da Companhia, ou quando devia decidir sobre algo, costumava remeter-se àquela graça e àquela luz, como se houvesse captado ali as *razões e causas* das coisas [...], como se lhe tivessem desvelado os fundamentos de todas as coisas[72].

Essas "razões e causas das coisas" são a tradução latina dos *"logoi"* que acabamos de mencionar, terminologia que, sem dúvida, Nadal conheceria dada a sua vasta formação greco-latina.

Não podemos saber o que foi revelado a Inácio naquele primeiro momento, mas pelo testemunho da *Autobiografia* e dos primeiros companheiros, sabemos que algo mudou nele a partir de então, e que a passagem da espiritualidade eremítica à dos *Exercícios* deve muito a este momento. Em outra ocasião, Nadal dirá que Inácio "entendeu (ali) todas as coisas em uma claridade e luz muito elevada, à qual costumava se referir depois, dando a razão das coisas que acontecia lhe solicitarem, tanto da Companhia como outras espirituais"[73].

---

70. *Philocalie*, vol. II, 114.
71. Ibid., 202. Ver também: 282; 314.
72. "Quasi rerum omnium ibi sive rationes sive causas videsset [...]; ita ut aperirentur sibi omia rerum principia", *FN* II, *Dialogi pro Societate*, 240.
73. *FN* II, *Pláticas de Coímbra*, 152-153. LETURIA, Pedro de fala da "força *sintetizadora e orgânica* desta experiência". E acrescenta: "antes de escrever os

2.4. Duas afirmações mistagógicas

Duas afirmações chaves se desprendem da boca de Inácio, comentando este período de sua vida: "Neste tempo Deus o tratava da mesma maneira como um professor de escola trata uma criança, ensinando-a"[74] e "estas coisas que viu o confirmaram então e lhe deram sempre tanta confirmação da fé, que muitas vezes pensou consigo: Se não houvesse Escrituras que nos ensinassem estas coisas da fé, já se determinaria a morrer por elas, somente pelo que viu"[75].

Surpreendente afirmação a segunda, cuja chave está na primeira. É que para ser guiado tem-se que deixar-se guiar "como uma criança". A iniciação no Mistério só é possível quando, além do domínio das paixões – via ativa –, há disposição para acolher a revelação de Deus – via passiva. Durante os primeiros meses Inácio estava muito preso a si mesmo para poder *receber*. É fato que em Loyola já havia experimentado algo do que era o dom de Deus, ao ser libertado de suas desordens sexuais após uma visão da Virgem com o Menino Jesus em seus braços[76]. Mas a importância disso não a perceberia até muito mais à frente[77].

A afirmação de que, ainda que não existisse a Bíblia, "ele se determinaria a morrer por elas, somente pelo que havia visto"[78], mostra a

---

     Exercícios, ele os fez e experimentou em si mesmo". *In*: *Estudios ignacianos*, t. II. Roma: *Bibliotheca Instituti Historici SI* (BIHSI), 1957, 14.
74. *Autobiografia*, 27.
75. *Autobiografia*, 29,4.
76. "Já estava esquecendo seus pensamentos passados com estes santos desejos que tinha, os quais foram-lhe confirmados com uma visitação, desta maneira: estando uma noite desperto, viu claramente uma imagem de nossa Senhora com o Santo Menino Jesus, com tal visão, por um espaço notável, recebeu consolação muito excessiva e ficou com tanto asco de toda a vida passada, e especialmente das coisas de carne, que parecia-lhe ter-se quitado da alma todas as espécies que antes tinha nela pintadas", *Autobiografia*, 10.
77. "Assim, desde aquela hora até agosto de 1553, quando isto escreve, nunca mais teve nem um mínimo de consentimento em coisas da carne; e por este efeito se pode julgar ter sido coisa de Deus, ainda que ele não ousasse determiná-lo, nem fazer mais que afirmar o relatado", ibid.
78. Afirmações como esta encontramos também no monacato oriental: "Quando a alma e tudo o que está contido nela vem pela graça a divindade do

importância de sua experiência iniciática em Manresa. *Visão* e *conhecimento* estão muito ligados na experiência mística. O místico é aquele que foi conduzido pelo próprio Deus ao interior de seu *mistério* e que foi transformado pelo que lhe foi desvelado.

Inácio se converteu em *testemunha* do que viu, ou melhor, do que lhe foi concedido *ver*. Uma etapa da *mistagogia* de Deus para com ele se concluiu. E com ela, o convencimento de que Deus pode se comunicar imediatamente com cada pessoa que se dispõe para esse encontro. Assim ele deixou escrito: "Aquele que dá (os tais exercícios espirituais) deixe imediatamente agir o Criador com a criatura, e a criatura com seu Criador e Senhor"[79].

2.5. As transformações interiores deste período

Fazendo um balanço dos dons recebidos em Manresa, chama a atenção que o próprio Inácio coloque o acento em seu aspecto cognitivo: com respeito à Trindade, assinala que "começou a se elevar seu entendimento"; quanto à compreensão do ato criador diz que "foi-lhe apresentado ao entendimento o modo como Deus havia criado o mundo"; a respeito da presença de Cristo na Eucaristia, diz que "o viu claramente com o entendimento"; e sobre o Cardoner, o que lhe sucedeu foi que "começaram a se abrir os olhos do entendimento". Por isso, qualificamos essa

---

Verbo, o tempo é chegado de não ter necessidade de testemunhos que venham de fora", CALIXTO, el patriarca (séc. XIV), *Philocalie*, vol. XI, p. 46. Ver também: SIMEÓN, el nuevo teólogo (séc. X-XI), *Philocalie*, vol. V, 118, p. 132; DAMASCENO, Pedro (séc. XI), vol. II, 140; 208.

79. [15]. RAHNER, Karl. *In: Palabras de Ignacio de Loyola a un jesuita de hoy*, faz desta afirmação o traço fundamental da espiritualidade inaciana: "Que Deus pode e quer tratar de modo direto com sua criatura, que o ser humano pode realmente experimentar como tal coisa sucede, que pode captar o soberano desígnio da liberdade de Deus sobre sua vida [...]; estas convicções, tão simples e ao mesmo tempo tão exorbitantes, me parece que constituem, junto com outras coisas que direi mais adiante, o núcleo do que vós costumais chamar minha espiritualidade". Santander: Sal Terrae, 1979, 12-13.

etapa de *via iluminativa*, uma vez que corresponde ao terceiro estágio de toda experiência iniciática, que é o desvelamento do conhecimento místico que transforma o iniciado em outra pessoa.

Com efeito, os dons recebidos em Manresa começaram a transformar o peregrino, tanto em seu entendimento como em sua vontade, isto é, todo o mundo dos afetos. Inácio conta que durante os primeiros meses tinha, de vez em quando, uma visão em forma de serpente resplandecente com múltiplos olhos[80]. Tal visão lhe produzia gratificação enquanto durava, mas o deixava com um gosto ruim na boca quando desaparecia. Do ponto de vista simbólico, a serpente está associada a uma imagem fálica, e os olhos resplandecentes têm uma forte conotação narcisista-exibicionista. Ambos os elementos são regressivos, dobrando o peregrino sobre si mesmo. Após a experiência do Cardoner, pôde reconhecer pela primeira vez que se tratava do Mau Espírito e pôde rejeitá-lo com "um conhecimento muito claro e com grande assentimento da vontade"[81]. As diferentes dimensões de sua pessoa começavam a se integrar, mas não a ponto de unificá-las por completo nem em si nem em Deus. Após sua passagem por sua *Igreja primitiva*, Inácio sentia-se "como se fosse outro homem e tivesse outro intelecto do que tinha antes"[82], mas isso não significava que o peregrino devesse abandonar sua busca despojante de Deus. Ao contrário, aquelas experiências estimularam ainda mais essa busca e liberaram mais esse despojamento.

Após a noite do espírito e após os dons e iluminações recebidos, operou-se no peregrino uma transformação: encontramo-lo mais descentrado de si mesmo. Aquele "raciocinar consigo" de Loyola[83] se transformou no "vir comigo" do chamado de Cristo: "Quem quiser vir comigo há de *trabalhar* comigo, porque seguindo-me na pena também me siga na glória" [95,5]. Buscar a glória de Deus marca o descentramento da busca pela própria glória, mas essa glória Sua será uma glória compartilhada, porque trata-se de um intercâmbio entre amantes: "O amor consiste na

---

80. Cf. *Autobiografia*, 19.
81. *Autobiografia*, 31.
82. *Autobiografia*, 30. Anotado por González da Câmara na margem.
83. Cf. *Autobiografia*, 7.

comunicação das duas partes, a saber, em dar e comunicar o amante ao amado o que tem, ou do que tem e pode, e assim, pelo contrário, o amado ao amante" [231,1].

Assim, embora durante o primeiro tempo a paixão do peregrino andasse como que dividida entre a fascinação pela contemplação de Cristo e a identificação com seus trabalhos, as experiências místicas recebidas devem tê-lo feito intuir que a ruptura entre contemplação e ação estava mal colocada. Tanto a compreensão interna do ato criador[84] como a iluminação do Cardoner[85] lhe mostraram que o mundo inteiro era suscetível de contemplação.

Por uns instantes, o mundo não se lhe mostrou opaco, mas transparente à presença de Deus. O mundo não se lhe apareceu como um conjunto de "estrondos e tumultos de confusão"[86], como pode haver lido no *Compendio*, senão que, a partir de então, o peregrino intuiu que todas as coisas e situações podiam ser ocasião de adoração e contemplação. A questão estava mais em conseguir uma atitude ou disposição que permitisse essa contemplação permanente, aquilo que Nadal formularia como o carisma próprio da espiritualidade inaciana: ser "contemplativos na ação"[87].

A contribuição de Inácio à Tradição espiritual é a unificação dessa polaridade, que se realiza pelo ato de buscar e fazer a vontade de Deus. Para fazê-la, há que conhecê-la. E para ambas as coisas – para conhecer e para fazer a vontade de Deus – há que se dispor. Tal é o objetivo dos *Exercícios* e a chave da mistagogia inaciana[88]. Nessa busca, a mística do

---

84. "Uma vez se lhe apresentou no entendimento, com grande alegria espiritual, o modo como Deus havia criado o mundo, que lhe parecia ver uma coisa branca, da qual saíam alguns raios, e que dela fazia Deus luz", *Autobiografia*, 29.
85. "E isto com uma ilustração tão grande, que lhe pareciam novas todas as coisas", *Autobiografia*, 30.
86. *Compendio*, 3.
87. *Mon. Nadal*, V, Annot. In: *Examen*, cap. IV, 162-163. Também *in: Ep. Nadal*, IV, 653.
88. Assim o compreendeu Henri BREMOND em 1929 em sua polêmica, porém, afinada análise dos *Exercícios*: "Querer o que Deus quer sempre foi e

conhecimento e a mística da vontade (ou do amor) se encontram: porque "encontrar" implica "conhecer", e uma vez "conhecida" essa vontade, aderir-se até unir-se a ela com todo o ser. O peregrino concebeu seus *Exercícios* para este "buscar e encontrar a vontade divina" [1,4; 4,5.7; 11,2; 15,3; 16,3; 20,8; 76,1; 87,3; 189,9]. A vida do peregrino foi a aventura e a paixão deste despojamento: o abandono do próprio conhecimento e da própria vontade[89].

3. A vocação pessoal do peregrino, critério interno de eleição

A incipiente familiaridade de Inácio para com Deus começou a lhe dar conhecimento sobre si mesmo e sobre sua vocação, isto é, sobre o querer de Deus sobre ele. Assim, simultaneamente aos dons que lhe davam conhecimento "do divino", foi percebendo cada vez melhor "o humano", dando-se conta do "fruto que fazia nas almas tratando-as"[90]. O Inácio ancião considera três razões que poderiam explicar esse trato privilegiado de Deus para com ele naquele tempo: "Ou isto foi por sua rudeza e confusa criatividade, ou porque não tinha quem o ensinasse, ou pela firme vontade que o mesmo Deus lhe havia dado para O servir"[91].

A segunda razão surpreende – "porque não tinha quem o ensinasse" –, se tivermos em conta os testemunhos lidos sobre o vínculo de Inácio com Dom Chanon. Entretanto, nossa hipótese é que, embora tanto o *Compendio* como o monge o tenham ajudado e orientado durante o primeiro período, essa ajuda lhe resultou insuficiente no segundo. E assim como não encontrou ninguém que o ajudasse durante a noite dos escrúpulos, tampouco encontrou alguém que o dirigisse ou com quem

---

sempre será a regra suprema. Porém antes de Santo Inácio se estava mais preocupado em cumpri-la do que encontrá-la". *Saint Ignace et les Exercices*. In: *Supplément à la "Vie Spirituelle"*, abril de 1929, 27.

89. "Pense cada um que tanto aproveitará em todas as coisas espirituais, quanto sair de seu próprio amor, querer e interesse" [189,10].
90. *Autobiografia*, 89.
91. Ibid., 27.

compartir aquela "invasão mística" da seguinte etapa *iluminativa*. Ninguém, quer dizer, nem Dom Chanon, nem o confessor dominicano da Catedral[92], nem o prior de São Paulo, ao qual, entretanto, pensará em recorrer após seu retorno da Terra Santa, mas que encontrará já morto[93]. Ninguém, à exceção de uma mulher que lhe havia dito: "Queira Nosso Senhor Jesus Cristo vos aparecer um dia"[94].

Nesse vazio, nessa falta de mestres espirituais, isto é, de *mistagogos*, está a origem do que logo irá construir o eixo vertebral e orientador de sua vida: a "ajuda das almas". O que ele não havia encontrado para si, queria oferecer aos demais.

Assim o expressam os que mais souberam do peregrino: "Ao mesmo tempo nascia nele o desejo de ajudar ao próximo", disse Nadal[95]. E Polanco: "Aqui Deus nele imprimiu um grandíssimo zelo pelas almas"[96]. E: "Estes desejos de comunicar ao próximo o que Deus lhe dava, sempre os teve, descobrindo por experiência que não só não diminuía nele o que comunicava a outros, mas ainda crescia muito mais. Assim que, na mesma terra de Manresa, começou a dar estes exercícios a várias pessoas"[97].

Desse modo, o peregrino foi passando progressivamente do autocentramento e mimetismo à atenção à vontade de Deus e ao desejo de ajudar aos demais. E assim, foi abandonando as penitências excessivas, voltou a comer carne e cortou as unhas e cabelos[98]. É que o peregrino vai encontrando pouco a pouco seu lugar.

Esse desejo de comunicar aos demais sua própria experiência – de que existe uma vontade de Deus para cada um – é o que constituiu o núcleo de sua originalidade – que por sua vez nos revela sua própria *vocação pessoal* –, é o que constituirá o critério interno de suas futuras eleições.

---

92. Ibid., 22.
93. Ibid., 54.
94. Ibid., 21.37.
95. MHSI, *Font. narr.* II, 190.
96. *Chron.*, I, 25.
97. *FN* I, 163-164.
98. *Autobiografia*, 27, 29.

4. As eleições do peregrino

As transformações operadas no peregrino durante os onze meses de Manresa não o fizeram mudar sua ideia de peregrinar à Terra Santa, mas bem pelo contrário, reforçaram ainda mais seus desejos: "Seu firme propósito era permanecer em Jerusalém, visitando *sempre* aqueles lugares santos"[99]. Não parece que nesses momentos se questionava se realmente era essa a vontade de Deus para ele, mas que "ele tinha grande certeza em sua alma, que não podia duvidar, mas que haveria de encontrar um modo de ir para Jerusalém"[100]. Tal era sua avidez sobre esse ponto, tais eram ainda "seu amor, querer e interesse" [189], que não havia espaço para o questionamento nem para a manifestação de Deus.

A vontade de Deus só pôde se manifestar a ele pela força dos acontecimentos: o provincial dos franciscanos o ameaçou com a excomunhão se não obedecesse e partisse[101]. Só assim "o dito peregrino entendeu que era vontade de Deus que não permanecesse em Jerusalém"[102].

Inácio, ao retornar da Terra Santa, se encontra sem rumo e nem objetivo: "Sempre veio pensando consigo o que faria"[103]. "Pensando consigo", diz. Parece que ainda não é espontâneo nele o dirigir-se a Deus para "discernir com Ele" o que deveria fazer. Parece que ainda permaneceram vestígios daquele "consigo" dos inícios, quando, bastante narcisisticamente, queria imitar a São Francisco e a São Domingos. No entanto é um "consigo" que já leva incorporado um chamado que o tira de si: "a ajuda

---

99. *Autobiografia*, 45.
100. *Autobiografia*, 40. Muito pouco depois volta a falar nos mesmos termos desta certeza. Ibid., 42.
101. Cf. *Autobiografia*, 46.
102. *Autobiografia*, 50. COSTA, Maurizio, em sua análise sobre o estilo de eleição de Santo Inácio, faz notar muito bem que, pela primeira vez, a sólida vontade do peregrino choca contra a vontade eclesiástica, e que a partir deste momento, fracassado seu projeto de permanecer em Jerusalém. "Ignazio incomincia a vivere l'elezione come uno stato permanente. Gerusalemme ormai diventa una meta che non raggiungerà più", *Aspetti dello stile di elezione di S. Ignazio nell'Autobiografia*. Roma: CIS, Col. *Subsidia* 6, 1974, 31.
103. *Autobiografia*, 50.

das almas". Naqueles tempos o peregrino duvidava entre entrar em uma ordem religiosa ou "andar assim pelo mundo"[104]. Diz-nos Lainez que "vendo que estava chamado à ajuda aos demais, dizia que melhor seria ser conventual do que observador, para poder ajudar aos demais"[105].

Aquilo que percebe como sua "vocação pessoal" é o critério que o faz decidir dar o seguinte passo: ir a Barcelona e colocar-se "a estudar algum tempo para poder ajudar as almas"[106]. Essa mesma razão é a que o faz pensar no prior de São Paulo, que conheceu em Manresa: parece-lhe que ele é quem reúne as melhores condições tanto "para mais comodamente dispor-se ao espírito", como para "aproveitar às almas"[107].

Em Alcalá, quando lhe dão a sentença de vestir-se como os demais estudantes e não falar de coisas de fé até o fim de quatro anos, quando já tivesse mais estudos[108], decide partir "porque lhe fechavam a porta para aproveitar às almas"[109]. Pela mesma razão abandona Salamanca um ano depois, "porque para aproveitar às almas lhe parecia ter a porta fechada com esta proibição de não definir sobre pecado mortal e venial"[110]. Nesse tempo começa a gestar-se em Inácio a ideia de constituir um grupo de companheiros que tivessem "os mesmos desejos de aproveitar às almas"[111].

Quando, sete anos depois, foi constituído por fim o grupo dos sete companheiros, Inácio segue tendo o desejo persistente de ir a Jerusalém, mas desta vez "o proveito das almas" está mais em primeiro plano do que doze anos antes:

> Já por este tempo haviam decidido todos o que tinham que fazer, isto é: ir a Veneza e a Jerusalém, e *gastar sua vida em proveito das almas*; e se não conseguissem permissão para permanecerem em Jerusalém, voltar a Roma e apresentarem-se

---

104. *Autobiografia*, 71.
105. *FN* II, 137-138.
106. *Autobiografia*, 50.
107. *Autobiografia*, 54.
108. Cf. ibid., 62.
109. Ibid., 63.
110. Ibid., 70.
111. Ibid., 71.

ao Vigário de Cristo, para que os usasse no que julgasse ser de mais glória de Deus e *utilidade das almas*[112].

Desde sua conversão em Loyola até a fundação da Companhia em Roma, dezessete anos depois, foram muitas as eleições, isto é, os despojamentos que teve que ir fazendo o peregrino. Ao longo de todos esses anos de busca da vontade de Deus, dois critérios dão coerência e unidade a todas as suas decisões e que constituem sua vocação pessoal: a *"ajuda às almas"* e *"em pobreza e humildade"*. O primeiro critério dá o "conteúdo" *(logos)* e o segundo a "forma" *(tropos)*. Trata-se dos fios condutores complementares que vão desde Manresa até Roma, passando por todos os caminhos e cidades que foi atravessando, "sozinho e a pé"[113]. Um duplo critério interno que forma um só eixo unificador e unificante e que temos identificado como a *vocação pessoal* de Inácio.

Poderíamos pensar que uma vez fundada a Companhia, o peregrino cessou de buscar. Nada mais longe disso. Embora "a Jerusalém de suas antigas moções se havia transformado na Roma da Storta"[114], a detenção de seu êxodo exterior intensificou seu êxodo interior. Aquele "Quero que tu nos sirvas" pronunciado por Jesus[115] converteu-se para Inácio em um imperativo, ainda de maior fidelidade e transparência na busca de Sua vontade.

Talvez o testemunho mais privilegiado da complexidade e riqueza dessa busca, e de tudo o que está implicado nela, o tenhamos em seu

---

112. Ibid., 85.
113. *Autobiografia*, 73. Em 1536, escrevia de Paris a Jaume Cassador, dizendo-lhe que logo iria acabar seus estudos e que se colocaria a pregar, porém não sabe se na Espanha ou "se, fora da Espanha, em coisas mais afrontosas e trabalhosas para mim, caso Deus N S não me pusesse, o que não estou certo de um nem de outro, mas sempre em estado de pregar em pobreza". *Carta de 16 de febrero de 1536*. BAC, 655.
114. LETURIA, Pedro de. *Génesis de los Ejercicios de San Ignacio y su influjo en la fundación de la Compañía de Jesús*. In: *Estudios Ignacianos*. Roma: AHSI, 1957, vol. II, 36.
115. Cf. *Autobiografia*, 96. Lainez deu mais detalhes desta visão em um seminário dado em Roma em 1559, de onde está tirada a frase citada. Cf. *FN* II, 133.

Diário Espiritual. Particularmente nas páginas que cobrem o período de 40 dias, que vai desde 2 de fevereiro até 12 de março de 1544. Nelas assistimos ao combate inicial e ao despojamento final da eleição inaciana, na qual todos os registros do ser humano ficam implicados de um modo admirável. Através de um assunto aparentemente exterior – a pobreza das casas professas –, o peregrino é conduzido a uma maior união com Deus. Através das páginas do *Diário* assistimos à passagem de um "buscar" ainda centrado no eu e seus desejos, para um "deixar-se encontrar" pelo Tu de Deus, que acaba invadindo todo o horizonte do peregrino.

5. O peregrinar e a transformação do peregrino no *Diário Espiritual*[116]

O objeto inicial da eleição é o seguinte: nas deliberações de 1541, os primeiros companheiros haviam decidido que, além das rendas para as casas de formação, se constituiriam as sacristias como pessoa jurídica distinta da Companhia, as quais pudessem dispor de rendas para o apostolado. Nesse momento, Inácio havia aceitado a determinação de seus companheiros, mas não havia ficado tranquilo. Três anos mais tarde, em 1544, aquele infatigável peregrino em busca da vontade de Deus, que se havia identificado com o seguimento de Jesus pobre e humilde, decide

---

116. A primeira edição integral do *Diário* não ocorreu até 1934. *In*: MHSI, *Mon. Const.* I, 86-158, preparada por CODINA, Arturo. O primeiro estudo foi feito por GUIBERT, Joseph de em 1938: *Mystique ignatienne. In*: *RAM* 19 (1938), 3-22; 113-114. Esses artigos foram reunidos em um só volume em: *Saint Ignace mystique*. Toulouse: Éd. Apostolat de la prière, 1950. Múltiplos estudos e edições foram se sucedendo desde então. A numeração que foi incorporada se deve a Maurice GIULIANI, aparecida pela primeira vez na tradução francesa: *Journal Spirituel*. Paris: DDB, Col. *Christus* 1, 1959. Destacamos também a edição preparada e apresentada por THIÓ, Santiago de Pol. *El pelegrí endins. Diari espiritual de sant Ignasi de Loiola*. Barcelona: Claret, Col. *Horitzons* 20, 1990, 228p. (trad. ao castelhano sob o título: *La intimidad del Peregrino*. Bilbao-Santander: Mensajero & Sal Terrae, Col. *Manresa* 3, 1991).

retomar a questão, parecendo-lhe que se afastavam da pobreza evangélica. Para isso, recorre ao método do *primeiro modo de eleição do terceiro tempo* [178-183], isto é, a consideração dos prós e contras da matéria de eleição; e redige um texto conhecido como *Deliberação sobre a pobreza*[117], no qual considera os "convenientes" e "inconvenientes" da questão. Sobre esse texto medita, ora e escreve em seu *Diário*, em torno da celebração diária da Eucaristia. Santo Inácio se propõe a fazer essa eleição pelo método mais humilde, que é o exercício da razão, mas no fundo ele almeja poder clarificar a eleição pelo segundo tempo, e inclusive pelo primeiro.

A avidez de ter "certeza" em sua eleição servirá para que Deus o leve mais além de onde se encontrava, conduzindo-o através da obscuridade a um estado de maior união com Ele, por meio de um maior abandono e de um novo "acatamento amoroso". Como no caso de Jerusalém, o lugar externo da eleição (neste momento as rendas), se converte em um não-lugar, ou seja, em uma ocasião para uma maior manifestação de Deus, que pede dele o despojamento, o deixar-se guiar, o abandono. Um grau maior de "passividade", de um não-fazer para deixar-se fazer.

Na continuação vamos seguir, passo a passo, os avatares dessa mistagogia de Deus para com Inácio, peregrinação, *"endins"* – "para dentro" –, como se diz na edição catalã do *Diário*.

5.1. *Tempo tranquilo*: n°s 1-22 (sábado, 2 de fevereiro – terça-feira, 11 de fevereiro de 1544, 1º-10º dia)

Durante os nove primeiros dias, as moções o inclinavam a renunciar a todo tipo de renda ("não ter nada"), e isso acompanhado sempre com "abundância de devoção e lágrimas" [1; 4; 5; 6; 7; 9; 12; 13]. De maneira que, no décimo dia, segunda-feira, 11 de fevereiro, Inácio decide-se a fazer a eleição. Repassa "as razões que tinha escritas" e considera de novo as diferentes possibilidades, "embora falasse já como coisa feita" [15][118]. Por fim, no mesmo dia, faz ao Pai a oblação de não ter nenhuma renda,

---

117. Cf. *Deliberación sobre la pobreza*, Obras Completas. BAC (1977), 318-320.
118. Ibid., 21-22.

com grande intensidade de lágrimas e soluços de devoção [16]; e, sentindo ou "vendo" em certo modo o Espírito Santo [18], dá por concluída a eleição. Porém, o problema começará no dia seguinte, de tal modo que uma eleição que deveria ter concluído em dez dias se estenderá por mais trinta dias, quarenta no total[119].

5.2. *Primeira crise*: nos 22-23 (terça-feira, 12 de fevereiro, 11º dia)

Na terça-feira Inácio começa dando graças a Deus "por tanto benefício e graça recebidos" [21], mas sente uma ligeira tentação de voltar atrás: vem-lhe por um momento o pensamento de ter rendas "somente para a Igreja" [22]. Supera a tentação e decide dar por acabada a eleição, porém logo se sente perturbado por um vento frio que vem de fora e por uns barulhos que faziam na sala contígua [22]. Parece como se a eleição de não ter rendas o tivesse deixado frágil e suscetível. O peregrino ficou como que à intempérie, e faltando-lhe a segurança das rendas, ao menos quer sentir a certeza de que fez bem a eleição, necessitando sentir-se gratificado pela proximidade da Trindade, como havia tido nos dias anteriores. Entretanto, nesse dia só sente uma ligeira devoção. Não se alonga em sua ação de graças, mostrando assim sua decepção e desconcerto. Pelos remorsos que terá nos dias seguintes, parece como se, mais que uma ação de graças, naquele dia teria surgido nele uma *exigência de arrebatar a graça*.

5.3. *Primeira reconciliação*: nos 23-42 (quarta-feira, 13 de fevereiro – domingo, 17 de fevereiro, 12º-16º dia)

A partir desse momento, o *Diário* concentra-se em uma intensa e sensível, inclusive susceptível, relação do peregrino com a Trindade, à

---

119. Em mais duas ocasiões tentará concluir a eleição: no décimo sétimo dia (segunda-feira, 18 de fevereiro, 44-45), mas não o conseguirá; dois dias mais tarde tentará de novo (59, quarta-feira, 20 de fevereiro), mas também sem êxito.

qual crê haver ofendido no dia anterior. Na quarta-feira 13 não se atreve a dirigir-se diretamente às Três Pessoas, mas recorre "à Mãe e ao Filho" [23]. Sente "muito grande devoção, muitas abundantes lágrimas, vendo e sentindo aos mediadores [...], tendo por firme a oblação feita" [25]. Nos dois dias seguintes sente como a Virgem e o Filho (na consagração da Eucaristia) lhe são propícios ante o Pai. No sábado, dia 16, volta sobre as eleições, mas percebe como é tentado pelo inimigo [34], e sente-se duvidoso e com vergonha perante a Mãe [35]. Contudo, sente ao Pai propício, assim que "não me parecia haver razão de ver mais eleições" [36].

Mas, apesar disso, decide estar mais dois dias sobre ela "e refazer a mesma oblação" [36]. Sua avidez por sentir uma verdadeira confirmação o impede de acabar naquele instante; embora chegue a perceber que, se se estender por mais de dois dias, perderá "a tão intensa devoção" [37]. "Neste sentimento e oblação" tem de novo "tantas lágrimas e abundância de soluços e dádivas espirituais" [38] que se levantou da oração "com firme propósito de observar a oblação feita" [38], ou seja, estender só dois dias mais.

No domingo, "com um amor intensíssimo, calor e grande sabor pelas coisas divinas" [40] confirma de novo que há de concluir no dia seguinte a eleição [42].

5.4. *Segunda crise*: n°s 44-50 (segunda-feira, 18 de fevereiro, 17º dia)

Apesar disso, na manhã seguinte, quando se havia proposto concluir pela segunda vez as eleições, desperta-se "tão pesado e árido de toda coisa espiritual" [44], que desconfia de "achar graça na Santíssima Trindade" [44]. Aqui Deus quer levar mais longe o peregrino: quer lhe mostrar que tanta avidez de consolação, tanta avidez de certeza, não são pertinentes para a oblação de sua eleição.

No entanto, Inácio está ainda muito longe de compreender isso. Ele segue buscando avidamente a graça de que necessita, que lhe satisfaça, e para isso ocorrem-lhe várias coisas: retardar a refeição ou fazer três dias de abstinência [45]. Contudo segue sentindo-se distante da Trindade, pelo que volta a recorrer à mediação de Maria e do Filho, acrescentando dessa vez por intercessores "os anjos, santos Padres, apóstolos e discípulos, e a todos os santos" [46]. Tudo isso leva-o a tal "efusão de lágrimas, moções e soluços interiores, inclusive parecendo como que se as veias ou partes do corpo repercutiam sensivelmente" [47], que faz "a confirmação definitiva à Santíssima Trindade, diante de toda sua corte celestial" [47].

Assim o faz, mas pede a cada Pessoa da Trindade que o confirme [48]. Inácio voltou a cair na armadilha de sua avidez. Daqui que experimente de novo uma confusão de moções: por um lado, sente "uma certa devoção calorosa e como que vermelha"[120] [49], mas, por outro lado, tem "uns pensamentos, conforme não vinha efusão ou abundância de lágrimas, pungindo-me e tirando a devoção" [49], movendo-o a não se contentar a confirmar sua eleição nessas condições. De novo, o interior do peregrino está dissociado, como que desintegrado, e nessas condições não tem a coragem de terminar a eleição. É tal sua perturbação, que chega a *indignar-se* com a santíssima Trindade [50]. Nessa ocasião, a desolação é mais aguda do que há seis dias, de 12 de fevereiro. Mais longa será e mais longe o levará a reconciliação que buscará ardentemente.

5.5. *Início da segunda reconciliação*: n°s 51-64 (terça-feira, 19 de fevereiro – sexta-feira, 22 de fevereiro, 18º-21º dia)

O dia seguinte é mais pacífico. Volta a sentir um amor intenso pela Trindade, "aquietando-me e regozijando-me tanto a ponto de sentir apertar-me o peito pelo amor que sentia" [51]. Esse apaziguamento é acompanhado por uma iluminação tal do entendimento sobre o mistério da Trindade, "que não saberia tanto com bem estudar" [52]. Então volta a sentir-se digno de pedir confirmação da eleição a cada uma das três Pessoas [53]. O resto do dia fica cheio de inteligência sobre o agir e produzir das Pessoas divinas, "mais sentindo ou vendo do que entendendo" [54].

---

120. "Rubra" no original.

No dia seguinte, quarta-feira 20, dá-se conta de que a indignação da segunda-feira havia sido provocada pelo mau espírito [57] e volta a encher-se de consolação e de paz [58]. Isso o impulsiona a querer concluir a eleição com uma ação de graças [59][121]. Mas não chega a fazê-la. Na quinta-feira 21, segue tendo visões sobre a Trindade, "conhecendo, sentindo ou vendo" como o Pai era uma das três Pessoas, na qual se encontravam as outras duas [63]. Sexta-feira sente alguns pensamentos contrários, mas percebe como "uma assistência grande de graça calorosa" os vai aniquilando [64]. A partir desse dia, depois de três semanas de haver iniciado as eleições, parece que a claridade e a paz vão se fazendo mais constantes e progressivas.

5.6. *Continuação da reconciliação através da mediação de Jesus*: n°s 65-103 (sábado, 23 de fevereiro – terça-feira, 2 de março, 22°-32° dia)

O sábado 23 começa "com alguma mostra de claridade lúcida" [65]. Mais tarde, lhe vem ao pensamento Jesus como cabeça da Companhia, e que esse era o "maior argumento para ir em toda pobreza do que todas as razões humanas" [66]. Logo se lhe imprime com muita intensidade o nome de Jesus [68], e depois, tendo o santíssimo Sacramento nas mãos, sente um intenso desejo "de não O deixar, por todo o céu ou pelo mundo" [69]. O domingo também está marcado pelo nome de Jesus, acompanhado de muita suavidade e doçura, "com muito amor, confirmação e com crescida vontade de segui-lo" [71]. O peregrino percebe então que a confirmação da eleição que buscava na Trindade lhe está chegando através de Jesus [73]. Pede a Jesus que lhe alcance o perdão da Trindade. Essa presença de Jesus dura todo o dia, e sente tanto amor por Ele, "que me parecia que daí em diante não podia vir coisa que me pudesse apartar d'Ele, nem me fazer duvidar a respeito das graças ou confirmação recebida" [75].

---

121. Trata-se da terceira tentativa. A primeira foi no 10° dia [19-22]; a segunda, no 17° [44-50].

Na segunda-feira 25, começa um pouco perdido, mas o pensamento de Jesus volta a centrá-lo [76], sentindo como se faz de intermediário diante do Pai [77]. Na terça-feira, volta a recorrer a Jesus, "sentindo muita confiança nele e parecendo ser-me propício para interpelar por mim, e não querendo nem buscando mais nem maior confirmação do passado, ficando quieto e repousando sobre este ponto" [80]. Vemos como aquela avidez vai se acalmando. Tendo Jesus, o peregrino já não vai necessitando de mais nada. E mais, a pobreza de não ter rendas está se enchendo de amor a Jesus, e já não existe aquele pavor do vazio: "crescendo esta representação de socorro e amor de Jesus, eu estava sem aquela contradição, passada em mim, sobre a santíssima Trindade" [81].

No dia seguinte, Jesus se lhe representa no meio da Trindade mesma [83], de forma que se até então havia percebido apenas sua humanidade, sentia agora "em toda minha alma de outro modo, a saber, não assim a humanidade só, mas ser todo o meu Deus" [87]. Nessas breves palavras encontra-se um grande passo no aprofundamento do peregrino no mistério de Cristo. Temos visto como, durante os primeiros anos, havia percebido com seus olhos interiores a humanidade de Cristo[122]. Nesse momento de sua vida, o Senhor se manifesta a ele em sua divindade. A partir de São Bernardo[123], a Tradição mística do Ocidente tem distinguido três gradações na contemplação de Cristo: considerando unicamente sua humanidade; considerando sua humanidade e sua divindade conjuntamente; e contemplando apenas sua divindade.

Essa tripla gradação pode colocar-se facilmente em relação com as *três vias*. Desse modo, podemos entrever como o peregrino vai se introduzindo cada vez mais na via unitiva, e como de *via* se vai convertendo em *vida*, na medida em que é todo seu ser o que vai fazendo o "desalojamento", e

---

122. Cf. *Autobiografia*, 29,4; 41; 44; 48; 96; 99.
123. Cf. *Sermón 20 del Cantar de los Cantares*. Ainda que o primeiro a sistematizar foi ZUTPHEN, Gerardo (1367-1398). *Sobre la ascensión espiritual*, cap. 27: *Sobre los tres grados de ascensión contra las tres impurezas, los cuales disponen sucesivamente al hombre para que pueda unirse a Dios*. Foi coletado por CISNEROS, García Jiménez. *In*: *Ejercitatorio*, cap. 49. Cf. *Compendio*, 256-258.

não unicamente o entendimento, como sucedia nos primeiros tempos de sua conversão. Porém, essa nova revelação é só um vislumbre. Inácio tem ainda batalhas – entregas – a travar. O "não me toques" dito por Cristo ressuscitado a Maria Madalena desvela a avidez desta, ainda cativada pela humanidade de Jesus. Apenas "não O tocando", não O possuindo, pode ir para onde é convocada, em vez de fazer que seja Cristo que fique retido onde ela está.

Inácio pôde acessar a essa nova dimensão de Cristo porque começou um estado de "acatamento" e de "amor reverencial" [83] que irá se consolidando ao longo dos próximos dias. Essas palavras ("acatamento" e "amor reverencial") apareceram pela primeira vez no *Diário* nesse dia. Inácio ainda não as havia detectado como a chave do que lhe está advindo, como o trânsito para um novo modo e estado de relação com Deus.

No dia seguinte, quinta-feira, Jesus se lhe representa aos pés da Trindade [88], e na sexta-feira está dominado pela visão da "pátria celeste ou o Senhor dela" [89].

No domingo, 2 de março, volta a se perturbar pelos ruídos do exterior, e é tentado a não celebrar missa por isso [93]. Porém, supera a tentação, e durante a missa é muito consolado "em amor de Jesus, falando e desejando mais morrer com ele que viver com outro, não sentindo temores, e tomando certa confiança e amor na santíssima Trindade" [95].

A segunda-feira começa achando-se "todo entorpecido" [98], mas de novo recorre a Jesus, a quem sente "achando-me como se estivesse à sombra, como guia, mas sem diminuir a graça da Santíssima Trindade, antes parecendo juntar-me mais com sua divina Majestade" [101]. Acabada a missa, aparece pela segunda vez[124] uma variante daquela expressão que será a chave da resolução final: através de Jesus chega à Trindade, "com um certo acatamento reverencial" [103]. Esse "acatamento reverencial" é o que o introduz no umbral da Trindade. Já não necessitará recorrer à mediação de Jesus.

---

124. A primeira vez apareceu cinco dias antes, na quarta-feira 27 [83].

5.7. Continuação da reconciliação e início do "acatamento reverencial" ante a Trindade: n°s 103-143 (terça-feira, 4 de março – terça-feira, 11 de março, 32°-39° dia)

Na terça-feira 4 de março, parece que Jesus – isto é, a humanidade de Cristo – se lhe oculta para permitir que a Trindade se lhe manifeste; e isso produz nele um amor tão intenso "que me parecia excessivamente juntar-me a seu amor tão luminoso e doce, que me parecia aquela intensa visitação e amor fosse insigne ou excelente entre outras visitações" [105]. Passou todo o dia inflamado de amor pela Trindade, "e não sentindo claro ou vendo Pessoas distintas" [110], ou seja, considerando a Trindade em sua unidade de natureza e não em sua distinção de Pessoas. Nesse dia percebe que já está reconciliado com a Trindade, mas continuará dizendo as missas de reconciliação que se havia proposto.

Na quarta-feira 5, supõe um avanço no perder-se no mistério trinitário. Começa o dia dirigindo-se ainda a Jesus, "para ajudar-me e para humilhar-me" [112], mas termina na Trindade. Aí é surpreendido, porque sente como a Trindade quer a ele se "comunicar em diversas partes" [113], não podendo mais dirigir Inácio o final de sua oração; o que o leva a exclamar: "Onde me quereis, Senhor, levar?, e isto multiplicado muitas vezes (me parecia que era guiado), e me crescia muita devoção, levando a lágrimas" [113]. Sentindo-se confiantemente perdido, sem lágrimas, mas sem o "desejo desordenado de tê-las, contentando-me com a vontade do Senhor" [114], dirige-se a Jesus dizendo-lhe: "Senhor aonde vais, aonde vou?, etc. Seguindo-vos, meu Senhor, eu não me poderei perder" [114].

O peregrino está se despojando de sua própria avidez e, aceitando perder-se, sabe que já não poderá se perder, porque fazer a vontade do Senhor é estar com Ele. E assim vai crescendo também sua certeza acerca da reconciliação com a Trindade [115], porque cada vez tem menos afetos desordenados [*EE* 21] que se interponham.

A quinta-feira 6 de março marca o aprofundamento desse estado de abandono, pensando "que queria fazer a santíssima Trindade de mim, a saber, por qual via queria levar-me, e eu raciocinando como ou por onde queria que fosse, tratando comigo vislumbrava e pensava que podia ser que Deus quisesse me tornar contente sem me visitar pelas lágrimas, sem que eu experimentasse avidez nem amor desordenado por elas" [119].

Quanto maior é o abandono, maior é a revelação; revelação que implica, ao mesmo tempo, a perda de si, das próprias seguranças e certezas. Nesse mesmo dia recebe uma representação em figura esférica da essência divina do Pai, na qual vê o ser da Trindade [121].

Louis Beirnaert interpreta isso desde dois ângulos: referido a Deus, essa figura esférica já não é um espelho narcisista e manipulável, mas um *vazio* sem fundo do qual tudo brota; referido a Inácio, os contornos da esfera marcam um limite, uma distância, que comporta o respeito e a consciência de sua própria indigência[125]. Esse novo "conhecer" leva-o a "muita efusão de lágrimas e amor muito crescido e muito intenso ao ser da santíssima Trindade" [121]. Por todo aquele dia gozou daquela visão [124].

Mas no dia seguinte assistimos novamente a um certo combate. Veja-se como avança o peregrino: à base de dois passos à frente e um atrás. Efetivamente, Inácio volta a ter a tentação de regressão, tratando de "ver alguma coisa do dia passado" [126]. Mas percebe que se se abandonar a esse desejo não cresce em devoção. Por outro lado, quando sente moções para "conformar-se com a vontade divina" [127], sem querer elevar o entendimento e crescendo o "acatamento e interna reverência", cresce também nele "a devoção intensa com intensas lágrimas" [128]. Sem que seja um dia agitado, é uma jornada de dúvidas, em que surge de novo se deve pôr um fim de uma vez por todas ao período da reconciliação. Passaram-se já 18 dias desde que ele se havia proposto pela segunda vez.

No sábado, 8 de março, volta a experimentar, com mais clareza ainda, que quanto mais se humilha e se abaixa, maiores são o gosto e a visitação que sente [135]. E quando chega a pedir para não ser visitado com lágrimas, o entendimento se vai "para cima" sem o pretender, chegando a "ver alguma coisa do Ser divino, que outras vezes, querendo, não está na minha faculdade" [136][126].

---

125. *Aux frontières de l'acte analytique*. Paris: Éd. de Seuil, 1987, 213.
126. Como veremos, este movimento é o que está implícito nos *Exercícios*: a revelação da vontade de Deus está em relação direta com a disposição do coração. Por isso, o pórtico das eleições está aberto pelas *três maneiras de humildade* [164-168], na que se estimula o exercitante ao maior despojo para poder acolher a luz.

No domingo o peregrino segue no mesmo estado de abandono. O dia começou com grande devoção conjunta pela Trindade e por Jesus. E percebe que o dom das lágrimas não necessariamente produz nele mais alegria que quando não o tem, "parecendo-me que não sentindo inteligências, visões nem lágrimas, em alguma maneira Deus nosso Senhor me queria mostrar alguma via ou modo de proceder" [139].

A segunda-feira segue tranquila nesse estado de sobriedade de consolações, "conformando-me com o que o Senhor ordenava" [142]. A terça-feira passa sem particulares moções. É a calmaria antes da tormenta, porque no dia seguinte, quarta-feira 12 de março, desencadeia-se uma forte desolação.

5.8. *Terceira e última crise*: n°s 144-146 (Primeira parte da quarta-feira, 12 de março, 40º dia)

A origem parece ser provocada, como em alguma outra ocasião, pela agitação que provém do exterior de seu quarto. O peregrino é distraído antes de começar a missa [144], mas chega a superar e parece que a celebra "com assaz devoção e com moções a lágrimas" [144]. Entretanto, aquela distração desata nele um batalhar interno sobre quando deve terminar com as missas de reconciliação, porque não encontra "o que buscava" [144].

Inácio suportou três dias sem especiais consolações, e já não pode mais. Da mesma forma que terça-feira 11 de fevereiro, no dia seguinte da primeira oblação de não ter rendas, o peregrino está muito frágil e susceptível. Os barulhos da casa deveriam ser os de sempre, mas nas ocasiões em que Inácio os nota é quando está vivendo um combate interior. Nesse dia, a desolação é aguda [145]: não encontra gosto algum nos mediadores, e sente-se muito separado deles, "como se nunca houvesse sentido coisa sua".

Tal é o desconsolo, que volta a indignar-se com Deus, como durante a primeira crise de 12 de fevereiro [50]. Nesse sentido, o peregrino não parece haver avançado muito, vindo-lhe pensamentos "ora contra Jesus, ora contra outros, encontrando-me assim confuso com vários pensamentos, ora de sair de casa e alugar um quarto, ora querendo ficar sem comer, ora começar de novo missas, e em nenhuma parte encontrando repouso"[127].

Entretanto, mesmo estando em plena desolação, Inácio se mostra muito lúcido analisando a causa do que lhe passa, e nisso se manifesta o fruto desses já quarenta dias de "peregrinação": "parecia-me que queria buscar *demasiados* sinais, no tempo ou no número de missas determinadas *para minha satisfação*, não buscando a certeza dela [...] mas só para ter uma conclusão *a meu gosto*" [146].

Então se põe a considerar que talvez "agradaria mais a Deus nosso Senhor que eu encerrasse, sem mais aguardar nem procurar provas, ou rezar ainda missas para as conseguir" [147], contrapondo ao seu próprio desejo, que era de terminar com a eleição quando se encontrasse muito visitado. Assim, sopesando os dois quereres – o de Deus e o seu – "comecei a dar atenção e a querer chegar ao prazer de Deus nosso Senhor" [147].

5.9. *Resolução final*: n°s 147-153 (Segunda parte do mesmo 40º dia)

Por fim, determina-se a concluir a eleição neste mesmo dia, "sem esperar nem buscar provas" [147]. Naquele mesmo momento se lhe começam a dissipar "as trevas" [148] e sente como as lágrimas lhe vêm em aumento, crescendo "muito em amor divino, tantas lágrimas e com tantos soluços e forças e de joelhos por muito tempo e passeando" [148].

Santo Inácio experimentou em sua própria carne que só quando sai de "seu próprio amor, querer e interesse" [189] se reencontra com Deus. Mas ainda haverá de experimentar quão difícil é esse desenraizamento. Porque, ao entardecer desse mesmo dia, volta a ter certas tentações de voltar atrás [151]. Entretanto, em seguida as percebe como vindas do inimigo [152]. Vencidas as tentações, faz uma ação de graças

---

127. Note-se o parentesco com a definição de *desolação* que aparece nos *Exercícios*: "Escuridão da alma, perturbação, moção para coisas baixas e terrenas, inquietude com várias agitações e tentações, movendo a infidelidade, sem esperança, sem amor, achando-se preguiçosa, tíbia, triste e como que separada de seu Criador e Senhor" [317].

ao final do dia, na qual experimenta "um descobrir-se em parte o ser do Pai, e igualmente o ser da santíssima Trindade" [153].

5.10. O acatamento amoroso. Oblação definitiva da eleição e os sinais da transformação operada no peregrino: n⁰ˢ 154-490 (quinta-feira, 13 de março de 1544 – sexta-feira, 27 de fevereiro de 1545)

a. *Consolidação deste novo estado*: n⁰ˢ 154-160 (quinta-feira, 13 de março – domingo, 16 de março)

O itinerário anterior durou justo quarenta dias, como a permanência de Jesus no deserto. Algo mudou para sempre no peregrino. Como Jacó após o combate com o anjo[128], Inácio já não é o mesmo: aumentou seu "mancar", isto é, a consciência de sua pobreza, mas saiu abençoado.

Nos quatro dias que vêm em seguida, Inácio decide "não olhar coisa alguma das Constituições" [154]. Isto é, não quer entrar em matéria alguma de eleição, por temor de agitar o novo estado em que se encontra. Efetivamente, os dias que se seguem são tranquilos, "com um conformar-me com a vontade divina" [155]; nesse caso é "não ter lágrimas" [155]. E agora que não deseja tê-las, é quando Deus, no dia seguinte, as concede. Isso provoca nele um forte sentimento de "acatamento e reverência" [156 e 157], que é o que dominará nesta última fase. O peregrino reconhece nesse *acatamento* a nova via que nos dias anteriores Deus queria lhe mostrar[129]. A tal ponto isso lhe parece importante, que chega a dizer que "eu me convencia de que devia dar mais valor a esta graça e este conhecimento, para o proveito espiritual de minha alma, do que a todas as graças passadas" [157].

No sábado e domingo não pôde sentir outra coisa senão "acatamento, reverência e humildade" [159], sem interesse por ter outras graças ou visitações, e sendo confirmado que "por esta via era o andar direito

---

128. Cf. Gn 32,24-31.
129. Refere-se aos dias 5 e 9 de março.

no serviço de Deus nosso Senhor, estimando mais esta do que qualquer outra coisa" [160].

b. *Nova matéria de eleição*: n⁰ˢ 161-190 (segunda-feira, 17 de março – segunda-feira, 7 de abril). *A humildade amorosa*

Estando um pouco mais consolidado nesse novo estado, Inácio atreve-se a voltar a entrar em matéria de eleições, mas não agora com relação às rendas, que deu definitivamente por concluída, mas em outras novas: as missões reservadas ao Papa [161][130]. Entretanto, nas páginas do *Diário* não encontraremos nenhuma referência a elas. O peregrino está totalmente concentrado em sua relação com Deus, em como é conduzido nessa *nova via*. Assim ele diz explicitamente: "O acatamento e reverência confirmam todo o passado acerca de haver encontrado a via que Ele me queria mostrar" [163].

Na segunda-feira 17 de março, começa de novo a tatear. Um tatear que parece começar mal, porque não sente nenhum gosto interior no "acatamento ou reverência" [163] com os que se dirige a Deus. No entanto, não se inquieta, senão que lhe parece que Deus apenas lhe pede que se contente com essa ausência de consolação; trata de se conformar com isso [164], não encontrando a consolação, já não se inquieta, senão que se dá mais conta de que só procede de Deus o dá-la[131]. Essa constatação provoca nele uma tão intensa afluência de graças que chega a

---

130. O documento que teria diante de si é quase com certeza *Constituciones circa misiones* (MHSI, *Const.*, I, 159-164), cuja expressão definitiva é a sétima parte das Constituições, cap. I, 603-617.
131. Ressoa aqui a terceira causa da *Nona Regra de discernimento* da Primeira Semana [*EE* 322]: "Três causas principais do porquê ficamos desolados: [...], para nos dar verdadeira informação e conhecimento, com que sintamos internamente que não depende de nós fazer vir ou conservar devoção grande, amor intenso, lágrimas nem nenhuma outra consolação espiritual, mas que tudo é dom e graça de Deus nosso Senhor. E para que não façamos ninho em propriedade alheia, elevando o nosso entendimento a alguma soberba ou vanglória, atribuindo a nós a devoção ou as outras formas de consolação espiritual".

perder a fala, parecendo-lhe "que em cada palavra de nomear a Deus
– Dominus etc. – me penetrava tanto dentro, com um acatamento e
humildade reverencial (tão) admiráveis, que explicar parece que não
se pode" [164].

As anotações dos dez dias seguintes (da terça-feira 18 à quinta-
feira 27 de março) são breves, mas em todas elas aparece o par: *lá-
grimas-acatamento* [165-174]. Nos dois dias seguintes (sexta-feira 28 e
sábado 29 de março) não aparece a palavra *acatamento*, e as lágrimas
escasseiam.

O domingo 30 é como uma recapitulação de todos esses dias anteriores: entende que "a humildade, reverência e acatamento não deveriam ser temerosos, mas amorosos" [178]. Orando: "Dá-me humildade
amorosa, e faze o mesmo quanto à reverência e o acatamento", recebia
nessas palavras novas visitações [178] e percebia o ser divino em forma
circular [180]. Além disso, Inácio sente que essa *humildade amorosa*
inaugura uma relação nova não só para com Deus, mas também para
com as criaturas [179].

Na segunda e terça-feira seguintes tem muitas lágrimas, conduzindo-o à "reverência amorosa" [181] e à "humildade amorosa" [182], percebendo que são dons, que não está em seu poder o tê-las [181]. Na
quarta-feira 2 de abril, volta a referir-se a esse novo estado de indiferença
em que já não necessita das lágrimas para sentir-se unido a Deus. Essa
indiferença lhe parece de "tanta perfeição, que desconfiava ou temia de
poder alcançar esta graça" [184]. A quinta-feira não tem lágrimas, mas
se sente satisfeito por isso, "julgando que Deus nosso Senhor o fazia por
ser melhor para mim" [186].

O domingo 6 e a segunda 7 de abril estão marcados pelo "conformar
minha vontade com a divina" [189 e 190], e isso com muitas lágrimas.
Assim acabam-se as notas explícitas sobre sua disposição interior.

c. *O dom de lágrimas e o dom da "loquela":* n°s 221-240
(domingo, 11 de maio – quarta-feira, 28 de maio)

O marco de todas essas experiências segue sendo alguma matéria de
deliberação sobre as Constituições. Assim o diz no começo do domingo:

"Antes da missa começar me propus andar pelas Constituições" [223][132]. Contudo, como antes, Inácio não volta a fazer menção disso, mas a partir do dia seguinte só registrará o dom de lágrimas e outro dom que até então não havia sido mencionado, a *loquela*.

Loquela é um termo latino que significa "palavra", "locução". Trata-se de um dom místico que tem intrigado os comentaristas de Santo Inácio, e que continua vedado em sua natureza[133]. Aparece unicamente anotado ao longo de duas semanas, entre 11 e 28 de maio, mas isso não significa que antes ou depois não o teria experimentado. Parece que não é novidade para ele. Porque no domingo 11 de maio, o primeiro dia que o anota no Diário, não o faz com surpresa, mas, pelo contrário, com familiaridade: em toda a semana anterior diz haver encontrado em intervalos a "loquela externa" e menos a "loquela interna" [221].

Essa distinção entre *loquela* "externa" e "interna" não parece que se corresponda a outra distinção que faz Inácio: entre o tom – ou som – e sua significação. Melhor parece que o som, tom ou harmonia, por um lado, e a significação, por outro, estão presentes em ambas *loquelas* (externa e

---

132. CODINA, Arturo crê que se trata de uma nova matéria de eleição, em concreto, a questão de rechaçar as dignidades. O Pe. IPARRAGUIRRE, por outro lado, acredita mais que se trata, todavia, das missões pontifícias, questão que havia ficado interrompida. Cf. LOYOLA, San Ignacio de. *Obras Completas*. BAC, 1977, 395, nota 327.

133. Embora o Pe. Larrañaga acentue o caráter excepcional da *loquela* inaciana (*San Ignácio. Obras Completas*. BAC, 1952, 649-650), parece-nos que esse dom pode incluir-se entre as *locuções formais e locuções substanciais* descritas por SAN JUAN DE LA CRUZ (*Subida*, 2,30, I e 2,31, I). Há algo também daquela "*música calada*", daquela "solidão sonora", daquela "pena que recria e enamora" de seu *Cántico Espiritual*. Também Francisco de OSUNA, em seu *Tercer Abecedario (Terceiro Abecedário)*, fala que: "As vozes lhe eram como sons de órgãos, nas quais havia prazer em sua alma, ainda que não as entendesse" (*Trat*. XXI, cap. 4). Encontramo-la também nos escritos de SANTA TERESA. Cf. *Vida*, cap. 25,1-2ss.; cap. 27,6-10; *As Moradas Sextas*, 3. E também na mística oriental: CARPATOS, Juan de. *Philocalie des Pères Neptiques*, vol. III, 67, p. 118: "Existe um estado no qual [...] se ouve uma linguagem a qual a alma não conhece, a linguagem dos anjos que são portadores da luz".

interna). A 22 de maio [234], Inácio cai na conta de que está se deleitando mais no primeiro – o som – do que no segundo – as palavras –, o que mostra que aprendeu a estar alerta sobre sua avidez.

A interpretação psicanalítica do fenômeno da *loquela* enriquece nossa leitura. Beirnaert compara esse novo estado de "acatamento amoroso" no qual se encontra Inácio com uma criança que foi submersa naquele abismo (de amor) que foi aberto entre ele e Deus. Esse novo estado o fez perder a fala (*in-fans*, etimologicamente, "aquele que não fala"), e o orientou mais para a origem dos significantes que para a concretização das significações[134].

Realçamos o caráter indissociavelmente ligado entre o dom de Deus e a disposição do homem – em nosso caso do peregrino – para o acolher. Apenas quando Inácio chegou a esse estado total de abandono, a esse "acatamento amoroso" com o qual se entrega não só à vontade de Deus – ao que mais convém – mas a seu prazer, comprazendo seu desejo sem nenhum outro interesse que *amar o que Ele ama*, sem se perguntar sua utilidade nem o seu porquê, só então Deus pode se revelar mais além de nossos sentidos, sem que profanemos o dom. Sucede o mesmo com o dom de lágrimas, manifestação mais comum na espiritualidade da Igreja do Oriente que na do Ocidente[135].

Inácio, quatro anos mais tarde, escreverá a Francisco de Borja:

> Muito melhor é buscar mais imediatamente ao Senhor de todos, a saber, seus santíssimos dons, assim como uma infusão ou gotas de lágrimas, primeiro sobre os próprios pecados ou alheios; segundo, nos mistérios de Cristo Nosso Senhor nesta vida ou na outra; terceiro, em consideração ou amor das Pessoas divinas;

---

134. *Aux frontières de l'acte analytique*, 216.
135. Ver o artigo de: MARTIN, Maurice-Marie. *San Ignacio místico. Una lectura del Diario Espiritual a partir del don de lágrimas.* In: CIS 67 (1991), 21-82. A respeito da importância das lágrimas na Tradição Oriental, ver: JUAN CLÍMACO. *La escalera espiritual*, 7° grau. Salamanca: Sígueme, Col. *Ichthys* 21, 1998. Ver também: THIÓ, Santiago. *El pelegrí endins*, 147-149. MELLONI, Javier. *Los caminos del corazón. El conocimiento espiritual en la Filocalia.* Santander: Sal Terrae, 1995, 56-60.

e tanto são de maior valor e preço, quanto são em pensar e considerar mais alto[136].

Note-se como implicitamente encontramos de novo a ascensão das *três vias*: as lágrimas a respeito dos próprios pecados ou dos outros correspondem à *via purgativa*; as lágrimas a respeito dos mistérios de Cristo, à *via iluminativa;* e as lágrimas a respeito do amor das Pessoas divinas correspondem à *via unitiva*. A última parte do *Diário* se perde no abismo destas últimas.

d. *Registro sucinto do dom de lágrimas:* n°s 241-490 (quinta-feira, 29 de maio de 1544 – sexta-feira, 27 de fevereiro de 1545)

O resto das páginas do *Diário* que foram conservadas continuam "telegraficamente" até a sexta-feira, 27 de fevereiro do ano seguinte, anotando apenas o dom de lágrimas que Inácio recebe em torno da celebração da missa. E embora em nenhum momento o vá colocar em relação com alguma eleição que estaria fazendo, sabemos que trabalhava infatigavelmente sobre elas, elaborando as Constituições, já que a primeira redação completa destas se concluiu em 1550[137].

Há apenas dois dias em que ele adiciona algo mais, e que nos parece muito significativo: "Depois (da missa), tudo a não ter prazer senão no mesmo Senhor" (11 de julho, 284); e "Antes da missa e depois nela, com grande abundância (de lágrimas), e a estar no Senhor" (12 de julho, 285).

Este "não ter prazer senão no mesmo Senhor" e este "estar no Senhor" manifestam o novo estado de união que alcançou o peregrino. O combate cessou. Só há confiança e abandono. Trata-se daquele estado de "encontrar-me indiferente" [179,2] que se propõe como ideal para o exercitante: livre de toda afeição desordenada, se alcança a *leveza* do ser[138] [179,3], para poder assim "seguir aquilo que sentir

---

136. *Carta de 20 de setembro de 1548*.
137. Trata-se do chamado *texto A*.
138. Não mais "a insustentável leveza" dita por Milan KUNDERA, mas ao contrário: libertadora, pacificante, comungante "leveza" do próprio ser no Ser de Deus.

ser maior glória e louvor de Deus nosso Senhor e salvação de minha alma" [179,3][139].

O que nós gostaríamos de mostrar ao longo dos capítulos que seguirão é que essa indiferença significa "transparência", aquela *pureza de coração* que é resultado e, por sua vez, condição da união com Deus, na qual a iluminação do conhecimento para perceber a vontade de Deus e a liberdade do amor para se entregar a ela se chamam e se estimulam mutuamente, unificando e pacificando profundamente a pessoa que se une a Deus pelo ato – oferenda, oblação – da eleição.

6. O término da mistagogia: Inácio em estado de união e de unificação interior

Vimos como esta unificação cada vez mais íntima de todo o ser de Inácio no Ser de Deus, intuída ao final de sua estadia em Manresa, depois da visão do Cardoner, foi trabalhada ao longo de toda a sua vida, até alcançar aquela *contemplação na ação* ou *união na ação*, que levou o ancião Inácio a dizer que "depois que havia começado a servir a Nosso Senhor [...] sempre (havia ido) crescendo em devoção, isto é, em facilidade de encontrar a Deus, e agora mais que em toda a sua vida. Sempre e a qualquer hora que queria encontrar a Deus, O encontrava"[140].

"Depois que havia começado a servir", disse. Quer dizer, foi por meio do serviço que alcançou o ir "crescendo em devoção". *Devoção* entendida em seu mais profundo sentido: como união sentida e consentida com Deus[141]. Tão natural e importante era para o peregrino essa

---

139. Curiosamente, BEIRNAERT parece opor este estado de *respeito* alcançado no *Diário* à indiferença nos *EE*, como se esta fosse uma veleidade. Cf. op. cit., 218.
140. *Autobiografia*, 99. Inácio dizia isto a González de Cámara em setembro ou outubro de 1555, poucos meses antes de sua morte.
141. Em um estudo sobre *La devoción en el espíritu de San Ignacio*, Alfonso de LA MORA a define como "união de vontades". Diz assim: "Nesta atração de Deus e adesão afetiva de Inácio, em nosso parecer, consiste no que Inácio

"devoção", o sentir essa consolação, que Ribadeneira chegou a ouvi-lo dizer "que a seu juízo, não podia viver sem consolação, isto é, se não experimentava algo em si, que não fosse seu, nem poderia ser, senão que de tudo dependesse de Deus"[142].

Esse estado de se sentir unido a Deus "sempre e a qualquer hora" é uma das características que Inácio dá à consolação: "quando vem a inflamar-se a alma no amor de seu Criador e Senhor; consequentemente, quando nenhuma coisa criada sobre a face da terra pode amar em si, mas no Criador de todas elas" [316]. O que nos *Exercícios* se descreve como um estado pontual, no peregrino foi se convertendo em um estado habitual. Assim o descreve Nadal:

> Em tudo, tanto em palavras como em obras, era consciente e sensível à presença de Deus e à atração do sobrenatural, sendo contemplativo em sua mesma ação (*simul in actione contemplativus*). Ele mesmo costumava expressá-lo dizendo que "deve encontrar-se a Deus em todas as coisas". Agora víamos esta graça e esta luz de sua oração refletidas no resplendor de seu semblante e na serena e sobrenatural confiança com que se ocupava de suas tarefas[143].

Essa luz resplandecente é a marca do ser transfigurado, do ser que foi introduzido de tal modo no Ser de Deus que leva as marcas de seu semblante. O iniciado pode agora iniciar a outros. Prossegue Nadal:

---

entendia por devoção. É a união de vontades na qual veio a transformar-se o diálogo iniciado em Loyola [...], Nesta união de vontades, o afeto da caridade será um desejo intenso de união e familiaridade com Deus em todas e cada uma das coisas e momentos, e sede insaciável das almas redimidas por seu Senhor, expressão fiel da devoção inaciana". *Extracto de la disertación ad Laurean en la Facultad Pontificia de la Gregoriana* (1957). México, 1960, 46-47.

142. MHSI, *Scrip. de S. Ignacio*, I, 349; 399; (*FN* II, 367).
143. *Mon. Nadal*, V *Annot. In: Examen*, cap. IV, 162-163. Também *in: Ep. Nadal*, IV, 653.

O que não podia deixar de nos impressionar e de nos inspirar, pois sentíamos como de alguma maneira a referida graça nos era comunicada. Por isso cremos que este privilégio, que sabemos ter sido concedido a nosso Pai Inácio, foi dado também a toda a Companhia; e confiamos que a todos nós nos seja acessível este dom da oração e da contemplação, que afirmamos estar ligado à nossa vocação[144].

Efetivamente, tal é o ideal que se propõe aos membros da Companhia: "Sejam exortados frequentemente a buscar em todas as coisas a Deus nosso Senhor, apartando, quanto é possível, de si, o amor das criaturas, para colocá-lo no Criador delas, a Ele em todas amando e todas n'Ele, conforme a sua santíssima e divina vontade"[145].

Neste breve texto estão contidos o núcleo e o desenvolvimento da mistagogia inaciana:

1. "Buscar em todas as coisas a Deus nosso Senhor [...]; a Ele em todas amando e a todas n'Ele": o mundo como transparência[146].
2. "Apartando, quanto é possível, de si, o amor das criaturas, para colocá-lo no Criador delas": o trabalho de ordenação e unificação interior.
3. "Conforme a sua santíssima e divina vontade": o tender contínuo e inacabável para a união com Deus através da entrega à sua vontade.

---

144. Ibidem.
145. *Constituciones*, 228: P. III, cap. 1, 26.
146. Em uma das intervenções da C. G. XXXIV, Peter Hans KOLVENBACH disse: "Esta 'dia-fania', esta transparência de Deus 'em todas as coisas criadas' é a que deslumbrou e desconcertou a Inácio [...]. Ele baseia suas Constituições nesta visão, nesta mística da presença de Deus em sua obra, nesta contemplação 'dia-fânica', ou simplesmente 'teofânica', de uma criação chamada a se reconverter em justa e bela, verdadeira e pacífica, unida e reconciliada, entranhada em Deus, como no primeiro dia", *Homilia por la Epifania* (6-1-95). In: *Congregación General 34 de la Compañía de Jesús*. Bilbao-Santander: Mensajero-Sal Terrae, 1995, 471.

A maioria das cartas pessoais que Inácio escreve, durante 20 anos, terminam sempre igual: "por sua infinita bondade, nos dê graça completa para que sua santíssima vontade sintamos e esta inteiramente cumpramos"[147]. A seguir, veremos como neste "sentir a vontade de Deus" se unificam as duas polaridades básicas do ser humano: amor e conhecimento. A mistagogia dos *Exercícios* trata de abrir e de adentrar-se nesse *sentir*, despojando-o de outros *sentires*, para que se vá convertendo num con-sentir cada vez mais pleno e unitivo com o *sentir* de Deus.

---

147. No total, esta expressão aparece 992 vezes nas cartas que se conservaram. Encontramo-la pela primeira vez na correspondência de Inácio, em uma carta escrita em Veneza, aos 12 de fevereiro de 1536, dirigida a Jaume Cassador, futuro bispo de Barcelona. A última vez que nos consta, corresponde a uma carta escrita em 18 de julho de 1556, ou seja, treze dias antes de sua morte, dirigida a Fulvio Androzzi, Cônego de Loreto que havia entrado na Companhia há um ano. Ver também: KOLVENBACH, Peter-Hans. *Las cartas de San Ignacio. Su conclusión. In: CIS* 70 (1992), 73-86.

2

Os elementos antropológicos dos *Exercícios*

Diga-nos em poucas palavras
e sem sair do caminho
o máximo que pode ser dito,
denso, denso.

MIGUEL DE UNAMUNO

Ao falar da mistagogia dos *Exercícios* como processo de união com Deus e de unificação interior, é necessário previamente considerar os elementos antropológicos envolvidos. Tanto aqueles explicitamente mencionados nos *Exercícios* quanto aqueles que acreditamos estarem implícitos e que nos parece oportuno desvelar, para ter uma compreensão mais rica dessas unificação e transformação internas pelas quais o exercitante é conduzido.

1. A formação teológica de Inácio

O modelo antropológico dos *Exercícios* é tributário de duas teologias: a de Santo Agostinho e a Escolástica (quer dizer, o modelo aristotélico-tomista)[1]. Santo Inácio menciona ambas as Teologias – a Patrística

---

1. Inácio cursou quatro anos de Filosofia (chegou a ser *Mestre em Artes*) e dois de Teologia nos sete anos em que esteve em Paris. Os dois primeiros anos de Filosofia foram dedicados sobretudo à Lógica; o terceiro ao estudo da *Física*, *Metafísica* e *Ética* de Aristóteles. Inácio fez esses estudos primeiro em Montaigu e depois no Colégio Santa Bárbara. Montaigu era conhecida

e a Escolástica – na *Regra 11 para Sentir com a Igreja* [363], exortando a louvar ambas. A primeira, diz, é mais própria "para mover os afetos, para em tudo amar e servir a Deus nosso Senhor", enquanto a segunda é mais própria "para definir ou declarar para os nossos tempos, as coisas necessárias para a salvação eterna"[2].

O agostinianismo da antropologia inaciana está explicitado principalmente na aplicação das três potências *memória, entendimento e vontade*[3], que é a divisão tripartida do espírito humano (*mens*) que faz Santo Agostinho. A *mens* corresponde ao *noûs* platônico e neoplatônico, quer dizer, a parte superior da alma que ultrapassa a ela mesma[4]. A antropologia de Santo Agostinho participa da antropologia paulina[5] e Patrística, as quais distinguem três âmbitos no ser humano: corpo, alma e espírito. É no espírito (*mens*) que Santo Agostinho identifica os três elementos que têm uma certa analogia com a Trindade[6]. Em sua concepção,

---

    por sua rigidez disciplinar e doutrinal. Cursou os estudos de Teologia principalmente no Convento Dominicano de Saint Jacques, sem deixar de viver em Santa Bárbara. Nadal, falando sobre aqueles anos, dirá: "Depois [das Artes] também estudou com muita diligência Teologia segundo a doutrina de Santo Tomás". Cf. DALMASSES, Cándido de. *El Padre maestro Ignacio*. Madrid: BAC Popular, 1986, 95-99; 104-105; e RAVIER, André. *Ignace de Loyola à Paris* (1528-1535). Paris: Vie Chrétienne, 1992, 16-20.

2. Ambas as Teologias deverão estar presentes também na formação dos jesuítas e daqueles que, sem o ser, estudarão em nossos Colégios. Cf. *Constituições da Companhia de Jesus*. Cf. nos 351,3; 366,1; 446,4.
3. Cf. [45-52; 177,3; 238,2; 246,1; 246,2] O exercício de *aplicação das três potências* [45-54], próprio da Primeira Semana, provavelmente foi tirado da obra de Ramón LLULL. Cf. GUIBERT, Joseph de. "*Méthode des trois puissance*" *et* "*L'Art de Contemplation de Raimond Lull*". In: *RAM* 6 (1925), 367-379 e MARCH, J. M. *San Ignacio de Loyola y el beato Ramón Llull. Semejanzas doctrinales*. In: *Manresa* 8 (1926), 343-345. Para ter dados sobre a probabilidade da influência da obra de Ramón Llull sobre Santo Inácio: cf. BATLLORI, Miguel. *Cenacles lul·lians i cenacles erasmistes en la Barcelona del Renaixement*. In: *Pregons* (Ajuntament de Barcelona, 1989), 55-70.
4. Cf. GARDEIL, Ambroise. *La structure de l'âme et l'expérience mystique*. Paris: Gabalda, 1927, 21-39.
5. Cf. 1Ts 5,23; Hb 4,12.
6. Cf. *De Trinitate*, Livros X, XIV e XV. Cf. GARDEIL, Ambroise. *La structure de l'Âme et de l'expérience mystique*. Paris: Gabalda, 1927, 28-37.

a *memória* é uma zona difusa que evoca tanto nossa atual concepção de subconsciente, quanto o fundo místico da alma, onde se encontram inscritas a imagem e a semelhança de Deus em nós. Essa raiz originária do ser humano é aquela que se refere ao Pai[7]. O *entendimento* é a capacidade que nos permite pensar e conhecer, e remete ao Filho, enquanto *Logos*, Razão de toda criação. E a *vontade* é nossa capacidade de desejar e amar, e remete ao Espírito Santo[8].

Nos *Exercícios*, a *memória* aparece em 13 ocasiões[9]; o *entendimento*, em 19 ocasiões[10] e a *vontade*, como uma faculdade do ser humano, 12 vezes[11]. No entanto, como veremos mais tarde, Santo Inácio não introduz a noção de "espírito" (*mens*) em sua antropologia, mas para ele a *alma* cobre todo o âmbito da interioridade[12]. Aqui é onde se torna manifesta a influência da antropologia tomista, que é baseada no hilemorfismo aristotélico, que contempla apenas a díade corpo-alma[13]. Em nossa opinião, isso representa um empobrecimento da linguagem mística que se acusa no vocabulário dos *Exercícios*[14].

---

7. Cf. SOLIGNAC, Aimé. *Mémoire*, em *DS* 10 (1980), col. 994-999.
8. Erich PRZYWARA expressa o exercício das três potências assim: "Este método não é apenas o natural para penetrar uma ideia, mas como *meditação*, necessariamente penetra até o fundo do espírito, o qual, desde Santo Agostinho, denomina-se com as palavras *memória, entendimento, vontade*. Assim, este é o caminho que mais aproxima a criatura a Deus: a imagem de Deus tripessoal em seu próprio espírito (*imago Trinitatis*)". Adentrar-se desse modo em si mesmo é adentrar-se em Deus. O significado profundo da expressão "com as três potências" passa a ser "pela imagem, ao original". *Una teología de los ejercicios* (II), Seminari d'EE. Barcelona: Cristianisme i Justícia, Col. *Ayudar* 10, 1992, 24.
9. Cf. [50,1; 50,4; 51,2; 51,3; 52,2; 56,1; 71,1; 78,2; 130,3; 206,5; 229,3; 234,1; 234,4].
10. Cf. [2,3; 3,1; 3,3; 20,7; 39,6; 50,1; 50,6; 51,6; 52,3; 64,2; 75,2; 180,2; 214,2; 234,4; 299,3; 322,4; 330,2; 351,2].
11. Cf. [1,4; 3,1; 3,2; 50,1; 51,6; 52,3; 155,2; 175,2; 180,1; 189,3; 234,4; 330,2].
12. *Alma* aparece 79 vezes ao longo dos *Exercícios*, enquanto espírito aparece unicamente uma vez, e não no sentido agostiniano nem patrístico. Cf. p. 101-111 (no original, p. 83-87) e também p. 171-172 (no original, p. 141-142 [N. das T.]).
13. Cf. *Summa Theologica* (S.Théo), 1ª qq. 75-76.
14. Tal empobrecimento também se reflete na escala dos seres do *ordo escolástico* que aparece no segundo ponto da *Contemplação para alcançar amor*

Por sua parte, no modelo tomista, a alma está assentada na polaridade *entendimento-vontade*. A *memória* é considerada como uma das funções do entendimento[15], mais do que como uma terceira faculdade independente. Assim, também aqui houve uma diminuição em relação ao fundo místico e subconsciente intuído por Santo Agostinho. Quanto ao *entendimento*, nele estão incluídos os diferentes modos de conhecimento humano, e na *vontade* todas as modalidades dos afetos.

O modelo escolástico desdobra essa polaridade fundamental de conhecimento e afeto em: inferior – se há cumplicidade orgânica – e superior – se o corpo não intervém.

Na *terceira Anotação* dos *Exercícios*, Santo Inácio assume os pressupostos escolásticos:

> Em todos os *Exercícios* espirituais usamos o entendimento, refletindo, e a vontade, afeiçoando-nos. Advirta-se que, nos atos da vontade, ao falarmos vocal ou mentalmente com Deus nosso Senhor ou com seus santos, requer, de nossa parte, maior reverência do que ao usarmos o entendimento para compreender [3].

Nessa Anotação, as faculdades humanas ficam concentradas nas faculdades intelectiva e na volitiva. Como Santo Tomás[16], Inácio considera os atos da vontade mais elevados do que aqueles do entendimento; por isso diz que eles exigem maior respeito. São atos mais elevados porque são atos de amor gratuitos, e porque só o amor pode adentrar-se em Deus que é Amor.

Embora a especificidade da vontade seja a liberdade, ou seja, a capacidade de autodeterminação, a vontade também tem um aspecto

---

[235]. Ali é mencionado como próprio do ser humano o fato de "lhe ser dado compreender". Com outro marco antropológico, Inácio teria mencionado a realidade espiritual do homem que o torna *"capax Dei"*. É verdade que a seguir diz "fazendo de mim o seu templo, criado à semelhança e imagem de sua divina Majestade". [235,2], mas se trata de uma terminologia teológica, que não está integrada à antropologia.

15. Cf. *Summa Theologica*, I, q. 79, art. 6 e 7.
16. Cf. *Summa Theologica*, 1ª e 2ª q. 9, art. 3, resp.

passivo. E na antropologia escolástica a vontade também tem seus afetos ou paixões. Essas paixões correspondem às do apetite sensível, isto é, aquelas ligadas ao corpo, só que na vontade as encontramos sem cumplicidade orgânica[17]. Existe uma *symphatia* entre a vontade e o apetite sensível, uma ressonância e uma influência mútua[18]. Nesse sentido, a vontade não é tão livre quanto se acreditava ser. Tudo isso é de suma importância para compreender o papel das afeições e desejos que são contemplados nos *Exercícios*.

Podemos esquematizar assim a concepção do psiquismo humano – a "alma" – de acordo com o modelo escolástico[19], que é aquele que está implícito nos *Exercícios*:

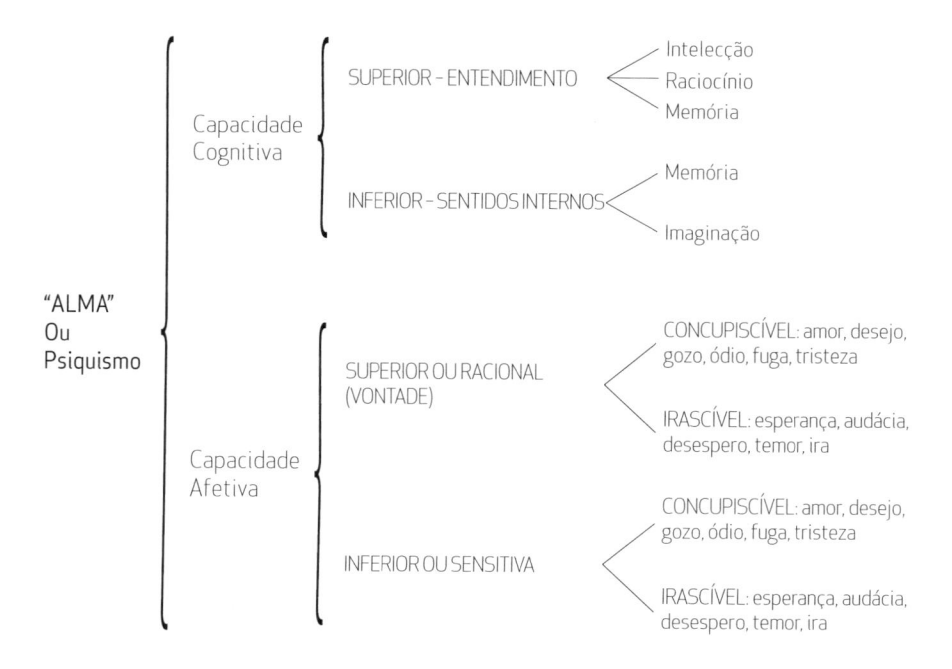

"ALMA" ou Psiquismo:
- Capacidade Cognitiva
  - SUPERIOR – ENTENDIMENTO: Intelecção, Raciocínio, Memória
  - INFERIOR – SENTIDOS INTERNOS: Memória, Imaginação
- Capacidade Afetiva
  - SUPERIOR OU RACIONAL (VONTADE)
    - CONCUPISCÍVEL: amor, desejo, gozo, ódio, fuga, tristeza
    - IRASCÍVEL: esperança, audácia, desespero, temor, ira
  - INFERIOR OU SENSITIVA
    - CONCUPISCÍVEL: amor, desejo, gozo, ódio, fuga, tristeza
    - IRASCÍVEL: esperança, audácia, desespero, temor, ira

---

17. Cf. *De Veritate*, 25,3, em CALVERAS, J. *La afectividad y el corazón según Santo Tomás, Librería religiosa*, Barcelona, 1951, 27.
18. Cf. SUAREZ, F. *De gratia.* lib. VII, cap. XIII, nº 14, vol. IX, 81; *De oration.* lib. II, cap. XVIII, nº 1, vol. XIV, 197. Cf. CASTILLO, J. M. *La afectividad en los Ejercicios según la teología de Francisco Suárez.* Granada, 1966, 81-87.
19. Cf. *Summa Theologica*, 1ª II ae, q. 23, art. 4, c. 1ª q. 79, art. 8, resp.

No terreno da capacidade afetiva aparecem os mesmos afetos, mas em dois níveis diferentes, como já foi indicado: o corporal e o unicamente anímico ou psíquico. Por sua vez, a distinção entre *afetos concupiscentes* e *irascíveis* responde à antropologia grega, que distinguia, respectivamente, entre *epithymía*, localizada na zona do coração, e *thymós*, localizado na zona do plexo solar-ventral. Os primeiros estão mais ligados ao caráter relacional (amor, desejo, gozo...), enquanto os segundos estão mais ligados ao instinto de sobrevivência (audácia, temor, ira...).

Nos *Exercícios* encontramos todos esses elementos, mas não de modo "tão claro e distinto", nem tão dissecado, mas os planos são sobrepostos de um modo mais confuso, embora também mais rico e mais vivo.

Em nossa maneira de entender, existem quatro termos que fornecem a chave da antropologia inaciana: 1) a *afeição* – com a constelação que forma junto com o *desejo* e o *querer*; 2) a *imaginação*, 3) o *sentir* e 4) o *interno*. A partir deles a concepção agostiniana e o modelo escolástico adquirem uma configuração diferente. No nosso entendimento, a mistagogia dos *Exercícios* consiste em tomar os dois primeiros elementos antropológicos (os *afetos* e a *imaginação*), que estão respectivamente em relação com o amor e o conhecimento, para unificá-los no *sentir* e conduzi-los a um lugar cada vez mais profundo do *interno*. E lá, no "fundo" – o *coração* –, se abre novamente o espaço do *espírito* não contemplado pela escolástica, mas sim por Santo Agostinho e também por toda a mística medieval, da qual bebe a Tradição Patrística latina e grega. Vejamos como e em que sentido.

2. A terminologia inaciana

2.1. *A constelação do afeto-desejo-querer*

a. Afeto, afeição ou afetar-se

O afeto[20] – *affectio* em latim, que corresponde a *eros* em grego – é uma forma de amor que tende ou se relaciona com o outro como

---

20. "Afeto" aparece 10 vezes ao longo dos *Exercícios*; "afeição" aparece 11 vezes; "afetar-se" aparece 12 vezes.

objeto. Então, o afeto está no meio do caminho entre o *apetittus* (*thymós* em grego), o qual é uma mera pulsão espontânea e autocentrada, e o amor-*caritas* (*ágape*), que estabelece uma relação de reciprocidade de acolhida e doação. Inácio parte dessa forma de amor intermediária, para recolher sua força, seu *dynamis*, reconduzi-la até seu verdadeiro objeto e despojá-la pouco a pouco de sua ambiguidade. Assim, vimos que ele próprio foi atraído por Deus no início de sua conversão, quando substituiu o *eros* direcionado àquela grande dama, pela qual queria fazer grandes gestos, pelo *eros* direcionado a Cristo, pelo qual queria continuar fazendo grandes coisas[21].

O *afeto* ou a *afeição* inaciana contém um *princípio de passividade* e um *princípio de atividade* próprio de todo afeto ou paixão[22]. Os *Exercícios* vão direto para captar a força desses afetos ou paixões: "*Exercícios Espirituais* para vencer a si mesmo e ordenar sua vida sem se deixar determinar por *afeição* alguma que seja *desordenada*" [21]. A desordem indica direção errada, que sempre será uma forma ou outra de autocentramento e de devoração. Tal é o primeiro sentido e a primeira direção enunciada da mistagogia inaciana: ir provocando o desafeiçoamento de um plano inferior para o afeiçoamento em uma nova ordem, em um movimento sucessivo e ascendente[23]. Afetos são forças dinamizadoras que devem

---

21. Cf. p. 227 ss. (no original, p. 185 ss. [N. das T.]).
22. Cf. Santo Tomás: "Fala-se de paixão no sentido próprio quando a ação e a paixão consistem em um movimento". *De veritate*, q. 26, art. I. Na antropologia de Santo Tomás, *paixão* e *afeto* são sinônimos. Cf. CASTILLO, J. M., op. cit., 49-52.
23. José CALVERAS foi um dos primeiros comentadores que insistiu na importância da transformação dos afetos nos *EE*. Veja-se o seu trabalho mais maduro: ¿*Qué fruto se ha de sacar de los Ejercicios Espirituales*. Barcelona: Librería Religiosa, 1950. Nas 50-51 ele expõe os seis passos fundamentais dessa transformação: 1) aborrecimento dos próprios pecados; 2) extinção da repugnância à cruz; 3) desapego de todo afeto que não está ordenado para Deus; 4) enamoramento da pessoa de Cristo; 5) buscar em Deus a própria realização; 6) transferir para Deus todo o peso do meu próprio amor e autocomplacência.

ser integradas, não neutralizadas. O *"tirar de si todas as afeições desordenadas"* [1,3] não é para ficar sem afeições, mas para conduzi-las ao seu verdadeiro objeto: o Deus que se dá sem possuir, sem devorar.

O estado inicial do exercitante está preso e paralisado por atrações nocivas, "desordenadas" [16,2; 169; 342]. Deverá captar as forças contidas nessas afeições mal dirigidas para reorientá-las, não para anulá-las ou reprimi-las.

Pelo **princípio de passividade**, a *afeição* contém uma força de bloqueio, de paralisia, que impede a liberdade. Para desbloqueá-la, Santo Inácio apela ao mesmo **princípio de atividade** que também contém o afeto: "ponderando com muito *afeto*, quanto fez Deus Nosso Senhor por mim" [234,2]; "exclamação admirativa, com acrescido *afeto*" [60,1]; "os que mais quiserem se *afetar* e assinalar em todo o serviço" [97]; "para que a pessoa se *afeiçoe* à verdadeira doutrina de Cristo nosso Senhor" [164,1]; "como quem oferece, com muito *afeto*" [234,3].

Mais explicitamente, veremos como a meditação dos *Três Binários* [149-157] é dedicada à conscientização da força passiva do afeto, expondo três possíveis relações entre o afeto e as coisas. A eleição se baseia nessa libertação e transformação dos afetos: "é só observar se não foi feita a eleição devida e ordenadamente, sem *afeições* desordenadas" [172]; trata-se de "fazer-se indiferente sem qualquer *afeição* desordenada, de maneira que não esteja mais inclinado nem *afeiçoado* a assumir a coisa proposta" [179]; obtendo que "tenha totalmente tirado e afastado de si a *afeição* desordenada" [342].

Nós só somos autenticamente livres se vencermos e reorientarmos ("ordenarmos") nossos afetos. Nesse contexto, a referência à *via purificativa* resulta iluminadora. Durante a Primeira Semana se "purificam" os afetos pela via negativa, enquanto se trata de detestar sua tendência possessiva e autocentrada, contemplando os efeitos destrutivos do pecado. Assim, o pecado se revelará como a pulsão devoradora e autocentrada dos afetos. Durante a Segunda Semana, a "purificação" dos afetos acontece pela via positiva, isto é, contemplando a Cristo, arquétipo da divina-humanidade. Os colóquios diante do Cristo crucificado da Primeira Semana [53] antecipam essa via positiva, na medida em que apresentam seu Ícone como atração e objeto de amor. O fato de que no meio da Segunda Semana, com a Meditação dos *Três Binários*, retorna-se à questão dos afetos, mostra que a *via purgativa* não termina com a Primeira Semana, mas que se prolonga para além dela. A *indiferença* é o resultado desse trabalho. Uma *indiferença* que não significa insensibilidade com relação às coisas e pessoas, mas liberdade a respeito delas, porque todas elas estão contidas em uma *afeição* fundamental: "em tudo amar e servir a Deus nosso Senhor" [363][24]. Precisamente, um dos elogios que se fizeram nos primeiros tempos dos *Exercícios* e a quem os davam é que "enfim encontraram mestres sobre os *afetos*"[25].

Em sua dimensão ativa, o afeto ou a afeição inaciana é adjacente ao *desejo*[26] e ao *querer*.

b. O desejo

Desejo vem de *desiderare*, que etimologicamente significa "constatar a ausência das estrelas"[27]. Isso implica a ideia de "tender para", evocando a ausência do objeto que se deseja.

---

24. 11ª Regra para sentir na Igreja [363].
25. Cf. MHSI, *Fabri Monumenta*, 64. Citado por: IPARRAGUIRRE, Ignacio. *Práctica de los Ejercicios de San Ignacio de Loyola en la vida de su autor* (1522-1556). Roma: BIHSI, vol. III, 1946, 24.
26. "Em muitos momentos a palavra *afeto*, para Inácio, é sinônimo de *desejo*. Quase sempre quando ele alude a *afetos desordenados*, refere-se a *desejos desordenados*. Mas o afeto é mais amplo do que o desejo, porque também envolve o temor, que é o contrário do desejo. Os temores são afetos poderosíssimos, que têm uma força mais imperiosa do que os próprios desejos". CHÉRCOLES, Adolpho. *La afectividad y los deseos*. Barcelona: Cristianisme i Justícia, *Eides* 16, 1995, 4.
27. *De-siderare*: "Separado das estrelas quando formam uma figura". *Sidus-sideris* se opõe ao termo *stella*, que é a estrela quando está isolada. Cf. ERNOUT, Alfred-MEILLET, Antoine. *Dictionnaire étymologique de la langue latine*. Paris: Librairie C. Klincksieck, 1959.

O desejo[28] sinaliza o princípio dinâmico e aberto dos afetos, vinculado à vontade[29]. O *desejo* implica um impulso por algo que ainda não se possui. Na concepção de Inácio, os desejos possuem uma conotação particularmente positiva, enquanto fonte de energia e movimento [23,7; 130; 151; 155,4; 177; 350,1]. Nesse sentido, Deus também *deseja*: "o mesmo Senhor deseja dar-se a mim o quanto pode" [234,2]. Daí a importância de ser um *homem de desejos*[30]. Porque o desejo último, que subjaz a todos os desejos, é o desejo de Deus. Um anseio íntimo, último e primeiro, que só será saciado quando estivermos em Deus[31].

Inácio frequentemente vincula o desejo ao termo "querer", apelando assim à vontade do exercitante, como se a eficácia dos *Exercícios* estivesse na determinação e conjunção do *querer* e do *desejar*. Todas as meditações e contemplações começam por um "pedir a Deus o que *quero*

---

28. "Desejo" aparece 4 vezes nos *Exercícios* e "desejar" aparece 26 vezes.
29. DOMÍNGUEZ, Luis M. define o desejo como "a concretização do afeto na vontade", *Las afecciones desordenadas. El influjo del subconsciente en la vida espiritual*. Bilbao-Santander: Mensajero-Sal Terrae, Col. *Manresa* 10, 1992, 20.
30. San BUENAVENTURA, no prólogo do *Itinerário da mente para Deus*, afirma que "se não se é um *homem de desejos* como Daniel (Dn 9,23 e Sl 37,9), não é possível aceder as contemplações divinas que levam aos excessos da mente", *Obras de San Buenaventura*. Madrid: BAC, t. I, 1955, 559. Nas *Constituições da Companhia* é dito que se pergunte ao candidato se ele tem "desejo de desejar" [102,1].
31. Com o dizer intenso de Santo Agostinho: "Tarde te amei, beleza tão antiga e tão nova, tarde te amei! E vê que tu estavas dentro de mim, e eu fora, e por fora tu me buscavas; e deforme como eu era, lançava-me sobre essas coisas belas que Tu criaste. Tu estavas comigo, mas eu não estava contigo. Retinham-me longe de ti aquelas coisas que, se não estivessem em ti, não seriam. Chamaste e clamaste, e rompeste minha surdez; brilhaste e resplandeceste; e sanaste minha cegueira; exalaste perfume e respirei e suspiro por ti; saboreei-te, e sinto fome e sede; tocaste-me e me abrasaste em tua paz [...]. Quando me aderir em ti com todo meu ser, já não haverá mais dor nem trabalho para mim, e minha vida será viva, toda cheia de ti", *Confissões*, X, 27,38 e 28,39.

e desejo" [48; 55,4; 65,4; 91,4; 104; 139,1; 193; 203; 221; 233]. Encontramos em outros lugares o apelo à força do desejo: "buscar com diligência o que tanto *deseja*" [20,8]; "para encontrar o que *deseja* a pessoa que se exercita" [130,4; 133]; "buscar e encontrar alguma graça ou dom que a pessoa *quer e deseja*" [87]. Tudo isso nos leva ao terceiro termo anunciado, o *querer*.

c. O querer

Como indicamos, o encontramos com frequência[32] junto ao *desejo*, reforçando assim o princípio de atividade: "Eu *quero e desejo*, e é minha determinação deliberada..." [98,2]; "Já não *quero* nem *me afeto*[33] mais a ter riqueza que pobreza, a *querer* honras que desonras, a *desejar* vida longa ou curta..." [166,1]; "*quero e elejo* [...] e *desejo* ser tido por inútil e louco por Cristo" [167,3-4]; "se desejo ter uma virtude ou outra, se *quero* me dispor" [199,2]. Também o mau espírito *"quer e deseja"* [326,4; 327,1].

Assim, o *querer* é o que dinamiza o princípio ativo dos afetos: "atos da vontade *afetando-se*"[34] [3,2]; "movendo mais os *afetos* com a vontade" [50,6]. Diante da força passiva do afeto, apenas o verdadeiro *querer* é capaz de dominá-lo. *Querer* é o exercício livre de determinar-se por uma coisa ou outra: "indo sempre a buscar o que *quero*" [76,1]. Esse *querer* é o que levou a falarem do *voluntarismo inaciano*. É verdade que certas interpretações dos *Exercícios* deram origem a isso, mas, no contexto que estamos apresentando, esse *querer* vinculado à afetividade e aos desejos é muito equilibrado. Trata-se do *volo* latino (*boulomai* em grego), relacionado com o núcleo de liberdade de cada ser humano.

Para Inácio, os próprios pensamentos se distinguem precisamente dos outros, porque eles saem "da minha simples *liberdade* e *querer*" [32].

---

32. "*Querer*" aparece 135 vezes no texto dos *Exercícios*.
33. Algumas traduções preferem: não quero *"nem desejo"* em vez de não *"me afeto"*. (N. das T.)
34. Também se pode traduzir *"afectando"* por "afeiçoando". (N. das T.)

Na *Quinta Anotação* se diz que, ao exercitante "muito aproveitará entrar com grande ânimo e liberalidade para com seu Criador e Senhor, oferecendo-lhe todo o seu *querer* e *liberdade*" [5,1]. Na Tradição do Oriente, essa atuação insubstituível do ser humano de abrir-se à ação de Deus é chamada *synergeia*, que significa literalmente "colaboração". Assim, esse *querer* inaciano não é mais do que a livre determinação do exercitante em receber a ação de Deus, não de substituí-la, mas de acolhê-la.

Nos *Exercícios*, a autenticidade e a liberdade do *querer* só são possíveis quando se está avançada a Segunda Semana, quando o exercitante já está se conscientizando, rejeitando e detestando sua desordem (Primeira Semana) e se deixando fascinar ("afetar") pelo modo de agir e ser de Jesus, arquétipo da divina-humanidade, o único capaz de convocar todos os desejos e afetos do ser humano. Pelo princípio ativo do afeto-vontade, o exercitante se encontra em uma nova passividade: o amor por Cristo Jesus. Somente em relação a Ele poderá eleger: "A quem iremos, Senhor? Tu tens palavras de vida eterna" (Jo 6,68). Depois da eleição (movimento passivo-ativo de eleger e deixar-se eleger) a ascensão espiritual prosseguirá em uma permanente sucessão de desafeição e nova afeição, em um movimento de amor que corre sem parar, sempre mais além[35].

Recapitulando, encontramos nos *Exercícios* uma constelação de expressões (*afeto, afeição, desejo, querer*) que estão concentradas e sobrepostas umas nas outras naquela zona difícil de precisar que, utilizando a terminologia escolástica, integra o *apetite sensitivo* pelo corporal e o *apetite intelectivo*. O "inferior" e o "superior" [87,2] se misturam, se atraem e se arrastam mutuamente, revelando que o *querer* está condicionado por *desejos* e *afetos* que vêm do mais profundo de nosso ser, onde a pulsão de vida se confunde com a pulsão de morte. Aqui não fazemos nada

---

35. Jesús ARROYO, da Escola Psicanalítica, fala de quatro leis dinâmicas da afetividade: a lei da adesividade, da expansividade, da plasticidade e da elasticidade. Cf. *Presencia del Espíritu en la afectividad*. In: ALEMANY, C. e GARCÍA-MONGE, J. A. (eds.). *Psicología y Ejercicios ignacianos*. Bilbao-Santander: Mensajero-Sal Terrae, Col. *Manresa* 6, 1991, vol. II, 107-122.

mais que espreitar este mundo sem fundo da psicologia humana, uma das grandes explorações do século XX. Inácio intuiu tudo isso, e sua mistagogia começa convocando essas forças para integrá-las gradualmente em torno do processo de cristificação.

Até aqui apenas nos referimos a um dos dois polos que estabelecíamos no ser humano: o polo da afetividade. Ao longo dos *Exercícios*, as transformações do afeto vão se realizando em conjunto com o outro polo complementar, e graças a ele: o cognitivo. Em sua dimensão primeira e externa, a cognição chega até nós através dos sentidos. Em sua dimensão interna e também primeira, a cognição nos vem pela imaginação. "Não há pensamento sem imagem", dirá François Varillon[36]. Veremos como aparecem e se sobrepõem nos *Exercícios* os sentidos e a imaginação, e como, junto com a afetividade, são conduzidos ao núcleo do ser humano.

2.2. Os sentidos e a imaginação

Por meio dos sentidos, o ser humano capta a realidade exterior. Cada um deles – a visão, a audição, o tato, o gosto e o olfato – é como uma porta através da qual ocorre a passagem do mundo externo para o mundo interno. Esses dados se "instalam" em nossa mente, tanto em sua dimensão cognitiva – a imaginação – como em sua dimensão afetiva.

A noção de *inteligência senciente* de Xavier Zubiri nos mostra como esse regime da exterioridade dos sentidos está indissoluvelmente ligado ao seu aspecto cognitivo e "interior"[37]. A *inteligência senciente* de Zubiri se

---

36. *Beauté du monde et souffrance des hommes*. Paris: Centurion, 1980, 104. Citado por KOLVENBACH, P. Hans. *Imágenes e imaginación en los Ejercicios Espirituales*. Roma: CIS 54 (1987), 12; este artigo foi recompilado *in*: KOLVENBACH, P. Hans. *Decir... al "indecible"*. Bilbao: Mensajero-Sal Terrae, Col. *Manresa* 20, 1999, 49.
37. Depois veremos que esta *inteligência senciente* aponta, mas não chega a ser, o *sentir internamente inaciano*. Este, a nosso entender, se situa em uma camada mais profunda do ser humano.

refere ao *sentir* dos sentidos pelos quais o ser humano capta a realidade como real[38]. Essa expressão unifica o "inteligir" com o "sentir", não os distinguindo como duas faculdades – como na antropologia aristotélica-tomista –, mas integrando-os em um único processo de captação da realidade[39]. Há uma unidade na apreensão que fazemos das coisas: as "sentimos" e as "entendemos" ao mesmo tempo, na medida em que são significativas para nós. Não percebemos as coisas isoladamente, mas sendo parte de uma constelação de elementos e significados que elas têm para nós. Esse é o modo próprio de captar e perceber a realidade no ser humano, como unidade primordial. A partir dessa perspectiva de sensibilidade "senciente e inteligente", a afirmação de Adolpho Chércoles, de que "somos nossa sensibilidade"[40], é bem compreendida.

Os *Exercícios* partem dessa captação da sensibilidade para tentar transformá-la. Porque nossa sensibilidade se confunde com muita frequência com nossa sensualidade, que é o apego dos sentidos a certos objetos, privando-nos assim da liberdade:

> Nas pessoas que vão de pecado mortal em pecado mortal, costuma ordinariamente o inimigo propor-lhes prazeres aparentes, fazendo-lhes imaginar deleites e prazeres sensuais [314].

Trata-se de conseguir que "a sensualidade obedeça à razão e todas as partes inferiores se sujeitem às superiores" [87,2]. Essa passagem

---

38. A *realidade* não designa um objeto, mas a maneira como o objeto "permanece" no confronto humano. A realidade é, por enquanto, uma maneira de "permanecer", isto é, é mera *"atualidade"*. *Sobre el hombre*. Madrid: Alianza y Sociedad de Estudios y Publicaciones, 1986, 22.
39. Zubiri desmembra o processo senciente em três estágios da impressão sensível: 1) afeição do senciente pelo sentido; 2) percepção de que "isso" que nos impressiona é uma alteridade; 3) força da imposição dessa alteridade sobre o senciente. Cf. *Inteligencia sentiente*. Madrid: Alianza y Sociedad de Estudios y Publicaciones, 1981, 19-41.
40. *La afectividad y los deseos*. Barcelona: Cristianisme i Justícia-Eides, Col. *Ayudar* 16, 1995, 12.

do "inferior" ao "superior" corresponde à passagem do "exterior" ao "interior" que veremos a seguir. Daí a conveniência de fazer algum tipo de penitências [82-89] para vencer esse "amor sensual" [89,3]. Em outras palavras, trata-se de passar da *sensualidade* à *sensitividade*, e daí, à *sensibilidade*. Se o apego não é vencido, bloqueará o caminho para a liberdade e a pureza de coração – a *indiferença* inaciana. E sem elas, não será possível fazer a eleição[41], como vimos na seção sobre os afetos.

Desenvolveremos mais adiante, passo por passo, os traços purificadores da mistagogia inaciana para vencer "a desordem dos afetos"[42]. Aqui vamos nos deter em um elemento dos *Exercícios* que tem por objetivo trabalhar a educação dos sentidos: trata-se da contemplação inaciana conhecida como *Aplicação dos sentidos* [121-125].

2.3. A Aplicação dos sentidos

Este exercício é planejado para ser praticado no final de cada dia[43]. Embora o nome de *aplicação dos sentidos* [121-126] não apareça até a Segunda Semana, essa forma de oração já foi apresentada de uma forma

---

41. No *primeiro modo do terceiro tempo para fazer eleição* é dito explicitamente: "olhar para onde a razão mais se inclina; e, assim, conforme a maior moção racional, e não segundo alguma moção sensual, se deve fazer a deliberação sobre o assunto proposto" [182].
42. Ver cap. 5 da presente obra, *Primeiro estágio de transformação*, p. 159-172 (no original, p. 131-141 [N. das T.]).
43. É provável que Inácio tenha conhecido este tipo de oração em Barcelona, quando esteve em contato com a obra de Ramón Llull. Especificamente no capítulo 315 do *Livro da Contemplação*, Ramón LLULL menciona a *oração sensual*, que expõe assim: "Bendito seja Vós, Senhor Deus; porque assim como Vós haveis dado ouvidos ao homem para ouvir, e olhos para ver, nariz para cheirar, e paladar para comer, e tato para sentir, e que desses cinco sentidos a *oração sensual* é formada e aparece, assim haveis dado à alma memória entendimento e vontade". Cf. MARCH, J. M. *San Ignacio de Loyola y el Beato Ramón Lull, Semejanzas doctrinales. In: Manresa* 8 (1926), 333-350.

negativa na *meditação do inferno* [65-71]. Dizemos de "forma negativa", porque na Primeira Semana, na meditação do inferno, os cinco sentidos [66-70] são submetidos a uma "terapia de choque" para que rechacem o objeto com o qual são confrontados. Quer dizer, cada um dos cinco sentidos é levado ao extremo de sua insatisfação de modo que a pessoa fique com uma rejeição espontânea àquilo que não preenche, mas esvazia seus sentidos.

Experimentar o caráter destrutivo de uma determinada forma de saciar os sentidos constitui um elemento importante da Primeira Semana que é frequentemente esquecido. Há toda uma pedagogia a fazer para redescobrir a meditação do inferno em sua dimensão antropológica, e não como castigo: convém tomar consciência de que um determinado uso dos sentidos nos faz cair em uma espiral infernal de insatisfação e dependência. Trata-se de que nossa sensibilidade espontaneamente se impregne desse rechaço.

A partir da Segunda Semana, o objeto sobre o qual "aplicar os sentidos" será a corporeidade de Cristo e sobre outros personagens presentes nas passagens do Evangelho. Através desse exercício diário dos sentidos, a *sensibilidade* global da pessoa irá primeiro se ordenando e depois se transformando.

Novamente nos deparamos aqui com a sobriedade do texto inaciano: Inácio fala repetidamente sobre "ordenar", mas nunca de "transformar". No entanto, acreditamos que essa transformação está implícita. Se ficássemos unicamente com a ideia de ordem, não passaríamos da etapa purificativa, da Primeira Semana. Em vez disso, ao longo dos *Exercícios* se produz algo mais do que um mero ordenamento: a contemplação de Jesus, o arquétipo da divina-humanidade, não apenas ordena, mas transfigura. Pela aplicação de cada sentido corporal à vida e à pessoa de Jesus, da imaginação vai emanando um "*universo simbólico do desejo transformado*"[44], que permite, primeiro, saborear sentido por sentido de sua humanidade. Lentamente, dessa transformação vão se abrindo, também sentido por sentido, a percepção e o sabor de sua divindade.

---

44. ARZUBIALDE, Santiago. *Ejercicios Espirituales de San Ignacio. Historia y análisis*. Bilbao-Santander: Mensajero-Sal Terrae, Col. *Manresa* 1, 1991, 295.

Existe um antigo debate se a *Aplicação dos sentidos* é unicamente imaginativa, ou se também é alegórica e até mística. O *Diretório oficial* de 1599 foi prudente sobre essa questão: limitou-se a mencionar o caráter meramente imaginativo desses exercícios e lhes atribuiu uma classificação de qualidade inferior à meditação, para não fomentar a corrente mística que corria entre alguns setores da Companhia naqueles anos:

> A *Aplicação dos sentidos* se diferencia da meditação, porque a meditação é mais intelectual e se entretém no raciocínio e é muito mais elevada [...] A *aplicação* não discorre, mas apenas se detém nas coisas sensíveis, como a visão e a audição e coisas assim, com as quais goza e se deleita com proveito espiritual[45].

Era uma opção compreensível na época, mas em última análise empobrecedora, porque fechou as portas para etapas mais elevadas da contemplação e da experiência espiritual. Em Nápoles reagiu-se contra o rascunho desse texto:

> Parece que nosso Pai Inácio sentia de outra maneira, pois fala da aplicação dos sentidos como se fosse uma espécie de contemplação, porque a terceira Nota da Quarta Semana[46] diz que a aplicação dos sentidos serve para imprimir com mais força na alma as contemplações [...]. Parece, pois, que nosso Pai nos indica que a aplicação dos sentidos é algo mais elevado que o transcurso da meditação, e que é quase uma espécie de

---

45. *Directorio Oficial* de 1599, 156. In: *Ejercicios Espirituales y Directorios* (trad., introd. e notas por Miguel LOP). Barcelona: Balmes, 1964, 456. Quem mais influenciou esta interpretação foi DÁVILA, Gil Gonzales, teólogo e provincial da Bética. Em seu *Diretório* se lê: "A *aplicação dos sentidos* é muito conveniente [...] se for feita de forma clara e simples; porque sutilezas nesses assuntos têm muita mistura de curiosidade, que causa aridez; e quanto mais atenção é dada a esses sentidos anagônicos (= êxtase místico), mais se costuma perder o fruto da meditação", *D* 31: 94, p. 370.

46. Da *Vulgata* (texto latino dos *Exercícios* publicado em 1548), correspondendo à 2ª Nota da versão castelhana [227].

contemplação, como já foi dito, da qual é próprio estar fixada no objeto que se contempla, degustando, cheirando etc.[47].

De fato, podemos especificar três graus na *aplicação dos sentidos*[48]: o imaginativo, o alegórico ou espiritual e o propriamente místico. Isso é o que Polanco sugere em seu *Diretório* (1573-1575), ao distinguir entre a imaginação, a razão e a razão superior[49].

a. Os sentidos imaginativos

Os *sentidos imaginativos* são aqueles explicitamente propostos na introdução do exercício: "é proveitoso passar os cinco sentidos da imaginação" [121,1]. Nos primeiros pontos do exercício se diz: "*ver* com os olhos da imaginação" [122] e "*ouvir* com o ouvido o que falam ou poderiam falar" [123]; e no quarto ponto: "*tocar com o tato*, assim como tocar e beijar os lugares onde tais pessoas caminham e se acomodam" [125][50]. Em vez disso, o terceiro ponto parece apontar para outro nível: "*Cheirar e provar* com o olfato e com o paladar a infinita suavidade e doçura da divindade da alma e de suas virtudes e de tudo o mais" [124]. Quer dizer, os verbos *ver*, *ouvir* e *tocar* se referem claramente aqui a um ato imaginário, enquanto o *cheirar* e *provar* parecem ter um sentido metafórico. Isso é o que levou a crer que Santo Inácio não se referia unicamente à aplicação dos sentidos imaginativos, mas aos espirituais, ou ainda mais, aos místicos.

Porém, a gradação é difícil de delimitar. De fato, a *imaginação* é constantemente convocada nos *Exercícios*: todas as meditações e contemplações partem das *composições do lugar*, nas quais o exercitante

---

47. MHSI, MI, *Exerc.*, 1096-1097.
48. Cf. MARÉCHAL, Joseph. *Application des sens*. In: *Dictionnaire de Spiritualité* 1 (1937), 810-818.
49. *Directorio* 20, cap. 6,65, em LOP, Miguel. *Ejercicios Espirituales y Directorios*, 246.
50. Nos parece que Santo Inácio fala aqui de sua própria experiência na Terra Santa.

enquadra imaginativamente o assunto sobre o qual irá meditar ou contemplar: "a composição consistirá em ver com os olhos da imaginação o lugar físico onde se encontra o que quero contemplar" [47].

As contemplações sobre a vida de Jesus estão baseadas em "olhar", "ver" e "ouvir"[51]. Essa recriação das cenas do Evangelho tenta envolver a pessoa inteira "como se estivesse presente" [114]. Assim, pela imaginação, o exercitante vai substituindo umas imagens por outras: as impressões desordenadas acumuladas em sua memória vão sendo curadas por essas novas impressões que a mente recebe, ativando a imaginação-contemplação. Desse modo, pouco a pouco, as imagens-espelho vão se convertendo em imagens-ícone[52]. Quer dizer, as imagens que são mero produto de nossa imaginação facilmente não são mais do que reflexos de nós mesmos; reflexo que pode ser benéfico, regenerador, se nos devolver a imagem real de nós mesmos que não fomos capazes de perceber.

Mas ficar aqui não seria suficiente. A imagem não apenas restaura, mas abre, e assim chegamos a ver a luz em sua Luz[53]. A imagem imaginada vai se estilizando cada vez mais, até chegar à imagem-ícone, a qual, "em oposição ao retrato-quadro, tenta fazer emergir, com um mínimo de traços, um máximo de presença"[54].

A seguir nos referiremos a essa "iconização" dos sentidos, distinguindo duas etapas.

b. Os sentidos espirituais compreendidos alegoricamente

Uma primeira interpretação dos sentidos espirituais é a de Francisco Suárez (1548-1617):

> A aplicação dos sentidos deve tender a intelectualizar-se (*magis intellectualis esse debet*), embora por ela se capte no espírito

---

51. 106-108; 114-116; e *passim*.
52. Cf. KOLVENBACH, P. Hans, art. cit. *In*: *CIS* 54 (1987), 27-29 e *in*: *Decir... al "Indecible"*, 59-61.
53. Cf. Sl 36 (35), 10.
54. KOLVENBACH, P. Hans, art. cit., 28 e op. cit., 60.

(*mente inteutur*) o fato que se admira. Algo é afetado, algumas palavras são ouvidas cujo peso provoca emoção; ou então se respira o perfume das virtudes e dos dons de uma alma, e assim por diante. Tal aplicação do espírito participa um pouco da contemplação, ao menos quanto ao modo de percepção[55].

Melhor dizendo, o "escutar", o "cheirar" etc., tem um sentido meramente alegórico, na medida em que se trata de um exercício mental. Corresponde ao que Polanco atribui ao âmbito da razão:

> No olfato e no paladar, há que suplantar a imaginação até a razão, considerando a fragrância a partir dos dons ausentes, e o sabor como os dons de Deus, presentes em uma alma santa, e nos refazendo em sua suavidade[56].

A indicação inaciana de: "*Cheirar* e *provar* com o olfato e o paladar a infinita suavidade e doçura da divindade da alma e de suas virtudes e de tudo o mais" [124] parece ter esse caráter alegórico. Do ponto de vista literário, faz referência à doutrina de São Boaventura sobre os sentidos espirituais, que aparece no quarto estágio (degrau) do *Itinerário da mente até Deus*:

> A contemplação do quarto grau só a alcança quem a recebe, porque consiste mais na experiência afetiva que na consideração intelectiva. Acontece que a alma, neste grau, reparados já os sentidos interiores para *ver* o sumamente gracioso, *ouvir* o sumamente harmonioso, *cheirar* o sumamente perfumado, *saborear* ao sumamente suave e *tocar* no sumamente deleitoso, deixa a alma exposta aos excessos mentais (*mentales excessus*)[57].

---

55. Cf. *De Religione*. In: *Opera Omnia*. Paris: 1856, vol. XVI bis: lib. IX, cap. VI, II, 1040. Suárez mostra-se prudente, propondo o meio-termo entre os dois extremos.
56. POLANCO, ibid., 66, p. 247.
57. San BUENAVENTURA, *Obras*. Madrid: BAC, vol. I, 1955, cap. IV, 605.

Entretanto, nesse texto não fica claro se os *sentidos interiores* ou *espirituais* têm um significado meramente metafórico ou realmente místico: em que consiste essa "experiência afetiva" que não é a "consideração intelectiva"?

Um pouco antes do fragmento anterior, São Boaventura escreveu:

> A alma, ao crer pela fé em Cristo, enquanto Verbo incriado, palavra e esplendor do Pai, recupera a audição e a visão espiritual: a audição, para receber as palavras de Cristo; a visão, para olhar com atenção os esplendores de sua luz. E ao suspirar pela esperança de receber o Verbo inspirado se recupera, pelo desejo e pelo afeto, o *olfato* espiritual. Quando pela caridade abraça o Verbo encarnado, recebendo Dele deleite, e passando por Ele ao amor extático (*exstaticum amorem*), recupera o *paladar* e *tato*[58].

Segundo a tradição mística[59], testemunhada na mesma vida de Inácio, existe um ver, um ouvir, um *cheirar*, um degustar e um tocar que são "recebidos", sem terem sido provocados pela própria imaginação. Essas manifestações ocorrem quando se está em estado máximo de receptividade. Manifestações ou percepções místicas que, quando experimentadas, deixam uma marca profunda na alma[60].

---

58. Ibidem.
59. ORÍGENES foi o primeiro a falar deles. Cf. RAHNER, Karl. *Le début d'une doctrine des cinq sens spirituels chez Origène*. In: *Revue d'Ascétique et mystique* 13 (1932), 113-145; *La doctrine des "sens spirituels" au Moyen-âge, en particulier chez saint Bonaventure*. RAM 14 (1933), 236-299; MARXER, F. *Die inneren geistlichen Sinne*. Freiburg: Herder, 1963, 59-68. Veja também: CLÍMACO, Juan. *Escada do Paraíso*. 26°, 127.
60. SANTA TERESA DE JESUS e SÃO JOÃO DA CRUZ falaram sobre isso extensamente. Veja, respectivamente: *Vida*, cap. 7,6; cap. 25; cap. 28-29; cap. 39-40; e *Subida al Monte Carmelo*, liv. 2, cap. 10 e 17-17; 19-20; 28-31. No entanto, São João da Cruz é extremamente cauteloso com as manifestações sensíveis: "É de saber que, embora todas essas coisas possam acontecer aos sentidos corporais por meio de Deus, nunca, jamais tenha certeza nelas, nem se deve admiti-las, antes, fuja delas, sem querer examinar ou saber se são boas ou más [...]; e assim quem dá valor a tais coisas erra muito,

c. Os sentidos propriamente místicos

Vimos como Inácio em Manresa teve determinadas experiências relacionadas com os sentidos místicos. Santo Inácio, nada dado a falar sobre essas coisas, narra, no entanto, como a Trindade deixou-se *ver* em figura de três teclas[61], como lhe pareceu *ver* a criação do mundo como "uma coisa branca da qual saiam alguns raios"[62], como, no momento da elevação do Corpo de Cristo, "*viu* com os olhos interiores como que uns raios brancos que vinham de cima"[63], como em Manresa, e repetidas vezes ao longo de sua vida, tinha *visto* a humanidade de Cristo[64]. Também observamos como seu *Diário Espiritual* está repleto de visões, nas quais ele chega até a matizar as cores e as suavidades tácteis que produzem, sabores, as audições internas e outras sensações psíquico-espirituais.

Vejamos algumas: "tendo sentido **muita claridade**" [12]; "me parecia **vê-lo** ou senti-lo [ao Espírito Santo] em **claridade espessa** ou na **cor de uma chama ígnea** de uma forma insólita" [10]; "vinha com uma **sensível doçura** interior" [28]; "um *certo ver* e **sentir** que o Pai Celestial me mostrou propício e *doce*" [30]; "com muito *sentir* e *ver* a Nossa Senhora" [31]; "havendo muita abundância de lágrimas cheias de *calor* e *sabor interior*" [39]; "efusão muito grande de lágrimas, moções e soluços interiores, inclusive parecia como que *as veias ou partes do corpo sentindo sensivelmente*" [47]; "grande devoção, *claridade calorosa* e *gosto espiritual*" [60]; "*sentindo* ou *vendo* a Jesus" [74-75; 87-88]; "quietude e *suavidade* espiritual" [82]; "*um ver* a Pátria celeste ou o Senhor dela" [89 e 90]; "a Santíssima trindade se deixava *sentir* ou ver *mais clara ou lúcida* [...] e de

---

    e se coloca em grande perigo de ser enganado, e no mínimo terá em si um impedimento total para ir ao espiritual", ibid., cap. 11,2. Nos cap. 23-27 e 32 de 2SC fala de apreensões espirituais que não vêm através dos sentidos, mas que são puramente espirituais. Santa Teresa também dirá que as manifestações sensíveis são mais próprias dos princípios da vida espiritual. Cf. *Vida*, cap. 27,2-3; cap. 28,4; cap. 30,4; *Relações* 6,3.

61. *Autobiografia*, 28.
62. Ibid., 29.
63. Ibidem.
64. Ibid., 29,4; 41; 44; 48; 96; 99.

um amor tão intenso, que me parecia excessivamente juntar-me a seu *amor tão lúcido e doce*" [105]; "com muitos *grandes toques* e intensíssima devoção na Santíssima Trindade" [107]; "muita *suavidade e clareza misturadas em cores*" [117]; "*sentindo* e *vendo*, não no escuro, mas *no lúcido e muito lúcido*, o mesmo ser ou essência divina em uma figura esférica" [121; 123; 183]; "com tanta devoção, com muita, *clara, lúcida e tão calorosa*" [143 e 144]; "perdendo a fala" [164]; loquelas internas e externas [221-240]; moções "*lentas, internas, suaves, sem estrépito*" [222]...

Tudo isso mostra que Inácio – e como ele, em potência, toda pessoa que pratique os *EE* – não só ordenou seus afetos e sentidos, senão que estes foram transformados, "iconizados". Daqui que nos pareça importante distinguir a interpretação alegórica dos *sentidos espirituais* (ainda fruto da atividade humana) de sua manifestação propriamente mística, que ocorre apenas na oração passiva do espírito[65].

Polanco estava se referindo a esse terceiro nível quando falou dos "sentidos mentais e pertencentes à razão superior"[66]. Esses "sentidos mentais" e essa "razão superior" se referem ao *noüs* neoplatônico e agostiniano mencionados no início do presente capítulo, e que estão ausentes na antropologia escolástica. Para desenvolvê-los, Polanco se refere à doutrina de São Boaventura a que já nos referimos. Apesar da prudência no *Diretório Oficial* de 1599, na tradição jesuítica das origens se contempla essa terceira dimensão. Três grandes figuras se inscrevem nessa tradição: Aquiles Gagliardi (1537-1607)[67], Alvares de Paz (1560-1620)[68] e Luis de la Palma (1560-1641)[69].

Se temos nos detido nesse nível místico dos sentidos foi para mostrar até onde pode chegar a transformação da pessoa que já não vive para si mesma, mas para Deus e em Deus. A mistagogia dos *Exercícios* nos

---

65. Cf. MARÉCHAL, Joseph, art. cit., col. 827.
66. "*De sensibus mentalibus et ad rationem superiorem pertinentibus*", op. cit., 65 e 66, 246-247.
67. Cf. *Commentaire des Exercices spirituels d'Ignace de Loyola*. Paris: DDB, Col. *Christus* 83, 1995, L'oraison, 47-52.
68. *De inquisitione pacis*, t. III, lib. I, parte 3ª, c. 16.
69. Cf. *Camino Espiritual*, t. II, cap. VII. Barcelona: Librería de Jaime Subirana, 1860, 36-41.

leva até aí. Se a possibilidade dessa transformação não fosse total, nem valeria a pena sequer iniciá-la[70]. Porque o desejo do ser humano é ser todo para Deus, de Deus e em Deus. O problema é que em nossa antropologia e em nossa Teologia ocidentais dificilmente existe um "lugar" para situar tais manifestações.

Desde a antiguidade até os dias atuais, tem havido relutância diante delas, como se supusessem uma desvalorização da materialidade do mundo e, com ela, da encarnação e humanidade de Cristo[71]. Com efeito, Deus assumiu nossa historicidade e corporeidade em Cristo Jesus, não para deterem-se no estado em que se encontram, mas para transformá-las por dentro. Em nossa opinião, o perigo que nos ameaça pode vir de ambos os extremos: ou espiritualizar muito rapidamente, esquecendo a necessária referência à historicidade e corporeidade de Cristo e do mundo, mas também pode vir de parar neste estágio da evolução do cosmos e tomá-lo como absoluto, esquecendo que se trata de um processo cujo fim é nossa incorporação plena à humanidade divinizada de Cristo.

Em nosso entendimento, a "consideração unitária espiritual do homem bíblico"[72] não leva à suspeita do místico, mas sim ao oposto: a incorporar a experiência mística como uma antecipação dessa transformação integral e total do ser humano[73].

---

70. MARTIN, Melquíades Andrés, destaca precisamente a diferença entre a "espiritualidade erasmiana da imitação" da "mística espanhola da transformação". Cf. *Corrientes teológicas y erasmistas en la primera mitad del siglo XVI*. In: PLAZAOLA, J. (ed.). *Ignacio de Loyola y su tiempo, Congreso Internacional de Historia* (9-13 de setiembre de 1991). Bilbao: Mensajero-Universidad de Deusto, 1992, 305-328, particularmente, 315-322.
71. Assim expressa ARZUBIALDE, Santiago: "Depois da promulgação do Diretório Oficial, autores do nível de Gagliardi, La Palma, La Puente, Álvarez de Paz, ou Suárez, continuaram ainda inclinados, de certa forma, pela tese dos sentidos espirituais 'místicos', com o risco de esquecer a permanente *referência à historicidade e corporeidade* das cenas evangélicas que um dia tiveram lugar a salvação do gênero humano, à qual a vida inteira do Senhor se ordenou", op. cit., 301-302.
72. Cf. ibid., *passim*.
73. Em um contexto diferente, DÜRCKHEIM, Karlfried Graf, um cristão que integra o caminho Zen, propõe a atividade dos sentidos como um

O que acontece é que nos falta uma antropologia pneumatológica e uma antropologia da experiência mística[74]. No máximo, contamos com uma certa fenomenologia, mas não com uma verdadeira reflexão e compreensão da natureza humana capaz de conter tais manifestações, tais transformações. Para "situá-las" devemos recorrer a antropologias de outras religiões[75]. Mas isso levanta outros problemas, porque toda antropologia é condicionada por sua teologia e vice-versa.

Independentemente da diversidade de opiniões sobre o alcance da *Aplicação dos sentidos*, no livro dos *Exercícios* existe um termo chave para compreender a antropologia e a mistagogia inacianas: trata-se do *sentir*.

---

    exercício iniciático da meditação. E explica: "Não se trata de um exercício destinado a aguçar os sentidos para aumentar sua eficácia, mas para criar aquelas condições que permitam que intervenha uma qualidade sensível através de sua atividade: ver, saborear, sentir o toque, ouvir. O que implica a retirada de sua função primária". *Meditar, por qué y como*. Bilbao: Mensajero, 1989, 225.

74. De alguns anos para cá, um ramo da Psicologia está se desenvolvendo, chamado *Psicologia Transpessoal*, que busca investigar e refletir nessa direção. Veja, por exemplo, as obras coletivas de: A. H. MASLOW, D. COLEMAN, F. CAPRA, K. WILBER, S. GROF, J. KORNFIELD e outros, *Más allá del Ego, textos de Psicología transpersonal*. Barcelona: Kairós, 1993; A. HULEY, R. BUCKE, A. H. MASLOW, A. WATTS, K. WILBERT e outros, *La experiencia mística y los estados de consciencia*. Barcelona: Kairós, 1979; Recentemente JOHNSTON, William publicou: *Teología mística. La ciencia del amor.* Barcelona: Herder, 1997. Veja também: VELASCO, Juan Martín. *El fenómeno místico*. Madrid: Trotta, 1999.

75. Pensamos, por exemplo, na doutrina hindu e budista sobre os sete corpos, distribuídos em cinco planos: no plano físico, os corpos físico e etéreo; no plano astral, o corpo astral ou emocional; no plano mental, o corpo intelectual inferior (intelecto) e no plano superior o causal (alma), e além de todos estes, os planos espiritual e o nirvânico. Cf. BRAHMACHARIN, BODHABHIKSHU. *La filosofía de la India*. Barcelona: Visión Libros, 1984, 15-32. Na obra citada (na nota anterior) de JOHNSTON, William é feita uma tentativa de síntese entre a antropologia ocidental cristã e a antropologia oriental. Ver particularmente p. 119-185.

2.4. O sentir

Este termo aparece 33 vezes no texto dos *Exercícios*. Começando com "*não é o muito saber que sacia e satisfaz a alma, mas o sentir e saborear as coisas internamente*" [2,4]; continuando pelo sentir *apetites* [217], os afetos [157, 342,1], o amor [184,3; 338,3], a pena (pesar) [78], a necessidade [8,1], a inclinação [342,1], a desordem [63,3]; também se *sente* o que é conveniente [89,5], se *sente* o conhecimento [63; 118], se *sentem* as comunicações interiores [213], se *sentem* as consolações e inspirações divinas [213], se sentem as moções e gostos espirituais [227], se sentem as desolações e as consolações do bom e do mau espírito [313; 320,2; 322,3; 334; 345] e se sente o que dá mais glória e louvor a Deus [179,3]. Nesse *sentir* estão reunidas todas as dimensões da pessoa: a corporal; a afetiva; a cognitiva e a espiritual. E a relacional também, porque aquele que dá os exercícios *sente* o que acontece com os que os recebem [6,1; 8,1; 10,1], e se *sente* com e na Igreja [352].

No *Diário Espiritual* esse "sentir" aparece 108 vezes, muitas vezes como verbo de conhecimento, muito próximo da "visão", provocando uma comoção na pessoa como um todo. Vejamos algumas dessas recorrências: "me parecia *vê-lo* ou *senti-lo* (ao Espírito Santo) com clareza espessa" [14]; "*sentir* ou *ver* de certo modo o Espírito Santo" [18]; "com muitas lágrimas abundantes, *vendo* e *sentindo* os mediadores" [25]; "um *sentir* e um *representar-se* da Senhora" [29]; "não poderia que a ela não *sentisse* ou *visse*" [31]; "no *sentir* ou no *ver* compreendendo" [52]; "mais *sentindo* ou *vendo* que entendendo" [54]; "*sentindo* inteligências espirituais" [62]; "o *mostrar-se* ou o *sentir-se* de Jesus" [67]; "um certo *sentir* ou *ver* com o entendimento" [70]; "*sentindo* ou *vendo* a Jesus" [74]; "estava em mim tanto amor, *sentir* ou *ver* a Jesus" [75]; etc.

A sobriedade inaciana contrasta com essa insistência na importância do *sentir*. E deve ter sido muito purificado esse *sentir* para que seja sinal da passagem de Deus no interior de si mesmo, e não um mero impulso dos desejos próprios ou do mau espírito[76]. Daí a importância do trabalho

---

76. Tal é o acento que coloca DE LA BOULLAYE, Henri Pinard em *Sentir, Sentimiento, sentido dans le style de saint Ignace*. In: *AHSI* 25 (1956), 416-430.

de "purificação"[77]. Ligado ao *sentir* está o termo *sentimento*. Aparece cinco vezes ao longo dos *Exercícios*. Essas cinco recorrências abrangem a mesma ampla gama do *sentir*: come-se com *sentimento* [215]; padece-se com *sentimento* [65 e 193]; reza-se com *sentimento* [62,2]; o *sentimento* beira o conhecimento [330]. E, no entanto, Deus está além de todo sentimento e de todo conhecimento [330].

Na *Autobiografia*, Inácio narra duas situações nas quais, se tivesse sido levado pelo seu mero *sentir*, teria caído na armadilha do mau espírito, quer dizer, de suas tendências regressivo-narcisistas: estando em Manresa, deu-se conta de que, quando estava indo deitar-se, era quando lhe vinham mais consolações; se se abandonasse ao gosto que elas lhe proporcionavam, deixava de dormir as horas que tinha para descansar, o que lhe fazia ir mal todo o dia seguinte; discernindo os efeitos foi como descobriu que se tratava de uma tentação[78].

Algum tempo depois, estudando em Barcelona, voltou a lhe suceder o mesmo: sentia gostos espirituais na hora de estudar, gostos que não lhe vinham quando fazia oração ou assistia à Missa. Com isso detectou novamente a tentação daquele *sentir*[79]. Deve ter sido por essas e outras experiências que Santo Inácio foi elaborando as Regras de discernimento para a Primeira e Segunda Semanas [313-336], as quais são um adestramento contra as sutilezas do mau espírito e supõem toda uma educação dos sentidos e dos afetos.

Esse *sentir* inaciano vai se tornando cada vez mais interior à medida que produz a iniciação na experiência mística dos *Exercícios*. Por ser um sentir, não exclui os sentidos, mas integra a percepção corporal,

---

77. Isto é o que sublinha, por exemplo, o *Directorio* de Juan POLANCO: "Conviene sentir en sí que todo cuanto tiene de afección el que elige hacia la cosa elegida, provenga solamente del amor de Dios" [Trad. livre: "é conveniente sentir em si mesmo que tudo o que tem de afeição aquele que elege para a coisa elegida, provenha somente do amor de Deus" (N. das T.)], D 20; 91. Cf. [184]. Também insiste nisso o *Directorio* de DÁVILA, Gil Gonzales (Cf. D 31; 110; 115-118) e o *Directorio Oficial* (Cf. D 43; 166; 171; 175-177).
78. Cf. *Autobiografia*, 26.
79. Cf. *Autobiografia*, 54 e 55.

refinando-a e transformando-a; refere-se, por outro lado, ao plano dos afetos, na medida em que esse sentimento também ressoa neles, e também se integra ao plano do entendimento, na medida em que todo *sentir* carrega um *sentido*, isto é, um significado. Daqui que nesse "*sentir*" nos pareça encontrar a chave da antropologia inaciana, o lugar da unificação do ser humano. É ali onde o conhecimento e o amor se encontram, convocando-os cada vez mais em direção a seu Centro, em direção a esse "espaço" interior onde ocorre o Encontro, a união com Deus ao mesmo tempo que ocorre a revelação da vocação pessoal, ou seja, a revelação da missão única e específica para a qual cada pessoa veio ao mundo.

Como Santo Inácio nisso é tributário do modelo aristotélico-tomista, não tem linguagem para colocar o "lugar" ou a profundidade desse *sentir*. Porque essa interioridade é diferente da compreensão e da vontade – componentes da *alma racional* do modelo escolástico[80]. Daí, ainda faltando um vocabulário e uma antropologia da experiência mística, recorramos à tradição bíblico-patrística. Chamaremos esse espaço sagrado de interioridade de *coração*. *Coração* como uma metáfora para o *eu profundo*, o centro unificador do ser humano. Por outro lado, Inácio também não terá vocabulário para expressar o "órgão" interior da experiência imediata de Deus: o *espírito*. É por isso que também recorremos aqui à antropologia bíblica e patrística. Nelas encontramos esses dois termos dos quais precisamos para melhor integrar e interpretar a experiência espiritual proposta pelos *Exercícios*.

O *coração* e o *espírito* abrem "espaços" que não existem no modelo aristotélico-tomista. Fazem isso marcando duas polaridades extremas: o *coração*, atingindo o máximo da interioridade imanente, e o *espírito* localizando-se nessa mesma interioridade, mas em seu máximo transcendente[81]. Utilizamos esses dois termos conscientes de que

---

80. Esta falta da dimensão propriamente espiritual do ser humano no modelo escolástico também se reflete na *Contemplação para alcançar amor*, onde, ao apresentar as escalas do ser, a coisa específica que Inácio atribui ao ser humano é o entendimento [235], em vez de apresentar sua dimensão espiritual, aquela que o trona propriamente "*capax Dei*".
81. Os místicos cristãos nomearam de modo diverso este abismo sem fundo que existe no ser humano, pelo qual o homem está unido a Deus. O

se trata de meras metáforas. Ao falar de *coração* não fazemos mais do que apontar para a imagem, insuficiente, mas sugestiva, desse órgão regulador da circulação de nosso corpo, por onde passa todo o sangue do corpo, graças ao seu incansável movimento de dilatação e contração. Nesse sentido, nós o tomamos como imagem do centro unificador do ser humano: "o coração indica a profundidade indizível de *homo absconditus*, e neste nível se situa o centro de irradiação específico de cada um: a pessoa"[82]. Quanto ao termo *espírito*, vem de *spiritus* (pneuma em grego), cujo significado original está associado ao vento, ao ar e à respiração.

---

monacato oriental o chama *noüs*, seguindo o Neoplatonismo; corresponde a *mens* de SANTO AGOSTINHO; com SÃO BERNARDO adquire um caráter mais afetivo e inflamatório, ele chamará de *scintilla*, "centelha da alma" *(Cant. 18,6)*; na mesma linha Hugo de BALMA o chama "*scintilla affectus*" (centelha do afeto; cf. *Theologia mystica*, III, 4 e qu. Única). SÃO BUENAVENTURA refere-se ao *apex mentis* ou *syderesis scintilla* (Itin. 1,6). Os místicos nórdicos o chamaram *fundo* ou *raiz* ("Grund") da alma; TAULERO usa esta expressão 427 vezes; algumas vezes é chamado *fundo-sem fundo* ("Grund-Abgrund") por ECKART e TAULERO. HERP, Enrique chama *espírito* às potências superiores da *alma*. Cf. *Directorio de Contemplativos*. Salamanca: Sígueme, Col. *Ichthys* 10, 1991, p. 112. SÃO JOÃO DA CRUZ o chama "a última substância do fundo da alma". *Llama de amor viva*, III, v. 3, 68; I, v. 3, 9; *Noite*, 1, II, c. 23, 3 e 4; também o chama alguma vez de *raiz* (*Cântico*, estr. XXXIX, v. 4, 8; *Chama*, est. IV, v. 2, 5. *SANTA TERESA DE JESUS, em alguns lugares, não parece ter clara a diferença entre alma* e *espírito* (cf. *Vida*, 18,2; 20,14; *Relaciones*, 5,11); mas sim na Sétima Morada cap. 1,11, e Relações 29,1. SÃO FRANCISCO DE SALES o chamará "o cume e supremo ponto do espírito" (*Tratado del amor de Dios*, VII, 1). Cf. *Âme. In: Dictionnaire de Spiritualité* I (1936); ORCIBAL, Jean. *San Juan de la Cruz y los Místicos Renano-Flamencos*. Madrid: Fundación Universitaria Española y Universidad Pontificia de Salamanca, 1987, 207-209; e BERGAMO, Nino. *L'anatomie de l'âme*. Grenoble: Jérôme Milton, 1994, 28-37 (trad. Castellana, Ed. Trotta, 1998).

82. EUDOKIMOV, Paul. *L'Orthodoxie*. Paris: Desclée de Brouwer, 1970, 68.

3. O "interior" nos *Exercícios*: o coração e o espírito

3.1. *O coração*

O termo *coração* não pertence ao vocabulário dos *Exercícios*. Aparece apenas duas vezes no texto [278 e 303], e em ambas são citações do Evangelho[83]. Por outro lado, ele aparecerá em um lugar chave nas Constituições: "de nossa parte, mais do que qualquer constituição externa, a lei interna da caridade e do amor que o Espírito Santo escreve e imprime em *nossos corações*" [Const., 134].

Jerônimo Nadal, nas anotações pessoais que fez de suas experiências de oração, menciona frequentemente essa centralidade do coração e sua relação com o conhecimento de Deus: "É preciso agir sempre com o *coração* e rezar completamente com o *coração*"[84], "no *coração* encontra-se o princípio de toda graça e de toda inteligência sobrenatural"[85]; "força no Espírito; falar com o *coração*, falar em virtude da Palavra divina"[86]; "toda atividade do *coração*, toda força dos sentidos e inclusive da inteligência devem ser docemente dominadas e apaziguadas, de modo que a atividade do *coração* seja cada vez mais pura e perfeita e que assim a inteligência cresça em uma doçura de espírito. Não é a isto que se refere a expressão: 'compreender com o *coração*' (Is 44,18; Mt 13,15)?"[87]; "os apóstolos não compreenderam a Palavra sobre a Paixão, e sobre o cego à beira do caminho que grita e pede para ver a luz (Lc 18,34-43); e isto para que nosso *coração* compreenda que devemos nos fazer cegos pela fé perfeita e para que acreditemos e peçamos insistentemente que os

---

83. A primeira está na passagem das Bem-Aventuranças [278], a propósito dos "limpos de coração" [278,2]; a segunda, apresentando a contemplação dois discípulos de Emaús [303], na qual se citam palavras do Evangelho: "Oh néscios e lentos de coração para crer em tudo o que os profetas escreveram!" [303,3].
84. *Observations spirituelles*, 558. In: *Contemplatif dans l'action*. DDB, Col. Christus 81, *Journal spirituel*, 558, p. 152.
85. Ibid., 441, p. 138.
86. Ibid., 568, p. 154.
87. Ibid., 599, p. 160-161.

olhos de nosso *coração* se abram"[88], "levante-se em direção a Deus por meio da mente e do *coração*; que a força de teu *coração* seja estabelecida no *coração* de Cristo nas coisas celestiais; então verás Deus através do *coração*, então haverá em ti um doce conhecimento de Deus"[89].

Esse "ver com o coração" e "ver através do coração" estão muito ligados ao *sentir* inaciano tantas vezes mencionado, a este *sentir interior* que é umbral do conhecimento místico. Cremos que Santo Inácio se refere ao *coração* através do termo *interior*, que aparece 15 vezes ao longo dos *Exercícios* e nos momentos mais importantes:

- Uma vez refere-se ao conjunto da vida espiritual: "no tempo em que a pessoa não se dedicava às coisas *interiores*" [44,5].
- Cinco vezes está associado a dor: 1) "pedir sentimento *interno* da pena que padecem os condenados" [65,4]; "ter contrição *interior* de seus pecados" [87,3]; 2) "pedir pena *interior* por tanto sofrimento que Cristo padeceu por mim" [203,3]; 3) "a penitência *interior* é doer-se de seus pecados, com o firme propósito de não cometer os mesmos nem quaisquer outros" [82,2 e 359].
- Duas vezes está associado com consolação: 1) "Quando se produz na alma alguma moção *interior*, com a qual ela se inflama no amor de seu Criador e Senhor" [316,1]; 2) "Chamo consolação [...] a toda alegria *interna* que chama e atrai para as coisas celestes" [316,4].
- Sete vezes está associado ao conhecimento: 1) "Não é o muito saber que sacia e satisfaz a alma, mas o sentir e saborear as coisas *internamente*" [2,4]; 2) "nestes exercícios espirituais se conhece mais *interiormente* os pecados" [44,5]; 3) alcançar graça "para que eu sinta conhecimento *interno* de meus pecados, detestando-os" [63,2]; 4) "pedir conhecimento *interno* do Senhor" [104]; 5) "muitas vezes sentirá mais as comunicações *interiores*" [213,2]; 6) "pedir conhecimento *interno* de tanto bem recebido" [233]; 7) "para nos dar verdadeira informação e conhecimento, com que sintamos

---

88. Ibid., 566, p. 153-154.
89. Ibid., 659, p. 164.

internamente que não depende de nós fazer vir ou conservar [...] alguma consolação espiritual" [322,3].

Esse vínculo entre o *interno*, o *conhecimento* e o *sentir* mostram bem que tal "interioridade" refere-se ao *coração* bíblico (*leb*) e patrístico (*kardía*), na medida em que nele são unificadas as dimensões afetiva e cognitiva do ser humano. Mais especificamente, a expressão inaciana *conhecimento interno* aponta a raiz da capacidade cognitiva, onde ainda não está separada da capacidade afetiva. O *coração* bíblico-patrístico é precisamente esse "lugar" unificante e originador do ser humano, anterior a toda diversificação de suas faculdades.

Três das petições chaves dos *Exercícios* contém essa expressão: 1) Na Primeira Semana se pede que "eu sinta *interno conhecimento* dos meus pecados, detestando-os" [63,2]; 2) Na Segunda Semana pede-se "*conhecimento interno* do Senhor [...] para que mais o ame e o siga" [104]; e 3) Na *Contemplação para alcançar amor* pede-se: "*conhecimento interno* de tanto bem recebido [...] para que possa, em tudo, amar e servir a sua divina Majestade" [233].

1. No primeiro caso, *sentir internamente o conhecimento* dos próprios pecados levará a detestá-los. Não é um conhecimento analítico sobre o que a vontade tenha que atuar, mas esse conhecimento é um sentimento interior que provoca espontaneamente a rejeição do mal. Corresponde ao estágio da *vida purificativa* [10,3].
2. Na petição da Segunda Semana (que, de fato, serve de pauta também para as Terceira e Quarta Semanas), o *conhecimento interno* de Cristo leva espontaneamente a *amá*-Lo e *segui*-Lo. Trata-se do conhecimento bíblico de Deus (o *yadar* hebraico), e o conhecer (*gnônai*) joanino: conhecer a Deus é amá-Lo, e amá-Lo é conhecê-Lo. É mais: em Deus não há outro conhecimento possível do que esse, porque é o mesmo conhecimento que Deus tem de nós e para conosco. Só no final conheceremos a Deus, e o conheceremos como somos conhecidos (cf. 1Cor 13,12). Esse *conhecimento interno* que leva ao amor, leva, ao mesmo tempo, ao seguimento, isto é, ao ato, à ação. Não é a vontade que se impõe a si mesma a

obrigação de seguir a Jesus, senão que o *conhecimento interno* chega tão fundo, que vai transformando todo o ser, inclusive os afetos: estes são impelidos ao seguimento de Jesus como por uma atração irresistível. O coração é aquele que conheceu, e conhecendo foi cativado, cativado foi transformado, e transformado foi transportado. Esse segundo conhecimento corresponde ao estágio da *vida iluminativa* [10,2].

3. Encontramos esse mesmo dinamismo na petição da *Contemplação para alcançar amor*: o *conhecimento interno* de tanto bem recebido leva a "em tudo amar e servir a sua divina Majestade" [233]. Quer dizer, primeiro O conhecemos / O amamos / O seguimos; logo, O conhecemos em tudo / O amamos em tudo / O servimos em tudo. Trata-se de um mesmo e único movimento, tanto mais total e integrador quanto mais profundo, isto é, mais *interior* quanto mais alcança esse núcleo íntimo e unificador que temos chamado de *coração*. Com isso, adentramos na vida unitiva. O outro termo correlativo a *coração* é o *espírito*.

3.2. O espírito

O espírito, enquanto termo que designa a dimensão "transcendente" do ser humano, não é utilizado por Santo Inácio. "Espírito" aparece um total de 31 vezes ao longo dos *Exercícios*, mas apenas em três ocasiões se refere ao ser humano. As demais referem-se aos "espíritos angelicais", que iremos explicar quando falarmos sobre o discernimento dos espíritos[90]. Das três recorrências aplicadas ao homem, duas são citações do Evangelho[91]. A única vez que Santo Inácio o usa como termo antropológico, designa apenas a parte racional da alma de acordo com o modelo escolástico: "antes de entrar em oração, repouse um pouco o *espírito*, sentando ou passeando" [239,1]. O termo "espiritual", como adjetivo, aparece em 43 ocasiões.

---

90. Cf. p. 173-175 (no original, p. 142-144 [N. das T.]).
91. "Bem-Aventurados os pobres de espírito" [278,2], e "Tudo está consumado"; disse: "Pai em tuas entrego o meu espírito" [297,4].

"*Alma*" é a palavra antropológica utilizada por Inácio para cobrir todo o leque da interioridade[92]. E já dissemos por que: Santo Inácio é, nisso, tributário do modelo aristotélico-tomista, em que só há espaço para dois "âmbitos" (*corpo-alma*) e não para três (*corpo-alma-espírito*). Não está explicitamente contemplada uma experiência própria do espírito no interior do ser humano. Segundo nossa compreensão da experiência espiritual, a tríade corpo-alma-espírito é mais rica e permite mais matizes que o binômio corpo-alma. Acontece que se houver apenas corpo e alma, Deus só pode se manifestar por meio dos órgãos do corpo ou das faculdades da alma (entendimento e vontade) enquanto que se considerarmos um terceiro plano, distinto do da alma racional, abre-se um espaço virgem para acolher a experiência de Deus. Um "espaço" não separado dos outros dois, mas também não fundido a eles.

Com isso estamos declinando mais pelo modelo platônico e neoplatônico do que pelo modelo aristotélico. A Teologia patrística repousa mais no primeiro do que no segundo. Subjacente a ambos os modelos se encontra a base da polaridade Oriente-Ocidente. A Igreja do Oriente continua tendo uma antropologia tripartida de origem platônica e neoplatônica, enquanto que a Igreja do Ocidente, a partir da Escolástica, se declinou pelo modelo aristotélico.

Tudo isso é de grande importância para elaborar uma antropologia da experiência mística. No confronto entre os dois modelos está a base do diálogo com a psicologia contemporânea: por definição, o âmbito da psicologia é a *psyché*, ou seja, a alma, não o espírito (*pneuma*). A declinação para o modelo aristotélico implica a negação ou a ausência de um elemento transcendente no ser humano, reduzindo-o unicamente a um consciente-subconsciente-inconsciente[93]; por outro lado, a declinação para o modelo platônico reconhece um fundo divino ou transcendente na própria constituição do ser humano, ao que se denomina *transconsciente* ou *supraconsciente*[94].

---

92. Aparece 79 vezes ao longo dos *Exercícios*.
93. Tal seria a corrente freudiana.
94. Tal seria o caminho aberto pela corrente junguiana. Escreveu Jung em *Structure and Dynamics of the Psyche:* "Podemos encontrar talvez a valentia necessária

A Teologia escolástica, declinando-se pelo modelo aristotélico, teve dificuldades crescentes para interpretar a experiência mística ou a chamada "experiência imediata de Deus". Porque, por um lado, como teria o corpo ou o psiquismo humano uma experiência direta de Deus, se Deus não é corporal nem psíquico? E, por outro lado, não tendo nada além de corporeidade e psiquismo, não se concebia uma experiência de Deus que transcendesse a ambos. Daí que Santo Inácio, ao falar da experiência imediata de Deus, utilize expressões complicadas:

> Somente Deus nosso Senhor dá consolação à alma sem causa precedente; porque é próprio do Criador entrar, sair, causar moção nela, atraindo-a toda ao amor de sua divina Majestade. Digo: sem causa, sem nenhum sentimento ou conhecimento prévio de algum objeto pelo qual venha essa consolação, mediante seus atos de entendimento e vontade [330].

Na antropologia de Santo Tomás de Aquino, a vontade só pode mover-se se o entendimento lhe tiver apresentado previamente o seu objeto[95]. Por isso "é exclusivo de Quem é a causa e criador da natureza intelectual inclinar [diretamente] a vontade para algo"[96]. Por isso a precisão de Santo Inácio de que o próprio de Deus é dar consolação "sem causa precedente". No entanto, essa linguagem nos parece pesada e difícil, como se quisesse abrir passagem em meio a um emaranhado de causas e efeitos que não deixam espaço livre para a manifestação e comunicação plena com Deus, como se esta devesse se justificar. A linguagem de São Paulo e de toda a Patrística – o Espírito é que se comunica ao nosso espírito[97] – é muito mais ágil e clara. Não a preferimos porque seja mais fácil, mas porque

---

    para considerar a possibilidade de uma 'psicologia da psique', isto é, uma teoria da psique baseada em última instância sobre o postulado de um princípio autônomo e espiritual", 344.

95. *Summa Theologica*, 1ª e 2ª q. 9, art. 1 e 6 q. 10, art. 4.
96. DIONISIO, el cartujano, comentando um texto de Santo Tomás: *Discreción y examen de los espíritus*, art. XXI, *Sobre la verdadera discreción de los espíritus según santo Tomás*. In: BAKKER, Leo. *Libertad y experiencia*, 146 e 274.
97. Cf. Rm 8,23.

nos parece mais correta, e quanto mais correta, mais simples. Na Primeira Carta aos Tessalonicenses, Paulo explicita essa antropologia tripartida: "Que o próprio Deus da paz os santifique plenamente. Que todo vosso ser, *corpo, alma e espírito*, sejam conservados de modo irrepreensível para a vinda de nosso Senhor Jesus Cristo" (5,23)[98].

Nesta tríade encontramos uma síntese da concepção grega e da concepção semítica do homem. O corpo (*soma* em grego) não tem aqui uma conotação negativa, mas se trata do *basar* hebreu, isto é, da dimensão corporal, que na concepção bíblica é indissociável do ser humano e que no Novo Testamento participa plenamente da ressurreição[99]. A alma (*psyché*, em grego) corresponde ao psiquismo (como o próprio nome indica, e que na escolástica vimos dissecado em entendimento e vontade); corresponde à *nefesh* da antropologia hebraica, como princípio da vida e de todo o sentir e pensar humanos. Por fim, o espírito traduz o *pneuma* do texto de Paulo, e corresponde à *ruah* hebraica, como uma dimensão espiritual do homem, a que o torna capaz de entrar em relação com Deus. É o sopro que Iahweh insuflou em Adão, depois de o formar do barro (Gn 2,7). O barro significa o princípio terrestre (corpo e alma), enquanto aquele sopro divino é o princípio transcendente que existe no homem. Esse princípio divino é chamado *noüs* pelo neoplatonismo, e se considera ser imanente ao ser humano. Paulo, por outro lado, ao falar de *pneuma* e não de *noüs*, reflete seus antecedentes judaicos, na medida em que a dimensão transcendente ou divina não pertence ao ser humano por natureza, mas por um dom explícito de Deus, que se "desperta" em nós quando recebemos o Espírito Santo (1Cor 2,11-15).

Quando Santo Inácio apresenta o primeiro tempo de se fazer eleição, está descrevendo essa ação do Espírito em nosso espírito: "*O primeiro tempo* é quando Deus nosso Senhor move e atrai a vontade de tal modo

---

98. Ver: FESTUGIERE, A. M. *La Trichotomie de 1Ts 5,23 et la philosophie grecque*. In: *Revue des Sciences Religieuses* 20 (1930), 385-415. Em Hb 4,12 também se faz menção desta distinção entre alma e espírito: "A Palavra de Deus é viva, eficaz, e mais cortante que uma espada de dois gumes. Penetra até dividir a alma e o espírito".

99. Questão que provocará a rejeição da pregação de Paulo no Areópago de Atenas (At 17,22-34).

que, não duvida e nem pode duvidar, a alma devota segue o que lhe é mostrado" [175,1-2]. Esse texto é de grande densidade: por um lado diz explicitamente que a vontade (como uma das três faculdades da alma) é movida e atraída; e, por outro lado, implicitamente está se referindo ao entendimento, na medida em que "não duvida e nem pode duvidar" daquele algo que "lhe é mostrado". No entanto, não menciona o entendimento, percebendo que não é um termo adequado para essa experiência. Por isso, recorremos ao *espírito*, que na tradição mística-patrística (em que aparece como *pneuma* ou *noüs*, dependendo do autor) é aquele que recebe essa revelação de Deus.

Tudo isso tem consequências diretas na prática dos *Exercícios*. Dependendo do modelo bipartido (aristotélico-tomista) ou do modelo tripartido (bíblico-platônico-patrístico-oriental), uma ou outra mistagogia será acentuada. Se partir do primeiro modelo, serão trabalhadas as potências da alma – entendimento e vontade, ou em geral, sobre as diferentes fontes do psiquismo humano –, suscitando um tipo de exercício mais meditativo ou "ativo", afetivo ou mental; ao se partir do segundo modelo, se estará voltado mais diretamente para a interioridade subjacente ao psiquismo, tentando aceder o *coração* – o Eu Profundo – e ao *espírito* – o Transconsciente ou Supraconsciente –, e isso por meio de práticas mais "passivas" ou contemplativas. Em nosso entender, sem essas duas noções de *coração* e de *espírito*, a mistagogia dos *Exercícios* fica empobrecida. Fazemos nossas as palavras de Parmananda Divarkar, jesuíta do Oriente:

> Em vez de aumentar as forças do espírito para transformar a carne e todo o nosso ser, estamos nos forçando a transformar o espírito com as forças da carne. Ou seja, usamos nossa memória, entendimento e vontade, que são as capacidades do "animal racional" para conformar nossa conduta à imagem de Cristo. Mas Inácio não propõe exercícios lógicos para que nos animemos a fazer o que é certo; ele propõe alguns exercícios para nos ajudar a abrir nosso espírito à ação do Espírito de Deus: é esse enorme poder que nos transformará[100].

---

100. *La experiencia de Dios que hace y configura a la persona humana*. In: GARCÍA LOMAS, J. M. (ed.). *Ejercicios espirituales y mundo de hoy*. Santander-Bilbao:

Incorporando o *espírito* na compreensão de nossa própria constituição, podemos acolher melhor o Espírito que vem até nós, transformando-nos desde dentro a partir dessa "semelhança". Dessa forma, também podemos entender o alcance e a pertinência do nome dos *Exercícios Espirituais*. São exercícios *espirituais* no seu sentido mais próprio e profundo: despertam o *espírito* que está adormecido em nós, esse germe de divindade que é chamado a dilatar-se e transformar o que tem em seu entorno: o corpo e o psiquismo que o envolvem, como a casca e a pele recobrem a semente da amêndoa.

Agora se entenderá melhor o que dizíamos quando falávamos de *coração* como "lugar" da interioridade imanente e de *espírito* como "lugar" da interioridade transcendente[101], ambos mais íntimos do que a *alma racional* do modelo aristotélico-tomista.

4. A transformação do ser humano ao longo do itinerário dos *Exercícios* através de três círculos concêntricos e baseada na polaridade conhecimento-amor

O acesso ao coração e ao espírito não são imediatos. O coração é o lugar do Reino, e estreita é a porta para chegar até ele (Mt 7,14). No coração mora o espírito[102]. O espírito se desvela quando é visitado pelo Espírito, o Senhor do Reino. O espírito do ser humano – essa semente de divindade que está oculta nele – não pode revelar-se nem despertar por si mesmo. Mas é sim tarefa dele preparar-se para esse desvelamento. Daí o trabalho sobre o coração. Vimos que na mistagogia dos *Exercícios* esse trabalho sobre o coração começa pelo trabalho sobre a afetividade, através da sensibilidade, da imaginação e do conhecimento. Por isso, ao longo do itinerário encontramos uma variedade de exercícios que vão primeiro

---

Sal Terrae-Mensajero, Col. *Manresa* 8, 1992, 142. Jean CLÉMENCE também defende este esquema tripartido. Cf. *Rythme et structure du Progrès Spirituel d'après les Exercices ignaciens*. Roma: CIS, 1982, 12-14.

101. Cf. p. 114-115 (no original, p. 92 [N. das T.]).
102. Repetimos que em algumas correntes da Psicologia atual, o coração corresponderia à noção junguiana do *Eu profundo*, e o espírito, ao *Supraconsciente*.

ordenando, e depois transformando, a terra agitada dos afetos, começando com suas camadas mais exteriores para atingir as mais interiores, como se fossem círculos concêntricos nos quais se atua simultaneamente.

1. Círculo da exterioridade: o corpo. O corpo intervém nesse trabalho de transformação através de uma série de prescrições: escuridão ou luz dependendo do tema que se medita ou contempla [79]; domínio sobre o falar, o riso [80] e a vista [81]; sobriedade no comer [83] e no dormir [84]; asperezas sobre o corpo [85] para treiná-lo à austeridade e à adversidade... Assim, os sentidos são colocados em movimento, se agitam, percebem que algo está acontecendo e confiam ou colocam resistência àquele que os governa. A isso se acrescenta a disciplina própria dos cinco exercícios de oração: a variedade de posturas [76], a escolha do lugar [75], a distribuição do tempo, a perseverança em ajustar-se à hora completa de oração [6; 12].
2. O círculo seguinte em direção à interioridade é dado pelas diferentes fontes do psiquismo: imaginação, memória, entendimento e vontade (para retomar a linguagem de Santo Agostinho e escolástica que aparece nos *Exercícios*). Também o subconsciente é convocado por Inácio na *1ª Adição* [73], quando convida o exercitante a preparar na noite anterior o exercício que fará na manhã seguinte[103].

O exercício dessas faculdades tem uma progressão e aprofundamento ao longo das Semanas: por um lado, a sequência *consideração-meditação-contemplação-colóquio*, e, por outro, a polaridade

---

103. "Santo Inácio intuiu, ainda que obscuramente, a profundidade e o nexo consciente-subconsciente da *primeira adição*? [...] Estou inclinado a crer que sim, e também acho que Santo Inácio, como o primeiro praticante das *adições*, com toda a probabilidade experimentou em si mesmo os efeitos benéficos de um subconsciente gradualmente santificado e integrado na meditação consciente posterior, graças à prática da primeira adição. A 1ª Ad assim se nos revela como a raiz mais profunda da colaboração humana no mundo da graça. Converte-se também assim em primeira semente da meditação, que mais tarde será, fora da mãe terra subconsciente, toda a planta do 'exercício espiritual' proposto por Santo Inácio": BALLESTER, Mariano. "*Ya me quiera dormir...*" *La primera adición, clave de la interpretación onírica.* In: ALEMANY, C. e GARCÍA-MONGE, J. (eds.). *Psicología y Ejercicios ignacianos.* Bilbao-Santander: Mensajero-Sal Terrae, Col. *Manresa* 5, 1991, vol. II, 23.

conhecimento(entendimento)-amor(vontade), ambos estimulados através da memória e da imaginação. O conhecimento é nutrido inicialmente pelo exercício do entendimento nos exercícios de consideração (*Princípio e Fundamento* [23], *Três Graus de Humildade* [165-169]); e nas meditações pelos exercícios da imaginação (os exercícios da Primeira Semana [45-71]; *Rei temporal* [91-98]; *Duas Bandeiras* [136-149]; *Três Binários* [150-155]). Aos poucos o entendimento vai deixando de ser analítico e torna-se cada vez mais intuitivo e assim, com a ajuda das imagens e da aplicação dos sentidos [121-125], vai tornando-se cada vez mais contemplativo e cada vez mais interior [101-104][104]. Essa interioridade é a que vai se aproximando ao lugar do coração, onde o conhecimento se encontrará com o amor[105]. Dessa forma, o conhecimento interno vai se convertendo naquele *sentir* que vai unificando todos os afetos, sendo o primeiro e motor de todos eles o amor[106].

3. Todo esse movimento vai abrindo o lugar do coração, o terceiro e último círculo de interioridade, onde se dará a revelação da vocação-missão, e de onde brotará o ato da eleição[107]. Pelo movimento de

---

104. A partir da Segunda Semana, os exercícios ordinários não são mais chamados de meditações, mas contemplações. Nos capítulos seguintes, iremos especificar as diferenças entre a meditação e a contemplação, e sua progressão no texto dos *EE*. Para uma visão geral, ver: DEMOUSTIER, Adrien. *Méthode et liberté dans la prière*. In: *Christus* 159 (Hors-série: *Aimer Dieu en toutes choses*) (1993), 121-126.
105. A unificação das três faculdades da alma está frequentemente presente nos escritos dos místicos medievais. Cf. SAINT-THIERRY, Guillermo de. *Carta a los hermanos de Monte Dei*, 210, 249; HERP, Enrique. *Directory of Contemplatives*, cap. 51-54. Também SÃO JOÃO DA CRUZ faz menção às três potências da alma, de sua purificação e da união com Deus através delas. Cf. *Subida al Monte Carmelo*, lib. 2, ch. 6; *Llama de amor vivo*, 2, 33-34.
106. Cf. SANTO TOMÁS, *Summa Theologica*, 1ª e 2ª, q. 28 a. 4, e SUÁREZ, Francisco. *De passionibus*, disp. I, sec. IV, nº 7.
107. FILELLA, Jaime, partindo da psicologia junguiana, expressa esse processo assim: "Nas quatro Semanas dos *EE*, o processo psicoespiritual dos *EE* chega ao fim com a Eleição e Três binários da Segunda Semana. No restante da Segunda Semana e nas Terceira e Quarta Semanas, o processo deixa de

contração, acontece o processo de interiorização. Pelo movimento de dilatação, é produzido o ato da eleição. O coração é um "espaço", mas um espaço vazio, um ninho que abriga o espírito e que acolhe a manifestação do Espírito. Essa manifestação nos indica o próprio caminho de dilatação, que ao mesmo tempo será de despojamento máximo. Assim, interioridade e exterioridade também se unificam no que chamamos de *vocação pessoal*. A experiência iniciática dos *Exercícios* conduz a essa câmara do tesouro, através dos labirintos do psiquismo humano, por meio dos três círculos concêntricos, cada vez mais íntimos, mais internos, chegando finalmente a alcançar o Centro de nosso próprio ser, onde descobrimos nosso chamado e identidade original, aquele para o qual cada um veio à vida[108].

Quando o Espírito se manifesta diretamente ao nosso espírito, acontece a eleição por *primeiro tempo*, na qual entendimento e vontade ficam unificados em um movimento único de atração: "Deus nosso Senhor move e atrai a vontade de tal modo que, sem duvidar nem poder duvidar, a alma devota segue o que lhe é mostrado" [175]. A eleição por *segundo tempo* está próxima desse lugar do coração, mas ainda não se manifestou em seu centro: "quando se recebe suficiente clareza e conhecimento por experiência de consolações e desolações" [176]. A clareza e o conhecimento

---

ser um desenvolvimento psicológico, para transformar-se em um crescimento essencialmente espiritual e transcendental. Para ser mais exato, na Primeira Semana e primeira metade da Segunda, o processo pessoal é basicamente psicoespiritual, com muitos elementos transcendentais, muito importantes, enquanto no resto da Segunda, Terceira e Quarta semanas, o processo espírito-transcendental, com muitos elementos psicológicos". *Los Ejercicios Espirituales y la psicología de Carl Jung*. In: ALEMANY, C.; GARCÍA-MONGE, J. (eds.). *Psicología y Ejercicios ignacianos*. Bilbao-Santander: Mensajero-Sal Terrae, Col. Manresa 5, 1991, vol. I, 322.

108. Esta imagem dos três círculos concêntricos sugere a figura de uma *mandala*. *Mandala* significa, literalmente "círculo" em sânscrito. Trata-se de uma imagem-símbolo que ordena o universo e de cujo núcleo provém o centro do cosmos e o centro de cada um. Cf. JUNG, Carl Gustav. *The Collected Works*. vol. 12. London: Routledge & Kegan Paul, 1968. *The Symbolism of Mandala*, 95-223.

não são totais porque as consolações e desolações ainda são periféricas ao centro mais íntimo. Ainda existe dualidade; não há unificação completa. Com relação à eleição por *terceiro tempo*, ela se manifesta ainda mais afastadamente do centro. Mais tarde veremos como cada um desses três tempos de eleição correspondem a um estágio diferente da vida espiritual[109]; paralelismo que também pode ser estabelecido com as *três vias*.

No lugar do *coração* (como receptáculo) e do *espírito* (como seu tesouro contido), conhecimento e amor são unificados em um *sentir* comum. Os atos do entendimento e da vontade que brotam daí têm uma qualidade muito diferente dos que são exercidos a partir da psique ou "alma racional" (segundo círculo concêntrico). O itinerário dos *Exercícios* quando se detém nesse segundo nível causará um abatimento terrível: as fontes serão ouvidas (Jo 4,14), mas não se terá acesso a elas; a sede não será saciada e a morte virá eventualmente.

Dessa forma, no coração – o lugar do *sentir interior* inaciano – se unificam a mística do conhecimento e a mística do amor ou da vontade. Já não se pode dividir o que está unido em sua raiz, em seu núcleo mais íntimo: a revelação da vontade de Deus para cada um é, ao mesmo tempo, uma experiência intensificada de conhecimento-amor. Ambos são convocados no coração, lugar-estado da revelação, e ambos são transformados no *espírito*, semente da divinização.

A partir dos capítulos seguintes examinaremos mais detalhadamente esse caminho de transformação interior próprio da mistagogia dos *Exercícios*. Através das diversas etapas – as *Semanas* inacianas –, os afetos e o conhecimento vão sendo trabalhados de diferentes formas, até chegar o momento da eleição, quando o amor e o conhecimento se unem em um único ato de acolhida e de doação. Veremos como o conhecimento vai sendo iluminado pela descentralização sucessiva de amor, na medida em que o impulso de apropriação do ser humano vai se transformando em desapropriação, em sucessiva oferta (*kénosis*), que é o caminho para a divinização (*theósis*).

---

109. Cf. p. 280-283 (no original, p. 226-229 [N. das T.]).

3
Modo e ordem dos *Exercícios*

> O *"modo e ordem" dos Exercícios*
> *é a purificação,*
> *a iluminação e a união.*
> JERÓNIMO NADAL
>
> *A iniciação se dá em toda vida*
> *humana autêntica.*
> MIRCEA ELIADE

Neste capítulo, vamos apresentar todos aqueles elementos que constituem a estrutura formal dos *Exercícios*, aquilo que o próprio Inácio chamou "o modo e ordem dos *Exercícios*" [2,1]. Isso porque todo caminho iniciático tem regras muito precisas que são a chave de seu acerto. É preciso deixar-se guiar, abandonar a própria vontade e confiar-se ao caminho que é oferecido. No entanto, esse máximo de regulação externa não tem outra finalidade que propiciar o encontro pessoal com Deus, onde toda mediação desaparece [15]. Esses elementos formais estão apresentados por Santo Inácio nas *Anotações* [1-20], nas *Adições* [73-81] e nas diversas notas espalhadas ao longo dos *Exercícios*.

1. O marco da iniciação

1.1. *Um espaço e um ambiente*

Os *Exercícios* inacianos estão concebidos para todo tipo de pessoas, as quais se lhes propõe buscar a vontade de Deus sobre suas próprias vidas.

Mas, para fazer os *Exercícios* se requerem algumas condições determinadas de espaço e de tempo, e algumas disposições determinadas no exercitante.

A primeira delas é o "afastamento" [20], o qual é próprio de toda iniciação. É que, para descer ao lugar do coração, é necessário "não estar dividido em muitas coisas, pondo todo o cuidado em uma só" [20,7]. "Assim, quanto mais se acha a pessoa a sós e afastada, mais apta se torna para se aproximar e chegar a seu Criador e Senhor; e quanto mais assim se achega, tanto mais se dispõe para receber graças e dons de sua divina e suma bondade" [20,9-10]. O silêncio exterior ajuda a fazer silêncio interior. Contudo, não é fácil conseguir que "o entendimento" não esteja "dividido em muitas coisas" e "pôr todo o cuidado em uma só".

Os *Exercícios* têm, nesse sentido, um caráter eremítico-monástico, pois é preciso "afastar-se" para fazê-los, tal como o fez o próprio Inácio em Manresa. Na Igreja antiga já se conhecia a tradição de retirar-se durante quarenta dias, imitando a estadia de Jesus no deserto. Nos séculos VII e VIII, nas grandes abadias existiam ermidas e grutas destinadas para esse fim, para onde bispos, abades, monges e seculares se retiravam.

Ao final do século XII e no XIV nascem "Desertos", conventos para retiro e maior penitência, que faziam parte dos movimentos de reforma das antigas Ordens. Esses "desertos" tiveram um grande desenvolvimento graças a *Devotio Moderna*, no norte da Europa e na Espanha dos séculos XV e XVI. Os franciscanos favoreceram a fundação destes desertos ou *recolectorios*[1], onde a solidão e a oração afetiva eram intensificadas. Alguns destes foram focos dos iluminados[2].

As *adições* [73-81] e algumas das *Anotações* são conselhos precisos para propiciar essa unificação e concentração de toda a pessoa no ato e no objeto da oração[3]. Inácio propõe nos *Exercícios* o que aprendeu

---

1. Recolectório = Casa de recolhimento, hoje dizemos Casa de Retiros. (N. das T.)
2. Cf. IPARRAGUIRRE, Inácio. *Práctica de los Ejercicios de San Ignacio de Loyola en vida de su autor* (1522-1556). Roma: BIH, 1946, p. 31* e 32* e ROTSAERT, Mark. *Ignace de Loyola et Les Renouveaux Spirituels en Castille au début du SVI siècle*. Roma: CIS, 1982, 43-81.
3. A maior parte destas recomendações encontramos no *Ejercitatorio* de Cisneros e no *Compendio*. Tanto as que se referem ao modo preciso de orar como as que se referem ao comportamento durante a jornada.

graças à sua passagem por Montserrat e o que confirmou ou descobriu por experiência própria. O domínio da palavra, do riso [80] e da vista [81][4]; a sobriedade no comer [83] e no dormir [84][5]; as asperezas sobre o corpo [85] para adestrá-lo à austeridade e à adversidade[6]... formam parte das "operações espirituais" [1,2] que Inácio pôde ler no *Compendio*.

Por outro lado, o conselho de ambientar-se com pouca luz ou claridade segundo o tema que se medita ou contempla [79; 130,4; 229,4], a escolha precisa do lugar onde fazer a oração [75], e o convite a preparar na noite anterior o exercício que se vai fazer na manhã seguinte [73] não os encontramos nas fontes cisnerianas. Poderiam ter surgido de sua própria experiência, assim como de outros livros de oração não identificados[7] ou do conselho dos diversos confessores que teve, tanto em Manresa, como ao longo de sua vida.

1.2. Um tempo

O que na vida eremítica se concebe como um estado permanente de vida, nos *Exercícios* se concentra no espaço de um mês:

> Torna-se, portanto, necessário, algumas vezes, abreviar a semana, outras vezes, alargá-la. E assim em todas as outras semanas seguintes, buscando as coisas conforme o assunto proposto. Mas os *Exercícios* se concluem mais ou menos dentro de trinta dias [4,7-8].

Em diferentes ocasiões se explicita que não há um tempo fixo nem estipulado, mas que não há outra duração prevista que aquela que permita a cada um alcançar o fruto de cada uma das Semanas[8]. Contudo, há

---

4. *Cb*, 133; 508-510.
5. *Cb*, 496.
6. *Cb*, 496.
7. Na *Carta a los Hermanos de Monte de Dei* de SAINT-THIERRY, Guillermo de, encontramos uma recomendação que lembra a Primeira Adição [73]. Cf. p. 151.
8. [4,5-8; 162; 205; 209; 226]. Cf. CALVERAS, José. *Qué fruto se ha de sacar de los Ejercicios Espirituales de San Ignacio*. Barcelona: Librería Religiosa,

que se ter presente que Santo Inácio concebe que as *quatro Semanas* correspondem aproximadamente ao tempo real – sete dias para cada uma das *Semanas* –, com uma prolongação da Segunda Semana, que pode alargar-se até doze dias [161,7]. As adaptações dos *Exercícios* a períodos mais breves (de cinco, oito ou quinze dias) são uma redução do tempo ideal. Deve-se recordar desde agora que Inácio concebe a duração aproximada de um mês para que se trate de uma experiência realmente iniciática, isto é, transformante. A tal ponto isso era assim, que na mente de Inácio os *Exercícios* eram para se fazer somente uma vez na vida, como aconteceu entre os primeiros companheiros[9]. Os *Exercícios* de oito dias não são mais que antecipações ou repetições da experiência dos de mês.

Vejamos o que implica essa duração de mês. Por um lado, os trinta dias dos *Exercícios* inacianos parecem se corresponder ao mês dos *Exercícios* purgativos que se mencionam no *Ejercitatorio*[10]. De fato, os *Exercícios* se apresentam sob o título de: "Exercícios espirituais para vencer a si mesmo e ordenar sua vida, sem determinar-se por afeição alguma que desordenada seja" [21]. Ou seja, parece que são oferecidos para um estágio mais

---

1950. A *Anotação* 19 contempla a possibilidade de se fazerem os *EE* sem deixar as "coisas públicas ou negócios", dedicando assim uma hora diária. Nesse caso, a duração é mais difícil de prever porque depende da dedicação diária que se dará à oração e das interferências que o "não distanciamento" pode ocasionar. A prática atual do que se vem chamando de *Exercícios na vida ordinária* vai além do que Santo Inácio contemplava na *Anotação* 19, na medida em que este "não distanciamento" do cotidiano não se concebe como um "bem menor", mas sim que em muitos casos pode ser ideal. Cf. RAMBLA, Josep. *Ejercicios en la vida corriente*, Seminari d'EE. Barcelona: Cristianisme i Justícia, 1991, 7.

9. Na atual formação de um jesuíta contempla-se que se faça duas vezes o Exercício de mês: no noviciado, (*Constituições*, 65) e na Terceira Provação (*Normas Complementares*, 126; 128-3). No entanto, Santo Inácio somente pensou nos *Exercícios* de mês para o noviciado, enquanto na *Terceira Provação* se tratava "de confirmar sua primeira determinação recolhendo-se pelo espaço de uma semana" (ibid., 98; 516). A prática anual de oito dias de *Exercícios* é uma prescrição posterior, que se começou a praticar no Colégio Romano por iniciativa de Nadal.
10. Cap. 19, p. 186, l. 4-13.

inicial da vida espiritual, no qual é preciso colocar sobretudo ordem e virtude. O próprio termo "exercício" ("*askesis*" em grego[11]) remete à ideia de esforço e de ação. As *Anotações, adições e notas* que aparecem ao longo dos *Exercícios* mostram que estão pensados para aqueles que não têm ainda muita experiência na vida de oração nem na vida interior. As *Regras de discernimento* são também prova disso.

No entanto, o caminho iniciático dos *Exercícios* vai além dos meros começos da vida espiritual. Supõe uma tal intensificação de exercícios (meditações, contemplações, revisões...), que o mês da *via purgativa* de Cisneros ficou concentrado em uma *Semana* [10,3]; depois desta, tem-se confiança em que se dará a "iluminação" própria da *vida iluminativa* [10,2] – *Segunda Semana*; a qual, por meio da eleição, permitirá o início da *vida unitiva*. A "iluminação" consistirá tanto no "conhecimento interno do Senhor" [104], como no "encontrar a vontade de Deus na disposição de sua vida" [1,4]. Depois do ato de eleição, iniciará a *vida unitiva*, sobre a qual já dissemos que Inácio guardou um respeitoso silêncio. Precisamente, um dos ataques que os *Exercícios* receberão é pretender frutos espirituais tão importantes em tão pouco tempo[12].

Essa concentração que encontramos nos *Exercícios* constitui um dos traços diferenciais mais importantes em relação à proposta de Cisneros. Os exercícios do Abade não supõem uma interrupção do ritmo ordinário monacal, senão que se acoplam à vida de oração do mosteiro:

---

11. No séc. XVIII os *Exercícios Espirituais de Santo Inácio* foram traduzidos em grego por Nicodemos o Hagiorita sob o nome de *Pneumatika Gimnastika*. Cf. MEYENDORFF, Jean. *St. Grégoire Palamas et la mystique orthodoxe*. Paris: Éd. Du Seuil, Col. *Maîtres Spirituels* 20, 1994, 146-147.
12. Tal foi um dos argumentos que Melchor CANO e Tomás de PEDROCHE esgrimiram contra os *Exercícios*. A partir de 1548, Melchor CANO foi acumulando *apontamentos* contra a Companhia. Num deles escreve o seguinte: "Ser bom agora, e depois de quarenta dias de *Exercícios*, ou depois de quatro meses de Companhia ser santo e depois santificar aqueles com quem lidam, não é para eles, pelo contrário, esses são os frutos dos quais Cristo diz que os conheceria, porque este fruto não tem tempero e é muito precoce: são os caroços das ameixas. *Unde suspicandum est, no sea artificio del diablo*". Cf. ASTRÁIN, Antonio. *Historia de la Asistencia de España*. Madrid: Sucesores de Rivadeneyra, vol. I (1902), 325.

por um lado, dando um fio condutor aos Ofícios da semana, percorrendo os momentos mais destacados da vida e paixão de Cristo[13]; e, por outro, oferecendo uma temática precisa para os dois momentos mais prolongados de que dispõem os monges para sua oração pessoal: durante a noite, depois das Matinas, e ao final do dia seguinte, depois das Completas[14].

Os *Exercícios* de Santo Inácio, ao contrário, supõem uma interrupção do tempo ordinário, para entregar-se por inteiro à experiência espiritual. É daqui que se requer uma disposição firme e prévia.

1.3. As disposições do exercitante

Não há caminho iniciático se não há disposição para adentrar-se e "perder-se" nele: "A quem recebe os exercícios muito aproveita entrar neles com grande ânimo e liberalidade com seu Criador e Senhor, oferecendo-lhe todo seu querer e liberdade" [5, 1]. Também as Anotações 6ª, 12ª e 13ª [6, 12 e 13] fazem referência à importância do esforço, que deve ser constante.

Enquanto não houver essa disposição, não tem sentido iniciar o caminho. Tudo isso se corresponde com o conceito de *synergeia* da espiritualidade oriental: é necessária a colaboração da "energia"[15] humana para que a "energia" divina atue[16]. Deus não poderá abrir o que alguém não quer que se abra. Nesse sentido, nem todos os momentos são bons para fazer os *Exercícios*. Essa falta de disposição pode ser voluntária, mas

---

13. Cf. *Cb*, cap. 8, *Directorio de las Horas Canónicas* (DHC), 415-463.
14. Cf. *Ejercitatorio*, cap. 12, p. 146, l. 64-65, e ss.; cap. 22, p. 192, l. 41-43; cap. 23, p. 202, l. 6 e ss.; cap. 27, p. 238, l. 3; *Cb*, 64; 86; 118; 133; 139; 149.
15. O termo grego *energeia* corresponde ao termo *actio* da língua latina, que tem o sentido de "impulso", "movimento".
16. Também é sugestivo o termo *teandrismo*: "theos-andros", a conjunção da natureza divina e humana, cujo exemplo máximo é Jesus Cristo, totalmente Deus e totalmente homem, numa plena confluência e harmonia de ambas. Cf. PANIKKAR, Raimon. *La Trinidad y la experiencia religiosa*. Barcelona: Obelisco, 1989, 103-117.

também pode ser constitutiva do sujeito [*Décima Oitava Anotação*, 18]. Se for voluntária, haverá que trabalhá-la e esperar que surja o momento oportuno. Se for constitutiva da pessoa [18,8], haverá que reduzir os *Exercícios* ou recomendar não os fazer. Nem todo mundo é igualmente apto a eles[17].

2. A estrutura fractal da iniciação

Sabemos que Inácio, em Manresa, começou fazendo sete horas diárias[18] de oração mental. Com isso, por um lado, recolheu a tradição monástica das sete Horas dos corais. Mas, por outro, se distanciou dela ao suprimir a reza dos salmos e entregar-se por completo a uma oração pessoal, embora orientada pelos exercícios das *três vias* e as meditações da vida e paixão de Cristo que pôde encontrar no Compêndio. O que acabou transpondo para os *Exercícios* são só cinco exercícios de uma hora para cada dia, com um exame de um quarto de hora para cada oração [77]. Com isso reforçava mais ainda a interiorização dos frutos da oração, assim como a personalização, na medida que em tais exercícios se trata de perscrutar a passagem do Espírito através das moções de consolação e desolação que o exercitante experimenta.

Santo Inácio foi precisando pouco a pouco a distribuição de orações que atualmente encontramos nos *Exercícios*, seja durante os onze meses passados em Manresa, ou posteriormente, ao longo dos anos, afinando-a com a prática de dá-los. Por outro lado, não só organizou cada oração e cada dia, senão que estruturou 30 dias progressivos.

O que chegou até nós foi uma estruturação muito precisa das diferentes unidades de sua mistagogia. Nadal interpretou essa organização dizendo que *"o modo e ordem dos Exercícios é a purificação, a iluminação*

---

17. "Esta visão seletiva não nasce de um modo inaciano aristocrático, mas sim da mesma estrutura iniciática dos *Exercícios*: estes são uma iniciação essencialmente pessoal, e, portanto, nem todos podem ser (igualmente) iniciados", CODINA, Víctor, art. cit., 298.
18. *Autobiografia*, 23 e 26.

e a união"[19]. Nesse "modo e ordem" podemos distinguir três unidades: a estruturação de cada hora de oração, de cada dia dos *Exercícios* e do percurso inteiro dos *Exercícios*. Essas três unidades – hora de oração, dia e mês – apresentam uma *estrutura fractal*. Tomamos essa expressão da matemática e da física contemporâneas. Com ela se faz menção a certos elementos e funções da realidade cuja estrutura está constituída por unidades que contém os mesmos elementos das unidades anterior e seguinte, mas em escalas sucessivas.

Um exemplo simples de *estrutura fractal* são as bonecas russas: no interior da maior, se acha contida outra menor, que apresenta a mesma forma, as mesmas cores, as mesmas barras bordadas, a mesma expressão, mas em escala menor. No interior desta se encontra outra que repete os mesmos traços, mas em escala ainda menor, e assim sucessivamente, até chegar à miniatura. Pode-se percorrer a escala desde a que tem o tamanho maior até a menor, desmontando-a; ou se pode percorrer em sentido inverso, desde a peça menor até a maior, montando-a.

Tal poderia ser a representação gráfica da estrutura fractal dos *Exercícios*:

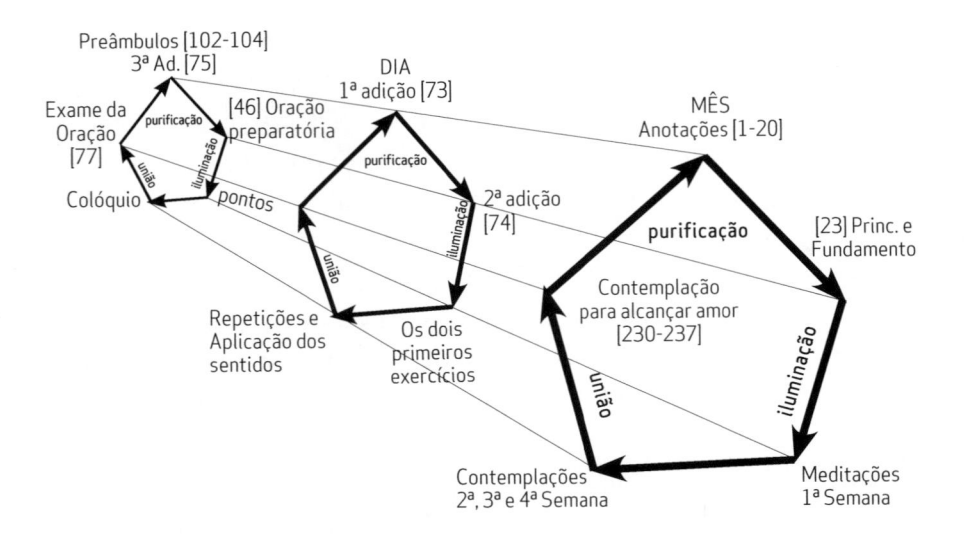

[Diagrama com três pentágonos representando a estrutura fractal:

Pentágono 1 (HORA DE ORAÇÃO):
- Preâmbulos [102-104], 3ª Ad. [75]
- [46] Oração preparatória
- pontos
- Repetições e Aplicação dos sentidos
- Colóquio
- Exame da Oração [77]
- purificação, iluminação, união

Pentágono 2 (DIA):
- 1ª adição [73]
- 2ª adição [74]
- Os dois primeiros exercícios
- Contemplações 2ª, 3ª e 4ª Semana
- purificação, iluminação, união

Pentágono 3 (MÊS):
- Anotações [1-20]
- [23] Princ. e Fundamento
- Contemplação para alcançar amor [230-237]
- Meditações 1ª Semana
- Contemplações 2ª, 3ª e 4ª Semana
- purificação, iluminação, união]

---

19. MHSI 90, *Nadal V, Exhort. en España* (1554), 93.

Na continuação, vamos apresentar cada uma dessas três unidades em função dos cinco vértices do pentágono, tratando de mostrar como em cada estágio (hora-dia-mês) encontramos o "modo e ordem" que Nadal descreve: a progressão das *três vias*, que supõe que, em cada unidade, parte-se de um começo mais ou menos árduo de preparação (caráter purificativo), passa-se por um processo intermédio de iluminação e se chega ao abandono e receptividade (caráter unitivo), para voltar a retomar o ciclo através dos diferentes *exames*.

2.1. *"Modo e ordem" de cada oração*

1. *Passos preparatórios: Preâmbulos "purificativos"*

a) *A terceira adição* [75] diz que: "a um ou dois passos do lugar onde farei a contemplação ou meditação, me colocarei de pé, por um espaço de um Pai Nosso, elevando o entendimento para cima, considerando como Deus nosso Senhor me olha, etc., e fazer uma reverência ou gesto de humildade" [75][20]. Ou seja, o corpo participa da oração, procurando unificar a pessoa no estado de oração. Os *Exercícios* são também, nesse sentido, uma escola de oração. O ato de orar não é uma questão da vontade, senão que requer uma progressiva convocação das diversas dimensões da pessoa. Não basta dispor-me mentalmente "*aonde vou e a quê*" [206,2], senão que o corpo também deve participar da preparação.

b) *Os três preâmbulos:*
1. *Primeiro preâmbulo.* Feita a oração preparatória, que comentaremos mais adiante para fazê-la corresponder *fractalmente*

---

20. No *Compendio* se lê: "Chegando ao coro [...] com contrição geral dos pecados veniais [...], inclinando-te profundamente no interior e no exterior, fazendo reverência ao santo Sacramento" (*Cb*, 411). Tomado da *Preparação próxima do Directorio de las Horas Canónicas.* CISNEROS, Garcia de. Cap. 3. *In*: Obras Completas, II. Montserrat: 1965, 14-16.

com o *Princípio e Fundamento*, se apresenta *"a história"* que se vai meditar ou contemplar[21]. Esse *primeiro preâmbulo* aparece a partir da Segunda Semana, quando se contemplam as cenas evangélicas da vida de Jesus[22]. Os pontos de cada cena estão descritos com "breve ou sumária declaração" [2,1] na apresentação dos *mistérios da vida de Cristo nosso Senhor* [261-312], concentrados todos eles no final do livro dos *Exercícios*. Sua apresentação é sóbria, porque se trata de *contemplações* e não de meditações. Para que haja contemplação, não são necessários muitos dados, mas só os indispensáveis ("o fundamento verdadeiro da história" [2,2]) para que o exercitante entre em contemplação.

Esse *"trazer a história"* se corresponde com a *lección*, o primeiro passo da *lectio divina* da tradição monástica. No *Compendio*, Santo Inácio pôde ler a doutrina clássica de Guidon II, o Cartuxano[23]. A história é o "manjar de doutrina" (*Cb*, 477,1) que a meditação e a contemplação "hão de digerir e tirar dali a substância" (*Cb*, 477,2). Dito de outra maneira: "a *lección* (nos *Exercícios*, "o fundamento verdadeiro da história" [2,2]) é o lugar do tesouro; *a meditação* o escava, *a oração* o retira, *a contemplação* o representa, e a vontade muito alegre e prazerosa o reparte". Essa ação da vontade é o que veremos no *colóquio* (ou *colóquios*) final(ais).

2. Segue o *Segundo preâmbulo*, que Santo Inácio não chama "*composição de lugar*", mas "compor-se vendo o lugar" [47][24]. Ou seja,

---

21. [102, 111, 137, 150, 201, 219].
22. Também aparece nas meditações das *Duas Bandeiras* [137] e dos *Três Binários* [150]. Na meditação do Rei Temporal [91] não se faz assim.
23. *Compendio Breve*, 476-477. A fonte é a *Carta sobre la vida contemplativa*, de GUIDÓN II, nono prior da Cartuxa (séc. XII). Cf. GUIGUES II, le chartreux. Lyon: Sources Chrétiennes (SCh), 163, 1970.
24. Também em [55,3; 65,3; 91,3; 103,1; 112,1; 151,1; 192,1; 220; 232]. Para isso, Inácio pode ter-se inspirado em algumas passagens do *Compendio*: "Colocando diante de seus olhos [...] algumas coisas que tenha visto" (482,2); "depois de meditadas as coisas daquele lugar e daqueles que ali estavam, imaginando algumas coisas terríveis e dolorosas" (483,2); "colocados os olhos neste espetáculo piedoso e doloroso" (484,2); "é

o que se "compõe" não é o lugar – o cenário imaginativo da meditação ou da contemplação –, mas quem se "compõe" é o exercitante ao se imaginar nesse lugar. Quer dizer, depois de oferecida a reta intenção, o ponto de apoio inicial para a oração é a imaginação. Estabelecendo o marco imaginativo, as diferentes faculdades da pessoa (memória, entendimento, vontade) ficam polarizadas e centradas pela força da imagem[25]. Inácio captou a importância da imaginação, e a integrou em seu método de oração a partir desse preâmbulo, que constitui um dos eixos vertebrais de sua mistagogia.

3. Continuando, vem o *terceiro preâmbulo*. Este é o que fixa o centro do alvo para o qual vai se dirigir cada meditação ou contemplação: "Pedir a Deus nosso Senhor o que quero e desejo" [48,1]. E precisa: "O pedido deve adaptar-se à matéria proposta" [48,2]. "Matéria proposta" se refere a duas coisas: à temática que se está tratando, e à pessoa (sujeito) que trata essa matéria[26]. Apenas seguindo a pista desse terceiro preâmbulo pode-se captar o percurso que os *Exercícios* propõem. A precisão de todas essas petições está em função do objetivo primordial dos *Exercícios:* perceber a vontade de Deus para si[27]. O exercitante é chamado a rastrear a manifestação de Deus através das diversas temáticas das meditações e contemplações.

---

necessário fazer um monte de mirra frente aos olhos de sua alma" (485,1); "verás a meditação considerando primeiro uma casa com quantas maravilhas puderes imaginar" (486,2); "para que melhor possa ponderar e sentir o que contemplas, leve sempre diante de seus olhos interiores estas quatro coisas: quem é ele que padece, de que coisas padece, por quem as padece e de quem as padece" (322).

25. Já vimos a importância da imaginação nas p. 99-105 (no original, p. 80-85 [N. das T.]).
26. Cf. CALVERAS, José. *Ejercicios, Directorio y Documentos de San Ignacio. Glosa y Vocabulario de los Ejercicios Espirituales.* Barcelona: Balmes, 1958, 458.
27. Embora no *Compendio* se dê certa variedade de petições segundo a temática que se medita, não achamos nestas a precisão e força que cada petição tem nas orações dos *Exercícios*.

A partir do ponto de vista *fractal*, todos esses passos preparatórios correspondem à *via purificativa*, enquanto supõem um passo prévio para se dispor a acolher o que se "receberá" na oração[28]. Feito isso, começa a meditação ou contemplação propriamente dita, que se apresenta distribuída em três ou cinco pontos, segundo os casos.

2. A oração preparatória

"*A oração preparatória* é pedir graça a Deus nosso Senhor, para que todas minhas intenções, ações e operações sejam puramente ordenadas a serviço e louvor de sua divina Majestade" [46]. Ressoa aqui o *Princípio e Fundamento* [23], no umbral dos *Exercícios*: a ordenação de toda a pessoa (intenções, ações e operações) a um único fim: o serviço e louvor de sua divina majestade. Assim, podemos dizer que aquilo que o *Princípio e Fundamento* é para a totalidade dos *Exercícios* o é a *oração preparatória* para cada oração: seu princípio e sua fundação.

Encontramos, pois, aqui, um dos elementos *fractais* mencionados. Por outro lado, esse "puramente ordenadas" se contrapõe à "desordem" das afeições que aparece na *Primeira Anotação*: "todo modo de preparar e dispor a alma para tirar de si todas as afeições desordenadas" [1,3]. "Intenções", "operações" e "ações": ou seja, não só os atos concretos *(opus)*, mas as correntes profundas que habitam em nós, das quais nossas ações (entendidas como movimento ou impulso – "*actus*" em latim e "*energeia*" em grego) são apenas sua manifestação, como as pontas de um iceberg.

---

28. Ver a reinterpretação que propõe BALLESTER, Mariano, desses passos preparatórios do ponto de vista da *oração profunda* (oriental): 1) pacificação de nível corporal-muscular; 2) pacificação de nível respiratório; 3) pacificação de nível sentimental-emocional; 4) pacificação de nível intelectual (esses quatro passos correspondem à *terceira Adição* [73]); 5) Invocação do Espírito (correspondente à *oração preparatória*); 6) Ativação imaginária do cenário da oração (correspondente à *composição de lugar*), e 7) precisar a imagem de Jesus sobre a qual se centrará a contemplação (correspondente *a petição própria* de cada exercício). Cf. *Experiências de Oração Profunda*. Roma: CIS e Secretario Internacional del Apostolado de la Oración, Col. *Ejercicios* 15, 1978. Explicitado nas p. 74-77.

As *intenções* fazem referência ao mundo submerso dos desejos; e as *operações* ao processo que faz emergir os atos concretos.

3. *Os pontos para a meditação ou contemplação*

A partir da perspectiva *fractal* dos *Exercícios*, os pontos correspondem ao momento *iluminativo* da oração. O *Exercitatório* e o *Compendio* de Cisneros eram prolixos na proposição desses pontos, enquanto nos *Exercícios*, como já foi dito, se prevê que o que dá a matéria de meditação ou contemplação seja conciso: "discorrendo somente pelos pontos, com breve ou sumária declaração" [2,1]. O que está em jogo é que as pautas não sejam obstáculos, mas sim trampolim para o encontro pessoal com Deus. Sugerimos que essa anotação poderia ter sido extraída da própria experiência de Santo Inácio: quando fazia suas sete horas de oração, nos primeiros meses em Manresa, seguiria o desenvolvimento das meditações que encontramos no *Compendio*, tal como em Loyola tinha seguido atentamente a leitura da *Vita Christi*. Pautas que no princípio guiariam e alimentariam sua oração, mas que depois, talvez, acabariam por embotá-la. Inácio acabou por descobrir progressivamente que quanto mais se desapegava delas, mais pessoal e criativa era sua própria oração[29].

A *Quarta Adição* [76] faz explícita menção à liberdade que é preciso ter a respeito das posturas na oração e a respeito do ritmo interior que trata de assimilar a matéria da oração.

Lemos nos *Exercícios*: "ora de joelhos, ora prostrado em terra, ora deitado com rosto voltado para cima. Também sentado, ou de pé" [76,1].

Com respeito à liberdade de deter-se onde se encontrou gosto, se diz: "No ponto onde encontrei o que quero, aí me repousarei, sem ter pressa de passar adiante até que me satisfaça" [76,3]. Ressoa aqui aquele "não é o muito saber que sacia e satisfaz a alma, mas o sentir e saborear as coisas internamente" da *Segunda Anotação* [2,4]. Daí também o

---

29. Perguntamo-nos se não se sucederá algo semelhante com os meios audiovisuais que utilizamos atualmente em nossa pastoral: propor vídeos ou audiovisuais para alimentar a reflexão e a oração pode ajudar no começo, mas logo há que saber retirá-los para estimular os próprios recursos. Deve-se dizer que o autor do *Compendio* leva isso em consideração. Cf. (*Cb*, 490).

interesse em não dar a conhecer com antecipação os exercícios que virão em seguida [*Décima Primeira Anotação, EE* 11][30], para evitar que a curiosidade esvazie o "sentir e saborear as coisas internamente". Esse apelo à interiorização da Palavra, esse *sabor, gosto e sentir* da oração pertence à tradição monástica da *Lectio divina*[31].

O *Segundo modo de orar* [249-257] responde plenamente a esses saborear e gostar internos: "esteja na consideração desta palavra tanto tempo quanto encontra significações, comparações, gostos e consolação" [252,2]; "se a pessoa que contempla [...] encontrar em uma palavra ou em duas, tão boa matéria para pensar, ou gosto e consolação, não se apresse em passar adiante, ainda que termine a hora naquilo em que se encontra" [254].

Os pontos para cada oração variam segundo os exercícios e as Semanas. As meditações costumam ser de três pontos [45-54, etc.] ou de cinco pontos [55-61, etc.], com uma tendência a se simplificar ao longo das Semanas. As contemplações da vida de Cristo são quase sempre de três pontos [261-312], enquanto que na Quarta Semana se propõe um só [299; 309; 310]. Isso obedece a uma progressiva facilidade para a oração, primeiro "discorrendo e raciocinando por si mesmo" e, pouco a pouco, "enquanto o entendimento é elucidado pela virtude divina" [2,2-3].

Outro traço dos *Exercícios* que responde a esse interesse por "não é o muito saber, senão pelo sentir e saborear internamente" são os dois exercícios de repetição de cada dia [62-64]. Inácio concebe que, depois de duas orações com matéria diferente, sigam outras duas nas quais se volte sobre as primeiras, "notando e fazendo pausa nos pontos que sentiu maior consolação ou desolação ou sentimento espiritual" [62,2], "de modo que o entendimento, sem ficar divagando, percorra cuidadosamente

---

30. Aparece a mesma ideia em [127].
31. Aparece em múltiplos lugares ao longo do *Compendio*: "Está avisado que os exercícios destas vias que não há nenhum proveito em correr para realizar tudo, mas sim que se detenha morosamente em cada ponto, e se o tempo dedicado para a oração em um único ponto no qual encontrou devoção se passar, não te importe com os outros" (*Cb*, 148). "Como cada ponto destes (ou um, se nele passares o tempo de oração) tenhas meditado, louve e bendiga a Deus por tantos benefícios e peça de acordo com o mistério o que mais te convém" (*Cb*, 268); também: *Cb*, 19, 469, 477, 493.

pela reminiscência das coisas contempladas nos exercícios passados" [64]. Ou seja, primeiro recebe-se o impacto da novidade (os dois primeiros exercícios) e depois se aprofunda e interioriza esse impacto (o terceiro e quarto exercício). Com isso se consegue assimilar, interiorizar e personalizar a "matéria objetiva", a qual se converte em *subyectiva matéria*, ou seja, "matéria subjetiva"[32].

4. Colóquio final

Todas as meditações e contemplações dos *Exercícios* concluem com um colóquio[33]. Nesse colóquio final recolhe-se e recapitula-se a petição que guiou o exercício:

> Nos colóquios devemos refletir e pedir segundo a matéria subjetiva, se me encontro tentado ou consolado, se desejo ter uma virtude ou outra, de acordo com o que quero dispor de mim a uma parte ou a outra, se quero condoer-me ou alegrar-me da coisa que contemplo, finalmente pedindo aquilo que mais eficazmente desejo acerca de algumas coisas particulares [199].

Esses colóquios finais têm diferentes interlocutores segundo a temática e importância do exercício[34]. Por exemplo, o colóquio da primeira meditação da Primeira Semana se dirige a Cristo posto na Cruz [53]; o da segunda meditação se dirige a Deus em geral [61]; para os exercícios de repetição se propõe um tríplice colóquio: a Maria, ao Filho e ao Pai [63], ou seja, em escala ascendente. Sendo "repetições", há menos

---

32. Cf. CALVERAS, José, op. cit., 116.
33. Assim também terminam as meditações e contemplações do *Exercitatório* e do *Compendio*.
34. No *Ejer-Cb* também variam os interlocutores conforme o tema. Os dois colóquios mais desenvolvidos são: o da segunda-feira da *via purgativa*: *Ejer*, cap. 12, p. 154-158, l. 236-281; e (*Cb*, 46), que corresponde com os colóquios de Primeira Semana; e o da segunda-feira da *via unitiva*: *Ejer*, cap. 27, p. 240-242, l. 42-101 e (*Cb*, 212), que corresponde com a oferta do *Tomai e Recebei* da *Contemplação para alcançar amor*. Estão situados na segunda-feira para que sirvam de roteiro para o resto da semana.

matéria para o entendimento e mais para a vontade, isto é, para aquela constelação de afetos, desejos e quereres do amor[35]. Os santos aparecem nos dois momentos solenes das duas oferendas mencionadas [98; 234,4-5]. Trata-se daquela "nuvem de testemunhas" da Carta aos Hebreus[36] que selaram com sua própria vida a oferenda que o exercitante começa a fazer.

Nos colóquios finais se recupera a palavra, essa palavra que se gestou durante o silêncio da oração e que emerge de novo transformada. É o momento de falar "como um amigo fala a outro, ou um servo a seu senhor" [54]. Só em duas ocasiões o texto dos *Exercícios* propõe um guia preciso para esse diálogo: na *Meditação do Rei Temporal* [98] e na *Contemplação para alcançar amor* [234, 4-5]. Nos dois casos se trata de uma oferenda muito precisa à qual é preciso ter a humildade de unir-se. Em todos os outros colóquios, o exercitante não tem nenhuma pauta, senão que é o tempo da palavra pessoal, intransferível, onde "a criatura age com seu Criador e Senhor" [15], a sós e livremente.

Remetendo-nos à *estrutura fractal*, os colóquios ao final de cada oração correspondem à *via unitiva*, na qual, por um lado, o diálogo afetivo-unitivo sucede ao tempo intelectivo-iluminativo da consideração dos pontos. E, por outro, é exercício *unitivo* na medida em que a palavra supõe a integração – unificação – da memória, da inteligência e da vontade.

5. *Exame da oração* [77]

A hora de oração foi o momento de receptividade, durante a qual o exercitante se abriu quanto pôde à manifestação do Espírito. Trata-se agora de fazer memória do que aconteceu, buscando precisar os *sinais*[37] que recebeu através das moções de consolação e desolação. Desse modo, o tempo unitivo do colóquio retorna a um tempo ativo e reflexivo, no qual o exercitante perscruta os rastros da passagem de Deus por sua oração. Esse *trabalho* remete, de algum modo, ao estágio purificativo inicial.

---

35. Ver a *Terceira Anotação* [3].
36. Hb 12,1.
37. Cf. BARTHES, Roland. *Préface a: Exercices Spirituels*. Paris: Union Générale d'Éditions, 14.

Esses cinco vértices serão apresentados na unidade seguinte, que é o conjunto do dia.

2.2. Modo e ordem para cada dia

1. Os passos preparatórios para cada oração se correspondem com a preparação, na noite anterior, do exercício que se vai fazer na manhã seguinte, tal como se diz na *Primeira Adição* [73][38]. O trabalho do subconsciente está integrado no processo de transformação que se realiza nos *Exercícios*. Nesse sentido, a noite também está incorporada a eles. O dia começa na noite anterior, da mesma maneira que a oração se gestava antes dela mesma, a caminho do lugar escolhido [75]. A *via purgativa* se faz presente como atitude de abertura e de receptividade. É preciso se dispor para receber.

2. A *Segunda Adição* [74] corresponde com a *oração preparatória* e ao *Princípio e Fundamento*. Nela se diz que na hora de despertar não se deve dar lugar "a uns pensamentos nem a outros" [74,1], advertindo "o que vou contemplar", vestindo-se com os pensamentos que são pertinentes para a temática desse dia[39]. Na *terceira nota* da *Terceira Semana* volta-se a recordar a importância de se despertar "pondo diante de mim aonde vou e a quê, resumindo um pouco a contemplação que quero fazer" [206,2].

---

38. Guillermo de SAINT-THIERRY (1085-1148) propõe algo muito semelhante: "À hora de dormir traga à tua memória, em teu espírito, algum pensamento que te sirva para dormir em paz, que também te ajude a sonhar e que ao despertar te devolva o impulso do dia anterior [...]. Dormirás placidamente, descansarás em paz e despertarás alegre para voltar às atividades que não havias terminado por completo", *Carta a los Hermanos de Monte Dei*. Salamanca: Sígueme, Col. *Ichthys* 18, 1995, p. 77, n° 136.

39. Esta preparação do dia encontramos nos n°s 405, 406, 409 do *Compendio*, os quais são um resumo dos três primeiros capítulos do *Directorio de las Horas Canónicas*, que por sua vez procedem do *Rosetum* de MOMBAER, Juan. Cf. *Rosetum*, tit. IV. *Directorium solvendarum horarum*, cap. 1, m. 1-3. Lemos no *Compendio*: "Ouvido, pois, o despertador, levanta-te e vista-te dizendo: Bendito seja meu Deus que para louvar-te me tenha despertado [...]. Feito isto, pensa que te levantas para adorar, orar e dar graças a Deus" (*Cb*, 409).

Ao longo dos *Exercícios* vai mudando a atitude que se deve ter ao começar o dia: embora na Primeira Semana é preciso sentir-se "grande pecador e encarcerado, atado como em cadeias ao comparecer perante o sumo Juiz eterno" [74,3], com a passagem das Semanas vai-se transformando em um dispor-se para ir à oração como quem vai ao encontro do amigo [54,1], e, no final, mais ainda, como quem vai ao encontro de seu Amante, para compartilhar tudo com Ele [231]. Perceba-se o avanço pelas *três vias*: pecador-amigo-amante.

3. A distribuição das cinco orações do dia[40] contém uma progressão na qual se permite distinguir duas partes: os dois primeiros exercícios – o primeiro se faz à meia-noite[41], e o segundo tem lugar à primeira hora da manhã –, nos quais se dá matéria nova para a oração. Esses dois primeiros exercícios, que supõem uma disposição mais discursiva e analítica da mente, correspondem-se fractalmente com os pontos que se dão em cada oração e com as meditações da Primeira Semana. E, de algum modo, contém o caráter iluminativo.

4. O segundo grupo de exercícios de cada dia inclui duas repetições e a aplicação dos sentidos. A primeira repetição se propõe para antes do almoço[42]. Uma segunda repetição é para a hora das *Vésperas*,

---

40. Segundo a *nota* que aparece no final da Primeira Semana [72]. Ver também [128, 133, 148, 159].
41. [72,1; 88; 131,1; 159,1; 208,1.3.5-9]. Aconselha-se que "comumente" se suprima o exercício da meia-noite na Quarta Semana: [227]. E durante a Segunda Semana se recomenda tomá-lo e deixá-lo, conforme se vá discernindo: [133]. Pensamos que esta oração noturna está influenciada pela distribuição que Inácio encontrou na proposta de Cisneros: corresponde claramente com a reza das *matinas* monásticas. Cf. *Exercitatório*, cap. 8, p. 126, l. 54-56. Cf. BALMA, Hugo de. *Sol de Contemplativos*, cap. 41, p. 153. No *Compendio* se diz que as melhores horas para rezar são "depois das Completas e depois das Matinas e algumas vezes durante o dia" (nº 7). Também lemos: "Quando te levantas à noite, imita ao profeta David que diz: A meia noite me levantava para dizer seu nome" *Cb*, 407. Cf. Sl 119 (118), 62. No *Ejercitatorio* (cap. 8) se cita a São Jerônimo e a São Bernardo: cf. *Sermones sobre el Cantar*, 86,3. Também é dito por SAINT-THIERRY, Guillermo de. *Carta a los Hermanos de Monte Dei*, I, 2, 112.
42. Para depois do almoço se propõe um primeiro exame do dia [25, 28-29].

quando o declinar do dia dispõe a uma atitude mais contemplativa. José Calveras dizia que o entardecer era "a hora das Musas". A aplicação de *sentidos* tem lugar antes do jantar, quando o escurecimento do dia ajuda a recolher os sentidos corporais, permitindo concentrar-se nos *sentidos interiores*. Ou seja, há um passar progressivo do discurso – *via iluminativa* – ao contemplativo – *via unitiva* –, do mesmo modo que os pontos da oração culminam no colóquio.

5. Cada dia se conclui com um *Exame de consciência* [26], do mesmo modo que cada oração termina com o *exame da oração* [77] e o mês completo com a *Contemplação para alcançar amor*, que leva à tomada de consciência de "tanto bem recebido" [233]. Isso porque o específico da mistagogia de Inácio é que, depois do silêncio da contemplação – ou da união –, é preciso "descer" de novo e aprender a perscrutar os sinais do dia, para perceber os diferentes movimentos internos do dia. Desse modo, o coração se exercita em estar atento a todos os registros da realidade. O olhar que vai recebendo o dom da contemplação capacita-se também para interpretar – ou seja, discernir – todos os momentos do dia. Esse "trabalho perscrutador" remete, de algum modo, a uma atividade que é de novo *purificativa*, a qual faz retomar o dia no mesmo ponto em que deve ser começado. Assim se manifesta uma vez mais o caráter circular das *três vias*.

2.3. Modo e ordem do mês

O avanço pelas *três vias* que vimos nos dois tópicos anteriores (em cada hora de oração e em cada dia) também o encontramos no percurso global dos *Exercícios*.

1. As *Anotações* para dispor-se a começar os *Exercícios* se correspondem com os exercícios preparatórios de cada oração e de cada dia, os quais são próprios do momento *purificativo*.
2. O *Princípio e Fundamento* [23] corresponde com a oração preparatória de cada oração [46] e com o modo de se despertar de cada

dia [74], fazendo-se consciente "aonde vou e para quê" [206,2]. Esse vértice fractal não pertence propriamente a nenhuma das *três vias*. É um "não-lugar" que apresenta o horizonte de toda a mistagogia que se vai percorrer. Trata-se, inclusive, de uma antecipação do final. Como na *oração preparatória*, tudo está contido nele[43].

3. As orações de Primeira Semana são chamadas explicitamente *meditações*. Como veremos, a *meditação* tem um caráter discursivo que irá evoluindo ao longo dos dias para a *contemplação*.

4. Essa progressão das *meditações* de Primeira Semana às *contemplações* que começam a partir da Segunda Semana, e que vão se apresentando de um modo cada vez mais simples, se corresponde com o desenvolvimento de cada oração, que começam por um "trazer a história" [102] e acabam na intimidade e liberdade do colóquio; assim como se corresponde com o movimento de cada dia, que começa com uma matéria mais discursiva e termina com a simplicidade imaginativo-contemplativa da aplicação de sentidos [121-126]. Ou seja, vai acontecendo um avanço desde o *iluminativo* para o *unitivo*, no qual o método da oração vai se fazendo cada vez mais espontâneo e pessoal[44].

5. A *Contemplação para alcançar amor* [230-237] suscita e convida a um olhar atento e contemplativo sobre o mundo, tal como o *exame da oração* descobre a passagem de Deus durante a oração e o *exame de consciência* descobre a passagem de Deus durante o dia. É também *via unitiva* no sentido de que unifica ação e contemplação, vida e oração.

Essa apresentação *fractal* dos *Exercícios* desvela a unidade interna que ele contém. Assim, os *Exercícios* constituem uma espécie de "microcosmos", enquanto apresentam uma reorganização do tempo e do espaço

---

43. Cf. LARA, Elías Royón. ¿*El principio y fundamento, inicio o conclusión?* In: *Manresa* 54 (1981), 22-32.

44. Cf. DUMOSTIER, Adrien. *Méthode et liberté dans la prière.* In: *Christus* 159 (Hors-série: *Aimer Dieu en toutes choses*), (1993), 121-126. Esta progressão na aprendizagem da oração será desenvolvida em cada uma das respectivas etapas da transformação.

"diferentes", para introduzir no Mistério não perceptível a um olhar disperso no espaço-tempo habituais. Essa unidade de suas diferentes unidades permite que em cada uma delas possamos reconhecer as demais, criando-se uma espécie de circularidade entre elas. Daqui que possamos aplicar à sua estrutura uma sentença latina[45] que se refere a este duplo movimento de expansão e de contração de cada uma de suas unidades: *Non coerceri maximo, conteneri tamen a minimo, divinus est,* que significa: "O divino não é estar limitado pelo maior, mas estar contido pelo menor" – ou "estar contido no menor".

Agora, pois, o paradoxo dos *Exercícios* é que, embora apresentem essa organização tão precisa do método[46], sua finalidade não é outra que deixar agir, sem mediações, "o Criador com sua criatura, e a criatura com seu Criador e Senhor" [15,6]. Erich Przywara assinalou bem esse paradoxo, comparando-o com a liturgia: por um lado, sua *ordem única e objetiva* nos faz participar do único Corpo de Cristo, ao qual nos incorporamos; mas, por outro lado, para que essa *ordem* tenha vida, deve ser interiorizada e personalizada por cada um, de tal maneira que "toda a ordem consistente com os *Exercícios* se resume naquele único *gosto e fruto do sentir e saborear internamente*[47], que é dado por esse fino sentido do Espírito Santo, oculto no mais íntimo de nosso espírito"[48].

3. Uma mistagogia acompanhada em Igreja

O "*modo e ordem*" do método tem outro correlato: a importância de ser acompanhado. É que o avanço no Mistério de Deus e de si mesmo,

---

45. Cf. Retomada por FESSARD, Gaston. *La Dialectique des Exercices*, t. I, 167-177.
46. Já nos primeiros Diretórios se insinuam duas tendências. A representada por POLANCO, Juan de (*D* 20), que tende a interpretar com liberdade as prescrições do método, e a representada por MIRÓ, Diego (*D* 22,23), que tende a ser muito mais literal.
47. *Una teología de los Ejercicios* (II), Seminari d'EE 10. Barcelona: Cristianisme y Justícia, 1992, 28. Ver também ibid., 3 e 29.
48. Ibid., 29.

ao mesmo tempo que é único e pessoal, não se faz sozinho, senão que, como em toda iniciação, acompanhado de alguém que inicia. Aquele que inicia, por sua vez, é um "iniciado", ou seja, alguém que um dia foi introduzido por outro. Essa cadeia se remonta às origens: já vimos como Inácio foi primeiro iniciado por Dom Chanon e, depois, pelo próprio Deus, "da mesma maneira que um mestre de escola trata a um aluno"[49]. Os *Exercícios* se concebem como um "livro do mestre"[50], dando assim muita importância àquele que vai acompanhar o exercitante[51].

Nos *Exercícios*, o acompanhamento é chave para a autêntica mistagogia. A comunicação assídua e detalhada das moções interiores que o exercitante experimenta na oração é essencial para a experiência iniciática. O discernimento da vontade de Deus se faz a partir das "moções" que o exercitante experimenta e comunica[52]. O material que aquele que dá os *Exercícios* proporciona não pretende outra coisa senão provocar essas moções. A tal ponto são importantes as moções que, se não acontecem, aquele que dá os exercícios deve se preocupar [6].

Aqui temos um dos traços mais específicos da espiritualidade inaciana: a vontade de Deus não está escrita de antemão, senão que é um movimento (*motio*) inscrito no mundo e para o mundo, que ressoa no interior de cada um. A dificuldade está em perceber – discernir – esta vontade de

---

49. *Autobiografia*, 27.
50. "A originalidade de Inácio de Loyola se descreve de dois modos: na eleição de um gênero literário e na estrutura pedagógica. Enquanto gênero literário, os *Exercícios Espirituais*, tomam pela primeira vez a forma de um livro do mestre". DEMOUSTIER, Adrien. *L'originalité des Exercices Spirituels d'Ignace de Loyola au XVIème siècle*. In: GIARD, Lucé e VAUCELLES, Louis de. *Les Jésuites à l'Âge Baroque* (1540-1640). Grenoble; Jérôme Millon, 1996, 23.
51. Nisto se distingue claramente do *Ejercitatorio* e do *Compendio*, os quais estão dirigidos ao monge exercitante, oferecendo as diretrizes necessárias para que cada um regule suas próprias práticas. Os *Exercícios*, pelo contrário, estão escritos para quem os vai ministrar e não para quem vai fazer, e tem também um tom muito mais sóbrio.
52. Para discernir a direção destas moções Santo Inácio elaborou as *Regras de Discernimento da Primeira e Segunda Semana* [313-327; 328-336]. Essas regras serão explicadas por aquele que dá os exercícios ao que os recebe, na medida que vai experimentando tais moções [8].

Deus entre outras vozes: as próprias e as do mau espírito [32]. A consolação e a desolação serão os sinais que haverá de discernir[53].

A função do acompanhante consiste fundamentalmente em duas coisas: em proporcionar ao exercitante as pistas para a oração [2], e em "ser informado fielmente das várias agitações e pensamentos que os diversos espíritos lhe trazem" [17]. Assim, o caminho de interiorização e de discernimento se faz em Igreja, em comunhão com uma instância exterior: recebendo e contrastando. Essa Igreja representada naquele que dá os *Exercícios* está explicitada no final dos mesmos, nas *Regras para sentir com a Igreja* [352-370], como o marco ordinário ou a *composição de lugar* em que o exercitante vai se encontrar depois de sua eleição. Tal será a comunidade que acolhe o novo regime existencial da pessoa transformada pela experiência iniciática[54].

Pois bem, o acompanhante será tanto melhor iniciador, quanto mais ele mesmo tenha se deixado conduzir para a profundeza de seu próprio chamado ao Mistério. Saber dar os pontos "com breve e sumária declaração" [2,1] e saber escutar [17] requer muito daquela *transparência*, daquela "pureza de coração". Porque os *Exercícios* são muito mais que um método que, sendo aplicado, funciona por si só, como se fosse um mero mecanismo. Os *Exercícios* são, insistimos, uma *mistagogia*, e sua profundidade terá muito a ver com a qualidade do iniciador ou *mistagogo*. Afirmando isso, queremos dizer que o ato de dar os *Exercícios* tem um caráter testemunhal, inclusive *sacramental*.

4. Em direção ao coração do Mistério

Através da escuta dos movimentos interiores (*moções*) que se produzem no exercitante, aquele que dá os *Exercícios* vai propondo um caminho único que levará o exercitante àquele lugar do coração – também

---

53. O termo *discernimento* não aparece nenhuma vez nas fontes cisnerianas. No *Compendio* menciona-se somente uma vez esse tema: "Me lembrei de meu Deus e me consolei, convém saber, para que me governe com discrição" (496).
54. Cf. ELIADE, Mircea. *Iniciaciones místicas*, 10.

único para cada um –, no qual se experimenta o encontro pessoal com Deus. O *coração*, aquela fornalha onde o fogo incandescente de Deus produz a transformação, ali onde "o mesmo Criador e Senhor se comunica à sua alma devota, abraç(s)ando-a[55] em seu amor e louvor, dispondo-a pela via que mais poderá servir-lhe daí em diante" [15,3-4]. Ou seja, o que dispõe a alma para aceitar a vontade de Deus é esse "abraço abrasador" do amor de Deus. O que é transformador é o encontro com Deus, não as palavras do iniciador. Assim, aquele que dá os *Exercícios* é verdadeiro *mistagogo* na medida em que desaparece: "aquele que dá os *Exercícios* [...] deixe o Criador agir imediatamente com a criatura e a criatura com seu Criador e Senhor" [15,5-6]. "Imediato", isto é, sem mediação.

Todo o sentido dos *Exercícios* está aqui: em *exercitar* a totalidade das dimensões da pessoa para que se produza essa experiência imediata de Deus[56]. A "*anima*" que é "abras(ç)ada em seu amor e louvor" conhece essa união. Pois bem, para isso, "para que o Criador e Senhor atue mais certamente na sua criatura" [16], é preciso remover todas as camadas, libertar as fixações que se concentram em seus afetos e inclinações, que provocam o obscurecimento do conhecimento e paralisam a vontade. Daí que a primeira etapa – os *exercícios de Primeira Semana* – seja identificada por Inácio como *via purgativa* [10,3].

---

55. Não fica claro se Santo Inácio escreveu "abraçando-a" ou "abrasando-a". Nas cópias e traduções primitivas existem as duas formas. As duas versões são sugestivas.

56. Já mencionamos que Karl RAHNER coloca ênfase neste ponto quando trata de caracterizar o núcleo da espiritualidade inaciana: "Que Deus pode e quer tratar de modo direto com sua criatura; que o ser humano pode realmente experimentar como tal coisa se sucede; que pode captar o soberano desejo da liberdade de Deus em sua vida [...]. Estas convicções, tão simples e por sua vez tão extraordinárias, me parecem que constituem [...] o núcleo do que vós costumais chamar minha espiritualidade", *Palabras de San Ignacio de Loyola a un jesuita de hoy*. Santander: Sal Terrae, 1979, 12-13. Cf. 295.

4
O horizonte da transformação

*O cristão não tem esperança do futuro,
mas sim do invisível.*
RAIMON PANIKKAR

"Princípio e Fundamento" [23] da mistagogia inaciana

O afastamento iniciático dos *Exercícios* conduz primeiramente a um não-lugar. O *Princípio e Fundamento* é um horizonte aberto que abre as asas da liberdade em torno de um movimento fundamental: recorda-nos que, criados *por* Deus, somos *para* Deus: "O ser humano é criado para louvar, reverenciar e servir a Deus nosso Senhor e, assim, salvar-se" [23,2]. "Louvar", quer dizer, expandir-se, extasiar-se – ou seja, "sair de si" – na ação de graças ante o Ser que nos dá o ser, que nos faz ser; "fazer reverência", quer dizer, prostrar-se, recolher-se, descalçar-se ante esse Centro Incandescente que não possuímos, mas que nos possui; "servir", quer dizer, dispor-se e oferecer-se para concretizar na História o lugar dessa louvação e reverência, de modo que tudo vá sendo reconduzido para esse Horizonte de louvor e reverência, Origem e Meta de tudo o que é.

Essa meditação no umbral da experiência iniciática revela que, como seres criados, não temos a existência em nós mesmos, senão que a temos recebido e que constantemente a recebemos. Não somos a origem de nós mesmos, mas há um *por* fundamental e fundante, original e originador, do qual recebemos o ser. Somente reconhecendo essa Fonte primordial, esse *por* originador, podemos perceber que nossa existência também é um *para* divinizante: não nos pertencendo na origem, não nos pertencemos no meio e nem no fim[1]. E nesse *des-pertencer-se* do *para* está nossa salvação: "mediante isto, salvar-se" [23,2].

O *para* nos coloca em comunhão com a Origem, e isso é o que nos salva, ou seja, o que revela a plenitude de quem somos: criaturas para o louvor, a reverência e o serviço. Entre o *por* e o *para* transcorre a história dos cosmos e a vida particular de cada um. De todos é o louvar, o reverenciar e o servir, mas o modo de fazê-lo é de cada um, pessoal e intransferível.

As coisas também participam desse *por* e desse *para* da Criação: "e as outras coisas sobre a face da terra são criadas *para* o ser humano" [23,3]. Criadas *por* Deus são *para* o ser humano, *para* que o ser humano seja todo *para* Deus. Desse modo, as coisas, em sua origem, não são telas, mas sim mediações, diafanias: através delas *(dia)*, se manifesta *(fanei)* o Criador.

Esse movimento criatural (antropológico e cósmico) é imagem e participação da vida intratrinitária: o Filho engendrado *pelo* Pai é inteiramente *para* o Pai e *para* o Espírito. E o Espírito, procedente do Pai e do Filho, é inteiramente *para* o Pai e o Filho. O ser do Pai é dar-se permanentemente ao Filho e ao Espírito. E o ser do Filho e do Espírito é receber sem cessar, o que é fonte de seu dar-se. Essa relação intratrinitária do dar-se e receber-se mutuamente é chamada *perichóresis*. Somos criados para participar dela, nós que somos feitos à sua "imagem e semelhança" (Gn 1,26).

Na relação intratrinitária não existe nenhuma retenção, mas um fluir permanente da totalidade de seu Ser. Porém, o ser humano não conhece esse estado porque, por nossa pulsão de apropriação, vivemos na terra da dessemelhança[2]. A pulsão de apropriação no campo dos afetos, causando-nos bloqueios, tensões e devorações mútuas, tem seu correlato no âmbito do conhecimento em forma de *opacidade*.

Inácio apela para a *indiferença*, ou seja, a uma desapropriação das coisas e pessoas que converta a opacidade em transparência. Por *transparência* entendemos o desvelar-se das coisas: a percepção da realidade

---

1. Cf. VARILLON, François. *Vivre le Christianisme. La dernière retraite du père Varillon* (1978). Paris: Centurion, 1992, 48-50.
2. Cf. SAN AGOSTIN. *Confesiones*, VII, 10,6.

não como uma justaposição de formas e acontecimentos isolados ou arbitrários, mas sim como portadores da presença e desígnio do Criador. A *indiferença* inaciana é a *pureza de coração* dos Padres do Deserto[3]. "Felizes os puros de coração, porque eles verão a Deus" (Mt 5,8). Essas palavras de Jesus expressam a relação que existe entre a disposição interior e o desvelar do conhecimento e do olhar. Somente a partir dessa transparência se pode eleger "o que mais nos conduz ao fim para o qual somos criados" [23,7]. A pureza de coração é o contrário do "coração curvado sobre si mesmo"[4].

No campo dos afetos, a *indiferença* inaciana está em estreita relação com a *apatheia* do monacato oriental[5]. *A-pathós*, "ausência de paixão". Trata-se da liberdade interior de não se sentir preso a nada. Os *Exercícios* mencionam os quatro grandes âmbitos da existência humana nos quais viver essa liberdade: a saúde corporal – a relação com a própria vida biológica –, a prosperidade econômica – a relação com as coisas –, o reconhecimento social – a relação com as pessoas –, e a duração da vida – a relação global com a existência – [23,6]. Sentindo-nos livres de tudo isso, seremos livres "em tudo o mais". A *indiferença* dos *Exercícios* não é o desaparecimento da capacidade de amar, mas, precisamente, a liberdade de fazê-lo sem estar apegado a nenhuma dependência que a paralise.

---

3. Assim mesmo se diz no *Directorio* de Pe. VALENTINO: "O fim próximo de todos os *Exercícios Espirituais*, segundo todos os Santos Padres, deve estar continuamente ante nossos olhos como um branco, ou seja, a pureza de coração como última disposição para alcançar a perfeição". *Ejercicios Espirituales y Directorios* (trad. LOP, Miguel). Barcelona: Balmes, 1964, D 16: 30, p. 186. Também o encontramos nos escritos de LALLEMANT, Louis (1587-1635). Cf. *Doctrine Spirituelle*. Col. *Christus* 3. Paris: DDB, 1959, IV, cap. 2, art. 2,8, p. 178; art. 4,2, p. 181-182; cap. 3, art. 3,2, p. 191; cap. 4, art. 2, p. 203; art. 4, p. 214; VI, sec. I, cap. 1, art. 1,4, p. 272.
4. Diferentes autores clássicos têm interpretado a imagem da mulher encurvada do Evangelho (Lc 13,11) como símbolo do pecado, que faz curvar-se sobre si mesmo: Santo Agostinho e São Bernardo: *Cor incurvatum in seipsum*; São Boaventura: *Libertas recurvata in seipsam*; Lutero: *Homo incurvatus in seipsum*.
5. Cf. SPIDLIK, Tomás. *Ignazio di Loyola e la spiritualità orientale*. Roma: Studium, 1994, 40-43.

Desse modo, os *Exercícios* são *exercícios* no sentido estrito do termo: "todo modo de preparar e dispor a alma para tirar de si todas as afeições desordenadas" [1,3]. Como se fosse uma fisioterapia – em nosso caso uma "pneumoterapia" –, os *Exercícios Espirituais* tratam de corrigir a curvatura para convertê-la em abertura. São *"espirituais"* porque tratam de abrir o *espírito*, no sentido forte do termo que mencionamos no capítulo precedente. Abertos ao *espírito* naquele lugar do *coração*, a saber, o centro do nosso ser, podemos então *"buscar e encontrar* a vontade divina na disposição de sua (nossa) vida para a saúde da alma" [1,4]. "Buscar" aponta o aspecto ativo, ascético, da unificação. "Encontrar" aponta o aspecto passivo, contemplativo, em que o espírito recebe o revelar-se de Deus. E assim se produz a "saúde da alma".

"Saúde da alma", diz o texto. Antes se falava de "salvar a alma" [23,2], é que "saúde" e "salvação" são sinônimos na tradição espiritual[6]. Dezesseis vezes aparece o termo "saúde" nos *Exercícios*, quinze das quais significam "salvação" ou "caminho de salvação"[7]. *Salvação* e *saúde* podem parecer termos insuficientes se temos em conta o horizonte da divinização. Daí que devamos ampliar as implicações dessas palavras. Na linguagem bíblica, significa recuperar a filiação divina, restaurar a imagem original que se distorceu, reconvertendo-nos em filhos no Filho de Deus. Se fomos chamados a participar da filiação de Deus, então estamos chamados à própria *divinização*, porque o filho é aquele que participa da mesma natureza do pai[8]. Assim foi compreendido pela Igreja Primitiva: "para que sejais participantes da natureza divina" (2Pd 1,4)[9]. Assim o compreendeu toda a Patrística posterior[10].

---

6. Cf. HAUSHERR, Irénée. *La discreción de espíritus*. In: *1º Cursus Internationales Exercitiorum Spiritualium in hodierna luce Ecclesiae* (Roma: 1 Oct.-8 Dec. 1968). Roma: CIS, 1968, vol. II, 127.130.131.134/7-16.
7. [1,4; 16,3; 152; 165,1; 166,2; 169,7; 181,1; 188; 316,4; 320,3; 327,4; 333,4; 363,3; 365,2; 367,3].
8. A terminologia de "filhos de Deus" não deixa de ser uma imagem, uma metáfora. Mas extremamente sugestiva se toma em conta que, do ponto de vista biológico, as relações entre espécies diferentes não produzem descendência. Ser "filhos de Deus" significa, pois, que somos da mesma "espécie" divina.
9. "Ina dia touton guénesthe theías koinonoi physeos".
10. *Introdução*, p. 26 (no original, p. 23 [N. das T.]).

Divinização significa duas coisas, uma separando-se da outra: por um lado indica o dom da plena reciprocidade, ou seja, a plenitude do receber e do dar-se, a imagem da vida intratrinitária; por outro lado, comporta uma real transformação do ser humano que é introduzido no mistério da reciprocidade intratrinitária[11]. Essa transformação se produz na totalidade da pessoa: desde seu núcleo mais interno (coração-espírito) até suas camadas mais externas (sentidos, sensibilidade, imaginação), e vai unificando, ao mesmo tempo que transfigurando, a polaridade básica de amor e conhecimento.

Nos *Exercícios*, essa divinização passa pela busca da vontade de Deus para cada um: vontade de Deus que se recebe para entregar-se com todo o ser a ela. A vontade de Deus, em seu horizonte, não é outra coisa que a recapitulação de todas as coisas em Cristo[12], e de Cristo em Deus, até que Deus seja tudo em todos[13]. Quer dizer, a divinização inteira de todo o criado. Agora, essa vontade primeira e última tem uma concretização diferente para cada um na tarefa da história, que consiste na participação concreta na obra da recapitulação. Discernir esse lugar, esse chamado, implica uma "iniciação", um "deixar-se conduzir" que vai transformando a pessoa, desbloqueando suas pulsões de apropriação e iluminando assim seu conhecimento, para oferecer-se com todo o seu ser a essa Vontade que se lhe desvela.

De algum modo, os *Exercícios* têm uma estrutura trinitária: "Toda a criação saiu um dia das mãos do Pai (*descida*) [...], e tudo retorna a ele pela liberdade guiada pelo Amor (*subida*). Esta experiência espiritual primordial se decompõe ao longo do Livro em três tempos: Deus Pai (*Princípio e Fundamento*) se entrega dando-se a Si mesmo mediante o Filho

---

11. Esta transformação foi melhor denominada no Ocidente de *cristificação*. Nós preferimos o termo *divinização* porque nos parece que, além de incorporar a ideia da cristificação, inclui também a ação da Terceira Pessoa da Trindade: a *pneumatização*. O ser humano se cristifica e se pneumatiza ao mesmo tempo, e isso é o que o *diviniza*. Porém, é certo que a *cristificação* já contém em si mesma a ideia de divinização.
12. Ef 1,10.
13. 1Cor 15,23-28.

(*Segunda, Terceira e Quarta Semanas*) no Espírito (*Contemplação para alcançar amor*)"[14].

Agora, pois, esse movimento criacional fica interrompido por essa retenção e opacidade que chamamos *pecado*. *Pecado* significa literalmente "perder o sinal"[15]. A Primeira Semana ou *vida purgativa* trata de fazer tomar consciência e dor desse extravio e dessa interrupção, para rechaçá-los e aderir de novo ao plano criador e redentor – divinizador – de Deus.

A mistagogia dos *Exercícios* começará por desvelar essa pulsão de apropriação, cujas tomada de consciência e rechaço constituirão o primeiro grau de transformação da experiência iniciática do exercitante.

---

14. ARZUBIALDE, Santiago. *Ejercicios Espirituales de San Ignacio...*, 487. Encontra-se um parágrafo muito semelhante em: LERA, José Maria. *La contemplación para alcanzar amor, el Pentecostés Ignaciano*. In: Manresa 246-247 (1991), 184.
15. Cf. WHITE, John. *Jesús, la evolución y el futuro de la humanidad*. In: VV.AA. *La evolución de la conciencia*, Barcelona: Kairós, 1994, 180.

5

Primeiro estágio de transformação: rechaço da pulsão de apropriação

*Não é possível modificar um estado
sem aboli-lo previamente.*

Mircea Eliade

Depois de haver apresentado as condições do afastamento para que se produza a experiência mistagógica, entramos no segundo estágio do caminho iniciático, o qual conduz a uma imersão nos infernos. Para que ocorra transformação, há de se chegar ao fundo das próprias sombras, adquirir um aborrecimento visceral do que nos afasta das Fontes da Vida, e experimentar o resgate que provém da profundidade de Deus. Não existe consciência de salvação se a pessoa não tomou consciência das forças da morte que fecham o caminho da Vida. Remetendo-nos ao caráter iniciático dos *Exercícios*, assinalamos que a descida aos infernos faz parte dos ritos de passagem das religiões e culturas primitivas[1].

---

1. Cf. ELIADE, Mircea. *Iniciaciones místicas*. Madrid: Taurus, 1975, 60-70. 103-108. SANTA TERESA DE JESUS explica em sua autobiografia uma experiência mística de descida aos infernos (*Vida*, cap. 32,1-6). Depois de descrevê-la, diz: "Foi uma das maiores bênçãos que o Senhor me ofertou, porque aproveitei muito e então perder o medo das tribulações e contradições desta vida, como para me esforçar a padecê-las e dar graças ao Senhor que me livrou, pelo que agora me parece, de males tão perpétuos e tão terríveis", ibid., 32,4.

Do ponto de vista metodológico, os exercícios da Primeira Semana se chamam explicitamente de *meditações* [45; 55; 65]. *Meditação* provém de "meditatio", que surge do verbo "mederi", que significa "cuidar de", "levar remédio a". A origem remota procede da raiz indo-europeia "med", que significa "mandar", "ordenar", "tomar com autoridade medidas apropriadas" (*medein*, em grego)[2]. São *meditações* na medida em que se trata de exercícios fragmentados, ainda não unificados como serão as *contemplações*, que são feitas por meio da aplicação diversificada das *três potências*: memória, inteligência e vontade [45][3]. No começo do primeiro exercício [45-54] são dadas as diretrizes para todas as meditações da Primeira Semana: "O *primeiro ponto* será trazer à memória [...], logo, sobre o mesmo o entendimento, entendendo e logo a vontade, querendo memorizar tudo isso e entender para mais me envergonhar e confundir" [50,1-2].

A distinção entre *memória*, *entendimento* e *vontade* mostra o caráter discursivo da meditação, ou seja, o que ainda tem de trabalho ativo por parte do exercitante. Na apresentação do primeiro exercício não aparecerá ainda a palavra *interno*. Esta será mencionada no colóquio da repetição [62-63]: "que sinta *conhecimento interno*", ou seja, quando as três potências já estarão em movimento, abrindo os poros da interioridade. Essa internalização do conhecimento tem um processo que não se pode violentar, mas que se vai propondo através de alguns passos muito precisos.

1. Conhecer a malícia e dinâmica do pecado

O *conhecimento interno* da natureza do pecado vai se desvelando através dos seguintes exercícios: a primeira meditação está dirigida a

---

2. Cf. BENVENISTE, Émile. *Le vocabulaire des institutions indo-européennes*, t. II, *Pouvoir, droit, religion*, Paris: Les Éditions de Minuit, 1969, 123-132.
3. Já se assinalou a possível influência de Ramón Llull sobre isso. Cf. GUIBERT, Joseph de. *La "méthode des trois puissances" et l'Art de Contemplation de Raymond Llull. In: RAM* 6 (1925), 367-378.

compreender o dinamismo da pulsão de apropriação por meio de dois arquétipos: a queda dos anjos [50], e de Adão e Eva [51], para depois vê-la concretizada nos demais seres humanos [52]. A segunda meditação se concentra sobre a pulsão de apropriação do próprio exercitante [55-64]. Dessa forma, o exercitante é conduzido a compreender a malícia intrínseca da Separação original e originante [52,2; 57], sua força destrutiva [50,5; 51,2; 58,4-5] que, abandonada às suas próprias consequências, acaba conduzindo para a anticriação: o inferno [65-71][4]. Desse modo, essas meditações contêm um duplo movimento: do universal ao particular, e do Céu (máximo de comunhão) ao Inferno (máximo de separação). Trata-se de compreender essa dupla dinâmica para abominá-la com todo o ser [63].

1.1. Primeira meditação [45-54]: entendimento e abominação da raiz e expansão do pecado

O primeiro ponto trata de desvelar a origem e núcleo do mal recorrendo a um relato meta-histórico: o pecado dos anjos que, "Vindo com soberba, foram convertidos de graça em malícia" [50][5]. Em "soberba",

---

4. Os exercícios da *via purgativa* apresentado nas fontes cisnerianas contém a seguinte sucessão de meditações: pecados-morte-inferno-juízo-paixão de Cristo-dores de Maria-glória/inferno. Cf. *Ejercitatorio*, cap. 12-18, p. 142-185; *Cb*, 36-129. Ou seja, os quatro primeiros dias e o domingo tratam de dissuadir do pecado por meio do temor, e na sexta e no sábado, por meio da compaixão. A maioria destes exercícios foram tirados de: ZUPTHEN, Gerard de. *De reformatione virium animae*, cap. 20-24 e *De spiritualibus ascensionibus*, cap. 6.19.21.20.24; PS-BUENAVENTURA (ZUPTHEN, Gerad de). *Fascicularius*, cap. 2-5 e de KEMPF, Nicolás. *Alphabetum divini amoris*, cap. 2.
5. Esta meditação desenvolvida em três pontos é a dilatação de um único artigo que encontramos no *Ejercitatorio-Compendio* para o exercício da segunda-feira: "Agora pense e pondere o quanto cada pecado desagrada a Deus. Acate com diligência e olhe como um só pecado de soberba lançou Lúcifer do céu para nunca mais voltar, a desobediência de Adão, do paraíso e a luxuria queimou e sumiu com Sodoma e Gomorra, e todo o mundo foi destruído pelo dilúvio" (*Cb*, 39) cf. *Ejer*, cap. 12, p. 146, l. 79-83.

isto é, querer situar-se acima *(super-bia)* de tudo e de todos, rompendo a comunhão e convertendo-a em devoração. Essa é a raiz de todos os males, como se dirá mais adiante [142,3]. O recurso de rememorar um relato mítico conduz a desvelar seu fundo místico[6]. Trata-se de compreender que o pecado, antes de se tratar de uma questão moral de caráter pontual, é um estado do Cosmos em situação de Separação. A queda de Lúcifer provém de relatos cananeus e fenícios incorporados à Bíblia[7], que falam de uma ruptura radical de alguns seres angélicos quanto à reciprocidade de amor para a qual foram criados.

A soberba é a ruptura da comunhão – receptividade e doação – para converter-se em autocentramento. Lúcifer, "ser feito de Luz", transforma-se em "buraco negro" que tudo absorve e nada entrega. O mal é esse autocentramento e essa devoração, no extremo oposto da comunhão daquele *"por"* (receptividade) e daquele *"para"* (oferta) intratrinitários, isto é, divinos e divinizantes. Essa ruptura teve consequências cósmicas: "a Criação foi submetida a seu próprio fracasso, não por seu querer, mas por vontade daquele que a submeteu" (Rm 8,20). Meditar a natureza do mal ajudará o exercitante a descobrir quando o mau espírito se lança sobre ele.

O *segundo ponto* é o relato do pecado de Adão e Eva: "aplicar as três potências sobre o pecado de Adão e Eva, trazendo à memória como, por tal pecado, fizeram penitência por tanto tempo e quanta corrupção recaiu sobre o gênero humano" [51,2]. O "tempo meta-histórico" se entrelaça com o "tempo histórico" através do relato do Gênesis. Trata-se de captar os mesmos efeitos perniciosos do mal nas origens do gênero humano. "Tal pecado" não é outro que o da apropriação, o da autodivinização: "sereis como deuses" (Gn 3,5). A autodivinização por possessão está nas antípodas da divinização por participação e comunhão. A

---

6. Cf. RICOEUR, Paul. *Finitud y Culpabilidad*. Madrid: Taurus, 1982, 2.2.a. *La función simbólica de los mitos*. "O mito não pretende tanto contar histórias nem fabricar fábulas, mas aderir-se afetiva e praticamente ao conjunto das coisas" (p. 319); "em todo mito existe um excesso de significado, um 'significado flutuante' que constitui o sagrado" (p. 323).
7. Cf. Is 14,12-14; Ez 28; Lc 10,18; Ap 8,10; 9,1; 12,9.

precisão de Inácio de que "Adão foi criado no campo damasceno" [51,3] provém da sua leitura da *Vita Christi* de Ludolfo de Saxônia, na qual pôde ler: "formado já Adão da terra no campo damasceno, perto do vale de Hebron"[8].

Gaston Fessard, retomando um trabalho de Hugo Rahner[9], faz perceber a importância dessa observação marginal: "O campo damasceno, no pensamento de Inácio, remete a Belém. Cristo nasceu no mesmo lugar em que Adão foi criado"[10]. Ou seja, o novo Adão, "que sendo de condição divina, não fez alarde de ser igual a Deus, senão que se despojou de si mesmo (*ekénosen*) tomando a condição de escravo" (Fl 2,6-7), nascerá no mesmo lugar daquele primeiro Adão que, sendo somente barro, quis apropriar-se da divindade.

Os relatos arquétipos permitem elucidar o núcleo do pecado, para reconhecê-lo logo em cada situação, nos demais e em si mesmo (segundo exercício [55-61]).

Assim, o *terceiro ponto* será: "sobre o terceiro pecado particular de cada um [...], trazendo à memória a gravidade e malícia do pecado contra seu Criador e Senhor" [52,2]. Ao longo de todo esse exercício, o que se pretende é provocar a vergonha e o espanto e isso por meio da aplicação das *três potências*: primeiro "trazendo à memória", depois, sobre o mesmo, "discorrendo com o entendimento, depois a vontade, querendo recordar tudo isso e entender para mais me envergonhar e confundir" [50,1-2].

Todo o psiquismo se concentra sobre isto: se o pecado dos outros (dos anjos, de Adão e Eva e de tantos outros) os conduziu com razão ao inferno, "quantas vezes eu o terei merecido" com muito mais razão [50,3; 52,1]. Tal é a petição desse exercício: "Pedir vergonha e confusão, a meu próprio respeito, vendo quanta gente foi condenada por um só pecado mortal, e quantas vezes eu mereceria ser condenado para sempre por meus muitos pecados" [48,4-5].

---

8. Vol. I, 2, 1, f. XVI, col. 1.
9. Cf. *Ignatius von Loyola und die aszetische Tradition der Kirchenväter*. In: *Zeitschrift für Aszese und Mystik* 2 (1942), 61-77.
10. *La dialectique des Exercices*, vol. II, 82.

No colóquio final, "vergonha e confusão" se convertem em agradecimento diante de Cristo colocado na cruz [53]. O agradecimento se transfigura em dom de si mesmo, prefigurando a oferta futura da eleição. Nele adquire relevância a terceira *Anotação*: "Nos atos da vontade, quando falarmos vocal ou mentalmente com Deus nosso Senhor ou com seus santos, se requer de nossa parte maior reverência que quando usamos do entendimento para entender" [3]. Ou seja, depois de acolher o movimento kenótico de Cristo com o *entendimento*, considerando "como de Criador se fez homem, e de vida eterna à morte corporal, e assim morrer por meus pecados" [53,1], atua a *vontade*, "olhando para mim mesmo, perguntar o que fiz por Cristo, o que faço por Cristo e o que farei por Cristo" [53,2].

O passado, presente e futuro do exercitante estão abertos perante Cristo "pendurado na cruz" [53,3], e isso não de uma perspectiva culpabilizante, mas positiva: não há que se considerar o que não fiz, mas sim o que fiz, faço e posso fazer por Ele. Dessa forma se esboça uma primeira oferta que irá se dilatando ao longo da Semana seguinte e que avança até o horizonte da eleição. Não é o temor que estimula esse desejo de responder, mas o amor e o agradecimento. Esse agradecimento reaparecerá ao final do segundo e quinto exercícios [60 e 71].

1.2. Segunda meditação [55-61]: compreensão e rejeição da pulsão de apropriação que está concentrada em mim mesmo

Com a segunda meditação, dá-se um passo a mais: a malícia do pecado visto nos demais serve para ser reconhecida em si mesmo. Como David, só reconhecemos nosso próprio pecado quando nos colocam um exemplo que nos serve de espelho[11]. É próprio do pecado insensibilizar os afetos e obscurecer o entendimento. Por meio do segundo exercício, o exercitante descobrirá que a desordem dos próprios afetos [1,3; 21; 169,5; 172,2.5; 179,2] e das próprias operações [63,3] participam

---

11. Referimo-nos à insensibilidade de David referente ao assassinato cometido contra o marido de Betsabeia. Natan, propondo-lhe uma parábola, o faz ver a gravidade e crueldade de seu comportamento: 2Sm 12,1-7.

de algum modo da Desordem Original. Uma desordem que, então, se revelará mais do que uma mera desordem: se descobrirá como pecado, como perversão, ou seja, como movimento latente de radical oposição à recepção da vida como dom.

A "vergonha e confusão" do primeiro exercício se converte agora em "dor e lágrimas". A "vergonha" recorda a vergonha adâmica após o pecado original (Gn 3,7-11). Esta é, ainda, um sentimento autocentrado, ainda que revelado pelo olhar do Outro: sentimos vergonha de nós mesmos porque Alguém nos olha. Mas depois do colóquio diante de Cristo Crucificado [50], nu como Adão, descobrimos que aquele que nos olha também está nu como nós, despido por nós. Já não podemos sentir vergonha por nós, senão por Ele, que, olhando-nos, nos devolve a inocência. Olhando-o e vendo como Ele nos olha, começamos a descentrar-nos. E começamos a ter amor por Ele, a quem desnudamos e cravamos na cruz (final do primeiro exercício).

Assim, nossa primeira vergonha por nós mesmos se converte agora em vergonha por Ele, que se transforma novamente em nós em "crescida e intensa dor" e em lágrimas (começo do segundo exercício). Dor e lágrimas já não de temor, mas de agradecimento. Inácio, entretanto, não faz aparecer ainda o termo *amor*, que reservará para a *Contemplação para alcançar amor* [230-237], ao final de todo o itinerário. É que o amor do começo ainda está contaminado pelo "próprio amor, querer e interesse" [189,10].

Doer-se e chorar por amor é um dom, e, portanto, há que se pedi-lo. É dom porque é sinal de comunhão. Santo Inácio o concebe como uma das manifestações da consolação: "quando derrama lágrimas motivadas pelo amor de seu Senhor, agora seja pela dor de seus pecados [...]" [316,3]. O monacato oriental chama de *penthos* a esse estado de *arrependimento*, que é amargo no começo e doce em seu término[12].

O desenvolvimento dessa segunda Meditação é o seguinte:

Primeiro ponto: "Trazer à memória todos os pecados da vida, olhando de ano em ano ou por períodos" [56,1]. A descida aos próprios infernos

---

12. Cf. HAUSHERR, Irénée. *Penthos*. Roma: Orientalia Christiana Analecta, 1944, 209p.

somente se pode fazer partindo do olhar de Cristo Crucificado, que não condena, mas que limpa, cura e liberta. Somente assim se pode iniciar o *primeiro ponto* desse segundo exercício. Lugar, palavras, ofício, tudo se deve repassar. Trata-se de perscrutar o próprio passado para limpar a memória, para curá-la. Porém, não é a memória insana de si mesmo que pode curar a própria memória, mas o olhar com que se foi olhado no colóquio ante Cristo Crucificado. Olho com seu olhar o "processo de meus pecados", de modo que não me causa "vergonha e confusão", mas sim "dor e lágrimas". Porque todo pecado, em sua raiz, não é mais que ruptura da comunhão. Perceber essa ruptura já é começar a restaurar a união.

O que está em jogo nesse exercício não é o reconhecimento dos pecados pontuais, mas detectar os pecados em seu "processo" [56,1]. Isto é, perceber que nossos atos são manifestações de correntes mais profundas. Trata-se de compreender a dinâmica do mal e a força de seu arraste. Para isso tem-se que aprender a distinguir a pessoa de seus pecados: os pecados são precisamente o que nos impede de ser pessoa, fazendo-nos "perder o rumo".

Segundo ponto: "Ponderar os pecados, olhando a fealdade e malícia que cada pecado mortal contém em si, mesmo que se não fosse proibido" [57]. Para essa ponderação é necessário distanciar-se de si mesmo e descobrir que não se é seu próprio pecado. O pecado é precisamente o que não somos, o que nos impede de ser o que somos, "imagem de Deus", chamados à semelhança. No exercício anterior meditou-se "a gravidade e malícia do pecado contra seu Criador e Senhor" [52,2], fomentando mais o temor da transgressão (sua "gravidade"). Por outro lado, aqui se trata de descobrir a "fealdade e malícia" intrínsecas do pecado, ainda que não houvesse um código que o proibisse. Portanto, tem que se voltar à petição inicial: "pedir crescida e intensa dor e lágrimas por meus pecados" [55,4], porque essa percepção e dor do que é o pecado é um dom de conhecimento que só pode ser outorgado pelo Espírito Santo.

O *terceiro ponto* acentua a escala de aniquilação que o pecado provoca em nós: "ver quem sou, diminuindo-me por meio de comparações" [58]. Para isso Inácio propõe cinco diminuições: 1) comparar-se com os demais seres humanos [58,1]; 2) comparar-se com os anjos e santos [58,2]; 3) comparar toda a criação com a imensidão de Deus [58,3]; e sozinho, sem tudo o que foi criado, comparar-se com Deus [58,3]; 4) constatar a "corrupção e fealdade" do próprio corpo [58,4]; e 5) constatar a totalidade de minha pessoa "como uma chaga e um tumor, de onde saíram tantos pecados e maldades e tão medonho veneno" [58,5].

A força desse exercício está em desvelar a mentira do pecado: sua soberba, sua autossuficiência, é uma miragem que leva à solidão e deformidade extremas [58,4-5]. No ponto máximo do não-ser, como na parábola do filho pródigo[13], a criatura apartada de seu Criador contempla o abismo que a separa Daquele que lhe dá seu ser: "considerar quem é Deus contra quem pequei, segundo seus atributos, comparando-os com seus contrários em mim mesmo" [*Quarto ponto*, 59]. Assim, o exercitante descobre o processo de sua autodestruição: quando, em vez de se abrir à comunhão, fecha-se em si mesmo, vítima de sua pulsão de apropriação.

No quarto ponto da *Contemplação para alcançar amor* se considerará todo o contrário: como tudo o que existe participa dos atributos de Deus [237]. Essa contemplação será feita sob o sinal da oferta, ou seja, da desapropriação como passo único até a comunhão, quer dizer, até a união, enquanto aqui, na Primeira Semana ou *via purgativa*, estamos sob o sinal da separação, cuja causa deve ser desvelada em sua raiz.

Tudo isso conduz ao *último ponto*, que explode em gratidão ante a tudo o que existe:

> Exclamação admirativa com intenso afeto, repassando por todas as criaturas, como me deixaram com vida e nela me conservaram; os anjos, embora sendo espada da justiça divina, como me suportaram, protegeram e oraram por mim. Os santos como intercederam e oraram por mim. E os céus, o sol, a lua, as estrelas e os elementos, frutos, aves, peixes e animais. Também a terra que não se abriu para me engolir, criando novos infernos para que eu sempre penasse neles [60].

Quer dizer, no extremo da solidão se percebe o máximo da comunhão. A misericórdia de Deus se experimenta como uma re-criação.

---

13. Cf. Lc 15,11-32.

A resposta de Deus ao nosso extravio do pecado é o seu *per-don*, isto é, dom em abundância, dom supremo[14]. Além das possíveis origens literárias desse texto[15], sua força está em todo o movimento que o antecede e nessa abertura final para a salvação. Um final semelhante terá a meditação do inferno [71].

1.3. *Terceiro e quarto exercícios [62-64] ou a interiorização do conhecimento*

O *terceiro exercício* da Primeira Semana [62-63] é uma repetição das duas meditações que analisamos, "notando e fazendo pausa nos pontos em que sente maior consolação, desolação ou sentimento espiritual" [62]. E o *quarto exercício* é um aprofundamento dessa repetição, de modo que "o entendimento, sem divagar, discorra assiduamente através da reminiscência das coisas contempladas nos exercícios anteriores" [64]. Trata-se, pois, de ir destilando a experiência, de aprender a deter-se e adentrar-se mais e mais na experiência-porta pela qual Deus se manifestou[16].

Esses dois exercícios terminam com um *triplo colóquio* [63] onde é destilada a substância do que se pretende nesse primeiro estágio de transformação ou Primeira Semana. Os colóquios são ascendentes: primeiro a

---

14. *Per*, em latim, como sufixo, é partícula superlativa. Cf. ERNOUT, A.; MEILLET, A. *Dictionnaire étymologique de la langue latine*. Paris: Librairie C. Klincksieck, 1959. François VARILLON o desenvolve *in: Vivre le Christianisme*. Paris: Centurion, 1992, 113-118.
15. No *Compendio* lemos: "Oh supremo Senhor, minha alma vos adora, eleva e oferece tantos louvores e glórias. Tanto quantas areias têm no mar e fora dele, tantos são os pensamentos que os anjos e os homens têm pensado pelas misericórdias que haveis me ofertado!" (*Cb*, 47). Na *Flos Sanctorum* de Jacobo de VARAZZE pode-se ler: "Naquele dia não teremos que responder onde o céu e a terra, a água, o sol, a lua, os dias, as noites e todo o mundo estarão diante de Deus contra nós" (f. 3v.). E na *Imitação de Cristo* encontramos algo semelhante: "Depois de ter ofendido a vós tantas vezes e tão fortemente, com razão mereço que todas as criaturas se armem contra mim" (III, 41, 6). A diferença desses textos em relação aos do *EE* é que nesses, os elementos, em vez de estarem contra, estão a favor.
16. Aqui está o pano de fundo da *Lectio divina* da Tradição monástica.

Maria, depois ao Filho e finalmente ao Pai. E aos três se pedem três coisas: graça para "sentir conhecimento interno dos meus pecados e aborrecimento deles" [63,2]; graça para "sentir a desordem de minhas operações, para que me aborrecendo, emende-me e ordene-me" [63,3]; e, em terceiro, "conhecimento do mundo, para que, aborrecendo-me, afaste de mim as coisas vãs e mundanas" [63,4].

Este "sentir conhecimento interno de meus pecados" constitui a essência da *via e vida purificativas*, nas quais conhecimento e sentimento ("sentir conhecimento interno") estão indissoluvelmente ligados. O notável dessas petições é que se estendem às causas profundas do pecado, desde o interior até o exterior: primeiro se pede o "conhecimento interno" dos pecados pontuais. Depois a "desordem das operações"; e finalmente "conhecimento do mundo", adiantando-se ao que em nossos dias chamamos de "o pecado estrutural". Não encontramos nenhumas dessas três coisas nas fontes.

A tripla petição do colóquio inaciano se adentra em uma compreensão antropológica da destrutividade do pecado, em que a introspecção pessoal caminha lado a lado com a lucidez da análise do mundo. E tudo isso unificando conhecimento e afetos, provocando um *aborrecimento* integral, isto é, uma rejeição espontânea e visceral do pecado, repetimos, tanto na ordem cognitiva como afetiva.

O arremate final desse aborrecimento do pecado está em fazê-lo passar pela sensibilidade, propondo uma *aplicação de sentidos* em "negativo": a meditação do inferno [65-71].

1.4. A meditação do inferno [65-71] ou o desassossego insaciável dos sentidos

Santo Inácio propõe neste quinto exercício da Primeira Semana o mesmo tipo de oração imaginativa-contemplativa que, como já foi dito, encontramos ao final de cada dia pelo resto das Semanas: a aplicação de sentidos[17].

---

17. Já encontramos a aplicação dos sentidos sobre os horrores do inferno entre os exercícios da *via purgativa* do *Ejercitatorio* e no *Compendio*. No *Ejercitatorio*

Como se trata de implicar a pessoa toda na rejeição do mal, os *Exercícios* ativam a sensibilidade e a imaginação para que o "aborrecimento" do pecado não seja só mental e afetivo, mas também sensitivo. O exercício não consiste meramente em considerar esse tormento, mas em "provocá-lo", imaginando-o. Insistimos que não se trata de imaginar o sofrimento dos sentidos como um castigo a uma transgressão de normas exteriores, mas de experimentar o "inferno" de alguns sentidos que, devorando, querendo saciar-se a todo custo, não fizeram mais que se esvaziarem a si mesmos, extrovertendo-se sem jamais se acalmarem.

Como diz Torres Queiruga, o inferno "não é um castigo, mas uma tragédia para Deus"[18]. A insaciabilidade do desejo é o tormento do inferno, o autocentramento da própria voracidade que se isola de tudo o mais e que cria todo tipo de destruição em seu entorno, por essa inquietude irrefreável de querer sempre mais. Tais são "os grandes fogos e as almas como em corpos ígneos" que se veem [66], os "prantos, alaridos, blasfêmias" que se ouvem [67], "a fumaça, enxofre, latrina e podridão" que se cheiram [68]. "a amargura, tristeza e remorso de consciência" que se provam [69], e "os fogos que tocam e abrasam as almas" [70]. Tais são as consequências da "fealdade e malícia" que cada pecado contém em si [57], cujo resultado pode ser constatado neste mundo em que habitamos.

---

lemos: "Ali (no inferno) será a dor dos sentidos. Na visão, pela razão das coisas espantosas que serão vistas, vendo os gestos dos demônios. Na audição, pelos gemidos lamuriantes e clamores que ouvirá", cap. 14, p. 166, l. 26-28. As fontes utilizadas para esta meditação são: ZUPTHEN, Gerardo de. *De reformatione virium animae*, cap. 22, *Generalis modus ad formandum meditationes de poenis inferni;* e *Facicularius*, cap. 3. O autor do *Compendio* desenvolveu o tormento de cada um dos sentidos, fazendo-os mais próximos ao que encontramos nos textos inacianos: "Ali, os olhos desonestos e carnais serão atormentados por demônios e por aqueles que aqui amaram mal. Os ouvidos, com a confusão das vozes e gemidos que ali soarão. Os narizes com o fedor intolerável daquele sujo e miserável lugar. O gosto será atormentado com uma raivosa fome e sede. O tato e todos os membros do corpo, com o frio e fogo insuportáveis. A fim de que cada sentido padeça seu próprio tormento e seu próprio merecimento" (*Cb*, 69).

18. *Qué queremos decir cuando décimos "Inferno"?* Santander: Sal Terrae, Col. *Alcance* 48, 1995, 30-37.

A oração preparatória para essa meditação é: "pedir sentimento interno da pena que padecem os condenados, para que, se do amor do Senhor eterno, por minhas faltas, eu me esquecer, pelo menos o temor das penas me ajude a não vir a cair em pecado" [65,4-5]. Vê-se como Santo Inácio considera que o amor a Deus é ainda imperfeito. Perceber as penas do inferno é um dom que se há que pedir, para que se mostre o abismo que certos comportamentos e afetos contêm em si mesmos, nem sempre perceptíveis à primeira vista. A desordem das afeições [1,3] é captada aqui através da desordem dos sentidos. Essa experiência servirá de estímulo para não pecar – ou seja, para não "errar", para não voltar a "perder a noção", segundo seu sentido etimológico – no futuro, uma vez desvelada a autodestruição que tal comportamento contém em germe.

Por outro lado, a dor que se pede para esse exercício não está unicamente autocentrada, pois que se começa pedindo poder sentir "a pena que padecem os condenados" [65,4]. Sentida a pena deles, passa-se a sentir a própria. Há uma solidariedade com todos os homens. O pecado e a dor alheios são sentidos como próprios.

A meditação termina com um colóquio de agradecimento a Cristo "porque não me deixou cair [...] pondo fim à minha vida. Assim mesmo, como até agora teve tanta piedade e misericórdia de mim" [71]. Trata-se da mesma "admiração exclamativa com crescido afeto" do exercício anterior [60], desta vez já não dirigido às criaturas, mas ao próprio Criador que vem para nos salvar desse inferno da voracidade. O agradecimento se transformará em seguimento.

A atração para o mal converteu-se em repulsa. Desse modo, o *aborrecimento* do pecado junto com o conhecimento e o afeto da *gratidão*, fruto também de um conhecimento que se quer resolver em resposta ativa, constituem o primeiro grau de transformação dos *Exercícios*, o fruto da Primeira Semana ou da *vida purgativa* [10,3].

A passagem da Primeira Semana à Segunda Semana se produz quando se dá esse aborrecimento-agradecimento, que se converte em desejo de seguimento. Assim, a Primeira Semana, sendo claramente purgativa, contém também uma dimensão cognitiva, ou seja, iluminativa: o exercitante tomou consciência – "sentindo conhecimento interno" [63,2] – do terrível do pecado. Criado para a comunhão, descobre-se fechado na apropriação: "olhar-me como uma chaga e abcesso, donde saíram tantos pecados e tantas maldades e tão torpíssimo veneno" [58,5], "como desterrado entre animais nojentos" [47].

Esse *conhecimento interno* é graça e dom porque se converte em *dynamis* para rejeitar o pecado e aborrecê-lo. Quando houver dor e aborrecimento do pecado (próprio e do mundo), e agradecimento pelo perdão recebido, o exercitante estará preparado para passar à Segunda Semana ou *vida iluminativa* [10,2].

Durante a Primeira Semana, o exercitante encontra-se confrontado a múltiplas experiências que provocam nele estados de ânimo muito diversos. Já vimos que sucedeu o mesmo ao peregrino em Manresa: depois de um primeiro período tranquilo de "grande alegria espiritual"[19], "começou a ter grandes variações em sua alma"[20]. Após o desconcerto inicial, seu espírito observador lhe permitiu ir discernindo as causas dessas *moções*, e assim, durante vários anos, foi elaborando umas *regras de discernimento* para interpretá-las. Em torno dessas moções aprendeu a distinguir duas "presenças" que movem a pessoa e que não provêm "de minha mera liberdade e querer" [32,2]: o bom e o mau espírito. O exercitante é iniciado nas sutilezas da vida no Espírito, na qual se produzem certos movimentos internos que não se dão quando não há um trabalho de interiorização. Porque toda transformação provoca uma alteração.

A seguir, vamos apresentar as *Regras de discernimento para a Primeira Semana* [313-327], separando-as das de Segunda Semana [328-336], as quais apresentaremos em seu momento. O fio condutor que seguimos consiste em apresentar as etapas mistagógicas dos *Exercícios* a partir de sua lógica interna, que nos leva a percorrer os diversos elementos da iniciação em função delas, e não da ordem em que aparecem no texto impresso. O próprio Inácio diz que "aquele que dá os exercícios, conforme a necessidade que sentir naquele que os recebe, acerca das desolações e astúcias do inimigo, ou das consolações, poderá explicar-lhes as regras da primeira e segunda semanas, para se conhecerem os vários espíritos" [8], mas que em alguns casos "não lhe explique as regras

---

19. *Autobiografia*, 20.
20. Ibid., 21.

da Segunda Semana, porque quanto lhe aproveitarão as regras da Primeira Semana, tanto lhe prejudicarão as da Segunda, por serem de matéria mais sutil e mais elevada do que será capaz de entender" [9,3-4].

2. As regras de discernimento de espíritos para Primeira Semana [313-327] ou a iniciação no discernimento

Ao apresentar estas *regras*, Santo Inácio relaciona a Primeira Semana com a *vida purgativa* e a Segunda Semana com a *vida iluminativa*: "comumente o inimigo da natureza humana tenta mais sob a aparência de bem quando a pessoa se exercita na *vida iluminativa*, que corresponde aos exercícios da Segunda Semana, e não tanto na *vida purgativa*, que corresponde aos exercícios da Primeira Semana" [10,2-3].

Antes de falar dessas regras, convém esclarecer o que Santo Inácio entende por "espíritos".

2.1. *Noção inaciana dos "espíritos"*

No pórtico do Exame Geral [32-43] encontramos a seguinte nota de esclarecimento:

> Pressuponho que há em mim três pensamentos, a saber, um meu próprio, o qual vem de minha mera liberdade e querer, e outros dois que vêm de fora: um que vem do bom espírito e outro do mau [32,2-3].

Essa tripla distinção é chave para entender as regras de discernimento e a concepção de Inácio sobre a vida espiritual. O discernimento de espíritos provém de sua própria experiência em Loyola e Manresa[21], se bem que se trata de uma tradição que remonta aos Padres do

---

21. Diz em sua *Autobiografia* que "especialmente as eleições as tirou dessa variedade de espírito e pensamentos que tinha quando estava em Loyola" (99).

Deserto. Em algum momento pode ter lido algo deles ainda que seja pouco provável[22].

O termo *espírito* ou *espíritos* aparece trinta e uma vezes ao longo dos *Exercícios*, com diferentes significados: fora das três ocasiões já mencionadas em que aparece como termo antropológico[23], oito delas se referem ao Espírito Santo[24], e vinte vezes aos seres angélicos, que podem ser "bons" ou "maus"[25].

Não podemos entrar aqui na difícil questão da personificação desses "espíritos" que, segundo Inácio, vêm "de fora" [32,3]. A sensibilidade

---

22. As fontes deste texto podem vir de: ORÍGENES. *De Principiis*, III, 2, 4 ou de CASIANO. *Conferencias*, I, 19. Cf. ARZUBIALDE, op. cit., 108. Na *Vita Christi*, Ludolfo de SAJONIA, fala em algum momento das diferentes atuações do anjo bom e do anjo mau. Cf. I, 4, 3 e II, 71, 3. Também menciona que o diabo se apresenta como *anjo de luz*. Cf. I, 22, 7 e 9. As fontes cisnerianas são muito concisas a respeito (Cf. *Cb*, 60). Desconhecem-se as obras espirituais que Santo Inácio pôde ler em Alcalá, Salamanca, Paris ou Veneza. Na *Autobiografia* somente menciona algumas de caráter filosófico: "estudou os termos de Soto (as *Sumulas* ou lógica de Domingo de Soto) e física de Alberto (os *Physicorum libri VIII* de Alberto Magno), e o Mestre das Sentenças (os *Sententiarum libri IV*, de Pedro Lombardo)", *Autobiografia*, 57. Contudo, suas relações com os irmãos Eguía, um dos quais era tipógrafo, deu margem a pensar que Inácio teve contato com importantes obras clássicas de espiritualidade. Por outro lado, o mesmo Inácio explica que quando se foi de Salamanca (1527) "partiu levando alguns livros em um asno", ibid., 72.
23. Cf. p. 119-120 (no original, p. 96 [N. das T.]).
24. Seis delas aparecem como citações evangélicas: "cheia do *Espírito Santo*, Isabel exclamou" [263,4] (cf. Lc 1,41-42); no batismo de Jesus: "Veio o *Espírito Santo* e a voz do Pai desceu desde o céu" [273,4] (cf. Mt 3,16-17; Mc 1,10; Lc 3,22); na aparição aos apóstolos sem Tomás estivesse, "dá-lhes o *Espírito Santo* dizendo-lhes: Recebei o *Espírito Santo*" [304] (cf. Jo 20,22); no envio final dos apóstolos: "Ide e ensinai a todas as gentes, batizando-as em nome do Pai, do Filho e do *Espírito Santo*" [307,4] (cf. Mt 28,19-20); e no mistério da Ascenção, "mandou-lhes que esperassem em Jerusalém o *Espírito Santo* prometido" [312,2] (cf. At 1,4-8; Lc 24,49). As outras ocorrências estão na décima terceira regra para sentir com a Igreja [365].
25. Em nove ocasiões os "espíritos" são mencionados indistintamente [4,6; 6,1; 8,2; 9,3; 17,2; 176; 177,3; 335,3]. Cinco vezes especifica o *bom espírito* [32,3; 314,3; 315,3; 318,2; 336,4]. Seis vezes aparece especificando o *mau espírito* [32,3; 315,1-2; 318,2; 333,3-4; 335,2; 336,4].

contemporânea mais se inclinaria a crer que vêm de "dentro", ou seja, das camadas ocultas do subconsciente, tanto de suas zonas escuras – tal seria do "mau espírito" – como de suas zonas luminosas – tal seria do "bom espírito". O certo é que ambos, tanto o "bom" como o "mau espírito", atuam em nós através do subconsciente, mais além de nossa "mera liberdade e querer" [32,2][26].

O que nos interessa aqui, para a apresentação da mistagogia inaciana, não é tanto elucidar a natureza última de tais "espíritos", mas sim aprofundar o fato de que Santo Inácio os identificou como uns movimentos (*moções*) nos quais a pessoa não é sujeito agente, mas sim paciente, e que essas moções estão intrinsecamente vinculadas à experiência espiritual, ou seja, à transformação interior que provoca a busca de Deus. Moções provocadas por dois polos opostos: o polo que atrai e conduz à comunhão (o *bom espírito*) e o polo que retrai e que conduz à separação (o *mau espírito*). Polos que, misturados com nosso psiquismo, requerem muita atenção e experiência para distinguir sua origem e seu fim.

O temperamento prático e nada especulativo de Inácio fará com que não se detenha em especular sobre a natureza última de tais "espíritos", porém que dê elementos para detectar seus efeitos: se aproximam ou afastam de Deus, se iluminam ou obscurecem a única coisa que lhe interessa: discernir a vontade de Deus[27]. Em outras palavras, enquanto os *Exercícios* são uma mistagogia e não um tratado de teologia espiritual, seu propósito é oferecer critérios concretos (*regras*) para orientar-se pelos caminhos interiores da vida no Espírito, e não para dar definições teológicas, que sempre são discutíveis e incompletas.

2.2. Apresentação das regras

A distinção entre *Regras da Primeira Semana* (tentações manifestas) e *Regras de Segunda Semana* (tentações encobertas) foi atribuída a uma

---

26. Cf. FONT, Jordi. *Discernimiento de espíritus. Ensayo de interpretación psicológica*. In: *Manresa* 59 (1987), 127-147.
27. Ver também a *17ª anotação* [17].

influência de São Bernardo[28]. Porém, se Santo Inácio incorporou a distinção entre as regras da *Primeira Semana* (vida purgativa) e *Segunda Semana* (vida iluminativa) foi porque ele mesmo experimentou a diferença, tanto em sua pessoa como naquelas a quem dava os *Exercícios*. Ele diz assim:

> Aquele que dá os exercícios, conforme a necessidade que sentir naquele que os recebe, acerca das desolações e astúcias do inimigo, ou das consolações, poderá explicar-lhe as regras da Primeira e Segunda Semana, que são para se conhecerem vários espíritos [8].

"Segundo a necessidade que sentir [...] poderá explicar-lhe", diz o texto, ou seja, o conhecimento das regras de nada serve se não há experiência, mas a experiência necessita do conhecimento para interpretar o que se vive. Um conhecimento recebido e transmitido de iniciação em iniciação, através da paternidade espiritual. Assim, aquele que se adentra nessa mistagogia não se sente desamparado. Porque o que se exercita na Primeira Semana, "se é pessoa pouco experiente nas coisas espirituais [...], é tentado grosseira e abertamente" [9]. Essas tentações são próprias da "vida purgativa" [10,3].

As duas primeiras *regras de discernimento* [314-315] explicam que o bom e o mau espírito atuam em função do estado inicial em que se encontra o exercitante. E atuam inversamente: se a pessoa está presa pelo pecado (*primeira regra*), o mau espírito a seduz reforçando sua inclinação desordenada. De forma contrária, o bom espírito atua interrompendo essa inclinação, e, para tanto, "pungindo-lhe e remordendo-lhe a consciência pela *sindéresis*[29] da razão" [314,3]. Por outro lado, se a pessoa vai

---

28. Cf. BAKKER, Leo. *Libertad y experiencia*. Bilbao-Maliaño: Mensajero-Sal Terrae, Col. *Manresa* 13, 1995, 127-133.
29. Termo escolástico (SANTO TOMÁS, *Summa Theologica*, I, 79, 12) que denota a capacidade natural para julgar retamente. É a única vez que aparece nos *EE*. Na mística renana, a *sindéresis* está associada com a parte superior da alma, onde está impressa a imagem de Deus. Cf. ORCIBAL, Jean. *San Juan*

"subindo de bem a melhor" [*segunda regra*, 315,1], o próprio do mau espírito é colocar impedimentos, enquanto o bom espírito atua dando forças e animando [315,3][30].

O importante é perceber e identificar as duas polaridades básicas (*moções*) que o exercitante está experimentando. Duas polaridades anímicas fundamentais que são nomeadas e definidas nas duas regras seguintes: *a consolação* [316] e *a desolação* [317]. O próprio da Primeira Semana é a intensidade e a claridade com que se produzem essas moções. São *moções* porque re-movem e colocam em movimento. A tal ponto são importantes que, se não ocorrem, deve-se pensar que os exercícios estão sendo mal feitos [6][31].

Os três itens que definem a consolação inaciana [316] correspondem-se em ordem inversa aos três estados estruturais do crescimento de uma criança, segundo descreve a psicologia contemporânea[32]: 1) a intensa experiência de prazer; 2) o duelo pela perda e pela experiência de dar-se; 3) e a experiência de repouso e quietude, uma vez satisfeitas as necessidades vitais. Esses três estados vão do menos primitivo ao mais primitivo, porém não de um modo regressivo, mas sim reestruturante:

1. Chamo consolação quando na alma se causa alguma moção interior, com a qual vem à alma a inflamar-se em amor de seu Criador e Senhor, e, consequentemente, quando nenhuma coisa criada

---

de la Cruz y los místicos renano-flamencos. Madrid: Fundación Universitaria Española e Universidade Pontifícia de Salamanca, 1987, 35.

30. Estas duas regras se encontram resumidas na *7ª regra da Segunda Semana* [335].
31. Pela perspectiva psicológica profunda ou do subconsciente, o movimento básico *da desolação e consolação* se explica a partir do dinamismo "que se coloca em jogo perante a realidade mental de uma perda e sua restauração, de carência e plenitude, em última instancia de morte e vida", JORDI FONT, *Discernimiento de espíritus. Ensayo de interpretación psicológica*, em: *Manresa* 59 (1987), 130.
32. Cf. DEMOUSTIER, Adrien. *Le dynamisme consolateur et les Règles du Discernement des Esprits dans la Deuxième Semaine des Exercices Spirituels d'Ignace de Loyola*. Saint Didier au Mont d'Or: Secrétariat Ignatien L'Arbalétière, 1984 (*pro manuscripto*), 26-31.

na face da terra pode amar em si mesma, mas no Criador de todas elas [316,1-2].

Ou seja, Inácio faz referência à experiência de intenso prazer que produz a irrupção de amor, pelo qual se acessa ao outro.

2. Assim mesmo, quando derrama lágrimas motivadas pelo amor do seu Senhor, ou pela dor de seus pecados, ou da paixão de Cristo nosso Senhor, ou por outras coisas diretamente ordenadas a seu serviço e louvor [316,3].

Aqui menciona-se a libertação – por meio das lágrimas – de três classes de sofrimento: a) lágrimas consoladoras de compulsão, por sentir-se libertado da obsessão de ser o proprietário de si mesmo, encerrado na busca compulsiva da autossatisfação; é a alegria de sentir-se salvo, acolhido de fora de si mesmo. b) a libertação do sofrimento que produz toda perda (a Paixão e morte de Cristo); c) e a libertação do sofrimento que produz o fato de dar-se ("em serviço e louvor").

3. Finalmente, chamo consolação todo aumento de esperança, fé e caridade e toda alegria interna que chama e atrai para as coisas celestiais e para a salvação de sua alma, aquietando-a e pacificando-a em seu Criador e Senhor [316,4].

Por último, fala-se da experiência primitiva de viver em repouso e quietude uma vez alimentado, percebendo que essa "alimentação" não depende de si mesmo.

A consolação restabelece essas etapas do psiquismo humano não de forma regressiva – autocentrando a pessoa –, mas descentrando-a, abrindo-a e configurando-a à experiência de filiação de Cristo Jesus. Isto é, a experiência de consolação "permite ao exercitante reviver de outro modo as etapas de sua história afetiva e descobrir as falhas e ausências"[33]. Quer dizer, permite-lhe refazer sua afetividade adulta na qual o desejo

---

33. Ibid., 27.

aprende a reconhecer que seu objeto é a Alteridade de Deus, que se ausenta sempre quando se lhe quer possuir, para reaparecer de um modo novo e recriador.

Pelo contrário, os traços da *desolação* são os seguintes:

> Chamo desolação todo o contrário da *terceira regra*; assim como a obscuridade[34] da alma, perturbação nela, moção para as coisas baixas e terrenas, inquietude de várias agitações e tentações, movendo à desconfiança, sem esperança, sem amor, achando-se toda preguiçosa, tíbia, triste e como que separada de seu Criador e Senhor. Pois assim como a consolação é contrária à desolação, da mesma maneira os pensamentos que saem da consolação são contrários aos pensamentos que saem da desolação [*quarta regra*, 317].

O exercitante experimenta essa variedade de estados de ânimo com alternâncias quase violentas[35]. Assim, aquele que entra nos *Exercícios* é iniciado no combate espiritual, por conhecimento e por experiência: por *conhecimento*, enquanto as meditações o fazem tomar aguda consciência da destrutividade do pecado, de sua capacidade de afastá-lo de Deus. Por *experiência*, enquanto a alternância de consolações e desolações lhe mostra a grande diferença entre viver inflamado de amor por Deus [316,1] e viver na "escuridão da alma" [317,2], "como que separada de seu Criador e Senhor" [317,3].

O próprio da Primeira Semana (*vida purgativa*) é que o inimigo tenta mais abertamente. E isso porque a afetividade está mais à flor da

---

34. Sobre o texto autógrafo Santo Inácio trocou "cegueira" por "obscuridade".
35. Assim sucedeu ao próprio Inácio durante os primeiros meses de sua vida "eremítica" em Manresa. Cf. *Autobiografia*, 21: "começou a sofrer grandes variedades em sua alma, achava-se umas vezes tão ríspido que não sentia gosto em rezar, nem em ouvir a missa, nem em alguma outra oração. Outras vezes, sucedia-lhe tudo ao contrário e tão subitamente, que parecia que lhe tiravam a tristeza e desolação como quem tira a capa dos ombros de um homem. Então começou a espantar-se destas variações que nunca experimentara antes, e dizia consigo: Que vida nova é esta que agora começamos?".

pele e o exercitante está caindo na conta de muitas de suas desordens. O subconsciente libera então todos os seus fantasmas e temores, que o mau espírito atiça e aumenta.

Depois das quatro primeiras regras introdutórias, as dez regras que se seguem podem ser distribuídas em três grupos:

1. As que estão consagradas a não ceder ao desânimo e nem à tentação: 5ª, 6ª, 7ª e 8ª [318-321].
2. As que advertem do perigo contrário: a autocomplacência da consolação: 9ª, 10ª e 11ª [322-324].
3. As que explicam a estratégia sutil do mau espírito: 12ª, 13ª e 14ª regras [325-327].

Essas regras só são evidentes se forem ensinadas por alguém que tem conhecimento delas por tê-las experimentado. A purificação virá pela constância e padecimento dessa experiência; o conhecimento, pela consciência reflexa de tal experiência. Por isso a importância do acompanhamento. Contudo, esse acompanhamento não exime o exercitante de que observe bem o que acontece nele, tanto durante as horas de oração como durante os outros momentos do dia. A importância dessa observação e atenção se faz patente no exame que se deve fazer ao término de cada oração [77], assim como nos Exames particular [24-31] e geral [32-43] de consciência que apresentaremos adiante.

Porque o primeiro estágio de transformação correspondente à *Primeira Semana* não se alcança unicamente através das cinco meditações mencionadas, mas também graças a outras "operações espirituais" [1,2] que formam parte da mistagogia da Primeira Semana: o exame particular [24-31] e geral [32-41], a penitência [82-89] e a confissão geral [44].

3. Outras "operações espirituais" [1,2] de Primeira Semana

Cada uma destas "operações espirituais" – que é outro modo de falar de *exercícios* – dispõe de uma maneira específica o exercitante para seu encontro com Deus: os exames de consciência, através da *guarda do coração*, isto é, da atenção aos pensamentos, palavras e ações; a penitência, através do domínio das pulsões corporais e afetivas; a confissão geral, através da memória e da palavra. Tudo isso constitui a substância da *vida purgativa*, na qual há de se abrirem muitos poros que estavam obstruídos pelo fechamento sobre si mesmo, ou seja, pelo pecado. Aberturas que não se produzem sem dor, daí o termo "purgativa".

3.1. O exame de consciência ou a guarda do coração [24-31; 32-43]

Inácio chama de *exame de consciência* (particular [24-31] e geral [32-43]) a esta guarda do coração. *Exame* significa originalmente "fiel da balança" e "ação de pesar"[36]. Quer dizer, *examinar a consciência* significa ponderar e observar o que pesa no coração, aquilo que o inclina em uma direção ou noutra. Há que evitar que se converta num exercício moralizante, isto é, unicamente referido à avaliação de atos ou comportamentos "bem" ou "mal" realizados. Por isso que falamos de *exame de consciência*, e não de *juízo*, ou seja, trata-se de se fazer *consciente* do que se vive no profundo de si mesmo e não de uma contabilidade culpabilizante ou gratificante do consciente[37]. O fato de Inácio colocar esses exames no pórtico da Primeira Semana mostra quão fundamentais são a observação e a atenção em sua mistagogia: o adentramento no Mistério requer a máxima guarda e ponderação do coração. E isso desde o começo[38].

Para Inácio, o exame de consciência não é somente *efeito*, mas também *causa* de iluminação: *causa*, à medida que a atenção contínua ao próprio comportamento vai aguçando o olhar e a percepção; *efeito*, à medida que não é possível perceber-se a si mesmo se não chega um

---

36. Cf. COROMINAS, Joan. *Breve Diccionario Etimológico de la Lengua Castellana*.
37. Em inglês, a distinção dos termos é mais clara: uma coisa é "conscience" e outra é "consciousness", o que remete a uma capacidade de atenção e de percepção muito mais rica que a primeira. Cf. ASCHENBRENNER, George. *Consciousness Examen*. In: *Review for Religious* 31 (1972), 14-21.
38. Ao invés, nas fontes cisnerianas, *o exame de consciência* é proposto somente a partir dos exercícios da via iluminativa. Cf. *Ejercitatorio*, cap. 21; *Cb*, 133-137.

feixe de luz de outro modo de ser que não seja o próprio ou o habitual. Inácio distingue dois tipos de *exames*: o *particular*, que se concentra na observação de algum defeito concreto para corrigi-lo; e o *geral*, que considera todas as dimensões da pessoa.

a. O Exame Particular [24-31]

Pela manhã, ao levantar-se, há que determinar o pecado particular ou defeito que se quer corrigir [24,2]. Depois de comer, pedir graça a Deus para recordar-se de quantas vezes caiu naquele pecado ou defeito e realizar um primeiro exame [25]; depois de jantar, fazer um segundo exame [26]. Para isso propõe um sistema de anotação que ele mesmo criou[39], e que bem poderia ter sua origem em sua formação como contador e calígrafo a serviço de Velázquez de Cuéllar[40].

---

39. Cf. *Autobiografia*, 99: "Ele me disse que não fez os *Exercícios* todos de uma vez só, mas algumas coisas que ele observava em sua alma e as achava úteis, e que também lhe pareciam úteis aos outros, as colocava por escrito, *verbi gratia*, do examinar da consciência por aquele modo das linhas".
40. Cf. MEDINA, Francisco de Borja de. *Iñigo López de Loyola em Sevilla*. In: *AHSI* 125 (1994), 5-20. Não encontramos o Exame Particular nem *no Ejercitatorio* nem no *Compendio*. Em vez disso, encontramo-lo na *Imitação de Cristo*, livro que Inácio teve por primeira vez em suas mãos em Manresa (cf. *Memorial de* CÂMARA, Gonzales de, 97). Nele pôde encontrar pensamentos como estes: "Raramente vencemos um vício totalmente e não nos animamos a dar um passo adiante. Deste modo, permanecemos frios e tíbios" (I, 11,7); "Se extirpássemos um vício por ano, logo alcançaríamos a perfeição" (I, 11,15); "Resiste desde o começo tua inclinação e abandona teu mau costume, porque se assim não o fizer, cada vez te custará mais vencê-los" (I, 11,21); "Cada dia temos que renovar nosso propósito e exercitarmo-nos no fervor, como se nossa conversão começasse hoje mesmo" (I, 19,3); "Segundo a firmeza de nosso propósito será nosso desenvolvimento, e se necessita muita diligencia para avançar" (I, 19,5); "Nós temos que fazer um proposito determinado, sobretudo contra aquilo que mais nos impede de avançar" (I, 19,13); "Temos que examinar e ordenar tanto nosso interior como nosso exterior, porque as duas coisas contribuem para nossa perfeição" (I, 19,14).

b. Exame Geral de consciência para melhor purificar-se e para melhor se confessar [32-43]

Note-se o caráter "purificativo" do título: "para melhor purificar-se". Apresenta-se distribuído em três capítulos ou assuntos: exame do pensamento [33-37], da palavra [38-41] e da obra [42]. A distinção entre pensamentos, palavras e obras está presente em toda a Tradição precedente, a partir de Santo Agostinho[41]. O interesse de Inácio é colocado de um modo geral na maneira como combater o pecado desde sua raiz e em clarificar a gravidade que podem ter suas diferentes manifestações.

A distinção que faz entre pecado mortal e venial [35-37; 39-41] causou problemas ao peregrino em Salamanca. Um dos pontos que mais inquietaram aos inquisidores foi como distinguia "quando um pensamento é pecado venial e quando é mortal. E o ponto era, porque sem ser ele letrado determinou aquilo"[42]. Este não era um aspecto secundário para Inácio, dada sua crise de escrúpulos em Manresa que tanto o fez sofrer. Por outro lado, era uma questão que estava no ambiente da época[43].

1. Exame do pensamento [33-37]

O que no *Exame de Consciência* se exercita não é tanto o discernimento da vontade de Deus, mas sim a análise da consciência, ou seja, em que medida "minha liberdade e querer" acolhem ou repudiam as solicitações que vêm "de fora" [32]. Essa vigilância (*nepsis*, em grego) é

---

41. Santo Inácio pode ter se inspirado no *Ejercitatorio-Compendio*: "Saindo das completas não te convém andar muito fora da cela [...]. Tenha um capítulo contigo e examina tuas obras, tuas palavras e pensamentos, e primeiramente da negligência e depois da concupiscência, finalmente da malícia, às quais partículas todos os pecados podem ser reduzidos" (*Cb*, 133). Cf. *Ejer*, cap. 21, p. 192-194, l. 5-22.
42. *Autobiografia*, 68.
43. No *Manual para la eterna salvación* (editado em 1539 em Zaragoza por Jorge Coci), faz alusão a "esta santa casa de nossa Senhora de Montserrat" (h. q1v-q2), encontramos um *Directorio* para se confessar, no qual pode se ler o seguinte: "Eu não queria aqui determinar qual pecado é mortal ou venial [...] para não alongar o trabalho principalmente que pertence ao juiz que é o confessor" (f. Iv.).

uma das atitudes básicas do Evangelho para dispor-se à Segunda Vinda do Senhor, a *Parusia*[44]. Na tradição dos Padres do Deserto, a guarda do coração por meio da atenção aos pensamentos (*logismoi*[45]) tem uma grande importância, dado que é o âmbito principal de distração e de combate em uma vida dedicada à oração[46].

Inácio começa por eles porque os pensamentos pertencem ao âmbito mais íntimo de nossa interioridade, fonte de nossas palavras e nossos atos. Estes brotam para fora a partir do que cultivamos em nosso interior. "Porque a boca fala daquilo de que está cheio o coração", diz Jesus[47]. A questão está em resistir ao pensamento que impulsiona a cometer um pecado mortal, sem entreter-se em alimentá-lo. Se não há consentimento, porém demora em expulsá-lo, comete-se um pecado venial [35]. Quando há o consentimento na intenção, ainda que não chegue a colocar-se em ato, já se comete pecado mortal [36].

Tudo isso não deveria ser compreendido desde uma perspectiva moralizante, mas sim mística, ou em nosso caso, mistagógica. O que se pretende com o exame de consciência é a máxima abertura à ação do Espírito, o máximo de transparência[48]. O pecado é o contrário da receptividade: é o reino da retenção e, portanto, da opacidade. Em uma carta a Francisco de Borja em 1545, Inácio escreverá: "Estou bem

---

44. Cf. Mt 25,1-13.
45. Termo técnico dos escritos ascéticos que designa a "forma" que uma influência demoníaca ("mau espírito") ou a ação benfeitora da graça ("bom espírito") toma corpo no campo do consciente. Não se trata unicamente de um pensamento (*noema*), senão que os *logismoi* têm um caráter obsessivo ou compulsivo que bloqueia a oração e impede o ato da contemplação.
46. EVAGRIO PÓNTICO (345-399) foi o primeiro a sistematizar e a tratar com grande agudez psicológica este mundo interior dos pensamentos. Cf. I. HAUSHERR, *Les leçons d'um contemplatif. Le Traité de l'Oraison d'Evagre Le Pontique*. Beauchesne: Paris, 1960.
47. Lc 6,45.
48. "O exame de consciência não se trata de uma mera revisão escrupulosa e detalhada de nossas ações, mas de uma constante verificação de nossa vida no quanto deve estar sempre em harmonia com o Espírito". ARRUPE, Pedro. *A la escucha del Espíritu* (31-7-75). In: *La identidad del jesuita en nuestros días*. Santander: Sal Terrae, 1981, 485.

persuadido de que quanto mais uma pessoa é versada e experimentada em humildade e caridade, mais ela sentirá e conhecerá as pequeninas cogitações e outras coisas tênues que a impedem e prejudicam"[49]. Quer dizer, trata-se de ir alcançando um estado de máxima receptividade à presença, ação e solicitação de Deus em todos os momentos e situações do dia.

2. *Exame das palavras [38-40]*

A palavra é uma das dimensões mais importantes dos *Exercícios*. Tanto a palavra recebida – por meio daquele que dá os *Exercícios*, que transmite, em última análise, a Palavra de Deus –, como a palavra dada: a palavra pela qual o exercitante se comunica com seu "mistagogo" e a palavra pronunciada ao final de cada exercício, no colóquio dirigido ao Senhor, Aquele que é, ao mesmo tempo, o Mistério e o Mistagogo, o Caminho e o Fim.

Os dois primeiros pontos [38-39] se detêm num aspecto que pode surpreender a nossa mentalidade atual, mas que, além da anedota, revela o fundo "sagrado" da palavra humana. Tratam da pertinência de jurar com a "verdade, necessidade e reverência" [38,2][50]. Inácio se estende na *reverência*, desvelando o olhar profundamente respeitoso que ele tinha sobre as coisas. O que diz é que "é mais difícil jurar devidamente com verdade, necessidade e reverência pela criatura do que pelo Criador" [39,2]. E isso porque, se bem que coloquemos atenção quando juramos por Deus, temos a tendência a jurar com leviandade quando o fazemos

---

49. *Carta de finales de 1545*. BAC, 702.
50. Inácio pôde ler o seguinte na *Vita Christi*: "Naquela lei concedeu (Deus) aos israelitas que jurassem pelo nome de Deus, não porque dava prazer a Deus que o fizessem, mas quis que o juramento fosse feito pelo seu nome para que não jurassem pelas criaturas e nem lhes fosse dada tal honra [...] para que não tenhamos coisa alguma criada em igualdade da honra divina" (I, 34, 8). "Requerem-se três coisas para que o juramento seja correto: a primeira é da parte da matéria [...] que seja verdadeira. [...] a segunda é a justiça da parte da causa pela qual se jura [...] [A] terceira é a discrição ou juízo da parte daquele que jura" (I, 34, 9). "Era tal a ordenação destes (maus fariseus) que o juramento feito pelas criaturas não obrigasse a quem o fez ao cumprimento dele, mas quando fosse feito pelo ouro ou pelas dádivas do templo e do altar" (II, 38, 3).

pelas criaturas. E aqui aparece um parágrafo que é um dos mais belos dos *Exercícios*:

> Por isso é mais admissível que os perfeitos jurem pelas criaturas do que os imperfeitos. Pois os perfeitos, graças à assídua contemplação e iluminação do entendimento, consideram, meditam e contemplam mais como Deus nosso Senhor está em cada criatura, segundo sua própria essência, presença e poder[51]. Sendo assim, quando juram pela criatura, estão mais aptos e dispostos a ter acatamento e reverência para com seu Criador e Senhor do que os imperfeitos [39,5-7].

Encontramos aqui uma brecha que nos introduz na experiência mística do próprio Inácio. Por um lado, menciona os "perfeitos". Na tradição espiritual, os "perfeitos" estão associados à *vida unitiva*. Tanto Dionísio, São Boaventura, como Hugo de Balma utilizam esses dois termos indistintamente, referindo-se ao estado espiritual de plenitude e de união com Deus. Quer dizer que Inácio, introduzindo o *exame de consciência* – que vai além do quadro dos *Exercícios*, porque continuará sendo praticado mesmo quando estes terminem –, supõe que os exercitantes poderão alcançar um dia o estado de perfeição ou união com Deus[52].

Por outro lado, esses "acatamento e reverência" remetem àquele "acatamento amoroso" que vimos no *Diário Espiritual*, com o qual se marcava o início de uma nova etapa na vida do peregrino[53]. Com esse "acatamento" Inácio, depois de haver querido exigir ou violentar a manifestação de Deus, acaba alcançando um grau novo de conformidade à Sua vontade. Um "acatamento" que um dia percebe com sendo estendido a todas as criaturas:

---

51. Esta tríade de *essência, presença e poder* pertence à teologia escolástica, particularmente presente em São Boaventura.
52. Nas *Constituições da Companhia*, o *exame de consciência* é considerado como um dos exercícios mais apreciados e próprios do jesuíta. Cf. *Const.*, 261, 342, 344.
53. A partir de 14 de março de 1544, trinta e três dias depois de ter começado o discernimento sobre as rendas. Cf. a partir de [156].

Depois, durante o dia, com grande alegria em me lembrar disto, pareceu-me que não pararia nisto, mas que sucederia o mesmo, depois, com as criaturas, a saber, humildade amorosa[54].

Se o pecado é a pulsão de apropriação, a humildade – e mais ainda a humildade amorosa – com respeito a Deus e a todas as demais criaturas marca o caminho da inocência original, a manifestação daquela "imagem e semelhança" de Deus, d'Ele, que é todo comunhão.

A reverência remete também ao *Princípio e Fundamento*: "O homem é criado para louvar, reverenciar e servir a Deus nosso Senhor e, mediante isto, salvar sua alma" [23,1]. A reverência é o respeito radical pela alteridade, a não devoração, a não apropriação na relação com Deus e com todo o criado. A alma se salva quando não engole, senão quando "é reverente" com os espaços alheios, quando entra em comunhão com eles pelo louvor e serviço, não pelo autocentramento e submissão. Assim, os perfeitos, que são os que "pela assídua contemplação e iluminação do entendimento consideram, meditam e contemplam mais ser Deus nosso Senhor em cada criatura, segundo sua própria essência, presença e potência" [39,6], são os mais capazes de *respeitar*.

A atenção à palavra se estende a outros âmbitos: "não dizer palavra ociosa, isto é, palavra que não traz proveito nem para mim nem para o outro, nem a tal intenção se ordena" [40][55]. O que está em jogo é o controle de toda a pessoa e a seriedade da palavra humana como portadora

---

54. *Diário Espiritual*, 179 (domingo, 30 de março de 1544).
55. Inácio pôde ler na *Vita Christi*: "Palavra ociosa é a palavra que carece de razão de justa necessidade ou de intenção de piedoso proveito" (I, 73, 8, citando a São Gregório). E: "palavras sem proveito são as que não aproveitam aos que a falam nem aos que as ouvem" (I, 73, 9). Mais ainda: "olhe assim mesmo como os três juntos (José, Maria e Jesus) comem à mesa todos os dias, não manjares delicados nem temperados com estudos, mas pobres e medidos, e de toda aspereza e penitência, e como depois conversam à mesa, não com palavras vãs e ociosas, mas cheias do Espírito Santo, com as quais não eram menos refletidos e consolados nas almas que com o comer nos corpos", I, 16, 5, f. 109, col. 2.

de autenticidade e construtora de vida[56]. No livro do Gênesis, a capacidade de nomear é o que distingue o ser humano do restante da criação[57]. E no prólogo de São João, Cristo se manifesta como a Palavra de Deus, "mediante a qual tudo se fez, e sem ela nada foi feito" (Jo 1,3). Cristo é a Palavra de Deus enquanto é o ponto de encontro entre o espiritual (Céu) e o corporal (Terra), tal como a palavra humana é o ponto de união entre a atividade mental-espiritual e a atividade corporal. Cuidar da palavra é cuidar do mais próprio do ser humano, pois é através dela que se expressa o nosso mistério.

Inácio também se detém em considerar a falta ou pecado que há em falar mal dos outros: "Não dizer coisa que difame ou desacredite" [41,1]. Uma vez mais, o que está em jogo é a "reverência", o "acatamento amoroso" a todos e a tudo. Pois existe uma profunda solidariedade que nos liga a todos os humanos entre si: "Se revelo um pecado mortal (de outro) que não seja público, peco mortalmente. Se venial, venialmente; e se aponto um defeito, mostro meu próprio defeito" [41,1]. Ou seja, falando sobre os outros para os outros, falo de mim mesmo. Crendo delatar, me delato. É que todos formamos parte da única natureza humana, unidade que se revela ao que tem o olhar transparente[58].

3. Exame das obras

O terceiro âmbito a *examinar* são as obras [42]. Aqui se propõe uma consideração de esferas que, como na meditação dos três pecados [45-54], vai da mais universal à mais particular: primeiro os dez mandamentos; depois os preceitos da Igreja e, por último, as recomendações dos próprios

---

56. Albert Camus ficou impactado por esta exigência de Inácio. Em fevereiro de 1951 anotava em seu Diário: "Ignacio de Loyola: a conversa é pecado se é desordenada", in: *Carnets*. Madrid: Alianza Editorial, 1985, vol. 2, 380.
57. "O Senhor Deus modelou então, do solo, todas as feras selvagens e todas as aves do céu e as conduziu ao homem para ver como ele as chamaria: cada qual devia levar o nome que o homem lhe desse. O homem deu nomes a todos os animais, às aves do céu e a todas as feras selvagens", Gn 2,19-20.
58. Daqui também a importância estabelecida por Inácio à palavra dos superiores. 10ª regra para sentir na Igreja [362]. A palavra é criadora de comunhão ou de divisão.

superiores [42,2]. Novamente aparece o marco eclesial do exercitante. Seu exame não está autocentrado, mas lhe é radicalmente dado.

Pensamentos, palavras e ações, as três esferas de todo ser humano: desde o mais interno (a sutileza dos pensamentos que emergem das profundidades do subconsciente) até o mais exterior (a concretização dos atos), passando pela palavra, o meio pelo qual exteriorizamos nosso mundo interior. Tudo colocado ante a luz de Deus, para tratar de nos unificar.

4. Modo de fazer o Exame Geral [43]

O modo concreto de fazer este *Exame geral de consciência* [43] contém o espírito da *via iluminativa* e da *via purgativa*. Nesse sentido, pode-se dizer que o *Exame de consciência* é uma aplicação de ambas as vias para cada dia, o que explica porque Cisneros o coloca no início dos exercícios da *iluminativa*. Por outro lado, o fato de que Inácio o situe no princípio da *via purgativa* (Primeira Semana) mostra como para ele a Primeira Semana também contém elementos iluminativos:

O *"Primeiro ponto* é dar graças a Deus nosso Senhor pelos benefícios recebidos" [43,2]. Os "benefícios recebidos" serão contemplados novamente no primeiro ponto da *Contemplação para alcançar amor* [234] como culminância de todo o itinerário. Assim, o *exame de consciência* vai treinando para essa contemplação da ação de Deus no mundo, enquanto que essa contemplação que se fará ao final de todo itinerário [230-237] aprofundará e dilatará o *exame de consciência* diário que continuará sendo feito depois de terminados os *Exercícios*. Ou seja, logo no início da via *purgativa* de Primeira Semana, já encontramos vislumbres da *via unitiva*.

"*Segundo ponto*, pedir graça para conhecer os pecados e libertar-se deles" [43,3]. "Conhecer os pecados", ou seja, o propósito da Primeira Semana. O agradecimento pelo que foi recebido é luz para conhecer o próprio pecado. É o dom de Deus que ilumina nosso pecado. Só podemos ver a luz na sua luz[59]. Para isso também pedimos sua graça.

O *terceiro ponto* é a revisão do que foi vivenciado desde o último exame, levando em consideração os pensamentos, palavras e ações [43,4].

---

59. Cf. Sl 36,10.

O *quarto ponto* é pedir perdão pelas faltas [43,6]. O conhecimento desemboca na vontade e se enraíza nela através do ponto seguinte.

Quinto ponto: "propor emenda com sua graça" [43,7]. Aqui também encontramos o equilíbrio inaciano entre a ação humana ("propor emenda") e a ação divina ("com sua graça"). Encontramos novamente o conceito de *synergeia*: a colaboração de ambas *energias*, não justapostas, mas uma na outra: Deus atuando em nós, nós nos dispondo e deixando-nos trabalhar por Deus, abrindo-nos à sua graça, ou seja, a seu dom, que é Ele mesmo, seu Espírito. Uma *synergeia* que também encontramos no *exame particular*, o qual começa por pedir "graça para recordar-se quantas vezes caiu naquele pecado particular ou defeito e para emendar-se em seguida" [25]. Significa que não é apenas "graça para recordar" o que se pede e recebe, mas pede-se e recebe-se o exercício que a própria graça possibilita. Dessa forma se evita todo tipo de culpabilidade e de voluntarismo próprios do semipelagianismo.

Assim pois, com o *exame particular* não estamos apenas no território estrito da *ascese*, isto é, do exercício – *askésis* – da vida ativa, mas sua dimensão purgativa, na qual é necessário "tirar a ferrugem dos pecados" (*Cb*, 132), contém desde o início elementos "unitivos". No *Exame geral* esses elementos ficam mais explicitados, adentrando-nos em estágios mais contemplativos, ou seja, "recebidos". O *exame geral* é um modo de viver constantemente atentos, agradecendo primeiro, arrependendo-se em seguida, e finalmente renovando nossa disponibilidade.

3.2. A penitência [82-87]

Também correspondem à Primeira Semana certas *adições* sobre a penitência [82-87], que reforçam o caráter ativo e purificativo dessa etapa. A penitência (do termo grego *penthos*, que significa "arrependimento") tem nos *Exercícios* duas vertentes: uma interna [82,2] e outra externa [82,3-89]. A *penitência interna* consiste em "doer-se de seus pecados, com firme propósito de não cometer os mesmos nem quaisquer outros" [82,2]. Essa compunção interior foi ativada e trabalhada pelas meditações que já vimos.

Dessa dor e propósito de não voltar a cair em pecado emana a penitência externa [82,3]. Ou seja, o corpo foi afetado pela desordem do pecado e necessita ser reorientado em suas pulsões básicas. Daqui que se mencionem três âmbitos: o comer [83], o dormir [84] e a dor sensível da carne [85]. Os ritos iniciáticos de quase todas as culturas e religiões incorporam esse aspecto aparentemente "violento" ou excessivo da iniciação[60].

1. O comer [83] faz referência à tendência mais primária do organismo: comemos para sobreviver, porém o fazemos apropriando-nos e devorando a alteridade do mundo animal e vegetal. O Ocidente, como cultura, desconhece o valor do jejum. O Oriente, ao contrário, conservou até agora essa prática como caminho de purificação e sabedoria[61]. Abster-se de comer durante algum tempo faz cair na conta dessa voracidade e permite, de alguma maneira, educá-la. Onde antes havia excesso, agora se exercita a escassez e assim a pessoa descobre o dom e a medida do comer.
Sabemos que Santo Inácio dava muita importância a esse aspecto. Aparece nos quatro *Diretórios* que lhe são atribuídos[62]. Neles insiste que em cada dia o exercitante pondere e decida sobre o que vai comer, "porque o regime de comer influi muito na elevação ou depressão do ânimo"[63]. Essa recomendação aparecerá como a *oitava regra* [217] ao final da *Terceira Semana*, em que se dão umas *Regras para ordenar-se no comer de agora em diante* [210-217]. Ali o acento está posto em que a comida pode converter-se num ato contemplativo: dominada – "ordenada" – a pulsão da voracidade, o comer converte-se num *exercício espiritual* ordinário e

---

60. Cf. ELIADE, Mircea, op. cit.
61. Escreve GANDHI: "A mortificação da carne tem sido considerada no mundo todo como condição para o progresso espiritual. Não existe oração sem jejum, tomando o jejum em seu sentido mais amplo. Um jejum total implica uma completa e literal negação de si mesmo. Esta é a oração mais autêntica". *Truth is God.* Ahmedabad: 1997 (1955), 50.
62. Cf. *D* 1: 3, *D* 2: 1; *D* 3: 2.15.16; *D* 4: 7.30.
63. *D* 4: 15.

cotidiano, mediante o qual pode-se entrar em comunhão com Deus: "enquanto a pessoa come, considere como vê Cristo nosso Senhor comendo com seus apóstolos, e como bebe, como olha e como fala" [241,1]. A chave está em que "não se coloque todo seu ânimo no que se come [...], mas que seja senhor de si" [216].

Assim reencontramos outra das motivações para se fazer penitência, mencionada na Primeira Semana: "para vencer a si mesmo" [87,2]. Ou seja, embora no início se deva fazer violência "para reparação dos pecados passados" [87,1], o que será tratado depois é prevenir que a desordem – a voracidade – distraia do ato contemplativo – acolhida do dom – que toda situação humana pode conter. Mas, para isso, há que "vencer a si mesmo" [87,2]. Daqui que Inácio recomende que é melhor começar sendo muito rigoroso, e depois se vá atinando "a medida certa no comer e beber" [213,1]. A receptividade que se dá a esse autocontrole e essa atenção fará que "muitas vezes sentirás mais as comunicações interiores, consolações e inspirações divinas para te mostrar a medida conveniente" [213].

Essa observação é de radical importância já que mostra a unidade do ser humano: a atenuação da pulsão devoradora do corpo dispõe para "sentir mais as comunicações interiores, consolações e inspirações divinas". Quer dizer, a penitência *externa* abre os espaços *internos* da pessoa que haviam ficado obstruídos pela "ferrugem dos pecados" (*Cb*, 132). É que a desordem não está no corpo, mas na desordem do psiquismo e da mente que dirigem o corpo. Daqui que Inácio mencione apenas uma vez nesse contexto o termo "corpo" [89,4], precisamente para defendê-lo dos excessos de penitência[64], e, por outro lado, fale de "carne"[65] [85-86], de "sensualidade" [87,2], e de que "as partes inferiores estejam submissas às superiores" [87,2].

---

64. "Algumas vezes fazemos demais, julgando que o corpo pode tolerar" [89,4].
65. *Sarx*, em grego, é o termo neotestamentário que se opõe a *espírito (pneuma)*. Por outro lado, *soma, corpo*, não têm nenhuma conotação negativa.

Inácio indica ainda um terceiro aspecto ou motivação para a penitência externa, que remete de novo ao âmbito interno: "para buscar e encontrar alguma graça ou dom que a pessoa quer e deseja" [87,3]. E assim coloca três exemplos do que se possa desejar: ter interna contrição dos próprios pecados; chorar pelas penas de Cristo durante a Paixão; e querer solucionar alguma dúvida que se tenha [87,3-4]. Ou seja, a ação sobre o corpo reverte sobre os afetos mais internos e ainda sobre o conhecimento, esclarecendo "alguma dúvida em que a pessoa está" [87,4].

2. Depois do jejum, Santo Inácio menciona "o modo de dormir" [84]. A regulação do sono, como o jejum, se junta com toda a tradição monástica precedente: trata-se de colocar a pessoa inteira em estado de atenção, buscando evitar dois extremos contrários: tanto "o hábito vicioso de dormir demais" [84,3] como o esgotamento do corpo pela falta de sono. É que ao dormir também se deve aplicar o "tanto quanto" do *Princípio e Fundamento* [23,4].

3. Por último, a terceira penitência externa consiste em provocar-se "dor sensível da carne" [85]. Trata-se de libertar o corpo de sua dependência da comodidade, atuando com o *agere contra* recomendado em duas anotações [13 e 16]: "Se porventura a alma está mal afetada e inclinada a uma coisa desordenadamente, é muito conveniente mover-se, pondo todas as suas forças, para vir ao contrário do que está mal afetada" [16,2].

Nesses três tipos de penitência corporal, Inácio adverte "que não se corrompa o sujeito" [83,2; 84,2]. Cada um deve discernir, junto com aquele que dá os exercícios, a duração e intensidade de tais penitências. Porque não se trata de conquistar a graça, mas de dispor-se a recebê-la. E a graça a obstruímos tanto por um "amor sensual" excessivo [89,3], que nos faz temer a penitência pensando que não vamos suportá-la, como por um excesso de voluntarismo, fazendo demais, "pensando que o corpo a pode tolerar" [89,4]. Também isso se deve colocar nas mãos de Deus, o qual, como "em infinito conhece melhor nossa natureza", na diversidade "dá a sentir a cada um o que lhe convém" [89,5]. Todo excesso, toda *hybris*, tem depois uma contrapartida que mostra que sua origem não é de Deus. Nos primeiros meses em Manresa o peregrino se deu a esses excessos, que pagou com enfermidades frequentes que não fizeram mais que o autocentrar-se[66].

3.3. A confissão geral [44]

Ao final da Primeira Semana, o exercitante é convidado a fazer uma confissão geral de sua vida, que "se fará melhor depois dos exercícios da primeira semana" [44,9][67]. E isso porque depois "dos tais exercícios espirituais se conhecem mais interiormente os pecados e a malícia deles" [44,5].

Inácio aqui inverteu a ordem da prática cisneriana: enquanto o *Ejercitatorio* e o *Compendio* propõem a confissão geral no começo da *via purgativa*[68], Santo Inácio a situa ao final. O peregrino deve ter experimentado que sua confissão geral feita em Montserrat foi precipitada[69], e que não deu todos os frutos que poderia ter dado. Na *Autobiografia* lemos que, a caminho de Montserrat, "sua alma ainda estava cega [...] não vendo a nenhuma coisa interior"[70]. Nos *Exercícios* utiliza uma expressão muito semelhante à que aparece na *Autobiografia*: "nos tais exercícios espirituais se conhecem mais interiormente os pecados e malícia deles do que quando a pessoa não se dedicava tanto às *coisas internas*; conseguindo agora mais conhecimento e dor deles, terá alcançado maior proveito e mérito do que tivera antes" [44,5-6].

Por não saber dessas "coisas internas", o peregrino sofreu aquela longa noite dos escrúpulos[71]. É que olhar sobre o próprio pecado não pode ser feito a partir de si mesmo, mas através dos olhos misericordiosos de

---

66. Cf. *Autobiografia*, 32 e 34.
67. Por outro lado, o Exame de consciência que o *Ejercitatorio* e o *Compendio* colocam no início da via iluminativa, ele o situa no pórtico *da Primeira Semana*. [32-43]. Cf. *Ejer*, cap. 21, 192-200 e *Cb*, 133-137. A fonte principal deste exame é: SAN BUENAVENTURA. *De Triplice Via*, cap. 1,1.
68. Cf. *Ejer*, cap. 4, p. 104, l. 6 e *Cb*, 12.
69. Cf. *Autobiografia*, 17.
70. *Autobiografia*, 14.
71. Cf. *Autobiografia*, 22-25.

Cristo colocado na cruz [53]. O "sentir conhecimento interno de meus pecados" é um dom que se há de pedir a Maria, a Jesus e ao Pai [63]. Desse "conhecimento interno" não surge autocondenação, senão mais amor pelo perdão recebido. A condenação procede do espírito acusador, que é uma das manifestações do Maligno no Novo Testamento. Inácio sofreu muito em Manresa por não saber desse combate de espíritos, cujo campo de batalha é o coração do ser humano. Inácio deu razão para esse combate nas *regras de discernimento*, uma concretização das quais são umas *Notas para sentir e entender escrúpulos e persuasões do inimigo* [345-351]. Assim pôde advertir a outros dessas "tentações sob a aparência de mal".

4. Término da *via purgativa* e da Primeira Semana

Santo Inácio não explicita em nenhum momento quantos dias deverá durar esse primeiro estágio de transformação. O itinerário por esse dia simbólico – que se difratará em vários dias, conforme convenha a cada exercitante – emergirá à luz da contemplação de Cristo – *via iluminativa* – depois de ter atravessado a noite de descida aos próprios infernos [65-71].

Nos *Exercícios* de mês, a Primeira Semana dura aproximadamente sete dias. Ao longo desses dias, através das meditações e das "demais operações espirituais", se opera no exercitante um primeiro grau de transformação. As petições das diferentes meditações indicam os passos dessa transformação: primeiro, convocando os afetos, que provocam *vergonha e confusão* [48], e depois *dor e lágrimas* [55]. Essa comoção produz um tipo de conhecimento dos próprios pecados e operações que são feitas *internamente* [63,3]. E essa interiorização dinamiza mais os afetos, em forma de *aborrecimento* mais profundo dos pecados e de sua dinâmica ("operações"). Ou seja, o conhecimento vai se aprofundando à medida que implica toda a pessoa e assim vai-se aguçando o olhar. Não pode haver conhecimento se se habita comodamente na própria obscuridade, se a trava continua tapando o próprio olho (Lc 6,42). Por sua vez, o *conhecimento interno* dos próprios pecados converte-se em *aborrecimento*, isto é, retorna novamente ao mundo dos afetos.

Por outro lado, essa progressão: *vergonha-dor conhecimento interno-aborrecimento* se faz diante da imagem de Cristo Crucificado [53], o anti-tipo do pecado, o ícone de Deus, e depois se dirige às Três Pessoas da Trindade [63]. Assim, Inácio leva ao extremo o contraste: a meditação sobre a pulsão de apropriação confronta-se com o símbolo do máximo despojamento de Deus – Cristo na cruz – e com o dar-se e receber-se do amor trinitário. Esse contraste entre a apropriação das criaturas e a desapropriação do Criador é o que provoca *vergonha-dor conhecimento interno-aborrecimento* dos pecados, junto com o *agradecimento* de haver sido liberto do tormento a que conduzem [60; 71]. E tudo isso é expresso através da palavra do exercitante, que tem seu lugar próprio nos colóquios, em que os pensamentos, moções e sentimentos da oração se expressam ante o Tu de Deus.

Assim o exercitante vai aprendendo a condensar em termos concretos que comprometem seu rechaço ao mal e seu agradecimento por ter sido liberto dele. Uma palavra que adquire a dimensão de sacramento na confissão geral. Assim, o *perdão, o* dom recriador do Espírito, possibilitado pela palavra sincera, sela todo esse processo. Tudo isso possibilita a abertura para a Segunda Semana, ao seguimento incondicional d'Aquele que me libertou, entregando sua própria vida para isso [53; 95].

6

Segundo estágio de transformação: a atração de Cristo Jesus, modelo da divina-humanidade

*Deus se fez homem para que
o homem pudesse fazer-se Deus*
SANTO ATANÁSIO DE ALEXANDRIA

1. A atração do chamado de Cristo [91-98]

Como pórtico das contemplações da vida de Cristo, Inácio apresenta O *chamado do rei temporal (que) ajuda a contemplar a vida do rei eterno* [91][1]. Essa meditação fornece a chave de leitura de como contemplar o Cristo dos Evangelhos: através da mobilização radical de toda a pessoa para Seu seguimento. O que Inácio pretende é suscitar a atenção para o caráter ativo do chamado e seguimento, para se preparar para o momento "passivo" da eleição, na qual deverá se deixar trabalhar e transformar por ela. Quer dizer, vai-se preparando a transição da ação na contemplação (paixão) para a paixão (contemplação) na ação. Assim vai se configurando, pouco a pouco, a espiritualidade inaciana de ser "contemplativos na ação"[2].

---

1. Este exercício deverá realizar-se duas vezes no dia, no início da Segunda Semana [99].
2. Cf. DEMOUSTIER, Adrien. *Méthode et Liberté dans la prière. In: Christus* 159 (Hors-série: *Aimer Dieu en toutes choses*) (1993), 123-124.

A petição dessa meditação é clara: "pedir graça a nosso Senhor para que não seja surdo ao seu chamamento, mas pronto e diligente para cumprir sua santíssima vontade" [91,4]. Essa "prontidão e diligência" na disposição de cumprir a vontade de Deus é o que permitirá escutá-la.

Para isso, Inácio trata de convocar todos os afetos do exercitante na atração do chamado, que ainda não é específico, mas geral. Ele faz isso em duas etapas, valendo-se primeiro da imagem de um rei, que convoca os seus, prometendo aos que compartilham com ele as penas do trabalho, também compartilharão com ele os frutos da vitória [93]. Só então é apresentado o chamado de Cristo.

Santo Inácio faz uso de um dos arquétipos universais, a figura do "rei"[3], para mobilizar os ideais e a afetividade do exercitante, uma vez que o rei representa o ideal de onipotência, a bela imagem de si mesmo, que aqui se faz acessível a todos. Inácio marca essa figura com as características próprias da época[4]. O movimento é simples e, por isso, eficaz: se é evidente a adesão ao chamado "de um rei tão liberal e tão humano" [94,1], com quanto maior razão o será se o chamado for do próprio Cristo.

Foram apontadas diversas fontes literárias prováveis dessa meditação[5], e inclusive seu possível caráter autobiográfico[6]. Entretanto, o que

---

3. Como figura arquetípica, em suas origens, o rei tem uma conotação mais religiosa que política, visto que o rei não é tanto aquele que comanda e exerce o poder, mas aquele que estabelece as regras, indicando o que é *reto* (da mesma raiz de *rei*). Cf. BENVENISTE, Emile. *Le vocabulaire des Institutions indo-européennes*, t. II, *pouvoir, droit, religion*. Paris: Les Éditions de Minuit, 1969, 9-15 e 35-42. JUNG inclui a figura do rei dentro de um arquétipo mais amplo. Cf. *El hombre y sus símbolos*. Barcelona: Caralt, 1984, 109-126.
4. O mito do rei cristão que reconquista Jerusalém está presente nos projetos políticos das monarquias cristãs a partir das Cruzadas. Com o aparecimento dos Reis Católicos na Espanha, esse mito foi reacendido. Cf. MILHOU, Alain. *Colón y su mentalidad mesiánica en el ambiente franciscanita español*. Valladolid: Cuadernos colombistos XI, 1983, 479p. *In: Comptes rendus*. Paris: Annales 41 (2) (1986), 459-462.
5. Cf. Tomo IV, 2ª Sinopses.
6. MEDINA, Francisco de Borja de, considera muito provável o encontro pessoal do jovem Iñigo com o rei Fernando, o católico, que se preparou para uma cruzada. Cf. *Iñigo López de Loyola en Sevilla. In: AHSI* 125 (1994),

nos interessa aqui é ressaltar a inflexão que essa meditação introduz na oração do exercitante: no silêncio de sua intimidade – o afastamento e recolhimento dos *Exercícios* [20] – é remetido a todo o "universo mundial", de cuja conquista é chamado a participar: "Minha vontade é conquistar todo o mundo e todos os inimigos" [95,4]. O agradecimento a Cristo pela salvação do inferno torna-se agora a participação na missão redentora com Ele. Se fui salvo é para que eu, por minha vez, ajude a salvar a outros. Essa dimensão universal da redenção ficará ainda mais patente no exercício seguinte: a *contemplação da Encarnação* [101-109].

Ora bem, a extroversão da missão é equilibrada pela personalização da vocação: junto com o vastíssimo cenário do "universo mundial", Cristo chama "a cada um em particular" e lhe diz: "vem comigo, trabalha comigo" [95,4-5]. Esse chamado pessoal não é feito pelo rei temporal. Só Cristo pode chamar a todos e, ao mesmo tempo, fazer com que cada um se sinta pessoalmente chamado. Esse chamado pessoal para compartilhar com Ele sua missão e seu trabalho é o que torna a pessoa capaz de renunciar à "sua própria sensualidade" e a "seu amor carnal e mundano" [97,2] e fazer sua primeira oferenda: "Eterno Senhor de todas as coisas, eu faço a minha oblação, eu quero e desejo..." [98]. Ao chamado pessoal de Cristo – um *eu* que se dirige a *tu* –, o exercitante responde com um *eu* àquele *Tu* que o chama. Quer dizer, embora tenha havido uma primeira mobilização no exercitante pelo conteúdo do projeto, a resposta e a adesão são feitas a Cristo, na medida em que Ele chama a um relacionamento pessoal. O projeto do chamado é transposto para a adesão Àquele que faz o chamado[7].

E quem chama é o "Eterno Senhor de todas as coisas", o Cristo cósmico que governa a História; e que a governa trabalhando por ela e padecendo por ela [95,5]. A indiferença do *Princípio e Fundamento* torna-se

---

48-64. Já mencionamos o impacto sobre o convalescente Iñigo da leitura do prólogo do tradutor de *Vita Christi*, no qual os Reis Católicos foram comparados à realeza de Cristo. Cf. 186.

7. Em nossa relação com Deus, o que chega a Ele é mais o ato de falar – enunciação – do que o conteúdo concreto do que dizemos – enunciado. Ao longo dos *Exercícios*, o *enunciado* vai sendo simplificado cada vez mais, até ficar condensado no *sim* da eleição.

aqui preferência em "passar todas as injúrias, afrontas e toda pobreza, tanto material quanto espiritual" [98,3]. O exercitante é arrastado pelo movimento kenótico de Jesus Cristo: "para O imitar". O caminho da divinização é dirigido a partir desse momento para seu paradoxo e seu mistério: a imitação cristificante – divinizante – não consiste em elevar o homem ao céu, mas em incorporá-lo mais e mais no processo encarnatório de Deus feito homem, que desce aos lugares mais sombrios da história e do mundo para transformá-los desde dentro.

O esforço da oblação tem um "silêncio" – passividade – final: "se Vossa Santíssima Majestade me quiser escolher e receber em tal vida e estado" [98,4]. A aparente *hybris* dessa oblação tem aqui seu segredo: não é a própria pessoa que se elege, mas se é eleita; não é a pessoa que entra, mas é recebida.

Feita esta meditação várias vezes, o exercitante pode passar a **contemplar** os ***mistérios*** da vida de nosso Senhor Jesus Cristo [261].

Aqui devemos nos deter para examinar essas duas palavras-chave: *mistério* e *contemplação*.

2. A contemplação dos mistérios

2.1. Mistério

Que Santo Inácio chame de *mistérios* as passagens evangélicas que propõe contemplar[8] reforça a pertinência de considerar seus *Exercícios* como uma mistagogia: estes vão introduzir no mistério de Jesus Cristo. *Mysterion* significa literalmente "o que está oculto"[9]. Nos cultos dos

---

8. [19,8; 127; 130,3.5; 162,2; 206,2.5; 208,5.6; 209,1.2.5; 226,1.5; 261,1.2.3; 290-297; 298].
9. *Mysterion* vem do verbo *myo*, que significa "fechar-se", referindo-se principalmente aos olhos e aos lábios. É daí que vem *mystes*, que significa "iniciado". O adjetivo *mystikós* significa "concernente aos *mystes* e a *mysteria*". Cf. CHANTRAINE, Pierre. *Dictionnaire étymologique de la langue Grecque. Histoire des mots*, Klincksieck. Paris: 1968. Ver também p. 23-24 desta obra (no original, p. 21 [N. das T.]).

mistéricos de Eleusis, era aquilo que não podia ou não deveria ser dito. Na filosofia mística do Neoplatonismo, o *mysterion* era o que por essência não podia ser expresso diretamente. E nos círculos gnósticos as *mysterias* eram as revelações secretas, comunicadas unicamente aos perfeitos[10].

No Novo Testamento, o termo *mistério* aparece 27 vezes, sobretudo nas Cartas de São Paulo, nas quais ele contrapõe os mistérios gregos ocultos à maioria com a revelação de Jesus Cristo manifestada a todos[11]. A Igreja latina chamou *sacramentos* aos mistérios que celebrava. No Cristianismo, o mistério-sacramento torna-se uma realidade que se revela na medida em que se celebra. O sacramental é a dimensão visível de uma realidade invisível, que se manifesta por meio de sinais, gestos e palavras. O sacramental não esgota o sacramento-mistério que veicula, mas antes é o seu meio eficaz de revelação.

No âmbito da Teologia, será principalmente por meio de São Gregório (540-604) que se introduz o termo mistério no mundo latino e medieval. Lemos em seus escritos:

> Em certo sentido, a Escritura progride com aqueles que a leem [...]; em uma única e mesma palavra, revela-se o mistério ao mesmo tempo em que o texto relata os fatos[12].

E também:

> A Sagrada Escritura, obra do Deus Todo-Poderoso, tem isto de admirável: que depois de haver sido explicada de muitas maneiras, segue contendo dobras secretas nas quais esconde mistérios[13].

---

10. Cf. SOLANO, Jesús. *I Misteri della Vita di Cristo: Introduzione biblico-teologica*. In: VV.AA. *I Misteri della Vita di Cristo negli Esercizi Ignaziani*. Roma: CIS, 1980, 9.
11. As referências mais significativas são: Rm 16,25; Ef 1,9. 3,3-9; Cl 1,26-27; 2,2. 4,3; 1Tm 3,16.
12. *Moralia en Job*, XX, 1. Citado por BORI, Pier Cesare. *L'interprétation infinie*. Paris: Cerf, 1991, 24ss.
13. Em *I Reg., prol.* 3. Inácio pode tomar esta terminologia do *Compendio*, donde, depois da distribuição ternária de pautas para cada Hora Canônica,

Inácio deve ter experimentado por si mesmo que as passagens evangélicas tinham "dobras secretas", e que à medida que ia se entregando, se lhe abriam novos significados, emergindo de um fundo inesgotável. Enquanto inalcançáveis, as passagens do Evangelho foram para ele *mistérios*, como para todos os místicos. Desse Fundo percebeu como foi convocado, ele e todos os exercitantes, para envolver-se no mesmo movimento de doação do Verbo oculto na palavra das Escrituras. A oblação feita a seguir e a imitar o Rei eterno "em passar todas as injúrias e todas as afrontas e toda pobreza" [98,3] é o que o dispõe para a contemplação da vida de Cristo e a ir percebendo seu mistério.

O correlato ao *mistério* é a contemplação.

2.2. Contemplação

O termo *contemplação* vem da palavra latina "cumtemplum", com a qual se designava o espaço sagrado no qual sacerdotes pagãos interpretavam os preságios e proferiam os augúrios[14]. No sentido forte do termo, indica mais um estado de receptividade que de atividade – esta, vimos, era típica da meditação –, em que se fica absorvido pelo que se observa ou vê.

A *contemplação* se adequa bem à via iluminativa e à imagem do espelho: o espelho, já limpo, pode receber os raios do sol que contempla. Essa imagem é rica e contém vários significados. Complementa a metáfora da transparência: o processo de transformação interior consiste tanto em

---

      se pode ler: "está dito no início deste Diretório, a preparação que se deve ter antes do Ofício Divino e o que se deve pensar e ter por objeto, são os *mistérios da vida de Cristo*" (Cb, 464). Também no título da Semana dedicada à paixão: "segue-se as meditações *dos mistérios* da paixão e morte de Cristo" [324]. A palavra *mistério* aparece onze vezes mais no *Compendio*. Cf. 104; 260; 268; 269; 328; 407; 408; 408; 422; 485,7; 497. Embora apenas em (260; 268; 407; 408; 408; 485,7) referem-se ao mistério no sentido de "passagem evangélica". Também pode vir de sua leitura da *Vita Christi* de Ludolfo, o Cartuxo, onde o termo *mistério* aparece com muita frequência.

14. Cf. ERNOUT, A.; MEILLET, A. *Dictionnaire étymologique de la langue latine*. Paris: Librairie C. Klincksieck, 1959.

deixar passar através de si mesmo a presença de Deus, como em refletir sobre si mesmo a imagem de Deus. Não se trata unicamente de receber os raios do conhecimento[15], mas de perceber que a imagem da Divindade refletida no próprio espírito transforma a pessoa inteira nessa mesma imagem.

Guillermo de Saint-Thierry se expressa com esses mesmos termos: "Lá (no espelho da visão divina), vendo cada vez mais o que lhe falta, a alma corrige suas próprias imperfeições dia após dia, transformando por semelhança o que a dessemelhança danificou. Pela semelhança, ela se aproxima mais Daquele de quem havia se afastado pela dessemelhança. Portanto, para uma semelhança cada vez maior, segue uma visão cada vez mais clara"[16]. Ludolfo, o Cartuxo, fala também que "a vida de Cristo é o nosso espelho"[17].

Inácio, ao apresentar na Segunda Semana – via iluminativa – a contemplação da vida de Cristo, se insere no coração da mística medieval[18]. Ele sempre chamará de *contemplações* os exercícios sobre a vida e paixão de Cristo, distinguindo claramente das *meditações* que aparecem na Primeira Semana e dos exercícios que escreveu para a Segunda Semana: *Duas Bandeiras* [136] e *Três Binários* [149], que ele identifica explicitamente como *meditações*[19].

---

15. Cf. CISNEROS, García de. *Ejer*, cap. 20, p. 192-194, l. 17-40, e BALMA, Hugo de. *Sol de Contemplativos*, cap. 8.
16. *Carta a los hermanos de Monte Del*, 271.
17. *Vita Christi*, I, 16, 5, f. 109, col. 1.
18. É assim que aparece nos escritos de SÃO BOAVENTURA (*De Triplici via*, 1,11-14) e na *Theologia Mystica*, de Hugo de BALMA (cap. 53). O mesmo na obra de Cisneros: cf. *Ejercitatorio*, cap. 25, 218. No *Compendio* se lê: "Não há estudo, nem exercício espiritual mais necessário e proveitoso do que ter diante de seus olhos o Filho de Deus e ruminar com devoção suas maravilhosas ações e palavras, porque com este exercício contínuo se aprenderá a verdadeira sabedoria, se sairá habilidoso vencedor contra o inimigo, encontrar-se-á armado contra todo vício" (*Cb*, 254). Este fragmento é uma citação literal do prólogo das *Meditaciones de la Vida de Cristo* (MVC) de Pseudo BUENAVENTURA. Em seguida, o autor do *Compendio* menciona a imagem no espelho: "Se queres alcançar as virtudes em um grau perfeito, tome por espelho e modelo a vida e paixão de Cristo" (*Cb*, 254). Veja também: *Cb*, 401 e 402.
19. Isso poderia ter sua fonte literária na leitura de Ludolfo, o Cartuxo, onde apresenta sua *Vita Christi* como "contemplação da vida de Nosso Senhor",

No entanto, podemos ir mais longe em nossa interpretação, e retomar a imagem do espelho. Mesmo que Inácio nunca a use nos *Exercícios*, aparece treze vezes uma palavra que remete a ela: refletir[20]. Termo atualmente em desuso que, de acordo com o Dicionário da Real Academia de 1730, significa: "o raio de luz fazer seu reflexo sobre um corpo opaco". Trata-se, portanto, de acolher o "reflexo" que a contemplação tenha deixado no coração do exercitante, aprofundando no dom da contemplação intuitiva. A passagem do refletir como "reflexão meditativa" ou "discursiva" para refletir como "reflexão contemplativa" ou de "totalização intuitiva" é feita progressivamente durante os *Exercícios*. Isso é evidente no mesmo texto: ao longo das Semanas, se dão cada vez menos pontos: desde o desenvolvimento das meditações da Primeira Semana e do início da Segunda, até a extrema sobriedade da Quarta Semana. Lá está explicitamente dito que "quem contempla pode colocar mais ou menos pontos, segundo achar melhor" [228]. Ou seja, dependendo de seu modo de contemplar e refletir, precisará de mais ou menos matéria para alimentar sua oração.

A contemplação pode ser definida: 1) pelo objeto, 2) pelo modo, ou 3) pelo estado interior que indica:

1. Defini-la apenas pelo seu *objeto* seria insuficiente, pois acabamos de ver que a vida de Cristo pode ser considerada tanto a partir da meditação como da contemplação.
2. Defini-la pelo *modo* (*ratio*, isto é, pela maneira de proceder) seria algo mais próprio, enquanto nos aproxima mais das disposições que implica; cada *modo* implica uma preparação diferente.
3. Mas há mais. A contemplação é também – e talvez sobretudo – um estado, um dom que se recebe quando o espírito se aquietou e o coração se unificou. Assim entendida, a *contemplação inaciana* é mais do que apenas ter a vida de Cristo como objeto de oração; e

---

Proêmio do autor, I, f. 4 v., col. 1; f. 9, col. 1 e 2; f. 10, col. 1; f. 10 v., col. 2; e *passim*.

20. [106,4; 107,3; 108,4; 114,3; 115; 116,3; 123; 124,2; 194,1; 234,3; 235,3; 236,2; 237,2]. Não aparece nenhuma vez no *Compendio*.

é mais do que um mero método proposto para isso (*ver, ouvir...*): aponta para o *estado de receptividade* em que se produz a imersão no Mistério, em que Deus "atua imediatamente com sua criatura e a criatura com seu Senhor e Criador" [15,6].

A contemplação de Cristo nos *Exercícios* tem dois polos: o Cristo pobre e humilde (kenótico), em quem se contempla conjuntamente sua natureza humana e divina; e o exercitante, que, à medida que vai contemplando o modelo, vai se configurando à sua imagem, esvaziando-se de si mesmo; e configurando-se a ela por meio da pobreza e da humildade, vai percebendo cada vez mais a divindade oculta na humanidade de Jesus.

A percepção da divina-humanidade de Cristo na humildade e pobreza de Jesus é chamada por Inácio de "conhecimento interno do Senhor" [104]. Esse será um dos dois elementos da *vida iluminativa* da Segunda Semana: o *conhecimento interno* da imagem, do ícone do Pai no mundo, "Daquele que é reflexo de sua glória e imagem expressa de seu ser" (Hb 1,3). O outro elemento surgirá a partir dele: "conhecendo internamente" o *sim* contínuo do Filho à vontade do Pai – por meio de sua pobreza e humildade –, o exercitante é atraído por esse *sim* para que ele também descubra a vontade do Pai para com ele, "para que mais O ame e O siga" [104]. Ou seja, o "conhecimento interno do Senhor" abre a outro conhecimento: o do próprio chamado. Não se trata, pois, de ir ascendendo pelas naturezas de Cristo, mas sim de descer com Ele às arenas ensanguentadas do mundo – pobreza e humildade –, participando assim cada vez mais de sua dupla natureza.

Ora, a fim de atingir esse grau de receptividade e despojamento, é necessária uma progressão. Uma progressão que é alcançada precisamente através da contemplação e identificação sucessiva com a própria vida de Cristo. Lemos em Guillermo de Saint-Thierry:

> Para que o animal homem, ainda infantil no conhecimento de Cristo[21], desperte para a vida interior, não há nada melhor nem

---

21. Cf. 2Cor 5,17.

mais seguro do que ler e meditar sobre a vida externa de Cristo, nosso Redentor. Descubra lições de humildade, cresça na caridade e brote o impulso amoroso de piedade[22].

Achamos que Inácio disse mais do que isso. Para ele, a contemplação da "vida externa" de Cristo não é um mero conhecimento infantil ou transitório, mas é a própria substância do "conhecimento interno", que transformará gradativamente o exercitante Naquele que é conhecido. Os *Exercícios* entrelaçam as contemplações da vida de Cristo – modelo, imagem, espelho do conhecimento e disponibilidade à vontade do Pai – com a preparação para a eleição que o exercitante fará. A Segunda Semana é uma longa escuta para que a Palavra de Deus manifestada em Cristo Jesus se particularize na manifestação de uma palavra específica de Deus para a vida do exercitante.

A identificação das fontes dos mistérios que Inácio selecionou para contemplar é complexa. A ordem que Inácio dá aos mistérios da Segunda Semana não corresponde exatamente nem com os Evangelhos, nem com a *Vita Christi*, nem com a primeira série de meditações que aparece no *Compendio*, nem com as pautas para os Salmos das Horas Canônicas que aparecem ao final do mesmo[23]. É que a distribuição dada por Inácio aos mistérios da Segunda Semana responde à mistagogia da eleição: todos os encontros de Jesus e com Jesus são colocados antes da entrada em Jerusalém, aonde Jesus chega com a "eleição" já feita de entregar a sua vida (cf. Jo 12,23-36). Também o exercitante deverá chegar ao pórtico da Terceira Semana com a eleição feita. Nenhuma das apresentações dos mistérios que encontramos nas fontes correspondem a esse ordenamento.

---

22. *Carta a los hermanos de Monte Dei*, 171. Também o *Compendio* insiste na importância disto. Cf. *Cb*, 258.
23. Por outro lado, o *Compendio* e a *Vita Christi* bebem da mesma fonte: *Meditaciones de la Vida de Cristo* de JUAN DE CAULIBUS (o DE CHAUX) (frade menor do começo do sec. XIV), atribuídas durante muito tempo a SÃO BOAVENTURA.

3. Desenvolvimento dos mistérios

3.1. *A Encarnação [101-109] o amor kenótico de Deus*

Inácio apresenta esta contemplação enquadrada entre dois polos: o céu – máximo de presença e semelhança – e o inferno – máximo de ausência e de dessemelhança –, entre os quais se situa o cenário do mundo. Por sua vez, está estruturada com base em um único movimento descendente, que é a kénosis do Verbo.

O *primeiro preâmbulo* ("a história da coisa que tenho que contemplar") começa apresentando como "as três Pessoas divinas olhavam toda a superfície plana ou curva do mundo, cheia de gente. Vendo como todos desciam ao inferno, determinam, em sua eternidade, que a Segunda Pessoa se faça homem, para salvar o gênero humano" [102,1-2]. Quer dizer, a contemplação da Trindade é feita a partir da perspectiva de sua missão (*oikonomia*). Essa missão, esse movimento, é o que caracteriza a mistagogia inaciana. O Rei Eterno tendendo para o temporal para resgatar o mundo de seu caminho para uma separação infinita. Sem que o mencione, o Cristo que Inácio propõe contemplar é "o Cordeiro sem defeito e sem mancha, predestinado desde antes da fundação do mundo e manifestado no final dos tempos por amor de vós" (1Pd 1,19-20).

O *segundo preâmbulo* (composição, vendo o lugar) é o cenário do mundo: primeiro, "aqui será ver a grande extensão e curvatura do mundo, na qual estão tantas pessoas e tão diversas populações" [103,2]. Como na meditação precedente, no mais íntimo de seu afastamento, o exercitante contempla a toda a humanidade da qual faz parte. Assim se manifesta o mistério da oração: maior solidão, maior comunhão. O afastamento que os *Exercícios* requerem [20,7.9] não faz fugir do mundo, senão que ajuda a ter uma maior penetração nele [63,4]. A seguir, a imaginação é conduzida a um lugar concreto deste mundo: "a casa e os aposentos de nossa Senhora, na cidade de Nazaré, na província da Galileia" [103,3]. O seio de Maria, aquele único "lugar do mundo" capaz de acolher a kénosis do Verbo, para que o Filho de Deus pudesse se fazer filho do homem. Único "lugar possível do mundo" porque ela era toda receptividade, radical vazio de si mesma, sem mácula de apropriação[24].

O *terceiro preâmbulo* acaba de fixar a direção da contemplação: "pedir conhecimento interno do Senhor, que por mim se fez homem, para que mais O ame e O siga" [104][25]. Pedir conhecimento interno dessa união inseparável da divindade e humanidade em Jesus, pedir conhecimento interno de sua divino-humanidade para ser atraído irresistivelmente por ela: "para que mais O ame e O siga". O amor é a primeira das paixões – ou afeições –, e a fonte de todas elas[26]. Desafeiçoado de sua atração pelo pecado – Primeira Semana –, o exercitante agora pode ir se afeiçoando por esse "conhecimento interno" daquele que "por mim se fez homem" [104], Daquele que, "subsistindo em condição divina, não se apegou a sua igualdade com Deus, mas esvaziou-se a si mesmo (*ekénosen*), tornando-se escravo e fazendo-se um com os homens" (Fl 2,6-7). E tudo isso "por mim", insiste em dizer Inácio [104].

Ou seja, após a parábola do Rei Eterno, que já dava a chave para esse abaixamento, a primeira contemplação aprofunda esse mesmo movimento de despojamento, que vai preparando para a oferta da eleição. Uma oferta-despojamento que será percebida cada vez mais como participação na oferta-despojamento de Cristo Jesus. Dar-se conta dessa participação é a vida *iluminativa*.

A contemplação se desenvolve em três pontos, cada um dos quais apresenta três cenas simultâneas: o que acontece no mundo, o que acontece com a Trindade e o que acontece em Nazaré. No *primeiro ponto* se observam as personagens das três cenas [106]; no *segundo ponto* se ouve [107]; no *terceiro ponto* se contempla como reage cada uma delas. Tanto essa simultaneidade de cenas como o caráter universal da contemplação do mundo são notas especificamente inacianas[27]:

---

24. Tal é o sentido que damos aqui ao dogma da Imaculada Conceição.
25. No *Compendio* se lê: "Hás de ter intenção na meditação da Vida e da Paixão de Cristo para imitá-lo em tanto possível for a ti, porque o melhor fruto da meditação é este" (C*b*, 259).
26. Cf. SUÁREZ, Francisco. *De possionibus*. Disp. I, sec. IV, 7.
27. Alguns disseram que "Santo Inácio se apresenta não apenas como um precursor, no Ocidente, das técnicas de imagem, mas como autor da primeira

> Ver as pessoas da face da terra,
> em tanta diversidade,
> assim em trajes como em gestos:
> uns brancos e outros negros,
> uns em paz e outros em guerra,
> uns chorando e outros rindo,
> uns sãos e outros enfermos,
> uns nascendo e outros morrendo etc. [106]

Esse texto tem uma sonoridade particular e um ritmo profundamente poético[28]. Aqui não apenas estão condensados os muitos anos de itinerância do peregrino por caminhos, portos e cidades da Europa[29], mas também os ecos de suas experiências místicas de Manresa: a ilustração do Cardoner, em que "entendeu e conheceu muitas coisas"[30], e a visão da criação do mundo[31]. Esse olhar universal sobre o mundo, sem juízo algum, apenas com misericórdia, unicamente pode ser proposto por

---

    técnica de imagem do mundo moderno". Cf. COURT-PAYEN. *Les Exercices spirituels d'Ignace de Loyola* (Technique synthétique d'imagineriez mental). *In: Psychothérapies* 3 (1971), 16.

28. Há um certo paralelismo entre este texto e uma passagem da *Divina Comédia*, a viajem iniciática de Dante pelo Inferno, o Purgatório e finalmente o Paraíso: "Oh, insensatas atenções dos mortais! Quão débeis são os motivos que os fazem rastejar pelo chão! Alguns vão para o Direito, outros para a Literatura; alguns se esforçam para ir em direção ao sacerdócio e outros reinam pela força ou engano; alguns roubam e outros se ocupam de negócios civis; outros se esgotam no desejo pela carne; e outros são dados à preguiça. Enquanto eu, livre de todas essas coisas, estava com a Beatriz no céu aonde fui tão gloriosamente recebido", *Paraíso*, 11,1-12, citado por GONZÁLEZ-FAUS, Jose Ignacio. *Hagamos la redención del género humano*. Barcelona: Cristianisme i Justícia, Eides 21, 1997, 6.
29. MEDINA, Francisco de Borja de, em seu artigo já citado, dá importância ao impacto que o jovem Iñigo poderia ter tido durante sua estada em Sevilha, na época uma das cidades mais cosmopolitas da Europa. Cf. art. cit., 64-69.
30. *Autobiografia*, 30.
31. *Autobiografia*, 29: "Uma vez se lhe representou no entendimento, com grande alegria espiritual, o modo como Deus havia criado o mundo, que

alguém que tenha sido conduzido muito longe de si mesmo, alguém a quem lhe tenha sido dado participar do olhar divino, despojado do seu próprio. Novamente estamos aqui em plena *vida iluminativa*: compreender o mundo a partir do olhar de Deus, desde Sua vontade salvífica, ouvindo como as Pessoas divinas falam entre si: "façamos a redenção do gênero humano" [107].

O vértice de Maria é o sim da humanidade abrindo-se ao sim de Deus. Só poderia acolher Àquele que é todo doação quem fosse todo receptividade, quem não tivesse pulsão de apropriação alguma. E essa pessoa era Maria, *amada* em hebraico. Ela não escolheu ser mãe do Filho, senão que foi ela a escolhida, foi ela a *amada*. Mas dela dependia o sim de sua oferta, o sim de seu próprio esvaziamento: "nossa Senhora humilhando-se" [108], isto é, fazendo-se terra, barro, em forma de receptáculo.

Ao final de cada ponto aparece o termo *refletir*, "refletir para tirar proveito de tal visão" [106,4]; "refletir para tirar proveito de suas palavras" [107,3]; "refletir para tirar proveito de cada um destes pontos" [108,4]. *Refletir*, isto é, tomar consciência do reflexo que o contemplado está deixando no interior, deixando-se transformar por isso e provocando aquele conhecimento íntimo que se converte em amor e seguimento [104]. Tomar consciência também da moção – movimento reflexo – que uma determinada imagem mental ou uma palavra sugerida pelas Escrituras tenha provocado em mim, para discernir, a partir delas, o chamado ou manifestação de Deus.

A contemplação termina com o colóquio, "pedindo segundo aquilo que sentir em si, para mais seguir e imitar o Senhor, assim novamente encarnado" [109]. Trata-se de se deixar levar por esse movimento de abaixamento, de doação, tanto do Filho como de Maria, para ir preparando o *sim* do exercitante de forma concreta nesse seguimento e imitação. Isso é o que fará com que o Senhor se encarne novamente. A contemplação do mistério da Encarnação conduz assim a outro mistério: a encarnação do Verbo no seio do exercitante, que dará à luz no

---

lhe parecia ver uma coisa branca, da qual saíam alguns raios, e que dela Deus fazia luz".

momento da eleição. Desse modo, Maria nos é apresentada como a primeira exercitante, a primeira que descobre a vontade de Deus para si e, aderindo a ela, alcança a união máxima com Deus, engendrando-O na história[32].

3.2. A contemplação do Nascimento ou a visibilidade da kénosis de Deus na vulnerabilidade de um recém-nascido [110-117][33]

No primeiro preâmbulo se apresenta a história, na qual se fala de "Maria, grávida de quase nove meses" [111,1]. Sobre o texto autógrafo, Santo Inácio acrescentou: "como se pode piedosamente meditar". "Meditar", diz. Com essa anotação fica manifesto o estreito parentesco que essas primeiras contemplações têm ainda com a meditação.

A composição vendo o lugar será, primeiro, "ver o caminho desde Nazaré até Belém" [112,1], e depois, ver o lugar do nascimento [112,2]. Os caminhos aparecem várias vezes nos *Exercícios*. Nós vemos refletido nisso tanto a caminhada exterior do peregrino quanto sua caminhada

---

32. O engendramento do Verbo na alma é um tema que aparece em alguns místicos. Os três mais destacáveis são: ORÍGENES, Hom. in Lev, 12,7; MÁXIMO, o confessor. *Centurias sobre la Teología y la Economía*, II, 21.71.76; III, 8-9; VI, 86. In: *Philocalie des Pères Neptiques*, vol. 6, Abbaye de Bellefontaine, 1985; e Mestro ECKHART. *Traites et Sermons*, Sermón VI: *Dios me engendra como a Él mismo y se engendra como a mí mesmo*. Paris: GF-Flammarion, 1993, 258-264.
33. Encontramos este segundo mistério desenvolvido no *Compendio*, nos pontos de meditação para terça-feira (269-274) e na série para rezar as Horas Canônicas, também para terça-feira, onde se propõe uma contemplação mais teológica: "A diversidade das naturezas divina e humana em uma Pessoa; a congruência das circunstâncias que concorreram neste mistério; a novidade dos milagres que a manifestaram" (422). Nos *Exercícios*, esta segunda contemplação concentra-se no nascimento de Cristo. Os únicos personagens que aparecem São José, Maria e o Menino. A serva ("escrava") mencionada no primeiro preâmbulo [111] muito provavelmente provém das leituras da *Vita Christi* (I, 9, 2) e da *Flos Sanctorum* (f. 14 v., col. 1) em que é mencionada esta serviçal.

interior, seu contínuo buscar e encontrar a vontade de Deus em sua vida. Por outro lado, o "caminho de Nazaré a Belém" também é o caminho em que a encarnação continua: desde a gestação no ventre materno (primeira "gruta") até o nascimento no portal, a segunda gruta, expressão do vazio do mundo e da história que Ele veio para *iluminar* e encher com Sua presença. O Verbo, sendo iluminado, pode iluminar agora – desde dentro – o mundo e a história. Sua Vida é verdadeiramente *vida iluminadora* e *iluminativa*, Ele que é "o caminho – via –, a verdade e a vida" (Jo 14,6). O movimento dessa caminhada de um "de" para um "até" será reencontrado nas contemplações da Terceira Semana, o que irá reforçar a ideia de que a kénosis tem uma dimensão histórica, que implica um deslocamento tanto temporal como espacial, em busca daquele último lugar que resultará por ser a pedra angular de todo o edifício[34].

O exercitante está chamado a fazer-se presente a essa Presença: "como se estivesse lá presente, com todo o acatamento e reverência possível" [114,2] (*primeiro ponto*). Esse "fazer-se presente" como método de contemplação aparece nas fontes que Inácio teve em mãos[35]. Mas o acento que Inácio coloca é próprio de sua mistagogia: "fazendo-me eu um pobrezinho e criadinho indigno, que os observa, os contempla e os

---

34. Cf. Sl 118,22; Mc 12,10; At 4,11; 1Pd 2,7.
35. Lemos no *Compendio*: "O modo como hás deter no pensar estes mistérios é assim os penses como vês e sabes que coisas semelhantes geralmente acontecem e como se presente estivesses, e ouvisses o menino Jesus chorar, sendo aleitado por sua mãe, e como se o ouvisses falar e visses realizar milagres e maravilhas" (*Cb*, 260). Na fonte usada pelo autor do *Cb*, *Meditationes vitae Christi* de PSEUDO-BUENAVENTURA [JUAN DE CAULIBUS], a expressão "como se estivesse presente" aparece pelo menos cinco vezes: no prólogo, p. XX; cap. 4, 11-12; cap. 15, 76-77; cap. 757, p. 318; cap. 100, p. 419 da edição impressa por Madrid: Hijos de Gregorio del Amo, 1927. Também aparece no *Ejer*, cap. 19, p. 172-174, l. 6-8. Já explicamos, em seu lugar, por que achamos que a influência vem mais claramente do *Cb* do que do *Ejer*. A mesma ideia foi lida por Iñigo no prólogo da *Vita Christi* da LUDOLFO (1370): "seja você outra testemunha [...]; está presente em [...]; está presente com [...]", I, *prólogo*, f. 8 v., col. 2ª. Provavelmente LUDOLFO inspirou-se para isso no trabalho de JUAN DE CAULIBUS, que foi escrito cerca de cinquenta anos antes e teve ampla circulação.

serve em suas necessidades, como se presente me achasse, com todo o acatamento e reverência possível" [114,2]. Mais uma vez encontramos aqui o "respeito e reverência amorosos" do *Diário Espiritual*, a atitude de total humildade que aparece após trinta e um dias de busca e combate espiritual[36]. Só é possível estar presente com humildade no nascimento Daquele que é todo humildade.

O *terceiro ponto* dessa contemplação insiste no modo da encarnação: "o Senhor nascido em suma pobreza" [116,1]. O "caminhar e trabalhar" de José e Maria os conduziu a um despojamento ainda maior, que anuncia o despojo final da cruz: "no final de tantos trabalhos, passando fome e sede, calor e frio, injúrias e afrontas, para morrer na cruz" [116,2]. O termo *trabalho* também é recorrente nos *Exercícios*. Refere-se à vida como um processo e como esforço, ainda a caminho da plenitude. Na *Contemplação para alcançar amor*, nos apresentará a um Deus que está "trabalhando e agindo" na sua criação [235,1], ainda sem descanso. Tudo isso já estava contido no chamado do Rei Eterno [95]. Também as "injúrias e afrontas".

No *terceiro preâmbulo* novamente se pede "conhecimento interno do Senhor, que por mim se fez homem, para que mais O ame e O siga" [104]. Essa petição irá presidir e atravessar todas as contemplações da Segunda Semana.

Antes de entrar na eleição, Santo Inácio prevê que se tomem dois mistérios por dia, com duas repetições e uma aplicação dos sentidos [118-134]. Como já indicamos, através dessa "destilação" as contemplações vão se concentrando no essencial, ali onde Deus quer sair ao encontro do exercitante, levando-o a sentir "algum conhecimento, consolação ou desolação" [118,3]. Essa concentração nos pontos que mais ressoam no exercitante constitui um dos aspectos mais originais e próprios da mistagogia dos *Exercícios*. Não encontramos nada disso nas fontes. Por meio dessas repetições, vai se produzindo uma progressiva simplificação, uma unificação das "potências" e uma redução do discurso mental, que vai adentrando

---

36. A atitude de "acatamento reverencial" aparecerá a partir de segunda-feira, 1º de março, nº 103. Aos poucos esse "acatamento", de "reverencial" irá se tornando cada vez mais "amoroso". Cf. *Diário Espiritual*, 178-179.

no silêncio da contemplação[37]. Nesse *silêncio* as consolações e desolações podem ser percebidas com crescente diafaneidade, constituindo a matriz do discernimento da vontade de Deus sobre a própria vida.

3.3. As demais contemplações da vida de Cristo

Dos cinquenta e um mistérios [262-312] que Inácio propõe contemplar, vinte e sete correspondem à Segunda Semana. Desses, só catorze estão apresentados no corpo do texto. Os restantes estão recolhidos no apêndice final [262-288].

Para a Segunda Semana, é prevista uma duração de 12 dias [161]. Retomando o que vimos até aqui, a Segunda Semana está estruturada do seguinte modo: para os três primeiros dias, está previsto contemplar dois mistérios por dia; no quarto dia, os mistérios da vida de Cristo são interrompidos pelas meditações das *Duas Bandeiras* e dos *Três Binários*; no quinto dia, retomam-se os mistérios da vida de Cristo, mas agora é proposto contemplar apenas um mistério por dia, porque, a partir desse momento, deverá se combinar com o discernimento da eleição. Isso supõe que, daqueles vinte e sete mistérios propostos, apenas se contemplarão uns catorze, que são os apresentados no corpo do texto. Isso implica a existência de uma margem ampla de escolha:

> Conforme o tempo que cada um quiser dispor, ou segundo seu proveito, pode demorar-se mais ou menos [...] deixar alguns dos pontos propostos, pois servem para dar uma introdução e modo de contemplar melhor e mais completamente [162].

Ou seja, as orientações que são dadas no corpo do texto são apenas "uma introdução" para que depois cada exercitante possa entrar em contemplação, demorando-se nas passagens que lhe são mais adequadas.

---

37. Nos primeiros *Directorios* percebe-se uma dificuldade em compreender o significado de tais repetições. Cf. *D* 19: 6; *D* 20: 55.63; *D* 21: 2; *D* 22: 40.59; *D* 24: 23; *D* 25: 17; *D* 31: 61.73.91; *D* 43: 126.127. Se as repetições não avançam até a contemplação, se tornam verdadeiramente insuportáveis.

Vamos olhar mais atentamente essa distribuição da Segunda Semana: O primeiro dia, como já indicamos, é dedicado ao mistério da Encarnação [101-109 e 262] e do Nascimento [110-117 e 264]. O fato de Inácio os apresentar duas vezes – no corpo do texto [101-109; 110-117] e no reagrupamento final dos mistérios [262; 264] – é significativo. Por um lado, no corpo do texto se destacam alguns aspectos que fazem a contemplação derivar em direção à meditação – os pontos que analisamos – mas, por outro lado, considera a possibilidade de que essas orientações sejam reduzidas ao mínimo, seguindo o "verdadeiro fundamento da história" [2,2], que é o que apresenta nos mistérios finais. A passagem da Anunciação [262] e do Nascimento [264] resumem com máxima sobriedade os relatos evangélicos, permitindo assim um acesso mais direto à contemplação.

Para o segundo dia [132] propõe os mistérios da apresentação no Templo [268] e a Fuga e desterro para o Egito [269]. No corpo do texto esses mistérios não estão desenvolvidos; em vez disso, eles remetem ao "verdadeiro fundamento da história" do apêndice. Isso significa que Inácio quer interferir o mínimo nas contemplações da Segunda Semana, embora deixe nas mãos de quem dá os *Exercícios* o possível desenvolvimento "meditativo" dessas passagens.

Para o terceiro dia [134] está prevista a obediência de Jesus a seus pais em Nazaré [271] e "como depois o encontraram no Templo" [272], procedendo do mesmo modo que no dia anterior.

Esse primeiro bloco de três dias prepara para a eleição: desde a Encarnação até os trinta anos de vida oculta [262-272]. Os onze mistérios propostos estão marcados por dois polos: pelo movimento descendente da encarnação e pelo movimento ascendente do crescimento de Jesus, em obediência a seus pais [134; 271,2], que prepara sua disponibilidade ao querer do Pai [135; 272][38]. Por outro lado, caímos na conta de que a cada dia se apresentam dois mistérios, que são emparelhados de acordo com uma polaridade de caráter teológico: um destaca a origem divina e o outro o aspecto humano de Cristo: Encarnação-Nascimento; Apresentação no Templo-fuga para o Egito; Jesus no Templo-Vida de obediência

---

38. Cf. ARZUBIALDE, op. cit., 565.

em Nazaré. Desse modo está presente a dupla natureza de Cristo que mencionamos anteriormente, e que o exercitante vai interiorizando como *mistério*.

Junto a essas seis contemplações se acrescenta a possibilidade de intercambiá-las ou combiná-las com mais outras cinco: a visitação de Maria a Isabel [263]; a adoração dos pastores [265]; a circuncisão [266]; a adoração dos Reis magos [267]; e a volta do Egito [270]. O exercitante pode substituí-las por algumas das anteriores, ou adicioná-las; para fazer este último, ao invés de fazer duas repetições a cada dia, adicionar matéria nova que só permitirá uma repetição. Olhando com atenção a apresentação que faz Inácio desses mistérios, descobrimos que, em relação aos relatos evangélicos correspondentes, ele suprimiu os traços perturbadores destacando apenas os consoladores. De modo que esses três primeiros dias são marcados pelo sinal da alegria, da plenitude e do gosto espiritual.

Acabados os mistérios sobre a vida oculta, o quarto dia interrompe a contemplação da vida de Cristo para *meditar* dois exercícios elaborados por Inácio que preparam para a eleição: *Duas Bandeiras* [136-147] e *Três Binários* [149-156]. Ou seja, da contemplação se volta à meditação, o que mostra que não ocorre uma progressão linear da meditação à contemplação, mas que se vai avançando à base de certos retrocessos. É que o tema da eleição requer um trabalho que não pode ser preparado somente com a contemplação.

Para o quinto dia, no corpo do texto propõe-se retomar novamente as contemplações, com a partida de Jesus de Nazaré para o Jordão e seu batismo [158; 273]. Apenas um mistério é sugerido, porque, a partir desse momento, o exercitante está trabalhando sobre as eleições. Nenhum dos mistérios que vêm a seguir estão desenvolvidos no corpo do texto, mas referidos no anexo final.

Para o sexto, propõe-se a contemplação da ida para o deserto [161,1; 274].

No sétimo, o seguimento de André e outros discípulos [161,2; 275].

Para o oitavo, o Sermão sobre as Bem-aventuranças [161,3; 278].

Para o nono, o aparecimento de Jesus no lago [161,4; 280].

O décimo, a pregação no Templo [161,5; 288].

Para o décimo primeiro, a ressurreição de Lázaro [161,6; 285].

E para o décimo segundo dia, o dia de Ramos [161,7; 287].

Além dos oito mistérios apresentados no corpo do texto, são oferecidos – no anexo final – mais oito mistérios opcionais sobre a vida pública de Cristo, perfazendo um total de dezesseis possíveis mistérios para escolher [273-288].

Por um lado, essas passagens escolhidas apresentam o mesmo conflito que encontramos nas *Duas Bandeiras* entre Cristo e as forças do mal; assim se prolonga no exercitante o combate interior que dará base à eleição. Por outro lado, paradoxalmente, esses dezesseis mistérios selecionados por Inácio apresentam a glória de Cristo[39].

- Cinco deles o revelam como o Filho de Deus: o batismo no Jordão (Mt 3,13-17) [273]; a expulsão dos vendedores no Templo (Jo 2,13-25) [277]; a transfiguração (Mt 17,1-13) [284]; a unção em Betânia (Mt 26,1-13) [286]; o Domingo de Ramos (Mt 21,1-11) [287].
- Cinco destacam seu poder divino para fazer milagres: na Bodas de Caná (Jo 2,1-12) [276]; a tempestade acalmada (Mt 14,24-33) [279]; andando sobre as águas (Mt 14,24-33) [280]; multiplicação dos pães (Mt 14,13-33) [283]; ressurreição de Lázaro (Jo 11,1-44) [285].
- Dois refletem seu poder sobre o pecado: tentações no deserto (Mt 4,1-11; Lc 4,1-13) [274]; e a conversão de Maria Madalena (Lc 7,36-50) [282].
- Dois recolhem seus ensinamentos: as Bem-aventuranças (Mt 5,1-11) [275] e pregação no Templo (Lc 19,47-48; 21,37-38) [288].
- Dois, o chamado dos discípulos: (Jo 1,35-51; Lc 5,1-11; Mt 4,18-22,9,9) [275]; e os discípulos são enviados a pregar (Mt 10,1-15) [281].

Dizemos que essa apresentação dos mistérios "Gloriosos" da vida pública é "paradoxal" (são omitidos todos os anúncios da paixão, o fracasso da pregação em Nazaré, os confrontos com escribas e fariseus etc.) porque

---

39. Cf. KOLVENBACH. *La Passion selon Saint Ignace*. In: *En partageant l'expérience d'Ignace*. Roma: CIS, 63-64 (1990), 64-65.

o Cristo que Inácio propõe seguir é o Senhor pobre e humilde, manifestado nas meditações do *Rei Eterno* e das *Duas Bandeiras*. No entanto, "ambos aspectos, o Cristo em majestade e a eleição de seu abaixamento, correspondem intrinsecamente ao centro nevrálgico da Cristologia subjacente que Inácio nos apresenta. Por trás deste panorama de grandeza divino-humana, é delineada a majestade crucificada de Deus, com a qual o indivíduo se sente interpelado a comprometer sua vida"[40].

Entre os mistérios apresentados no anexo, fora do corpo do texto, a passagem mais desenvolvida é O *chamado dos Apóstolos* [275][41]. Essa contemplação está prevista para o sétimo dia [161,2], isto é, em pleno coração do tempo da eleição. Os três chamados de Jesus apresentam uma progressão: o primeiro, feito a São Pedro e Santo André, é ter "um certo conhecimento" [275,2][42]; o segundo é "seguir de alguma forma a Cristo, com intenção de voltarem a possuir o que tinham deixado" [275,3][43]; a terceira, "seguirem para sempre a Cristo nosso Senhor" [275,4][44]. Essa progressão na determinação do seguimento de Jesus é de uma grande pedagogia. Inácio deve ter ficado impactado com as leituras desse episódio em Loyola, para que o encontremos quase literalmente em seus *Exercícios*.

Ao final dessa mesma contemplação, Inácio propõe considerar outra tríade: 1) "Como os apóstolos eram rudes e de condição humilde" [275,7][45]; 2) "a dignidade a que foram tão suavemente chamados" [275,8]; e 3) "os dons e graças pelos quais foram elevados acima de todos os Padres

---

40. ARZUBIALDE, op. cit., 569. Arzubialde está citando aqui a RAHNER, Hugo. *Zur Christologie der Exerzitien*. In: *Geist und Leben* 35 (1962), reed. In: *Ignatius von Loyola als Mensch und Theologe*. Freiburg, 1964.
41. Inácio usou aqui tanto a *Vita Christi* quanto a *Flos sanctorum*, que apresentam a chamada aos discípulos em três tempos. Respectivamente, I, 30, 1 e cap. *Sobre la vida de San André*. Arturo CODINA se inclina a pensar que Santo Inácio a tomou de Ludolfo. Cf. *Las orígenes dos Ejercicios de San Ignacio*. Barcelona: Balmes, 1926, 142.
42. Cf. Jo 1,35-42.
43. Cf. Lc 5,1-3.
44. Cf. Mt 4,18-22 e Mc 1,16-20.
45. Na *Vita Christi* lemos: "eram homens de condição rude e de baixa e pobre nascer", I, 30, 1, f. 138 v., col. 1.

do Novo e do Antigo Testamento" [275,9]. Podemos reconhecer aqui um leve reflexo das três vias: a "condição rude e humilde dos apóstolos" faz referência à via purgativa do exercitante e da condição humana em geral; a "suavidade do chamado" refere-se à via iluminativa, na qual se encontra neste momento o exercitante; e os "dons e graças" pelos quais são elevados fazem referência à via unitiva, o resultado dessa entrega ao chamado.

Conforme indicado, a eleição emerge na Segunda Semana a partir do quarto dia. Contemplando a vida de Cristo, o exercitante irá adquirindo mais e mais "conhecimento interno de nosso Senhor, para que mais O ame e O siga" [104]. A eleição vai sendo gestada, assim, através da contemplação desses mistérios, interiorizando e "refletindo" como Cristo faz em tudo a vontade do Pai, assumindo e tornando como seus o modo e o resultado desse abandono e a sua própria oferta a Deus. Inácio introduz entre essas contemplações duas meditações e uma consideração elaboradas por ele mesmo, que dão a chave de leitura – a chave hermenêutica – dessas contemplações: *Duas Bandeiras* [136-147]. *Três Binários* [149-157] e *Três modos de humildade* [164-168]. A primeira e a terceira são um prolongamento do que foi apresentado no *Chamado do Rei Eterno* [91-98]: o seguimento de Jesus, Senhor pobre e humilde. À exceção dos *Modos de humildade*, nada disso é encontrado nas fontes da Tradição.

4. Preparação para a eleição

As duas meditações inacianas (note-se, insistimos, que são *meditações* em meio de *contemplações*, isto é, que têm um caráter mais discursivo ou reflexivo que estas) estão precedidas por uma nota intitulada: "Preâmbulo para considerar estados" [135]. É dito nesse preâmbulo que, depois de ter visto o exemplo de Jesus nos dois estados de vida possíveis (laical, refletido nos anos de obediência de Jesus aos seus pais, e o de vida religiosa, quando ele permaneceu no Templo de Jerusalém, sem seus pais), "juntamente com a contemplação da sua vida, começaremos agora a investigar e a pedir em que vida ou estado Sua Divina Majestade quer se servir de nós" [135,4]. E para isso apresenta os dois exercícios que se seguem: *Duas Bandeiras*, para mostrar "a intenção" tanto de Cristo como "do inimigo da natureza humana" [135,5], e Três Binários, para mostrar "como devemos nos dispor para chegar à perfeição em qualquer estado ou vida que Deus nosso Senhor nos der a escolher" [135,6].

Em uma primeira aproximação, poderíamos dizer que *Duas Bandeiras* está mais dirigida ao entendimento e que os *Três Binários*, à vontade. Entendimento e vontade, a dupla polaridade que constitui a antropologia básica de Inácio. Entretanto, essa distinção é insuficiente, porque entendimento e vontade se entrelaçam indissoluvelmente no conhecimento e no amor. Se entrelaçam porque há um conhecimento da vontade e uma forma de amor no conhecimento.

No texto [135] há uma progressão: começa-se por "investigar e pedir"; avança-se até o "dispor-se"; para acabar acolhendo o que Deus "nos dá para escolher". Assim, a um primeiro momento ativo sucede-se uma atitude mais receptiva, mais "passiva", de abandono, na qual, mais do que eleger, acaba-se recebendo a eleição. Dito de outra forma, o princípio ativo da *vida purgativa* começará fazendo seu trabalho, para ir cedendo pouco a pouco o terreno ao princípio passivo – receptivo – da *vida iluminativa*, na qual a pessoa terá apenas que acolher os raios que se refletem sobre ela.

O exercício das *Duas Bandeiras* é proposto para ajudar a discernir a luz manifesta ou oculta desses raios; o dos *Três Binários*, para libertar todos os afetos e dirigi-los para a receptividade mais plena possível. Já vimos em seu momento[46] como o trabalho sobre os afetos passava de uma primeira pulsão espontânea – *appetitus* –, centrada em si mesmo, à afeição – *affectus* –, na qual o amor dirige-se ao outro como objeto, até o verdadeiro amor – *ágape*, em grego, e *caritas*, em latim –, em que se dá a reciprocidade entre as pessoas.

Os *Três modos de humildade* aparecerão um pouco mais adiante, por meio da consideração, para implicar, por sua vez, novamente o entendimento e os afetos. Vejamos cada um desses três exercícios com mais detalhamento.

---

46. Cf. p. 68-95 (no original, p. 55-77 [N. das T.]).

4.1. Duas Bandeiras [136-147] ou o desvelamento de duas dinâmicas opostas

Esta meditação[47] está estruturada com base em uma polaridade fundamental: Cristo-Humildade e Lúcifer-Soberba. Cada um iça a sua bandeira [136] – ou seja, seus valores, seu modo de proceder etc. – tentando convocar o número máximo de pessoas sob seu comando [137][48].

Já dissemos que a meditação é dirigida principalmente ao conhecimento: "pedir conhecimento dos enganos do mau caudilho" [139,1] e "conhecimento da verdadeira vida que mostra o sumo e verdadeiro capitão" [139,2], seguido pela inflexão dada por Inácio a todo o conhecimento de Cristo: "e graça para O imitar". Agora, pois, o recurso à imaginação [140; 143] é fundamental para acessar esse duplo conhecimento.

Lúcifer situa-se na região da Babilônia [138,2] e Cristo na região de Jerusalém [138,1]. Lúcifer é apresentado como caudilho, "como em uma grande cátedra de fogo e fumaça, com aspecto horrendo e espantoso" [140]. Por outro lado, Cristo situa-se "em um belo lugar humilde e gracioso" [144], e é apresentado como um capitão. A distinção entre "caudilho" e "capitão" não deixa de ser significativa. O *capitão* – termo que provém de *caput, capitis*, "cabeça" – é aquele que está à frente de um grupo oficialmente constituído e reconhecido, enquanto o *caudilho* – que provém de *capitellum*, diminutivo de "cabeça" – é o líder de um bando não reconhecido. Cristo, como Sumo capitão, se apresenta aberta e nobremente, enquanto Lúcifer, como um caudilho, se apresenta com enganos

---

47. As fontes literárias desta meditação são diversas: dois capítulos do *Flos Sanctorum*, um dedicado à vida de Santo Agostinho e outro a São Domingos; uma homilia de PS-BERNARDO coletada na *Vita Christi* (I, 9, 3); algumas passagens de LUDOLFO: *prólogo*, 5 e 6; I, 22,8 e 13; I, 38,3; I, 58, final de 5 e 6; I, 65,2; I, 73,2-3; I, 80, final; I, 85,5; I, 88,5; II, 1,7; II, 2,2; II, 9,1; II, 39, final; II, 87,3; ROTTERDAM, Erasmo de. *Enchiridion Militis Christiani*, art. 1; art. 3 (40 e 62); art. 19 (119). Em relação à oferta final, poderia ter sido inspirada em: LLULL, Ramón. *Llibre d'Amic e Amat*, 212 e Llibre de meravelles, VII, 1.
48. Duas dinâmicas que FESSARD interpreta como a oposição explícita entre Ser e Não ser. Cf. *La dialectique des Exercices*, vol. I, 60-61.

e turvamente, envolto em "fogo e fumaça" [140]. O mau espírito já foi apresentado como *caudilho* na *décima quarta regra de discernimento* de Primeira Semana: "também como um caudilho, para vencer e roubar o que deseja" [327].

Lúcifer chama seus demônios e os espalha por todo o mundo, "não deixando províncias, lugares, estados de vida e nenhuma pessoa em particular" [141]. Aqui novamente encontramos a dimensão universal e cósmica de Inácio, para além de um olhar moralizador, maniqueísta ou mesquinho: toda situação humana é suscetível de ser tentada. Ninguém está imunizado. E ao mesmo tempo, todo ser humano é chamado a converter-se, a ouvir o chamado de Cristo. Assim, paralelamente, Cristo "escolhe tantas pessoas, apóstolos, discípulos etc., e os envia para todo o mundo, espalhando sua sagrada doutrina por todos os estados de vida e condições das pessoas" [145].

Com a imaginação se acomodando nos dois primeiros pontos, Inácio expõe a doutrina de cada convocador: Lúcifer apresenta a escala ascendente do orgulho em três degraus: ganância por riquezas; a honra vã do mundo; para finalmente terminar em "crescida soberba" [142,2]. Cristo apresenta a escala descendente da humildade também em três degraus: primeiro em "suma pobreza espiritual" e também material; então, no desejo de afrontas e menosprezos; e finalmente a humildade [146,2-4][49].

---

49. Em uma homilia de PS-BERNARDO coletada por LUDOLFO em sua *Vita Christi*, Inácio pôde ler: "Com três exemplos o Senhor nos mostra a carreira pela qual devemos segui-lo: um é o exemplo de *pobreza*, porque neste mundo não quis ter *riquezas*, e este exemplo, torna a corrida ligeira e sem dificuldades, pois mais sem empecilho o homem atravessa por ela. O segundo é a *humildade*, menosprezando toda a glória do mundo, o que não é pouco para se manter escondido e não destruído por *vã glória* todo o bem que fizermos. O terceiro é a *paciência*, porque sofreu as adversidades com o coração alegre, e isso torna o homem forte e robusto para sofrer" (I, 9, 3). Nos livros V a XII das *Instituições Cenobíticas*, Juan CASIANO fala sobre a progressão que vai da avidez pelos prazeres ao orgulho, passando por seis paixões intermediárias (oito ao todo): prostituição, amor ao dinheiro, raiva, tristeza, preguiça e orgulho. Cf. *Philocalie des Pères Neptiques*. Bégrolles-en-Mauges: Abbaye de Bellefontaine, 1989, vol. IX, 73-100.

Lúcifer admoesta seus adeptos a "lançar redes e correntes" [142,1], enquanto Cristo "recomenda a seus servos e amigos, que envia nessa jornada, que queiram ajudar a todos trazendo-os" [146,1] a essa descida da humildade. Ou seja, o primeiro priva de liberdade, enredando com "redes" e atando com "correntes", enquanto Cristo não coage a liberdade, mas "ajuda a trazer", e o faz abertamente, respeitando a decisão de cada um. Vamos ver qual é a dinâmica que leva ao Não-Ser e qual é a que conduz ao Ser.

A dinâmica do orgulho – a pulsão de apropriação levada a seu extremo – começa com o desejo irrefreável de coisas, se prolonga no desejo de dominar as pessoas e culmina no autocentramento e na autodivinização de Lúcifer. Encontramo-nos, novamente, com a primeira meditação da Primeira Semana: a raiz de todo pecado e de todo mal é aquela retenção-apropriação das Origens, contrária ao ser de Deus, que é todo comunhão. O pecado de Adão e Eva teve a mesma progressão: a avidez pelo fruto (Gn 3,1-3) ["cobiça de riquezas"]; a pretensão de imortalidade: "não morrereis" (Gn 3,5) ["desejo de vã glória mundana"]; e a autodivinização: "sereis como deuses" (Gn 3,5) ["crescida soberba"].

A mesma dinâmica da ascensão absoluta do desejo egocêntrico aparece nas tentações de Cristo no deserto, que Inácio propõe contemplar dois dias depois [161 e 274]. Inácio segue a ordem das tentações apresentadas no Evangelho de Mateus[50]. Tomaremos aqui o Evangelho de Lucas[51] porque corresponde melhor com a progressão assinalada: a primeira tentação é transformar pedras em pão, ou seja, a "cobiça por riquezas"; a segunda, o domínio de todos os reinos do mundo, o que corresponde à "honra vã do mundo"; a terceira, a autoglorificação com um prodígio arbitrário, que remete à "crescida soberba".

"E destes três níveis induzir a todos os outros vícios" [142,3]. Ou seja, Inácio trata de revelar por onde se introduz o mau espírito ("pedir conhecimento dos enganos do mau caudilho" [139,1]), para ajudar ao discernimento dele, que na Segunda Semana atuará de forma encoberta [10,2]. Também Jesus, sendo tentado antes de iniciar sua vida pública,

---

50. Cf. Mt 4,1-11.
51. Cf. Lc 4,1-13.

foi capaz de, mais tarde, perceber mais facilmente o Tentador[52]. O desconforto visceral que causará essa meditação imaginativa de Lúcifer ajudará a detectá-lo mais facilmente quando ele se introduzir sutilmente no momento de fazer a eleição. O exercitante pode percebê-lo aqui imaginativamente, de forma repugnante: "em uma cadeira de fogo e fumo, com um aspecto horrendo e assustador" [140], lançando "redes e correntes" [142,1] sobre toda a humanidade e sobre si mesmo.

Santo Inácio não fala nessa meditação de *pecado*, mas sim de *vício*. Se o pecado é a ruptura consciente da comunhão com Deus, o vício é um estado de paralisia e de atração para o mal – para a morte, em última instância –, resultado da combinação de pecado e ignorância, quando se houver perdido a lucidez e a liberdade. Assim se revela que a absolutização do desejo leva à escravidão do autocentramento, a uma submissão do *eu* ao *eu* que tira toda a liberdade ("Se você se curvar diante de mim", diz Lúcifer a Jesus[53]), e que conduz ao não ser, porque o separa de tudo – de sua relação com as coisas –, de todos – a relação com as pessoas – e da Origem de tudo e de todos – da relação com Deus. É assim que age "o mortal inimigo de nossa natureza humana" [136].

A bandeira de Cristo apresenta uma dinâmica oposta: conduz a um despojamento máximo para fazer o *agere contra* [16,2.4; 319; 325,5] à pulsão de apropriação. O caminho para a plenitude de Ser é a atitude de receptividade – por – e de oferta – para – que vimos no *Princípio e Fundamento*[54].

Começa com pobreza espiritual, "e se Sua Divina Majestade for servida e os quiser escolher, não menos à pobreza atual" – isto é, real, material – [146,2-3]. A pobreza, tanto como atitude interior como condição de vida exterior, é por excelência o estado de dependência, que dispõe a um máximo de receptividade. Só quem é pobre e sabe

---

52. Especificamente, nos referimos a duas reações de Jesus que aparecem nos Evangelhos: a que tem diante de Pedro, quando este fica escandalizado que seu messianismo terá que passar pelo fracasso e pela morte. Cf. Mt 16,21-23; Mc 8,31-33; e a que teve no momento da aclamação da multidão após a multiplicação dos pães. Cf. Mt 14,22-23; Mc 6,45-46; Jo 6,14-15.
53. Mt 4,9 e Lc 4,7.
54. Cf. p. 153-158 (no original, p. 125-129 [N. das T.]).

que é pobre não é autossuficiente, mas experimenta continuamente que sua existência lhe é dada – por. Portanto, em sua indigência, o pobre é também um ser capaz de maior gratidão: sabe que o que lhe é dado ele não possui, mas sente-se apenas depositário, frágil tigela que acolhe o que lhe foi concedido, sem crer que o merece. Desejar pobreza material só pode ser entendido a partir daqui. Mas como isso não é natural, apenas é possível elegê-la se "sua divina Majestade for servida e os quisesse escolher" [146,3]. E essa divina Majestade não é outro senão aquele que se fez pobre e humilde, aquele que não veio para ser servido, mas para servir[55] – para –, "esvaziando-se de si mesmo e assumindo a condição de escravo" (Fl 2,7).

O próximo degrau descendente é um prolongamento do anterior: ter "desejo de afrontas e desprezo" [146,4]. Opostas à "honra vã do mundo" as afrontas e desprezo libertam da opinião que outros possam ter sobre nós. Por aqui anuncia-se o *terceiro modo de humildade* [167] que apresentaremos mais adiante. Em vez de querer estar em uma posição de domínio social, propõe-se querer ocupar o último lugar e não ser considerado por ninguém. Essa violência psicológica aparentemente antinatural[56] é, na verdade, um antídoto sobrenatural: a necessidade de ser reconhecido por outros se transforma em uma identificação íntima com Aquele que "esvaziou a si mesmo" (*ekénosen*) e "tomou a condição de escravo" (Fl 2,7). Essa é a única razão para passar "afrontas e injúrias": "para nelas mais O imitar" [147,3]. Traços kenóticos da *vida unitiva* – isto é, de participação e identificação com o rebaixamento de Cristo – são vislumbrados aqui. No extremo do abaixamento há um máximo de comunhão, como no extremo da autoelevação havia um máximo de separação[57].

O nome dessa comunhão no abaixamento é *humildade* "porque destas duas coisas [pobreza e menosprezos], se segue a humildade; e estes três graus induzem a todas as outras virtudes" [146,4.6]. Humildade provém de húmus, "terra" em latim. A terra é o que está mais embaixo, o último. Em termos de agronomia, o *húmus* é a porção fecunda de um

---

55. Cf. Mt 20,28.
56. Em termos de psicologia profunda, trata-se de uma "castração simbólica".
57. Satán, em sânscrito, significa "o que separa".

terreno. Humildade significa, então, "terra fecunda". Ela é o que mais nos assemelha a Cristo, porque Ele veio buscar ao último fazendo-se o último, o mais baixo: "Vinde a mim todos os que estais cansados sob o peso do vosso fardo, e eu vos darei descanso. Tomai sobre vós o meu jugo e aprendei de mim, porque sou manso e humilde de coração" (Mt 11,28-29). Ou seja, para ir a Jesus, não devemos subir, mas descer, em direção à terra fértil do seu Coração, acessível a todos.

A humildade é, talvez, o mais divino dos atributos de Deus, na medida em que é o mais paradoxal[58]. Participar de tal paradoxo é um dom. Em nosso mundo, o despojar-se é aniquilação e a humildade, humilhação. Na vida de Deus, despojar-se é o próprio nome da plenitude e humildade, o nome da mútua receptividade e doação. E ambos são nomes de Amor. Porque Deus é amor, isto é, esvaziamento infinito de si mesmo na circularidade das três Pessoas e esvaziamento de si mesmo para a sua Criação. A criação é o esvaziamento de Deus fora de si mesmo para dar lugar à participação. Deus cria dando-se, isto é, esvaziando-se. Esse esvaziar-se de Deus em nós e para nós é a sua humildade. Assim o entendeu Inácio. Por isso pôde escrever: "destes três graus induzem a todas as outras virtudes" [146].

Uma vez que é dom participar desse movimento *divino* e, portanto, *divinizador*, Inácio propõe um tríplice colóquio: 1) dirigido a Maria [147,1-3], a mulher humilde por excelência, ou seja, aquela que foi capaz da máxima receptividade, acolhendo a doação total de Deus nela: "A minha alma proclama a grandeza do Senhor [...] porque olhou para a humildade de sua serva" (Lc 1,46.48); 2) dirigido ao Filho [147,4], a Pessoa divina autora e reveladora da kénosis de Deus; 3) e dirigido ao Pai, a Fonte abismal e originária de toda doação, Amor infinito fluindo constantemente, gerando continuamente ao Filho, "em quem todas as coisas foram criadas" (Cl 1,16).

No mesmo dia Inácio propõe que "se faça a meditação dos Três Binários de homens, para abraçar o melhor" [149,1].

---

58. Cf. VARILLON, François. *L'humilité de Dieu*. Paris: Centurion, 1974.

4.2. Três Binários [149-157] ou o sutil autoengano dos afetos

Se a meditação precedente estava dirigida mais à inteligência, esta vai mais dirigida aos afetos. De todos os elementos dos *Exercícios*, deixando o tema estruturante da eleição à parte, a meditação dos *Três Binários* é a mais original. Não encontramos nada parecido com ela nas fontes que Inácio pôde consultar.

Binário era o termo usual com o qual se designava, nos sécs. XV e XVI, de forma indeterminada, a alguma classe ou tipo de pessoas, como se vê, por exemplo, nos tratados de Santo Antônio de Florença ou em Pedro Lombardo[59]. Recentemente, Borja de Medina especificou que Inácio poderia ter tomado esta terminologia das companhias marítimas de Sevilha ou Gênova, que costumavam ser formadas por uma dupla: pelo sócio que permanecia em seu posto (*socius stans*) e pelo sócio que embarcava e ia até o local onde o negócio era efetuado (*socius tractator*)[60]. Foram dadas outras belas explicações sobre essas binas: desde as que as binas eram uma referência evangélica aos chamados e envios que Jesus fez de seus discípulos dois a dois, até que a bina representa a divisão interior que temos entre duas vontades[61].

Em todo caso, o que Inácio quer destacar é que existem três atitudes possíveis diante da decisão de desprender-se de algo. E para isso ele usa esta parábola, de modo que, refletindo sobre essas atitudes em três tipos de personagens, seja mais fácil para o exercitante reconhecer-se em algum deles[62]. O fato de a parábola colocada por Inácio referir-se ao mundo

---

59. Mais tarde, o nome de Binário foi alterado para Titius ou Caius. Cf. IPARRAGUIRRE, Luis Gonzales-Inácio. *Exercícios Espirituais. Comentário pastoral*. Madrid: BAC, 1965, 285.
60. Cf. art. cit., 71-74. Medina fornece dados que mostram a possibilidade de ganhar 10.000 ducados legalmente em uma única operação mercantil.
61. Cf. H. PINARD DE LA BOULLAYE. *Exercices Spirituels selon la méthode de Saint Ignace*, t. I. Paris: Beauchesne et ses Fils, 1944, 164.
62. No *Directorio Oficial* de 1599 outra comparação é sugerida: "A de três doentes que com certeza querem ser curados, mas o primeiro não quer tomar nenhum tipo de remédio porque são amargos, ou fazer cirurgia porque é doloroso. O segundo está disposto a tomá-los, mas apenas aqueles

dos negócios e do dinheiro marca o contraste com o ideal de pobreza que perpassa todos os *Exercícios*.

Bem, nos três casos, o ponto de partida é favorável: "Todos querem salvar-se e encontrar a Deus nosso Senhor em paz" [150,2]. O exercitante se encontra nessa disposição, no umbral da eleição. A riqueza que têm não foi "pura ou devidamente adquirida por amor a Deus", mas tampouco foi adquirida ilicitamente. O que está em jogo não é a legitimidade da posse, mas a liberdade interior para "desejar e conhecer o que é mais agradável a sua divina Bondade" [151]. O que essa parábola pretende mostrar é que o afeto por uma posse priva da liberdade para eleger "o que mais for para a glória de sua divina Majestade e saúde de minha alma" [152]. "Desejar e conhecer", diz o texto. Essa meditação coloca às claras como o desejo afeta o conhecimento. Só na ausência dos próprios desejos, Deus pode fazer ouvir seu desejo no íntimo do coração humano – o homem como um *ser vetorial*.

A *composição vendo o lugar* é "ver-se a si mesmo, como está diante de Deus nosso Senhor e de todos os seus santos" [151]. Diante deles o exercitante fez a oferenda ao Rei Eterno [98]. Deus e os santos são a imagem da doação total, e daqueles que, do céu, têm total liberdade para amar e dar plena glória a Deus, pois são os que "não amaram tanto a vida a ponto de ter medo morte" (Ap 12,11). Por outro lado, esse "ver-se" sugere tanto a imagem do espelho quanto a imagem de transparência: para poder ver-se além de si mesmo é preciso trans-passar-se, trans-parentar-se; e para descobrir em si mesmo a imagem que quer imitar – o Senhor e seus santos – há que tornar-se um espelho sem mácula, que não deforme ou turve o reflexo que se projeta sobre ele. Retornaremos a isso mais adiante.

O *primeiro binário* [153] representa a atitude superficial e refratária: como a daqueles que, embora quisessem tirar o afeto que os liga à sua posse, não colocam os meios para se libertarem até a hora de morte.

---

que ele julga e aprova, não aqueles que são adequados à sua doença, como, por exemplo, se não quiser se abster de vinho ou coisas assim. O terceiro, enfim, se coloca totalmente nas mãos do médico, para que ele lhe mande uma dieta ou que queime ou que arda, inclusive os membros, se necessário" (214).

Um dos métodos de eleição que encontraremos mais à frente será precisamente o de confrontar-se com a morte: "Considerai, como se estivesse na hora da morte, a forma e a medida que então quereria ter tido no modo de fazer a presente eleição" [*segundo modo do terceiro tempo*, 186]. Não basta o querer, tem que colocar os meios para fazer isso. Inácio é um homem concreto e eficaz. Na ação, o ser humano mostra o que é. Na mais "elevada" das contemplações, a *Contemplação para alcançar amor*, Inácio recordará que "o amor se deve colocar mais em obras do que nas palavras" [230,2]. As intenções e as palavras não são reais até que sejam colocadas em ação no concreto da história, que as transforma em obras, ou seja, em formas no mundo, para a transformação do mundo. Porque o homem é um ser-no-mundo.

O mundo é o cenário da decisão; e a história, o "espaço" que nos possibilita a tomada de decisões. Não há Redenção sem Encarnação. É na história, em cada momento presente, por onde o Reino vem. Com a morte termina nossa possibilidade de eleger, e entramos no Mais Além com a bagagem de nossas ações, com a bagagem do nosso amor historicizado, ou seja, atuado[63]. Meditando sobre esse primeiro tipo de homem, o exercitante descobre a insuficiência da mera intenção; e descobre até que ponto sua afetividade está livre ou não para passar à decisão. Se não tiver superado esse estado, tem que voltar atrás. A imagem da morte tem um caráter de purificação radical que remete às meditações da Primeira Semana.

O comportamento do *segundo binário* é de uma perversão sutil [154]: quer tirar o afeto, mas de forma que fique com a coisa adquirida. É uma atitude "perversa" porque se apropria da realidade de cabeça para baixo: sua imagem sobre a realidade é mais forte do que a própria realidade.

Ele faz que "Deus venha aonde ele quer, e não se determina a deixá-la para ir a Deus". É um autoengano: a pessoa acredita ser livre, mas não é, senão que acomoda ou manipula a vontade de Deus em função de sua própria vontade. A força do afeto dependente distorce a percepção da realidade. Nessas condições, é impossível discernir a vontade de Deus. A pessoa acredita que está se deixando conduzir, mas na verdade

---

63. Cf. Mt 25.

é ela quem se dirige. E não ela, mas o afeto desordenado nela. Com isso evocam-se as "redes e cadeias" do exercício anterior.

Aquele que se encontra nessa atitude não percebe ainda a natureza radical da mistagogia de Deus para com ele: se realmente quer deixar-se conduzir, se realmente quer "ir até Deus" [154], deve despojar-se de todos os afetos[64]. Se ao invés de "ir até Deus", é ele que O faz vir, Deus fica reduzido ao espaço do próprio desejo, em vez de estar aberto à expansão infinita do desejo de Deus. A vontade de Deus apenas pode se revelar se houver abertura. Abertura é outro nome de *indiferença*. Como também o poderia ser a disponibilidade. E o nome moderno dessa abertura-indiferença-disponibilidade é liberdade.

Essa disposição é o que representa o *terceiro binário* [155]: representa aquele tipo de pessoa que de tal modo tira o afeto ao que possui, que é livre para querer ou não o querer, em função do querer de Deus. Nessa terceira atitude, o exercitante fica diante da realidade como ela é. "somente deseja querê-la ou não a querer (a coisa adquirida), conforme Deus nosso Senhor lhe puser na vontade, e a tal pessoa lhe parecerá melhor para o serviço e louvor de sua divina Majestade" [155,2]. Reencontramo-nos com a *synergeia* inaciana, que é a reciprocidade: por um lado, será Deus quem "colocará na vontade"; mas, ao mesmo tempo, intervêm o parecer e o querer da pessoa que se deixa "colocar" e que quer desejar o que Deus deseja. Para Deus "colocar na vontade" do exercitante seu querer, este, por sua vez, deve colocar "força de não querer isso, nem qualquer outra coisa, se não é movido ao serviço de Deus nosso Senhor". Ou seja, dá-se uma circularidade completa: o querer de Deus impele a vontade do homem, e o querer do homem abre-se para acolher a vontade de Deus. Quanto maior renúncia do próprio querer, maior manifestação da vontade de Deus; quanto maior manifestação desse querer, maior força para renunciar ao próprio querer.

O exercitante encontra aqui o ideal anunciado no início de todo o caminho: a indiferença e a pureza de coração para poder perceber o fim

---

64. Ressoa aqui o poema da *Subida ao Monte Carmelo* de São João da Cruz: "Para chegares ao que não sabes, hás de ir por onde não sabes. Para chegar a possuir o que não possuis, hás de ir por onde não possuis. Para chegares ao que não és, hás de ir por onde não és." (versos 11-16).

para o qual foi criado: o serviço e o louvor de Deus [23], através do caminho preciso e concreto que o próprio Deus deseje manifestar-lhe. Conhecendo agora melhor as ataduras do pecado e a tirania de seu próprio desejo, é capaz de se sentir mais livre para "não querer de sua parte mais saúde do que doença, riqueza do que pobreza, honra do que desonra, vida longa que curta" [23,6]. Além disso, até foi capaz de pedir mais pobreza do que riqueza [98,7; 147,3], mais desonra que honra [98,7; 147,4], atraído pelo movimento kenótico de sua divina Majestade. O conhecimento interno do Senhor, que por mim se fez homem, vai despertando tal amor e desejo de seguimento [104], que estar com Ele e Nele vai se convertendo em um único querer.

A expressão desse desejo de identificação máxima com a kénosis de Cristo é a consideração dos *Três modos de humildade* [164-168].

4.3. Três modos de humildade [164-168] ou os graus descendentes do amor

Os *Três modos de humildade*[65] [164-168] estão precedidos pela seguinte nota:

> Antes de entrar nas eleições, para a pessoa se afeiçoar à verdadeira doutrina de Cristo nosso Senhor, aproveita muito *considerar* e advertir nos seguintes três modos de humildade, *considerando* sobre eles, aos poucos, durante todo o dia [164].

a. O exercício da "consideração"

A *consideração* não é uma *meditação* nem uma *contemplação*. Considerar provém do termo latino *con-siderare*, que etimologicamente

---

65. Esta parte pode ter vindo do anexo final do *Compendio*, de onde Inácio pôde encontrar um resumo dos *doze graus de humildade* da Regra de São Bento (cap. 7 da *Regra, De Humilitate*). Cf. *Cb*, 498-511. Por sua vez, esses doze graus foram retirados do Livro IV de *As Instituições Cenobíticas de João Cassiano*. Cf. SCh 109 (1965).

significa: "unir-se às estrelas"[66]. A con-sidera-ção, entendida assim, é mais que uma mera reflexão; é mais uma assimilação, uma progressiva aproximação ou comunhão com o que se *con-sidera*.

São Bernardo distingue a *consideração* da *contemplação* e que esta "consiste na certeza das coisas, enquanto aquela, consiste mais em sua busca"[67]. E apresenta três graus de consideração: um que usa os sentidos (*dispensativa*); um que examina cada coisa com atenção e prudência para chegar ao conhecimento de Deus (*estimativa*); e o que se recolhe em si mesmo e, na medida em que é ajudado por Deus, se desfaz de todas as coisas criadas para contemplar somente a Deus (*especulativa*)[68]. Encontramos de novo uma subida em três graus que pode ser colocada em paralelo com as *três vias*. A consideração proposta por Inácio para esse exercício corresponderia à *estimativa*, própria da *via iluminativa*.

O termo *considerar* aparece dez vezes como um substantivo[69], e quarenta e sete vezes como verbo[70]; "*pensar*" aparece vinte vezes[71], e quase sempre nas notas e adições, nunca como um verbo dos exercícios de meditação, consideração ou contemplação; pelo contrário, "*olhar*" aparece cinquenta e uma vezes[72], muitas delas como sinônimo de "considerar". Ou seja, a *consideração* tende a identificar-se com o *olhar*, como uma

---

66. Cf. ERNOUT, A.; MEILLET, A. *Dictionnaire Étymologique de la langue latine*.
67. *La Consideració*. Barcelona: Facultat de Teología de Catalunya – Fundació Enciclopèdia Catalana, Col. *Clàssics del Cristianisme* 10, 1989, liv. II, 5, p. 69. Este tratado, o último das obras de SÃO BERNARDO (1152-1153), é dirigido ao Papa Eugênio III, um monge cisterciense, um antigo discípulo seu, para ajudar a conduzi-lo da ação à contemplação.
68. Ibid., liv. V, 1-4, 126-129.
69. Cf. [4,2; 78,1; 95,3; 127,2; 127,2; 214,2; 215,1; 242,2; 252,2; 252,2].
70. Cf. [38,4; 39,6; 47,5; 59,1; 75,2; 94,1; 95,2; 96,1; 106,3; 112,1; 116,1; 135,1; 135,2; 141,1; 142,1; 144,1; 145,1; 146,1; 164,2; 164,2; 177,1; 181,1; 181,2; 185,1; 186,1; 187,1; 189,6; 192,1; 195,1; 196,1; 197,1; 202,1; 208,10; 208,11; 214,1; 223,1; 234,3; 236,1; 239,1; 241,1; 248,1; 248,2; 275,7; 289,3; 320,1; 340,1; 344,4].
71. Cf. [12,2; 73,2; 78,1; 89,4; 109,1; 187,1; 189,10; 229,3; 229,4; 241,1; 242,1; 242,1; 254,1; 280,3; 302,4; 321,2; 323,1; 324,1; 324,2; 341,1; 347,1].
72. Cf. *Concordancia Ignaciana*. Bilbao: Mensajero-Sal Terrae, Col. *Manresa* 16 (1996).

ação que está a meio caminho entre o escrutínio analítico de um objeto e sua percepção sintética.

Inácio não retém o exercitante na discursividade da meditação; em vez disso, vai direcionando-o para a compreensão intuitiva do exercício de contemplação, passando pelo estágio intermediário da *consideração* que *olha*. Recordemos que o terceiro ponto de todas as contemplações sobre a vida de Jesus consiste em "olhar o que fazem as pessoas" [108; 116; 194,3; 222]. Além disso, no segundo exercício da Segunda Semana se diz explicitamente: "olhar ou *considerar* o que fazem as pessoas" [116]. Esse *olhar* está seguido de um "ver" (primeiro ponto) e um "ouvir" (segundo ponto). A diferença entre "ver" e "olhar" está em que o "olhar" é um aprofundamento do objeto que primeiro foi visto.

Voltando ao exercício em questão, a *consideração sobre os Três Modos de Humildade* está situada em um lugar-chave: no pórtico imediato das eleições, mais próxima ainda a elas do que as duas meditações anteriores. Se *Duas Bandeiras* iluminavam a inteligência e *Três Binários* estimulavam o afeto, *Três Modos de Humildade* convocam, ao mesmo tempo, a inteligência e a vontade em um impulso para uma identificação cada vez maior com o modo da máxima revelação do ser de Deus: sua humildade, convertida por nós em humilhação. A união da inteligência e da vontade é o que constitui o amor que, para Inácio, significa reciprocidade entre amantes e eficácia em atos [231 e 230]. Portanto, não é de se estranhar que nas notas que o Dr. Pedro Ortiz tomou sobre as eleições durante os *Exercícios* que fez em Monte Casino em 1538, sob a direção de Santo Inácio, esses *Três Modos de Humildade* se apresentem como *três graus do amor de Deus*[73].

Por outro lado, Inácio sugere que esse exercício termine com o mesmo tríplice colóquio que vimos nos dois exercícios anteriores [168; 147; 156]. Isso significa que essa consideração pode ser tomada como uma "meditação contemplativa", sem preâmbulos, mas com os três pontos clássicos. Esse exercício pode substituir as cinco contemplações do dia, uma vez que se propõe a "considerar aos poucos durante o dia" [164,2]; se assim for, os colóquios cobram muito importância e podem chegar a

---

73. Cf. MHSI, *Ex. Spir.*, 635.

preencher o dia inteiro. Algo semelhante será proposto para o último dia da Terceira Semana [208,9-11], em que não se dão pautas concretas para contemplação alguma, mas que se deverá "considerar, todo aquele dia quanto mais frequentemente puder, a contemplação de toda a paixão junta" [208,10]. Ou seja, com os *três modos de humildade*, entramos mais claramente na dimensão contemplativa do que com os exercícios anteriores, e a palavra se enche de silêncio.

b. O primeiro modo de humildade [165] ou a humildade da obediência

O *primeiro modo de humildade* é necessário para a salvação eterna, a saber, que assim me abaixe e assim me humilhe o quanto a mim seja possível, para que em tudo obedeça à lei de Deus, nosso Senhor, de tal sorte que, mesmo que me fizessem senhor de todas as coisas criadas neste mundo, nem pela própria vida temporal eu esteja a deliberar se hei de infringir um mandamento, quer divino, quer humano, que me obrigue a pecado mortal [165,1].

Esta *primeira maneira de humildade* corresponde ao *primeiro grau de humildade* de São Bento[74], no que se refere a obedecer em tudo "a lei de Deus nosso Senhor" [165,1]. Também tem uma certa relação com a oitavo grau de São Bento, na medida em que se refere à obediência ao mandamento humano, isto é, a uma *Regra* religiosa com a qual o exercitante pode ter se comprometido[75].

São Bento se expressa em termos de temor e de ofensa para motivar a pensar, falar e agir sem cometer pecado[76]. Inácio também deixa claro

---

74. No *Compendio* Santo Inácio pôde ler: "O primeiro grau de humildade que o monge deve subir é colocar diante de seus olhos o temor de Deus, e daqui ele não se esquecerá; e não o esquecendo, guardar de não O ofender; e para não O ofender, guardará seu coração de maus pensamentos, sua boca de más palavras e suas mãos de más obras; e se O tiver na frente, conhecerá que Deus sabe quando pensa, quando fala e quando trabalha", *Cb*, 499.
75. O oitavo grau contido no *Compendio* diz: "Se o monge não faz outra coisa senão o que a regra comum do mosteiro determina, ou os exemplos dos mais velhos admoestam" (*Cb*, 506).
76. Perceba-se que essas são as três seções do *Exame de Consciência* [33-42].

que o que está em jogo é a "salvação eterna" [165,1] e que se deve evitar qualquer escolha "que me obrigue a pecado mortal" [165,2]. Voltamos a encontrar aqui com o tema do temor que vimos na Primeira Semana. Isso significa que a etapa purgativa está sempre latente.

No entanto, no *primeiro modo de humildade* inaciana não se fala do temor, nem se é motivado por ele, mas pela obediência que brota da confiança. O exercitante já percebeu a "fealdade e malícia" que o pecado mortal contém em si mesmo [57]. Essa "fealdade e malícia" do pecado é isolamento de Deus e o tormento do homem [65-71]. O pecado é mortal porque conduz por si mesmo à morte, ao Não-Ser. A percepção de que perder a comunhão com Deus é a coisa mais mortífera que pode acontecer ao ser humano faz com que o exercitante se sinta capaz de renunciar a todas as coisas do mundo e à própria vida [165,2] desde que ele não seja forçado a pecar mortalmente.

É *humildade* porque implica fiar-se radicalmente de que a lei de Deus é o caminho da riqueza autêntica e da vida autêntica. Esse fiar-se implica que "me abaixe e me humilhe o quanto em mim seja possível, para que tudo obedeça à lei de nosso Senhor" [165,1]. O primeiro pecado do ser humano foi a desobediência [51], e causou ganância e orgulho. Então, para restaurar a imagem e semelhança que supõem a identificação progressiva com o Filho de Deus, deve-se começar pela humildade da obediência. Ser capaz de renunciar a "ser senhor de todas as coisas criadas neste mundo" e à "própria vida temporal" [165,2], com a condição de não cometer pecado mortal, supõe ter avançado muito no que diz respeito ao que foi meditado na Primeira Semana. Supõe haver se libertado daquelas "afeições desordenadas" do início [1,3], que deveria tirar de si "para buscar e encontrar a vontade divina na disposição de sua vida para a salvação da alma" [1,4]. Mas, desejar não cometer pecado mortal é apenas um primeiro grau de humildade, isto é, de amor.

c. O segundo modo de humildade [166] ou a humildade da indiferença

O *segundo modo de humildade* "é mais perfeito que o primeiro" [166,1]. Trata-se de alcançar aqui o estado de indiferença anunciado no *Princípio e Fundamento*:

Se eu me acho em tal ponto que não quero nem me apego a ter riqueza que pobreza, desejar honra do que desonra, desejar vida longa que curta, sendo igual serviço a Deus nosso Senhor e salvação da minha alma [166,1-2].

Corresponde ao *segundo grau de humildade* de São Bento na medida em que há um confirmar-se pleno com a vontade de Deus[77].

A essa completa indiferença e disponibilidade à vontade de Deus, a essa renúncia de fazer a própria vontade e satisfazer os desejos próprios, Inácio acrescenta uma nuance: "Que nem por tudo o que foi criado, nem que me tirassem a vida, eu não esteja a deliberar se hei de cometer um pecado venial" [166,2]. Encontramos novamente a distinção entre pecado mortal e pecado venial que vimos no Exame de consciência [33-37]. Aqui reaparecem a delicadeza, o requinte do amor; bem como a necessidade de transparência para o conhecimento, aquela pureza de coração que nos permite "ver a Deus"[78]. Pecado venial é o sutil afastamento da vontade de Deus e, nesse sentido, é obscurecimento[79].

Há de se recordar que esse exercício está preparando a eleição. O pecado, em sua dimensão afetiva, é paralisia; em sua dimensão cognitiva, é opacidade. O pecado venial vai depositando como uma camada de poeira que impede a plena percepção da vontade de Deus. Teresa de Jesus dirá: "Dos pecados veniais prestei pouca atenção, e foi isso que me destruiu"[80].

Estar disposto a renunciar a tudo que foi criado e à própria vida para não se desviar um mínimo da comunhão com Deus implica um alto grau

---

77. Santo Inácio pôde ler no *Compendio*: "O segundo grau é que o monge não ame nem sua própria vontade, nem se deleite em cumprir seus próprios desejos, imitando aquela voz do Senhor que diz: *Eu não vim para fazer a minha vontade, mas a de meu Pai que me enviou*. E se o Filho de Deus não faz sua vontade sendo Senhor, menos há de fazer o monge sendo súdito" (C*b*, 500).
78. Cf. Mt 5,8.
79. Cf. BALMA, Hugo de. *Sol de Contemplativos*, cap. 18. *Que a alma devota deve pedir perdão pelos pecados veniais e deve se manter muito longe dos mortais*, 85.
80. *Vida*, cap. 4,7 e cap. 5,3.

de receptividade. Entretanto, ainda é possível mais, ainda é possível um grau mais elevado de amor.

d. O terceiro modo de humildade [167] ou a loucura do amor

A *terceira humildade* é perfeitíssima, isto é, ao incluir a primeira e a segunda, sendo igual louvor e glória da divina Majestade, para imitar e se assemelhar mais a Cristo nosso Senhor atualmente, eu quero e escolho mais pobreza com Cristo pobre do que riqueza, injúrias com Cristo cheio delas que honras, e desejo mais ser tido por insensato e louco por Cristo, que primeiro foi tido por tal, que por sábio ou prudente neste mundo [167][81].

O terceiro modo de humildade é "humildade perfeitíssima". [167,1] porque entra na órbita do amor e da relação pessoal com Cristo, deixando atrás a estrutura da lei – a referência ao pecado mortal e venial dos dois graus anteriores. Nessa relação pessoal, a adesão já não é a um programa de vida mais ou menos sedutor, mas diretamente à pessoa de Cristo, além de toda lógica ou justificação, que ainda estariam no reino das razões e do discurso – os dois primeiros graus. Trata-se de alcançar o amor puro, mais além de toda atração ou repulsão centradas ainda sobre si mesmo.

O termo "perfeitíssimo" nos remete à progressão dos estados na vida espiritual: *iniciantes, avançados* ou *evoluídos, e perfeitos*. Visto que aqui se trata de "humildade perfeitíssima", estamos já num estado de "perfeição", que é outro modo de falar da *vida unitiva*[82]. Assim, esse

---

81. O terceiro, quarto e sexto graus de humildade de São Bento referem-se de algum modo a esta humilhação que contém a humildade.
82. Em DIONISO, o areopagita, a perfeição é o retorno à semelhança divina. O estado dessa semelhança é a união com Ele. Cf. *La Jerarquía divina*, III, 2. Em Hugo de BALMA, o termo da perfeição é também a união: "Subindo-se do mais alto grau do talante da vontade, seja terminada (aperfeiçoada) pela grandeza do amor que a tornará um espírito com Deus". *Sol de Contemplativos*, cap. 4, 41; "A criatura alcança sua excelência e perfeição quando se torna e se une Àquele que é seu princípio e Criador", ibid., cap. 24, 106. García de Cisneros também as identifica: "Convém agora dizer da

terceiro modo de humildade é "humildade unitiva". Nas oblações ao Rei Eterno [98] e a Cristo como sumo capitão [147] já havia sido feita menção ao desejo de passar pobreza, afrontas e menosprezos "para neles mais O imitar" [98,3; 147,3]. Mas aqui se adiciona algo mais:

> E desejar mais ser tido por insensato e louco por Cristo que primeiro foi tido por tal, que por sábio ou prudente neste mundo [167,4][83].

O próprio Inácio foi elogiado pelos monges de Montserrat como "aquele peregrino que era louco por amor a nosso Senhor Jesus Cristo"[84]. E em seu retorno de Jerusalém, perto de Genova, também foi considerado como tal, mas não com admiração, e sim desprezo. Preso por alguns soldados, temendo que ele fosse um espião, o peregrino comportou-se de tal forma durante o interrogatório (não respeitou as normas de cortesia, não fazendo as reverências nem chamando de "sua senhoria" ao capitão que o interrogou), que este "o teve por louco, e então disse aos

---

via unitiva e perfectiva, a qual a alma se une com Deus e torna-se perfeita", *Ejer*, cap. 26, p. 232, l. 9-10.

83. A menção à loucura não aparece em São Bento nem no *Compendio*. Ao invés disso, é mencionada no cap. 38 no *Ejercitatorio*: "Consideremos da mesma forma que o amor de Deus era tal em alguns, que os fazia em tudo e todo desprezar o mundo e esquecer-se dele, assim como o amor mundano faz esquecer a Deus; e que era tão forte e ardente e, assim, enraizado no coração, que não poderia nem sabia voluntariamente, espontaneamente nem livremente pensar em outro lugar, nem temer o menosprezo, ou não se curar das afrontas ou imprecações ou perseguições, nem mesmo a morte temesse por causa deste amor de Deus; [...] no julgamento do mundo fosse assim tido por louco e embriagado", p. 294, l. 4-15. Esse texto foi retirado de Juan Gérson, *De Monte Contemplationis*, cap. 20, *Sobre qual há de ser o amor de Deus que o contemplativo deve ter*. O tema da loucura de amor por Cristo é encontrado também em Ramón Llull, em sua obra *Llibre d'Amic e Amat* (cf. n°s 70-74; 78; 177; 212; 236; 242; 254; 280; 294; 359), que o peregrino pode ter conhecido durante seus dois anos de estadia em Barcelona. Este tema também aparece em *La Imitación de Cristo*: "Você deve ficar louco por Cristo se quiser levar uma vida religiosa" Lib. I, cap. 17.
84. Citado em uma carta do Pe. Antonio Araoz, MHSI, *Ign.*, s. IV, 731-736.

que o trouxeram: – Este homem não tem juízo; dê-lhe suas coisas e expulse-o"[85]. Naqueles momentos teve uma consolação muito grande, e como "uma representação de quando levaram Cristo [prisioneiro]". Anteriormente, em Jerusalém, maltratado pelo vigilante do Monte das Oliveiras, também foi favorecido por uma grande consolação, em "que lhe parecia que via a Cristo sempre sobre ele"[86].

Ou seja, Inácio teve experiência de que quando mais desprezado era pelos homens, mais livre e mais identificado se sentia à kénosis de Cristo. E de que esse esvaziamento de si mesmo lhe abria os olhos interiores para perceber a Cristo. A mesma coisa lhe havia acontecido no caminho de Pádua, na viagem de ida a Jerusalém: ficou para trás do grupo dos peregrinos porque sua claudicação não lhe permitia ir rápido como o grupo. A noite já havia caído e ele foi deixado sozinho e desamparado, "Em um grande campo; no qual, estando ele, lhe apareceu Cristo da maneira que costumava lhe aparecer [...] e o confortou muito"[87].

Assim, acreditamos que Santo Inácio situa o desejo de ser humilhado, desprezado e tomado por louco no portal da eleição porque experimentou que esse abaixamento extremo era fonte de maior liberdade e de maior lucidez. É o que diz em uma carta endereçada a Ascanio Colonna: "Sofrendo efeitos contrários na terra, a alma elucidada, e o relento eterno iluminado, estabelece seu ninho no alto, e todo seu desejo em não desejar outro senão Cristo, e aquele crucifixo, porque nesta vida crucificado, para a outra suba ressuscitado"[88]. Quer dizer, o despojamento máximo – a identificação com Cristo crucificado – ilumina e esclarece a alma; pela kénosis ("nesta vida crucificado") o desejo alcança sua transfiguração, sua divinização ("para a outra suba ressuscitado").

Pelo *terceiro modo da humildade*, o desejo é conduzido ao lugar de sua transformação, e dessa maneira se produz a iluminação da eleição, a revelação da vontade de Deus para cada um. E assim se manifesta a unidade do ser humano: a dimensão volitivo-afetiva influi diretamente

---

85. *Autobiografia*, 51-53.
86. Ibid., 48.
87. Ibid., 41.
88. De 15 de abril de 1543 *in*: IGNACIO DE LOYOLA. *Obras Completas*. Madrid: BAC, 1977, 692.

sobre a capacidade cognitiva. Dependendo da disposição interior, será capaz de perceber em maior ou menor grau a vontade de Deus. Quanto maior o despojamento, maior receptividade, maior capacidade de receber a iluminação, o conhecimento da vontade de Deus.

Essa relação entre humildade e conhecimento está explicitada em toda a tradição espiritual tanto do Ocidente como do Oriente[89]. O próprio García de Cisneros explicita esse vínculo entre contemplação e humildade[90].

É importante entender no que implica o tema da loucura na mistagogia dos *Exercícios* e no fato de aparecer neste momento preciso do percurso. A loucura é um tema clássico na história da mística e da espiritualidade: o que parece alienação aos olhos do mundo, resulta ser a máxima lucidez[91]. Assim o expressa São Paulo: "Cristo crucificado é

---

89. Na *Imitación de Cristo* lemos: "Quanto mais humilde e sujeito a Deus o homem se faz, mais sabedoria e paz perceberá em todas as coisas", Lib. I, cap. 4, 8. Em uma carta de Santo Inácio a Francisco de Borja encontramos: "Estou bem convencido de que quanto mais uma pessoa é versada e experiente em humildade e caridade, tanto mais sentirá e conhecerá até mesmos as cogitações muito pequenas, e outras coisas delicadas que lhe impedem e perturbam", *Cartas finais* de 1545. BAC, 702. Quanto à sua importância na espiritualidade do Oriente, ver: MELLONI. *Los Caminos del Corazón. El conocimiento espiritual en la Filocalia.* Maliaño (Cantabria): Sal Terrae, Pozo de Sequien 68, 1995, 51-67.
90. Cf. *Ejer*, cap. 31. *Que la gran literatura es ciencia y no sapiencia, y que a los contemplativos no es necesaria de todo en todo*, 274-276. Sua fonte é: GÉRSON, Juan. *De monte contemplationis*, cap. 1-2. Com este tema termina o percorrido da *Theologia Mystica* do Hugo de BALMA: "A humildade e a gratidão são como dois braços com os quais alcança o coração maior proximidade a Deus, porque a humildade o prepara e abre espaço para caber o que for colocado nele [...]. Porque a água da graça divina se recolhe nas terras baixas da humildade", *Sol de Contemplativos*, cap. 37, *Quanto mais o coração for iluminado tanto mais ele se humilha sob as mãos de Deus*, 142-143. Da mesma forma, conclui a *Carta a los hermanos de Monte Dei*, de Guillermo de SAINT-THIERRY: "Só o amor humilde de um coração puro poderá ver e alcançar o Inefável", III, 296, p. 124; também em: ibid., 272-273, 115-116.
91. A partir do final do séc. XVI, começou a aparecer os *jurodivyie*, na Igreja Russa, os "loucos por Cristo". Diante do clericalismo estatal, os *jurodivyie*

escândalo para os judeus e loucura para os gentios, mas para aqueles que foram chamados, tanto judeus como gregos, Cristo é o poder e a sabedoria de Deus" (1Cor 1,23-24)[92]. A loucura está ligada à simplicidade. E a simplicidade é a porta da revelação: "Eu te bendigo, Pai, porque tu escondeste essas coisas aos sábios e entendidos, e as revelastes aos simples. Sim, Pai, assim Tu o quiseste" (Mt 11,25-26).

Assim como a riqueza, a vã glória e a soberba eram "redes e correntes" [142], a pobreza, o desprezo e ser considerado "insensato e louco por Cristo" são fonte da maior liberdade e lucidez. Uma liberdade interior que desbloqueia o conhecimento, e um conhecimento que é transformador. No entanto, esse desejo não se consegue de repente. Nem mesmo ao longo dos trinta dias de *Exercícios*. O fato de que Santo Inácio o tenha colocado como consideração significa que se trata de uma aproximação que deve ser feita lentamente. No extremo desse despojamento, dessa aparente aniquilação, o "amor louco de Deus"[93] é revelado. Novamente nos encontramos aqui com o caráter mistagógico dos *Exercícios*: somos conduzidos, pouco a pouco, ao mistério do rebaixamento de Deus como a máxima manifestação de sua imensidão.

---

representavam a liberdade interior, quase revolucionária, para além de todo convencionalismo. Eles chegaram a constituir uma categoria especial de santos, como os *staretzs*, monges, bispos e príncipes. Cf. SPIDLIK, Thomas. *Four pour le Christ*. In: *Orient, DS* 11 (1984), col. 752-761; e do mesmo autor: *Los grandes místicos rusos*. Madrid: Ciudad Nueva, 1986, 139-156.

92. Também: "Deus reservou-nos o último lugar, como se estivéssemos condenados à morte, porque nos tornamos um espetáculo para o mundo, para os anjos e para os homens. Nós loucos (*moroi*) por Cristo; vocês prudentes em Cristo" (1Cor 4,9-10). Também: 2Cor 11,1-3: "Oxalá vocês pudessem suportar um pouco da minha loucura! Sim, suportem-me. Sinto ciúmes de vocês semelhante ao ciúme de Deus, porque os desposei a um único esposo para apresentá-los como uma virgem pura, diante de Cristo. Mas temo que, assim como a serpente enganou Eva com sua astúcia, também vossos pensamentos se corrompem afastando-os da simplicidade que devem a Cristo".

93. *Eros manikós*, expressão cunhada por Nicolás Cabasilas, místico bizantino do século XIV. Cf. EUDOKIMOV, Paul. *El amor loco de Dios*. Madrid: Narcea, 1990, 28.

Assim, pois, a eleição é marcada por esse paradoxo da *kénosis-theósis*: a uma maior disposição ao abaixamento, ao despojamento, à aniquilação, mais se abre o caminho da divinização[94]. Desse modo, *os três modos de humildade* são um itinerário desde a *imagem* do Verbo no momento da Criação (*Princípio e Fundamento* e *primeiro modo de humildade*) até a restauração da perfeição de sua semelhança pela identificação com a máxima doação de si (*terceiro modo de humildade*): o "eu" foi eliminado de "toda pretensão de autoafirmação que não está inspirada pelo mistério do Crucificado"[95]. Só assim é possível entrar nas eleições.

E ainda dizemos mais: na medida em que se trata de três graus de amor, quanto maior for o amor, tanto mais serão as condições de se perceber a vontade de Deus, ou seja, maior será a receptividade para o conhecimento. O *terceiro modo de humildade* adentra na via unitiva, na qual "o amante dá e comunica ao amado o que tem, ou do que tem e pode"

---

94. Este paradoxo aparece na mística ocidental em autores como: PORETE, Marguerite (1250-1310). *Le Miroir des âmes simples et anéanties et qui seulement demeurent en vouloir et désir d'amour*, Albin Michel (ed.), Paris, 1984; Benito de CANFIELD. *La Règle de Perfection* (*The Rule of Perfection*). Paris: Presses Universitaires de France, 1982. Este místico franciscano (1562-1611), que segue a tradição de RUYSBROECK e Enrique HERP, distingue três tipos de vontades em Deus: a vontade exterior; a vontade interior; e a vontade essencial. À primeira corresponde a vida ativa; à segunda, a vida contemplativa; à terceira, a vida sobre-eminente (sublime), à qual se acede por meio da aniquilação da própria vontade. Paralelamente, na Itália se inicia a mesma tendência de aniquilação através do Jesuíta Aquiles GAGLIARDI (1537-1607), que teologizará as experiências de uma mística que acompanhou durante alguns anos, Maria BERINZAGA (1551-1624). Sua obra, chamada *Breve Compendio di perfezione* (o título completo era: *Breve compendio intorno alia perfezione christiana, dove si vede una prattica mirabile para unir l'anima con Dio*, 1611, Brescia) influenciou fortemente o séc. XVII francês. Também encontramos a ideia de aniquilação na doutrina do recolhimento do misticismo espanhol do século XVI. Cf. ANDRÉS, Melquíades. *Introdução a*: Francisco de Osuna, *Tercer Abecedario Espiritual*. Madrid: BAC, 1972, 52. O termo "aniquilação" também aparece em SAN JUAN DE LA CRUZ, *Subida al Monte Carmelo*, II, cap. 7,11; e em LA PALMA, Luis de, *Caminho Espiritual*. Livro III, cap. 18.
95. ARZUBIALDE, op. cit., 368.

[231,1]. Esse "poder dar e comunicar" do Amante (Deus) ao amado (o exercitante em posição passivo-receptiva) está em intrínseca relação com o despojamento: a vontade de Deus nada mais é do que o amor despojado e manifestado àquele que, também despojado, pode acolher tanta superabundância de amor. A reciprocidade da via unitiva tem consequências diretas sobre o conhecimento humano, porque o conhecimento é uma forma de amor.

Portanto, dizíamos que essa consideração sobre *os três modos de humildade* ocupa uma posição chave na mistagogia dos *Exercícios*: porque no umbral da eleição, em que o exercitante irá acolher e aderir à manifestação da vontade de Deus para com ele, é necessário que, de sua parte, haja o máximo de receptividade – isto é, de despojamento – de modo que sua Vontade despojada se imprima nele. Tal é a radical reciprocidade do amor. Apenas assim será divinizante.

7
Os três tempos de eleição ou os três tempos do espírito: passagem para o terceiro estágio de transformação

Para aqueles que são vencedores,
dar-lhes-ei o maná escondido
e uma pedrinha branca,
com um novo nome inscrito nela
que ninguém conhece, exceto aquele que a recebe.
APOCALIPSE 2,17

Vimos como e por que o movimento kenótico do *terceiro modo de humildade* dispõe para o conhecimento da vontade de Deus: porque a vontade Daquele que é doação total, despojamento até o fim, só pode ser conhecida a partir da mesma atitude de doação e despojamento. Quanto maior a doação, mais esvaziamento; quanto mais esvaziamento, maior será a capacidade de acolher a revelação d'Aquele que se dá. A pulsão de apropriação do início foi se convertendo em atitude de doação. Em outras palavras, o *apetittus* (*thymós*) foi se convertendo em *affectus* (*eros*) – primeiro grau de transformação – e o afeto começou a se converter em *ágape* – segundo grau de transformação –, ou seja, em reciprocidade de amor, que se aprofundará e se consolidará na última etapa da mistagogia, após a eleição, na Terceira e na Quarta Semanas.

Esse esvaziamento da pulsão própria até o amor-ágape vai produzindo ao mesmo tempo uma unificação do próprio ser: todos os afetos, desejos, quereres... vão se ordenando na medida que estão sendo convocados a esse lugar kenótico, a esse Vazio que tem o contorno de um Rosto: Cristo Jesus, o Senhor pobre e humilde. Embora até aqui tenhamos enfatizado o aspecto cristológico, isto é, a configuração do exercitante a Cristo Jesus, modelo da divino-humanidade, agora é tempo de explicitar a dimensão pneumatológica, ou seja, a ação (*oikonomia*) do Espírito.

O Espírito está presente desde o início, já que não podemos dizer "Cristo é Senhor se não é movido pelo Espírito Santo" (1Cor 12,3). Ou seja, a configuração a Cristo é, desde o primeiro momento, obra do Espírito, embora nos *Exercícios* essa ação não é explícita, mas acentuada sobretudo no *tempo do Filho*, concretizada na pessoa humana de Jesus. Através da contemplação de sua vida, o exercitante vai se configurando a Ele, por aquele "conhecimento interno" que o faz com que cada vez mais O ame e O siga [104].

Com a eleição, o exercitante é chamado a encarnar em si a vontade de Deus. E assim como a encarnação do Filho foi obra do Espírito ("O Espírito Santo virá sobre ti e te cobrirá com a sua sombra; portanto, o fruto que vai nascer será santo e será chamado de Filho de Deus" [Lc 1,35]), a eleição será, analogicamente, outra encarnação do Verbo no mundo, como o próprio Inácio parece insinuar: "para mais seguir e imitar ao nosso Senhor, assim, novamente encarnado" [109,2]. E como nova encarnação, é tempo explícito da ação do Espírito.

Para preparar essa "fecundação", o exercitante vem sendo adestrado em sua disponibilidade e receptividade, de modo que toda a sua pessoa seja a matriz que acolha a manifestação da vontade de Deus, atuada pelo Espírito. Trata-se de que o exercitante se converta em uma segunda Maria, que significa *Amada* em hebraico. Isto é, que se converta em um ventre virginal fecundado pelo Espírito para que engendre em seu interior o Verbo de Deus pelo ato da eleição. Para isso, já no pórtico das eleições, Inácio destaca um elemento que é essencial para que o Espírito possa se manifestar e agir sem obstáculos: a simplicidade de intenção [169], que nós chamaremos de "simplicidade de coração".

1. Preâmbulo para fazer eleição [168]: a simplicidade de coração

O texto inaciano diz:

> Em toda a boa eleição, quanto depender de nós, o olhar de nossa intenção deve ser simples [169,2].

Acreditamos que podemos trocar a expressão "olhar de nossa intenção" por *coração* sem violentar o pensamento de Inácio. Na linguagem escolástica aristotélica-agostiniana, a intenção é o movimento que se estabelece dialeticamente entre a potência e o ato. Isto é, o que faz com que algo latente se realize está canalizado por meio da *intenção*. Santo Tomás mostra como a intenção, sendo um ato da vontade, está muito próxima do ato cognitivo[1]. Essa conjunção entre a dimensão cognitiva e a afetiva é o que vimos que ficava unificado no *coração* segundo a antropologia bíblica e patrística[2].

Vamos dar a nossa interpretação dessa "simplicidade de coração" através da análise das fontes que podem ter dado origem à expressão inaciana "olhar simples da intenção". A análise de suas possíveis origens nos ajudará a aprofundar seu significado. Existem três fontes possíveis, apresentadas em ordem crescente de importância: *A Imitação de Cristo*, as fontes cisnerianas, e a tradição Renano-Flamenga.

A obra *A Imitação de Cristo*, tão apreciada por Inácio[3], diz: "Quanto mais um homem se recolhe e simplifica, mais se estende, se eleva e compreende sem esforço, porque capta do alto a luz da inteligência"[4]; e: "a

---

1. Cf. *Summa Theologica*, 1ª II, q. 12, art. 1.
2. Cf. p. 116-119 (no original, p. 93-95 [N. das T.]).
3. Escreve Gonzáles de CÁMARA em seu *Memorial* que Inácio "viu pela primeira vez em Manresa o *Gersoncito*, e nunca mais quis ler outro livro de devoção; e o recomendava a todo com quem tratava, e lia cada dia um capítulo em ordem; e depois de comer e em outras horas o abria assim sem ordem, e sempre se deparava com o que naquele momento tinha em seu coração e o que tinha necessidade", nº 97.
4. Livro I, cap. 1,14.

graça atua com simplicidade, se aparta de todo odor maligno, não coloca armadilhas e tudo faz unicamente por Deus, em quem ela descansa como em seu termo final"[5]. Embora não encontremos literalmente a expressão retida por Inácio, a importância da simplicidade, como essa unificação interior, para a vida espiritual está bem manifesta.

No *Compendio*, encontramos marginalmente uma menção à simplicidade de coração: "A Escritura nos admoesta a sentir a bondade e perfeição de Deus com simplicidade de coração"[6]. O autor refere-se ao início do Livro da Sabedoria: "Pensem corretamente no Senhor e o procurem de coração sincero. Pois ele se deixa encontrar por aqueles que não o tentam, e se manifesta para aqueles que não se recusam a acreditar nele. Os pensamentos tortuosos separam de Deus" (Sb 1,1-3). Esse aviso do *Compendio* refere-se mais a como fazer a *lectio divina* e a como meditar a partir das Escrituras. Inácio pôde captar a importância desse conselho e mudá-lo de contexto: assim como a Palavra de Deus se revela aos que têm "simplicidade de coração", do mesmo modo revelará sua vontade – sua Palavra – ao exercitante que se encontre em tal disposição.

Algo mais próximo da expressão de Santo Inácio e a seu contexto encontramos no *Ejercitatorio*: "Convém à alma, a todo custo, tirar de si todas as ocupações interiores e exteriores, e que apenas entenda em receber seu Esposo, porque é simples e único, e quer ser buscado na simplicidade e na unidade do coração"[7]. E acrescenta: "porque o tal coração não é simples e uno que em tantas partes é dividido por cuidados humanos, vãos e maus"[8]. Um pouco mais adiante, Cisneros insiste na importância de alcançar a unidade e simplicidade da alma:

> A alma pode tirar de si mesma a imaginação e os cuidados não proveitosos, para que possa ser elevada e subir a coisas mais santas e convenientes, e desta maneira ser trazida à unidade e

---

5. Livro III, cap. 54,4.
6. *Cuarto Aviso* final, *Cb*, 493.
7. Cap. 44, p. 310, l. 9-14.
8. Ibid., l. 14-15. Todo este capítulo foi retirado de: GÉRSON, Juan. *De monte contemplationis*, cap. 30, *De la necesidad de la gracia de Dios em el contemplativo*.

simplicidade, meditando apenas de que forma poderá alcançar seu Criador, o qual é seu lugar, fim e amor[9].

No *Directorio* autógrafo de Santo Inácio encontramos uma Ideia muito semelhante: "Entrando nos três ou quatro tempos de eleição, especialmente [o exercitante] se feche, sem querer ver ou sentir algo que não venha de cima"[10].

Essa necessidade de recolhimento corresponde na mistagogia cisneriana a um dos traços que permitem a passagem da *via iluminativa* à *via unitiva*: "segundo dizem os santos, esta via é alcançada por interior recolhimento das coisas exteriores às coisas interiores"[11]. Em outras palavras, tanto para Cisneros como para Inácio, essa *simplicidade* e *unificação do coração* é o que permitirá se adentrar na *via unitiva*.

Ainda podemos considerar outra possível fonte da expressão inaciana "olhar simples da intenção": a encontramos literalmente no *Directorio de Contemplativos* de Enrique HERP (+1477). Agrupada sob o título *Theologia Mystica*[12], a obra desse franciscano oferece uma excelente síntese da doutrina de Ruysbroeck e de outros autores místicos medievais[13].

---

9. Cap. 45, p. 314, l. 56-60. Este capítulo foi tomado de: GÉRSON. *De monte contemplationis*, cap. 31, *Qualiter anima contemplativa dicitur elevari supra corpus, et efficitur simplex et unica*.
10. D 1; 6.
11. *Cb*, 199. Os santos mencionados são: DIONÍSIO, o areopagita, e SÃO BERNARDO. Cf. *Ejercitatorio*, cap. 26, 232-236.
12. La *Theologia Mystica* é a obra completa, cuja segunda parte é este *Directorio de Contemplativos*, que apareceu pela primeira vez na língua flamenga com o título: *Der Spiegel der volkomenheid* (*O espelho da perfeição*). Mainz, 1475.
13. HERP influenciou os místicos franciscanos espanhóis do séc. XVI, como Bernardino de Laredo, Francisco de Osuna, Juan de los Ángeles etc. Numa carta escrita em 1549 por Polanco, por comissão de Santo Inácio, é mencionado explicitamente. Cf. *Carta dirigida a Francisco de Borja*, junho de 1549. BAC, 776. Em 1556, os cartuxos de Colônia dedicaram a terceira edição da *Theologia Mystica* aos jesuítas, por considerá-los "a melhor esperança da Reforma". Tudo isso leva a pensar que Santo Inácio em algum momento poderia ter conhecimento direto dessa obra.

Herp, seguindo a classificação de Ruysbroeck, distingue *vida ativa*, *vida contemplativa* e *vida sobre-eminente (sublime)* ou *divinizada*, que podem claramente ser colocadas em correspondência com as três vias.

A cada uma delas corresponde-se um tipo ou grau de intenção:

1. À vida ativa, corresponde a *reta intenção*. Esta, diz, "procede de uma vontade afetuosa, ativada pelo calor do amor divino [...]. Ao agir, induz a intenção a alcançar o bem eterno desejando e faz com que a alma encontre descanso no sumo bem [...] Quem ama de verdade se deprecia a si mesmo e não busca mais do que Deus em tudo"[14]. Esta intenção ativa é a que temos encontrado até agora nos *Exercícios*.

2. O segundo grau, correspondente à vida contemplativa, "chama-se simples intenção, e está mais diretamente unida a Deus [...] É própria do homem contemplativo e reside na vontade atuada pelo gosto experiencial do espírito [...]. Com tal experiência, a alma não caminha, mas voa"[15]. Ou seja, não estamos mais no esforço da vida ativa ou purificativa, mas em um estado mais avançado de receptividade, que corresponde à vida iluminativa ou contemplativa, lugar onde o exercitante começa a se encontrar neste momento da Segunda Semana, em que já tem se exercitado nas contemplações dos mistérios da vida de Cristo.

Nesta fase, o homem contemplativo tende, com todo seu ser unificado, ao seu fim único, que é Deus: "Recolhe na unidade do espírito todas as forças dispersas da alma e une o espírito com Deus em amorosa comunicação"[16]. "A verdade da eleição não permite ao homem que tende para este fim errar [...] Como poderia se unir **o olhar simples da intenção** com a ignorância da verdade? [...] Quando as duas coisas acontecem ao mesmo tempo, amor ao bem e conhecimento da verdade[17], então *a intenção*

---

14. Op. cit., I, 3, cap. 23, 123.
15. Ibid., 125.
16. Ibid., 126.
17. Aqui Herp cita SÃO BERNARDO, *De praebeto et dispensatione*, em que diz que a intenção requer duas coisas para ser clara: amor ao bem na intenção e verdade na eleição.

é simples, porque a verdade não deixa o homem equivocar-se de caminho, e a caridade não lhe permite descansar."[18]

A diferença entre a *reta intenção* da vida ativa e a *simples intenção* da vida contemplativa é que "a primeira faz tudo por Deus, mas não busca a Deus em todas as coisas", enquanto a segunda "busca também nas coisas exteriores a simplicidade de coração [...] acima de toda multiplicidade, distração ou inquietude"[19]. É outra maneira de falar da "contemplação na ação".

> 3. Ainda resta um terceiro grau de intenção, que é a *intenção deífica*. É assim chamada "porque é totalmente atraída pelo amor do fim eterno, absorta e divinizada"[20]. É própria dos que já estão na glória. Porém, "alguns ainda neste mundo, se sentem de tal maneira dominados pelo Espírito, que têm vivos desejos de alcançar esta intenção. Eles não cessam em seus esforços para se tornarem dignos de alcançar, neste vale de lágrimas, a divinização"[21]. Essa terceira intenção é, então, uma tendência "que culminará unicamente na vida eterna, onde os santos necessariamente carecerão de toda inclinação e se identificarão plenamente com a vontade de Deus"[22].

Da mesma forma que Inácio silencia a *vida unitiva*, ele é coerente em silenciar também aqui a *intenção deífica*. É que Inácio frequentemente fala do unitivo por meio da linguagem iluminativa. O unitivo é silencioso em si mesmo. Por outro lado, neste momento dos *Exercícios*, o exercitante já avançou muito para alcançar o grau da *clara intenção*. Esse "olhar simples" é aquele "olho saudável que ilumina todo o corpo" (Mt 6,22). Esse olhar claro, saudável, unificado, com que a vida de Jesus está

---

18. Ibid., 125.
19. Ibid., 126.
20. Ibid., 127.
21. Ibid., 127. HERP cita em continuação a SÃO BERNARDO, *De diligendo Deum*: "A deificação, isto é, o amor ou intenção que deifica o homem, não deixa na vontade nada misturado ou impróprio; dirige tudo a Deus pela intenção".
22. Ibid., 127.

sendo contemplada, será o mesmo que permitirá perceber a vontade de Deus na eleição. Esse olhar é próprio dos "pequenos e simples, para os quais o Pai quis revelar essas coisas"[23]. Portanto, como diz a sexta bem-aventurança: "Bem-aventurados os puros de coração, porque verão a Deus" (Mt 5,8); a limpeza, simplicidade ou singeleza de coração é a condição hermenêutica para "ver a Deus". Isto é, em nossa mistagogia, para perceber a manifestação de sua vontade através de diversos sinais.

2. Outras considerações sobre a simplicidade de coração [169,3-7]

O restante do *preâmbulo para fazer eleição* insiste na unificação desse olhar no único fim do homem: "somente olhar para o fim para o qual sou criado, isto é, para o louvor de Deus nosso Senhor e salvação da minha alma" [169,2]. O louvor é o horizonte escatológico, quando todo trabalho estará feito e entraremos na glória. Quanto à expressão "salvação da minha alma", já dissemos que "salvação" é o nome que a sobriedade inaciana dá à *divinização*: fomos salvos para participar da filiação, da natureza divina[24]. O termo *salvação* especifica a primeira etapa da redenção, que irá se desvelando como um processo de união com Deus, até aquela recapitulação de todas as coisas em Cristo e de Cristo em Deus, tanto pessoal como coletivamente[25].

O *Preâmbulo da eleição* alterna os dois polos anunciados no *Princípio e Fundamento*: o louvar e o servir a Deus. O louvor é o fim escatológico e o serviço, o fim histórico. O louvor é o horizonte divinizador; o serviço, o modo kenótico dessa divinização. Santo Inácio insiste nisso, no *preâmbulo* da eleição, para que nada interfira nela. Também menciona dois aspectos que podem obstar o aclaramento da decisão: "o casamento" [169,4.6] e os "benefícios" [169,4.6]. Inácio escolhe esses dois exemplos porque são os que mais polarizam os afetos e porque são os que

---

23. Cf. Mt 11,25 e Lc 10,21.
24. Cf. 2Pd 1,4. Cf. p. 151-154 (no original, p. 123-126 [N. das T.]).
25. Cf. 1Cor 15,21-28.

estão mais relacionados com os laços sociais que mais podem privar da liberdade: o *matrimônio*, na medida em que polariza toda a afetividade da pessoa e implica na inserção social através da família, e os *bens materiais*, na medida em que são posses que implicam no reconhecimento e no prestígio social.

Por outro lado, os "benefícios" situam o exercitante frontalmente diante do dilema entre riqueza e pobreza, prestígio e desprestígio, que já apareceu em muitas ocasiões [23.6; 98; 136-147; 150-156]. Ao contrário, o tema do "casamento" aparece aqui pela primeira vez. Pode ser mencionado agora que o exercitante está mais livre de suas próprias afeições e inclinações. As contemplações sobre a vida oculta de Jesus [269-273,2] ajudaram o exercitante a perceber o valor cristiforme da família.

3. Marco eclesial da eleição

Em seguida, Inácio recorda o marco da eleição: são matéria de eleição todas as coisas que "são indiferentes ou boas em si, e que militem dentro da santa Madre Igreja hierárquica, não sendo más nem repugnantes a ela" [170]. Trata-se de uma espécie de *composição vendo o lugar* para as eleições.

Ou seja, por um lado, o mais íntimo e pessoal é a revelação da vontade de Deus para consigo, para a qual, aquele que dá os exercícios não poderá de forma alguma inclinar-se para uma parte ou outra [15,5], e sim deverá deixar "o Criador agir imediatamente com a criatura, e a criatura com o seu Senhor e Criador" [15,6].

Mas, por outro lado, esse encontro com Deus, essa união com o Criador sem qualquer mediação, ocorre no marco da Igreja, em comunhão com ela e para nela servir. A Igreja é *mãe* [170,2; 353,1; 363,5; 365,3], ou seja, matriz a partir da qual fazer toda eleição. Por isso, após os *Exercícios*, volta-se a fazer menção dela, dando novamente a *composição de lugar* de toda vocação e missão[26]. Porque o próprio de qualquer experiência iniciática é devolver o iniciado – o exercitante – ao

---

26. Cf. *Regras para sentir na Igreja* [352-370].

lugar de onde tenha saído, mas com uma disposição e humor renovados ou transformados.

As notas que vêm a seguir mostram a diversidade de eleições e de possíveis situações em que os exercitantes se encontram na hora de fazer os *Exercícios*. Em outras palavras, o que está em jogo na eleição é seu caráter eclesial, a dimensão comunitária de seguimento pessoal a Cristo [170,2; 177,2].

Por um lado, há eleições que são para sempre, como optar pelo sacerdócio ou matrimônio [171,1]; e existem outras eleições que podem variar ao longo do tempo, como decisões de tipo econômico [171,2].

Por outro lado, o exercitante pode se encontrar em uma situação de não poder eleger, porque já elegeu em algum momento um estado de vida que agora "não se pode desatar" [172,1]. Para isso, dedica um pouco à frente uma pequena seção intitulada *Para emendar e reformar a própria vida e estado* [189].

Tudo isso mostra que os *Exercícios* não estão pensados unicamente para fazer uma eleição de estado concreto de vida, mas *para introduzir em todo estado de vida uma estrutura de eleição*. Em outras palavras, o que pretende a mistagogia dos *Exercícios* é muito mais que levar a uma eleição pontual, por mais determinante que ela seja[27]. Os *Exercícios* conduzem a um modo de compreender a existência e a experiência de Deus: em atitude de oferenda para perceber a vontade de Deus a todo momento. Aqui é conveniente esclarecer que o termo "eleição" tem para Inácio duas amplitudes diferentes: por um lado, uma *eleição* supõe escolher entre diversas alternativas; por outro, a "eleição" significa mais do que uma opção entre alternativas: remete à "eleição" como uma "opção fundamental".

Para Inácio, não é possível fazer uma eleição entre alternativas de meios possíveis se a opção fundamental por Cristo e pelo Reino não estiver enraizada no exercitante[28]. Ou seja, não há eleição possível sem

---

27. Josep RAMBLA escreve a este respeito: "No momento da *eleição* [...] o que o exercitante deve fazer não é tanto *eleger*, mas *discernir* a mudança, os meios, para realizar a eleição da radical fidelidade a Jesus Cristo". *Perseverança*, supl. abril-maio (1974), 31.
28. Hervé COATHALEM destaca que a eleição se refere aos "meios" concretos do seguimento de Cristo, e não a eleição entre o fervor ou a mediocridade,

um consentimento à radicalidade do seguimento de Cristo. Sem essa adesão, que foi sendo preparada pelas diversas ofertas que precedem o momento da eleição [53,2; 98; 147; 167], o exercitante dificilmente estará livre para aderir a uma ou outra alternativa que concretize em sua vida o seguimento de Jesus. Se não há uma atitude de oferta, não haverá a receptividade para acolher a vontade de Deus sobre sua vida, e dificilmente se perceberá Sua manifestação. Daí que os primeiros Diretórios insistam na necessidade de estar em máxima disposição de receptividade no momento de entrar nas eleições[29].

Essa atitude de oferta e receptividade à vontade de Deus é o modo inaciano da união mística com Deus. Uma união que passa pela tarefa concreta da história, onde vai se desvelando a vocação pessoal. Assim, em determinados casos, os *Exercícios* levarão a fazer eleições de vida e, em outros, levarão a "emendar e reformar a própria vida e estado: quanta casa e família deve ter, como a deve governar, como a deve ensinar, com a palavra e com exemplo; o mesmo com seus bens, quanto deve tomar para sua família e casa, e quanto para dar aos pobres e às coisas pias[30], não querendo nem buscando outra coisa senão, em tudo e por tudo, maior louvor e glória de Deus nosso Senhor" [189,7-9].

Ou seja, o "olhar simples da intenção" unifica toda a vida e a pessoa toda em um único fim, e é isso que faz a existência contemplativa. Desse modo, "regendo e governando" a própria casa, família, ocupação profissional, despesas financeiras etc., em definitivo, todas as dimensões da existência, a realidade inteira vai sendo incorporada nesse único movimento de querer fazer em tudo a vontade de Deus. Uma Vontade divina cujo

---

    entre buscar a perfeição ou não. Se supõe que o desejo de seguimento de Cristo e de fazer a vontade de Deus é radical em qualquer caso. Cf. *Commentaire du livre des Exercices*, Col. Christus 18. Paris: DDB, 1965, 212.

29. Cf. *D* 20 (POLANCO) 78; *D* 31 (Gil Gonzáles DÁVILA) 107; *D* 43 (*Directorio Oficial*) 171-173.

30. Para este propósito, no final dos *EE* existem algumas *Regras para a distribuição de esmolas* [337-344], cujo critério último é: "é sempre melhor e mais seguro, no que se refere às despesas pessoais e domésticas, restringir e reduzir, o mais possível, e conformar-se quanto puder a nosso sumo Pontífice, modelo e regra nossa, que é Cristo nosso Senhor" [344,1-2].

horizonte último, repetimos, não é outro senão a recapitulação de tudo em Cristo e de Cristo em Deus, ou seja, a divinização de toda criação[31].

4. Uma máxima da mistagogia inaciana

No final dessa seção, há uma máxima que é uma chave ou resumo de todos os *Exercícios*:

> Que cada um pense que tanto aproveitará em todas as coisas espirituais quanto sair do seu próprio amor, querer e interesse [189,10].

Esse descentramento radical é uma tendência, um caminho interminável. Por isso é colocado na forma de futuro. As oblações feitas na meditação do *Rei Eterno* [98], *Duas Bandeiras* [147], no *terceiro grau de humildade* [167], etc., nada mais são do que expressões desta intuição única: quanto mais esvaziamento de si mesmo, mais transformação. Novamente o movimento *kénosis-théosis*, que o exercitante faz acompanhado por Cristo, modelo da divino-humanidade, isto é, contemplando sua vida e impregnando-se cada vez mais dela, de seu modo de proceder para participar cada vez mais de seu modo de ser. Essa transformação é operada pela ação do Espírito, que é quem faz o exercitante entrar na reciprocidade de acolhida e doação entre o Pai e o Filho. Quanto mais oferta de si mesmo, maior vida de Deus em si e, portanto, maior disponibilidade para que Deus manifeste sua vontade.

Para discernir essa vocação é necessário que não haja "mistura de carne ou qualquer outra afeição desordenada" [172,4], "porque toda vocação divina é pura e limpa" [172,4]. Assim, em princípio e como temos repetido, quanto mais "puro e limpo" estiver o exercitante, com mais clareza perceberá esse chamado, deixando que os raios se imprimam nele. Aqui novamente a imagem do espelho[32]. Essas "pureza e limpeza" consistem precisamente naquele "sair do próprio amor, querer e interesse"

---

31. Cf. 1Cor 15,24-28.
32. Cf. p. 202-206 (no original, p. 165-168 [N. das T.]).

[189,10]. Quando estes se misturam, a eleição sai "desordenada e oblíqua" [172,3][33]. A "pureza e limpeza" em oposição a "desordem e obliquidade" carrega também a ideia de transparência. Ou seja, o exercitante atua tanto como espelho quanto como cristal: *espelho* na medida em que recebe os raios iluminadores e transformadores do Espírito; e *cristal transparente* enquanto esses "raios" não apenas são impressos em sua superfície, mas atravesse-a, entrando no mais profundo de si mesmo, naquele núcleo interior que a antropologia neotestamentária e patrística chama de *espírito*[34].

Por outro lado, a *vida iluminativa* da Segunda Semana tem um caráter *iluminativo* sobre dois âmbitos, como já indicamos: de um lado, vai iluminando internamente aquele "conhecimento interno do Senhor, que por mim se fez homem" [104], cujo conhecimento vai fazendo que "mais O ame e O siga" [104]. E de outro, à medida que vai se dando esse "conhecimento interno" da imagem Prototípica, que vai se despojando de todos os outros amores e de todos os outros seguimentos, vai ocorrendo outro "conhecimento interno": o da minha própria vocação, o chamado concreto pelo qual sou assimilado ao Modelo, no cenário concreto da história. Ou seja, por um lado, a imagem do espelho corresponde a esse caráter cristiforme de conhecimento; e, por outro lado, a imagem da transparência faz referência à percepção progressiva do chamado de Deus.

Inácio distingue três tipos de conhecimento desse chamado, que denomina de *três tempos de eleição*. Nós vamos compreendê-los como três estados de transparência para a manifestação do Espírito.

---

33. Sobre o significado e as implicações dessa "obliquidade", ver: DEMOUSTIER, Adrien. *Le Dynamisme Consolateur et les Règles du Discernement des esprits dans la deuxième Semaine des Exercices Spirituels d'Ignace de Loyola*. St. Didier Au Mont D'Or: Secrétariat Ignatien L'Arbalétière, 1984, 16-17.
34. Essas duas imagens de *espelho* e *transparência*, aparentemente contraditórias, são, de fato, complementares. Tal artifício literário é chamado de oximoro (de *oxus* – afilado, pontiagudo – e *moros* – plano, suave, rombudo; isto é, "a ponta que penetra o que é suave"). É que a experiência de Deus e a transformação que produz em nós só se pode expressar através de símbolos que se corrigem entre si. O *espelho* faz referência ao contorno preciso da forma; a *transparência*, ao desaparecimento da forma que permite a passagem da manifestação de Deus sem encontrar nenhum obstáculo.

5. Os três tempos de eleição [175-188] ou as três manifestações do Espírito

O fato de Santo Inácio chamar *tempos* a esses três modos de conhecimento da vontade de Deus não deixa de ser significativo. Podemos distinguir três sentidos:

> O cronológico, na medida que os três tipos de eleição têm um processo ou duração interiores diferentes, que podem se alongar para mais ou para menos.

Tempo como *kairós*, ou seja, "momento oportuno". O *Directorio Oficial* de 1599 se aproxima dessa interpretação quando diz que os modos de eleição são chamados de *tempos* "porque quando a alma sente as moções que são ali descritas, então é o *tempo* apto e oportuno para a eleição"[35].

Mas também é *tempo* em seu sentido "climatológico", na medida que cada tipo de eleição tem um estado emocional diferente: de calma, de agitação, de rechaço... Não deixa de ser significativo que a simbologia do Espírito Santo também esteja associada a fenômenos climatológicos como o vento, o fogo...[36].

Não se escolhe o tipo de eleição, mas se encontra com ele. No entanto, Gastón Fessard vai mais longe quando considera que esses *três tempos de eleição* são, na verdade, três *estados de alma* que correspondem aos três *graus* do chamado divino[37]. Esses *três estados da alma* são o que entendemos como "três estados de transparência", que se correspondem com três manifestações do Espírito.

O *primeiro tempo de eleição* [175,2] é de caráter imediato e unitivo; o *segundo tempo de eleição* [176] é por discernimento das consolações e desolações, através da discursividade dos afetos; o *terceiro tempo de eleição* [177] é por deliberação e raciocínio, através da discursividade do

---

35. Op. cit., 187.
36. Cf. 1Rs 19,11-13; Jn 2,5-8; At 2,2-4.
37. Cf. *La Dialectique des Exercices*, vol. I, 73.

entendimento, ou mais exatamente, da atividade mental, e se desmembra em *dois modos*: ponderando os prós e contras [178-183] e por meio do conhecimento intuitivo [184-188].

Vamos apresentar esses *três tempos de eleição* a partir de nossa compreensão de que se trata de três manifestações do Espírito ligadas a três estados de receptividade ou de transparência do exercitante. Arriscamos essa interpretação recolhendo a afirmação de Fessard de que esses três tempos são três estados de alma que correspondem aos três distintos graus de percepção e de manifestação do chamado divino. Também vamos nos referir a uma passagem do *Ejercitatorio*, na qual se descreve como Deus habita na alma por três modos de graça[38]. A *graça* é na teologia latina o que o Espírito é na teologia patrística. A partir desses pressupostos, proporemos um paralelo entre essas três maneiras de fazer *eleição*, as três manifestações do Espírito e as três vias.

Postulamos que Inácio propõe uma ordem descendente – da maior à menor manifestação de Deus – para mostrar que o *primeiro tempo* não é inalcançável, mas, em vez disso, é o ideal e o modo paradigmático para o qual tendem os outros dois[39]. Porém, vamos apresentar aqui os *três tempos de eleição* em ordem inversa, seguindo a ascensão mistagógica das três vias e seguindo o capítulo mencionado do *Ejercitatorio*.

---

38. Cf. cap. 66, 426-428. Foi tirado quase literalmente do último capítulo de: *De montis contemplationis*, de Juan GÉRSON (cap. 45, *De los tres modos en que es dada la gracia*). Cf. *Opera Omnia*, vol. III. Antuerpia: Sumptibus Societatis, 1706, col. 578-579.
39. Deve-se dizer que se Inácio apresenta em primeiro lugar o tempo unitivo da eleição é porque, de fato, a eleição é fundamentalmente de caráter unitivo, na medida que é uma adesão à vontade de Deus. Isso não significa que tenha que se passar pelo modo iluminativo (*segundo tempo*) ou purgativo (*terceiro tempo*) para descobri-la. Por outro lado, o caráter unitivo da eleição deve continuar se aprofundando e arraigando-se no exercitante através das duas Semanas seguintes. Dito de outro modo, até a eleição o purgativo e o iluminativo buscam o unitivo; depois da eleição, terá ocorrido a união, uma união que terá que se consolidar no restante dos EE. Dizendo ainda de outro modo: reencontramos o esquema *ação-contemplação-ação*.

5.1. Terceiro tempo para fazer eleição [177-188] ou a terceira manifestação do Espírito correspondente ao terceiro estado de transparência

O próprio deste *terceiro tempo* é que ele é "tranquilo", visto que "a alma não é agitada por vários espíritos e usa suas potências naturais livre e tranquilamente" [177,3].

Essa descrição corresponde bem ao que é dito no *Ejercitatorio* sobre a primeira maneira pela qual Deus habita no homem: "Deus habita na alma pela justificação, sem que a alma tenha disso qualquer sentimento; e assim, mesmo que não o sinta, é aceita por Deus"[40]. Ou seja, essa ausência de "sentimento" se corresponde com aquela alma que "não está agitada de vários espíritos" [177,3]. E o que se decide "sem sentimento" também é "aceito por Deus".

Essa *primeira maneira* no *Ejercitatorio* e *terceiro* tempo nos *Exercícios* corresponderiam à via ou *vida purificativa*, na medida que nenhuma ação está sendo realizada a partir da transfiguração das "potências naturais", mas apenas de seu ordenamento e pacificação, ou seja, da sua *purificação*. Deus habita e atua nelas por "justificação", isto é, tornando-as "justas" e pertinentes para a tomada de decisões. As potências naturais – que são memória, inteligência e vontade – aqui desenvolvem seus próprios recursos, tratando de escrutar a vontade de Deus. Esse escrutínio corresponde plenamente à *vida ativa* das *bodas da alma* de Ruysbroeck e do *Directorio de Contemplativos* de Herp[41].

Nesse sentido, a linguagem desse *terceiro tempo* corresponde com o caráter ativo da *via* ou *vida purificativa*. Na medida em que "os *Exercícios* apresentam o *terceiro tempo* como um momento ou estágio espiritual dentro da prolongada e intensa experiência do exercitante"[42], a inteligência e os raciocínios que ali se exercitam estão impregnados da luz do Espírito[43].

---

40. p. 426, l. 8-10.
41. Corresponde-se também à vontade exterior de Benito de CANFIELD. Cf. p. 242, nota 94 (no original, p. 196, nota 94 [N. das T.]).
42. Josep RAMBLA, art. cit., 33.
43. Ibid., 30.

Apresentam-se dois modos diferentes de exercer as "potências naturais", sugerindo duas formas diferentes de refletir: a primeira é mais racional e discursiva, enquanto que a segunda é mais intuitivo-afetiva[44]. Uma vez que nesse *terceiro tempo* o exercitante ainda não está unificado, propõem-se dois recursos diferentes, para que o exercitante eleja segundo sua predisposição natural.

a. Primeiro modo do terceiro tempo [178,2-183]
   ou o tempo ativo do entendimento

O primeiro dos *modos* em que se desmembra este terceiro tempo volta a insistir em que há que se achar indiferente, "sem afeição alguma desordenada, de maneira que não esteja mais inclinado nem afeiçoado a tomar a coisa proposta do que a deixá-la, mas que esteja no meio, como o fiel da balança, para seguir aquilo que sentir ser para mais glória e louvor de Deus nosso Senhor e salvação de minha alma" [179].

A formulação remete ao *Princípio e Fundamento* [23]. Porém, se ali se dizia que "é preciso nos tornarmos indiferentes", aqui se diz "com isto, tornar-me indiferente" [179,2]. A diferença entre aquele "imperativo ativo" – *fazer-se indiferente* – do início e este "presente passivo" – *encontrar-se indiferente* – manifesta o caminho percorrido pelo exercitante ao longo da Primeira e Segunda Semanas.

Por outro lado, produziu-se uma outra transformação relativa à formulação do *Princípio e Fundamento*: ali passava-se do impessoal "O *homem* é criado [...]; o *homem* deve usar tanto etc." [23,1.4] ao plural pessoal de

---

44. Hervé COATHALEM escreve sobre isso: "O segundo método do *terceiro tempo* apela a algumas reações espontâneas e profundas no sentido cristão", *Commentaire du Free des Exercices*, Col. *Christus* 18. Paris: DDB, 1965, 217. Os dois métodos são correspondentes com os dois tipos de operações do entendimento que distingue SANTO TOMÁS: o "Raciocínio" (*ratiocinatio*) e a "intelecção" (*intelligere*). O primeiro é um conhecimento discursivo, no qual a razão deve debater-se, analisar e ir do complexo ao simples. O segundo, por outro lado, é um conhecimento intuitivo, simples e supra discursivo. Cf. *Summa Theologica*, Ia, q. 79, a. 8, resp. A "intelecção", no entanto, também poderia ser colocada em relação com o *primeiro tempo de eleição*.

"*tornar-nos* indiferentes [...]; não *queiramos* etc." [23,5]. No preâmbulo para fazer as eleições [169] reencontramos o plural pessoal: "o olhar de *nossa* intenção deve ser simples" [169,2], para se transformar em seguida em um eu pessoal: "somente olhar aquilo para o qual *sou criado*" [169,2]. Essa expressão é repetida literalmente aqui, no *segundo ponto* deste *primeiro modo*: "É necessário ter por objetivo o fim para que *sou criado* [...] e com isto fazer-*me* indiferente" [179,1-2]. Quer dizer, a exortação geral à indiferença adquire, no momento da eleição, um caráter pessoal intransferível.

Tal indiferença capaz de fazer-me encontrar "no meio como o fiel da balança" [179,3] implica uma purificação extrema, apenas possível depois de todo o itinerário precedente. Só essa indiferença é a que permitirá "sentir" o que é maior glória e louvor de Deus. Inácio pede que Deus mova a vontade a partir do discurso do entendimento [180]. Entretanto, não podemos falar aqui de vida iluminativa, pois esse "sentir" será fruto de uma árdua consideração e raciocínio baseados nos prós e contras sobre cada uma das alternativas da eleição [181-182][45].

O que é alcançado no final é que a "razão se incline" por uma delas, não movido por "qualquer moção sensual", mas por "moção racional" [182]. Essa *inclinação* ou *moção* da razão é chamada de "sindérese da razão" na *primeira regra de discernimento para a Primeira Semana* [314,3][46]. Observe como se confirma que estamos no paradigma da Primeira Semana, ou seja, da *vida purgativa* [10,3]. No entanto, há uma tendência para a unificação: a razão se move (*motio*) e é movida pela vontade. E por isso há lugar para um "sentir" [179,3][47].

---

45. Inácio utiliza aqui o princípio da contabilidade por "dupla entrada". Deve ter praticado este método em seus anos de serviço ao contador-mor de Castela. As administrações da época, sobretudo os eclesiásticos, praticavam há muito tempo a enquete de cômodo e incomodo. Cf. MEDINA, Francisco de Borja de, art. cit., 5-20.
46. Cf. p. 176, nota 29 (no original, p. 145, nota 29 [N. das T.]).
47. Inácio, formado no tomismo anterior a Suárez, concebe a *razão* como uma relação entre a inteligência e a vontade. Com Suárez, a razão moderna se introduzirá na escolástica, que confina a razão ao âmbito exclusivo da inteligência, separando-a da vontade. Cf. COURTINE, Jean-François. *Suarez et le system de la métaphysique*. In: GIARD, Luce et VAUCELLES, Louis de (ed.). *Les jésuites á l'âge Baroque* (1540-1640). Grenoble: Jérôme Millon, 1966.

Uma vez clarificada a inclinação da razão, é necessário oferecer a Deus o resultado da eleição, para que Ele "a queira receber e confirmar" [183]. Através dessa oferta que aguarda confirmação, o *terceiro tempo* adquire traços do *segundo* ou mesmo do *primeiro tempo*: é Deus quem confirma, através de um ato simples da vontade [180]. Um "ato simples da vontade" que é o resultado da unificação de vontade e da inteligência, por meio de uma vontade purificada que raciocina em conjunto com a inteligência discursiva. Veremos mais adiante a inter-relação dos *três tempos* e como a compreendeu a segunda geração de jesuítas.

b. Segundo modo do terceiro tempo [184-188] ou o tempo ativo da intuição

Este *segundo modo* é menos racional ou lógico-discursivo do que o anterior. Move-se mais por uma intuição natural, impregnada de unção sobrenatural. Vejamos em que consiste essa "intuição ativa". Inácio divide esse método em quatro regras e uma nota.

A *primeira regra* se assemelha ao quarto ponto da Contemplação para alcançar amor [237]:

> É que aquele amor que me move e me faz eleger tal coisa desça do alto, do amor de Deus; de forma que quem elege sinta primeiro em si que o amor maior ou menor que tem pela coisa que elege é unicamente motivado por seu Criador e Senhor [184,2-3].

Assim como o primeiro ponto do modo anterior remetia à formulação silogística do *Princípio e Fundamento*, aqui aponta para a formulação mais afetiva e relacional da *Contemplação para alcançar amor*, eleger por amor. Nesse sentido, este segundo modo é mais sintético e unificante do que o anterior. As três *regras* que virão abaixo são como três rajadas de luz que provocarão um impacto intuitivo no exercitante, unificando assim seu entendimento e sua vontade:

1. O primeiro recurso (*segunda regra*) consiste em tomar distância a respeito da sua própria situação e imaginá-la em outro: "Olhar

um homem que nunca tenha visto nem conhecido, e desejando-lhe eu toda a sua perfeição, considerar o que eu lhe diria que fizesse e elegesse" [185]. Esse recurso nos remete de novo à imagem projetada no espelho: olhando a outro, descubro minha própria situação. A esse recurso Inácio já se havia recorrido no início da Primeira Semana: os próprios pecados foram descobertos através dos pecados paradigmáticos de Lúcifer [50], de Adão e Eva [51] e outros [52][48].

2. O segundo recurso (*terceira regra*) consiste em "considerar, como se estivesse na hora da morte, a forma e medida que então gostaria de ter tido no modo da presente eleição" [186]. Essa "memória da morte" está muito presente na tradição monástica, e remonta aos Padres do Deserto[49]. Tem a força de confrontar o ser humano com seu destino definitivo. Apela àquela autenticidade de ser-para-a-morte desvelada por Heidegger[50].

3. O terceiro recurso (*quarta regra*) consiste em olhar e considerar "como me encontrarei no dia do juízo, pensando em como então eu gostaria de ter deliberado sobre a coisa presente e a regra que então eu queria ter tido, a tome agora, porque então eu me encontrei com pleno prazer e gozo" [187][51]. Trata-se de deixar-se olhar por

---

48. Do ponto de vista das fontes, Santo Inácio poderia ter se inspirado em uma passagem do *Compendio*, listada como um dos seis exemplos de meditação imaginativa. Cf. *Cb*, 481-486. Nada disso é encontrado no *Ejercitatorio*. O autor do *Compendio* se valeu aqui de seus recursos próprios ou de outras fontes que não soubemos identificar.
49. Esta *regra* também pode ter sua origem na meditação da morte do *Ejercitatorio-Compendio*, pensada para as terças-feiras da *via purgativa*. Cf. *Ejer*, cap. 13, 160-165; e *Cb*, 49-63. Em particular: "Pensa como se naquele último artigo se encontrasse atado com vícios, ambições e más afeições, quão ansiosamente desejarias por uma hora ou um pouco de tempo de saúde para fazer penitência!" (*Cb*, 57). O tom é diferente; no entanto, a ideia é muito parecida. Na *Vita Christi*, Inácio também pôde ler: "Com tal esforço e liberdade tu deves, em todos os teus negócios, ter como se a cada hora estivésseis para passar desta vida para a outra", II[a] Parte, cap. 58, 3, f. 45, col. 1.
50. Cf. *Ser y Tiempo*. Madrid: FCE, 1993, 258-290.
51. Encontramos ressonâncias nas fontes cisnerianas de *meditação do juízo*, para Quintas-feiras da *via purgativa*. Cf. *Ejercitatorio*, cap. 15, 170-173; e

Aquele que nos olha, e que, olhando-nos, nos revela a transcendência de cada um de nossos atos, que na arena da história ficam confusos e dispersos.

Deve-se dizer que não é necessário aplicar as *três regras*. Basta que, com uma delas, haja luz para chegar ao último passo, o qual, como no modo anterior, consiste em oferecer a Deus a eleição "sentida" para que Ele a confirme [188; 183].

Tomando em perspectiva este *terceiro tempo* ou terceiro estado de transparência – com suas duas modalidades possíveis –, pode-se colocar em correspondência com o *homem racional* da terminologia de Guilhermo de Saint-Thierry. Com efeito, o exercitante, tendo consolidado a indiferença com novos hábitos[52] que o libertam de seu próprio "eu"[53] (*homem animal*), pode proceder já "conforme a razão"[54]. Uma razão que, graças às virtudes consolidadas na fase *animal ou ativa*, "é verdadeiramente *razão*, isto é, disposição da mente em tudo conforme a verdade. A vontade, uma vez libertada pela graça, faz com que o espírito atue sob impulsos da *razão livre* e venha a ser senhor de si mesmo"[55].

Razão livre, isto é, razão liberta da tirania dos vícios[56] (das afeições desordenadas, em linguagem inaciana), que então é apta para tender à verdade[57]. Em uma de suas últimas cartas, Inácio escreve: "para seguir

---

Cb, 74-85. Particularmente: "Considere quão estreita conta ali se demandará de cada um, de todas as obras, palavras e pensamentos, e como aí as consciências serão escrutinadas, sem escapar nenhum" (*Cb*, 80). No *Ejercitatorio* lemos: "Como ali se darão conta de todas as obras e pensamentos. Ali Jerusalém será escrutinada com velas (Sf 1,12), convém saber, aqueles que agora parecem santos, ali serão examinados, e tudo o que neles estava escondido, ali será manifesto. As testemunhas serão os anjos e os demônios, os quais nos demonstrarão todas as coisas que fizemos, onde e quando, e em que tempo", cap. 15, p. 170, l. 25-30.

52. Cf. *Carta a los hermanos de Monte Dei*, 1, 92.
53. Ibid., I, 95.
54. Ibid., II, 197.
55. Ibid., II, 201.
56. Ibid., II, 222-226.
57. Ibid., II, 232-233.

as coisas melhores e mais perfeitas, suficiente moção é a razão"[58]. As moções da vontade, isto é, "gostar com o afeto e executar com suavidade o que a razão dita"[59], são um dom do Espírito Santo que não se deve buscar por si mesmo. E conclui Inácio: "muito contentamento e gosto e tanto mais abundância de consolação espiritual quanto menos se pretende e mais puramente se busca Sua glória e beneplácito".

Essas consolações não se devem buscar, mas são dadas. Tal é próprio do *segundo tempo de eleição*.

5.2. Segundo tempo de eleição [176] ou a segunda manifestação do Espírito correspondente ao segundo estado de transparência

O segundo tempo é quando se obtém muita clareza e conhecimento pela experiência de consolações e desolações, e pela experiência do discernimento de vários espíritos [176].

O termo *consolação* nos remete à ação do Espírito, dado que no Novo Testamento aparece frequentemente sob a missão de consolar – o *Paráclito*[60]. *Paráclito* significa defender e consolar ao mesmo tempo.

A descrição da consolação e da desolação já foi apresentada nas *Regras de discernimento de Primeira Semana* [316-317][61]. O que vamos fazer aqui é relacionar os traços que Santo Inácio dá a respeito da consolação com um texto de Juan Gérson sobre a graça[62], que está recolhido no *Ejercitatorio* de Cisneros. A *Graça* é o termo geralmente usado na Teologia e espiritualidade latinas para se referir ao Espírito. Nesse texto, Gérson fala de três modos de manifestação da graça, sendo o segundo deles o que iremos colocar em paralelo com o *segundo tempo de eleição*. O autor distingue quatro características:

---

58. *Carta a Alfonso Ramírez de Vergara* (30 de março de 1556). BAC, 995.
59. Ibidem.
60. Cf. Jo 14,16.26; 1Jo 2,1.
61. Cf. p. 175-180 (no original, p. 145-147 [N. das T.]).
62. *De monte contemplationis*, cap. 45. *De tribus modis quibus grada datur*. In: *Opera Omnia*, III, 578-579.

A *segunda maneira da graça* é por sentimento e por algum consolo, assim como aqueles que em sua contemplação recebem e sentem diversos modos de consolações e gozos espirituais, porque (1) por vezes, parece-lhes que se derretem numa doçura, de tal modo que, independentemente do que veem ou pensam, se julgam cheios dessa doçura. (2) Outras vezes, recebem uma segurança maravilhosa cheia de humildade, mediante a qual eles mesmos se consideram vis, apenas recebendo deleites e prazer daquelas coisas em Deus; porque sempre que alguém se satisfaz a si mesmo e se alegra consigo mesmo, é certo que isso é estranho à verdadeira humildade, e que essas suas consolações, com que se alegra, não são e não vêm de Deus. A verdadeira humildade sempre está acompanhada por boas e divinas visitações, e verdadeiramente dá a conhecer a baixeza e os defeitos de si mesmo, os quais a própria pessoa se avilta e tem por abominável no acatamento de seu coração ou de seu entendimento, compreendendo-o mais do que o mundo inteiro, e julga que Deus é tão excelente e de infinita majestade, que quase tudo o mais lhe parece nada, exceto na medida em que Deus é conhecido em tais coisas. (3) Outras vezes, a própria alma sente uma embriaguez espiritual que a comove com moderação em louvores espirituais e suspiros santos e devotos, não se podendo conter em seu interior sem mostrá-lo no exterior. (4) E algumas vezes lhe parece que todas as coisas estão cheias de glória e louvor, e que todas dão glória a Deus[63].

As quatro manifestações da graça em forma de consolação são, pois, as seguintes:

1. Um sentimento de grande doçura.
2. Uma segurança maravilhosa cheia de humildade, que faz tomar consciência da "baixeza e defeitos de si mesmo" e da insignificância de todas as coisas, "salvo na medida em que Deus é conhecido em tais coisas".

---

63. *Ejercitatorio*, cap. 66, p. 426-428, l. 11-34.

3. Uma embriaguez espiritual que se converte em louvores.
4. A percepção de que todas as coisas estão cheias de glória e de louvor e que todas dão glória a Deus.

A descrição da consolação dada por Inácio coincide com vários traços da anterior:
1. A inflamação da alma no amor de Deus, de maneira que a pessoa não pode amar as coisas por si mesmas, senão na medida em que participam de Deus [316.1-2].
2. O conhecimento da própria pequenez ("dor de seus pecados") [316,3]. A essa compunção, Inácio acrescenta a compaixão pela dor de Cristo, coisa que não aparece no texto de Cisneros.
3. O impulso para o louvor a Deus [316,3], embora seu dinamismo esteja mais desenvolvido no texto dos *Exercícios* do que no *Ejercitatorio*[64].

Destacamos que ambos os textos descrevem uma experiência transformativa que está chamada a converter-se em um estado espiritual de união. O que no início da vida espiritual se dá pontualmente, vai se convertendo em um estado permanente na pessoa que vive dedicada a buscar a vontade de Deus[65]. No texto inaciano, o terceiro traço inclui a

---

64. Existem algumas diferenças entre os dois textos: Santo Inácio não usa alguns dos termos que aparecem no texto de Cisneros: "doçura" (2 vezes), "embriaguez" (1 vez), "gozo" (2 vezes); "deleite" (1 vez); "prazer" (2 vezes); derreter-se (1 vez); "suspiros" (1 vez); "sentir" (2 vezes); "comover-se" (1 vez). No entanto, outros conceitos semelhantes aparecem: "inflamar-se"; "derramar lágrimas"; "moção"; "letícia interna"; "chamar"; "atrair"; "aquietar"; "pacificar". Eles também diferem no fato de que aparecem nos *Exercícios* elementos que não encontramos no texto de Gérson-Cisneros: a) se faz menção à compaixão-comunhão com a dor de Cristo ("quando derrama lágrimas que o movem ao amor de seu Senhor [...] pela paixão de Cristo" [316,3]); b) duas vezes se faz referência ao amor de Deus, e c) uma vez o impulso ao serviço, e a consolação se identifica com "todo aumento da fé, esperança e caridade" [316,4].
65. A título de aproximação, sem pretender afirmar que se trate exatamente da mesma experiência, cabe assinalar que no Monaquismo oriental, a este

passagem pelos dois anteriores, e por sua vez os supera. A consolação já não se refere mais a um estado provisório – um "quando" ocasional, acompanhado de manifestações sensíveis, como a "inflamação", "lágrimas"... –, mas a um dinamismo de alegria e crescente abertura ao chamado e à atração de Deus[66].

Agora, pois, neste momento dos *Exercícios*, a consolação, que está chamada a converter-se em um estado espiritual permanente, ainda não está enraizada no exercitante. Além disso, ainda deve aprender a discernir o caráter dessas consolações, para que não se deixe enganar. Os dois textos apresentam critérios comuns de discernimento para determinar se tais consolações vêm de Deus:

1. Por um lado, é necessário examinar se apenas recebem "deleite e prazer daquelas coisas em Deus", "sem satisfazer a si mesmo nem se alegrar consigo mesmo". Ou seja, o sinal de que esta consolação provém de Deus é que o exercitante a percebe como dada, não possuída nem merecida. Santo Inácio faz menção a isso em várias regras de Primeira Semana [320; 322; 324].
2. Por outro lado, o "deleite e prazer" da consolação causada pelo Bom Espírito não fecham ninguém em si mesmo, mas abrem à comunhão com Deus: "somente recebendo deleite e prazer daquelas coisas em Deus".
3. Por fim, a consolação que vem de Deus dá conhecimento da própria pequenez: "a verdadeira humildade sempre está acompanhada das visitações divinas, e verdadeiramente dá a conhecer a baixeza e defeitos de si mesmo".

Discernir a origem da consolação é fundamental para guiar a eleição. Durante a *Primeira Semana*, o exercitante adquiriu experiência de

---

 estado interior em que são percebidas todas as coisas em Deus, a esta alegria interna que atrai às coisas celestes, a esta quietude e pacificação da alma em seu Criador e Senhor, fruto da oração permanente, chama-se *hesequía*.
66. Cf. DEMOUSTIER, Adrien. *Le Dynamisme Consolateur et les Règles du Discernaient des Esprits*. St. Didier au Mont d'Or: Secrétariat Ignatian L'Arbalétière, 1984, 6-7.

que as consolações são um dom que ele mesmo não pode provocar (*sétima, nona* e *décima primeira regras de discernimento* [320; 322; 324]). Mas na *Segunda Semana*, a pessoa pode ser enganada de outro modo: as consolações podem levar à autocomplacência, que é o que denuncia o texto do *Ejercitatorio*. Daqui que Inácio exponha as *Regras de Discernimento para a Segunda Semana* [328-336], nas quais se descobre a sutileza da vida espiritual e da complexidade do caminho mistagógico que deve levar à verdadeira participação na divindade.

5.3. Regras de discernimento para a Segunda Semana [328-336] ou a sutileza do discernimento de espíritos

Já dissemos que não trataremos neste trabalho de analisar a natureza desses "espíritos"[67]. Aqui estamos apenas tratando de entender seus efeitos, as consolações e desolações que esses diversos *espíritos* provocam, proporcionando um conjunto de experiências espirituais que constituem o material de discernimento e a fonte de conhecimento para a tomada de decisões. Se no tempo anterior o Espírito atuava sobre o entendimento, aqui atua sobretudo através de sua repercussão nos afetos. Nesse sentido, é significativo que esses *espíritos* sejam chamados de *anjos* [329; 331; 332; 333; 335], ou seja, "mensageiros", na medida que são portadores de mensagens a serem interpretadas e discernidas. Por outro lado, o "mensageiro" é portador de uma mensagem entre duas pessoas ou interlocutores. O anjo fala ou faz falar sem necessariamente deixar-se ver, mas se ele se deixa ver, desaparece tão logo tenha transmitido sua mensagem. Ou seja, o exercitante deve aprender a discernir a natureza desses "espíritos mensageiros" a partir da trilha que deixam nele[68].

Ao longo da Segunda Semana, e quanto mais plenamente se está em tempo das eleições, convém que o exercitante seja treinado com

---

67. Cf. p. 174-175 (no original, p. 143 [N. das T.]).
68. Não encontramos nada disso nas fontes cisnerianas. Na *Vita Christi* da Ludolfo da Saxônia encontramos alguma menção sobre bom e mau espírito, mas sem sistematizar nem os colocar em relação com discernimento. Cf. p. 174, nota 22 (no original, p. 143, nota 22 [N. das T.]).

mais sutileza no discernimento desses espíritos [8]. Embora na *Primeira Semana* o combate dos espíritos fosse manifesto, na Segunda Semana ele está encoberto. Na *vida purgativa de Primeira Semana* havia que fortalecer-se e lutar abertamente para defender-se: era preciso aprender a suportar a ausência de consolações (*quinta, sexta, sétima e oitava regras*, [318-321]); era preciso partir para o contra-ataque à desolação (*décima segunda regra*, [324]); era necessário aprender a defender as partes mais fracas da própria psicologia (*décima quarta regra*, [327]); etc. Tratava-se, sobretudo, de um trabalho sobre os afetos, cuja desordem ficava manifesta ao começar o trabalho de interiorização. Mas no momento da eleição, as coisas são diferentes. As tentações mais grosseiras do mau espírito já foram descobertas. O mau espírito já não entrará através da desolação, mas da consolação aparente, isto é, através da relação dos afetos com as representações mentais que estão associadas a eles. Esse caráter mais "cognitivo" das tentações e de seu discernimento se dá precisamente neste estágio mais avançado da *vida iluminativa*.

Tem sido estudada a provável influência de São Bernardo no agrupamento das duas séries de regras[69]. Comentando sobre o versículo 2,15 do Cântico dos Cânticos, onde se lê: "Agarrem as raposinhas, que destroem nossas vinhas, nossas vinhas já floridas", São Bernardo escreve:

> As raposas são as tentações [...] Em nossos começos [...] o frio congelante inevitavelmente cai [...]. Mas quando os mais avançados se esforçam para serem mais santos, as virtudes opostas não se atrevem a enfrentá-los claramente, senão que, como pequenas raposas astutas tentam ameaças ocultas, se disfarçam de virtude, mas são autênticos vícios[70].

O "frio congelante" dos começos são as desolações de Primeira Semana. As "ameaças ocultas" são "os enganos encobertos e intenções perversas" do anjo mau [332].

---

69. Cf. BAKKER, Leo. *Libertad y Experiencia*. Bilbao-Santander: Mensajero-Sal Terrae, Col. *Manresa* 13, 1991, cap. 6, *El influjo de San Bernardo*, 127-139.
70. *Sermón* 63, *in:* op. cit., 128.

Hugo de Balma se expressa nos mesmos termos:

> Muito trabalham os inimigos da linhagem humana para separar de Deus o coração que se aproxima Dele por amor; mas é livrado por esta sabedoria celestial porque se acerca por gosto à fonte de toda claridade e resplendor. Porque alumbrado pela proximidade dos raios divinos, conhece sutil e claramente até mesmo as tentações que vêm encobertas sob a aparência de honestidade e bondade[71].

Ou seja, um dos efeitos da *vida iluminativa* é receber luz para conhecer a diferença entre os chamados de Deus e as tentações do inimigo. Observe-se como Santo Inácio utiliza a mesma terminologia que Hugo de Balma: este fala do "inimigo da linhagem humana", e Inácio, do "inimigo da natureza humana" [7,2; 10,2; 135,5; 136,1; 325,7; 326,4; 327,3; 334,1][72]. Inácio apresentou nas *Duas Bandeiras* as seduções de "Lúcifer, inimigo mortal da natureza humana" [136,1]. Ali denunciou seu modo de tentar: primeiro mediante a "sede de riquezas"; depois com a sedução de honras – vã glória – e finalmente, conduzindo à soberba [142]. As tentações de Primeira Semana serão mais na ordem da avidez – "sede" de bens materiais; as de Segunda Semana vão deslizar em direção a vanglória e soberba, "sob aparência de bem" [10,1].

Recordemo-nos como o próprio Inácio teve experiência dessas diversas estratégias do mau espírito: nos primeiros meses em Manresa foi abertamente tentado, primeiro provocando-lhe desânimos[73] e, depois, com aquela longa noite de escrúpulos[74]. Vencidas aquelas primeiras tentações, que correspondem às da Primeira Semana, passou a cultivar outra tentação, até que se produziu a ilustração do Cardoner: "aquela visão que muitas vezes lhe aparecia e nunca a havia conhecido, ou seja, aquela

---

71. *Sol de Contemplativos*, cap. 30, 121.
72. Em outros lugares, fala apenas do inimigo: [8,1; 12,3; 95,4; 138,2; 140,1; 217,3; 274,3; 314,1; 320,1; 324,2; 325,1; 325,4; 325,5; 329,1; 333,4; 345,1; 347,2; 349,1; 349,3; 349,4; 350,1; 350,2; 350,3].
73. *Autobiografia*, 20-21.
74. Ibid., 22-25.

coisa que lhe parecia muito bonita, com muitos olhos"[75]. Até não ter recebido a graça do Cardoner, "se deleitava muito e se consolava em ver esta coisa; e quanto mais a via, tanto mais crescia a consolação; e quando aquela coisa desaparecia ficava desgostoso"[76].

Em vez disso, logo após a ilustração, ao pé de uma cruz donde se pôs a dar graças a Deus por ela, "lhe apareceu aquela visão" e "teve um conhecimento muito claro, com grande assentimento da vontade, que aquele era o demônio. E assim, depois muitas vezes, durante muito tempo, costumava aparecer-lhe, e ele, a modo de menosprezo, o afastava com um bordão que costumava trazer na mão"[77]. Isto é, "os olhos do entendimento" que se abriram-no Cardoner[78] lhe permitiram perceber o narcisismo que lhe provocava aquela visão, renunciando a partir daquele momento à complacência do prazer por si mesmo e para si mesmo[79].

À medida que se avança na Segunda Semana, essa tentação da autocomplacência pode ir se introduzindo cada vez mais sutilmente no exercitante. Assim diz a *quarta regra*:

> É próprio do anjo mau, que se disfarça em anjo de luz[80], entrar com o que se acomoda à alma devota e sair com o que lhe convém a si, isto é, trazer pensamentos bons e santos, conforme a

---

75. Ibid., 31; cf. ibid., 19.
76. Ibid., 19.
77. Ibid., 31.
78. Ibid., 30.
79. Cf. BEIRNAERT, Louis. *L'expérience du désir et la naissance du sujet (psychanalyse, éthique et mystique)*. Paris: Media Sèvres, Travaux et Conférences du Centre Sèvres 18, 1989, 14.
80. Na *Vita Christi*, Inácio pôde ler um parágrafo inteiro sobre como o demônio "se transfigura em um anjo de luz", I, 22, 13. Também no cap. 41 do *Ejer* aparece esta expressão: "Se alguém por instinto do Espírito Santo, se sente inclinado ou movido a seguir a vida contemplativa e este homem conhecer de acordo com o conselho de algum homem espiritual, não confiando em si mesmo, porque ligeiramente poderia ser enganado recebendo o anjo de Satanás como um anjo de luz (cf. 2Cor 11,14), tal, sem agravo da vida ativa, poderá usar da vida contemplativa", p. 304, l. 38-43. Este texto foi retirado de: GÉRSON, Juan. *De monte contemplationis*, cap. 27.

tal alma justa, e, depois, pouco a pouco, procurar sair-se, trazendo a alma aos seus enganos encobertos e perversas intenções [332].

O exercitante, agora acostumado a analisar seus pensamentos graças à prática do exame geral [33-37], deve "estar muito atento ao decurso dos pensamentos" [*quinta regra*, 333,1]. "Se o princípio, o meio e o fim são inteiramente bons, inclinando a todo bem, é sinal do anjo bom" [333,1], mas se acabar em "coisa má, distrativa, ou menos boa do que aquela que se propusera fazer" [333,2], "é um sinal claro que procede do espírito mau" [333,4].

A *sexta regra* [334] sugere que nos acostumemos a analisar como os bons pensamentos derivam em maus: "para que, com tal experiência, conhecida e notada, se guarde, daí por diante, de seus habituais enganos" [334,4][81].

A oitava regra [336] se refere ao mesmo, mas requer maior sutileza: trata-se de distinguir o tempo imediato em que Deus atuou "sem causa precedente", do tempo seguinte que ainda está sob o fervor da consolação[82]. Este fervor não é a própria consolação, mas seu efeito. Neste segundo tempo é por onde o mau espírito pode se introduzir, "formando diversos propósitos e pareceres que não são dados imediatamente por Deus nosso Senhor" [336,5][83].

---

81. Inácio utiliza aqui a expressão: "quando o inimigo da natureza humana é sentido e conhecido por sua cauda serpentina" [334,1]. Provavelmente tirou da Vita Christi: "Contra seu mal serpentino [...]. É saber que o diabo é uma áspide serpentina e um basilisco percussivo" (I, 22, 7, f. 152 v., col. 1). E: "Tem rabo e é isso que faz que por obra se acabe" (I, 22, 9, f. 154 v.).
82. A este respeito, Jean GOUVERNAIRE esclarece: "Num movimento divino só podem ser considerados como elementos que emanam diretamente de Deus aqueles que fazem corpo com ele, a ponto de que os suprimir ou transformar destrói a mesma moção que os continha. Em outras palavras, unicamente são dados por Deus os elementos que não podem ser apagados da experiência sem que a própria experiência desapareça". *Quand Dieu entre á l'improviste*, Paris: DDB, Col. *Christus* 50, 1980, 122.
83. "A afirmação que o *homem espiritual* faz sobre a origem puramente divina de uma consolação sem causa – e com mais razão nos seus aspectos

Isso leva a nos determos em uma expressão-chave na mistagogia dos *Exercícios*, sobre a qual já se derramou muita tinta[84]: trata-se da "consolação sem causa precedente". Aparece na segunda regra:

> Só é de Deus nosso Senhor dar consolação à alma sem causa precedente, porque é próprio do Criador entrar, sair, produzir moção nela, trazendo-a toda no amor de sua divina Majestade. Digo sem causa, [isto é], sem nenhum prévio sentimento ou conhecimento de algum objeto pelo qual venha tal consolação, mediante seus atos de entendimento e vontade [330].

Leo Bakker mostrou que a origem da expressão *sem causa precedente* provavelmente procede de um escrito de Dionísio, o cartuxo, em que ele comenta uma passagem de Santo Tomás[85]. Na antropologia escolástica, a vontade só pode ser movida se previamente o entendimento lhe apresentou seu objeto[86]. Dioniso, o cartuxo, dirá que "é exclusivo de Quem é a Causa e o Criador da natureza intelectual [diretamente] inclinar a vontade

---

    secundários – é sempre flexível, humilde, pronta para ser matizada, se o discernimento o sugerir. Quando uma certeza se fixa, endurece, se torna teimosa, não pode vir do Senhor pobre e humilde", GOUVERNAIRE, Jean, op. cit., 130.

84. Destacamos os seguintes estudos: RAHNER, Karl. *La lógica del conocimiento existencial en San Ignacio de Loyola*. In: *Lo dinámico en la Iglesia*. Barcelona: Herder, 1968 (1958), 93-181; GIL, Daniel. *La consolación sin causa precedente*. Roma: CIS, 1971, 128p.; BAKKER, Leo. *Libertad y experiencia. Historia de la redacción de la Reglas de discreción de espíritus de San Ignacio de Loyola*. Bilbao-Maliaño (Cantabria): Mensajero-Sal Terrae, Col. *Manresa* 13, 1995; GOUVERNAIRE, Jean. *Quand Dieu entre á l'improviste. L'énigme de la consolation sans cause*. Paris: DDB, Col. *Christus* 50, 1980; DEMOUSTIER, Adrien. *Le dynamisme consolateur et les Règles du Discernement des Esprits dans la Deuxième Semaine des Exercices Spirituels d'Ignace de Loyola*. Saint Didier au Mont d'Or: Secrétariat Ignatian L'Arbalétière, 1984 (*pro manuscripto*), 62-78; 89-98; 85.
85. Op. cit., cap. 7, *Dependencia de Santo Tomás y de Dionisio el Cartujano*, 141-159.
86. Cf. SANTO TOMÁS. *Summa Theologica*, VT, q. 9, art. 1 e 6; q. 10, art. 4.

para algo"⁸⁷. Santo Inácio, ao dizer que "só a Deus nosso Senhor pertence dar à alma consolação sem causa precedente" [330,1], está oferecendo um critério de discernimento em linguagem escolástica para identificar a ação de Deus, que é livre e gratuita, não provocada por nós⁸⁸.

Do ponto de vista mistagógico, nosso interesse centra-se no caráter unitivo e unificante dessa experiência de consolação. O que Inácio afirma é que Deus se comunica de forma imediata com sua criatura [15,6]. "Imediata", isto é, sem outro intermediário que Ele mesmo, porque Ele é o Criador desta alma. Mas "sem intermediário" não significa "sem mediação", porque na experiência de Deus sempre intervém nosso psiquismo – consciente ou inconsciente⁸⁹. O que sublinha o advérbio *imediata* é que

---

87. *Discreción y examen de los espíritus*, art. XXI, *Sobre la verdadera discreción de los espíritus según santo Tomás*, citado *in*: BAKKER, op. cit., 146 e 274.
88. No *Ejercitatorio*, encontramos um texto que também pode estar por trás desta segunda regra Inaciana. Trata-se de uma descrição sobre como se eleva a mente na *via unitiva*, texto que não aparece no *Compendio*: "Agora trataremos como a mente [...] se eleva em Deus, sem nenhuma obra do entendimento nem de qualquer outra coisa, e se ajunta com ele, o que se diz dos santos da verdadeira sabedoria. Porque de acordo com São Dionísio, esta sabedoria é por ignorância conhecida; não há razão nem entendimento nem conhecimento humano a adoçar o exercitante para tal conselho, porque tal conselho e sentimento é obra de Deus somente que quer se fazer sentir a tal mente, sem exercício de nosso entendimento, ajudando-o a tal sentimento", cap. 28, p. 256, l. 4-17. Este texto está tomado de D'EIXIMENIS, Francesc. *Capítol qui tracto de la tercera via e plus alta per piuar en contemplació, qui s'apella via unitiva e perfectiva, e ensenya com lo contemplatiu se pot llevar en alt per tres vies*. EIXIMENIS bebe, por sua vez, de BALMA, Hugo de. *Mystica theologia*, cap. 3, part. 3 e *quaestio unica*. Este texto se inscreve claramente na tradição dos místicos do amor, da qual Hugo de Balma, com sua *Quaestio Unica*, tornou-se um dos autores mais emblemáticos. Cf. MARTÍN, Teodoro. *Introducción a Hugo de Balma, Sol de Contemplativos*. Salamanca: Sígueme, Col. *Ichthys* 14, 1992, 14-23. No entanto, Gaston FESSARD, partindo de outro ângulo, mostra bem como Inácio também pode ser incluído entre os místicos do conhecimento. Cf. *La dialectique des Exercices*, vol. I, 207-214.
89. "O impulso do desejo, que se expressa em consolação sem causa, apresenta-se inevitavelmente sob um conjunto de pensamentos, sentimentos e

Deus atua no presente do exercitante, sem passar pelo discurso discursivo que o liga ao seu passado, provocando nele uma experiência que está em descontinuidade com o *antes* imediato.

Em termos teológicos diremos que, criados à imagem e semelhança de Deus nas origens (Gn 1,26), mas habitando na dessemelhança pelo pecado, recobramos a semelhança quando o Criador "entra, sai e cria moção na alma, trazendo-a toda ao amor de Sua Divina Majestade" [330,1]. Esse "entrar, sair e fazer moção" de Deus em nós está relacionado com a disponibilidade e abertura que nós oferecemos a Deus. Que Deus aja "sem causa precedente" não significa que Deus atue arbitrariamente, mas livremente; também significa que sua manifestação está sempre em desproporção ao nosso mundo psíquico. Deus irrompe em nosso mundo para atrair-nos a Ele.

Todas as meditações e contemplações dos *Exercícios* estão colocadas para nos dispor à maior receptividade possível para esse encontro. Assim o expressa o Diretório Oficial de 1599:

> Com tais meditações, a alma se robustece, se ilumina e se eleva das coisas terrenas, tornando-se assim cada vez mais apta a conhecer e abraçar a vontade de Deus e vencer todos os obstáculos. Pelo contrário, se as omitisse, ficaria mais obscura e mais débil[90].

Ou seja, pela progressiva identificação do exercitante com Jesus, o Senhor pobre e humilde, vai se restabelecendo nele a imagem do Filho

---

representações singulares, em cuja formação participa a atividade constante do inconsciente. Inclusive não está excluído que o inconsciente possa contribuir em provocar as representações de Deus e os sentimentos com respeito a Ele, dando assim uma aparência de consolação. A ilusão seria descoberta pelo fato de que o desejo se comprazeria e se instalaria em tais representações, em vez de continuar sua busca insaciável. O essencial de uma *consolação sem causa* não reside nesses elementos que provisoriamente deram corpo ao desejo, mas sim no movimento que os atravessa, no impulso que conduz a alma até Aquele que está sempre mais além da expectativa presente". GOUVERNAIRE, Jean. *Quand Dieu entre á l'improviste*. Paris: DDB, Col. *Christus* 50, 1980, 105-106.

90. *D* 33; 34; 43: 218.

plenamente habitado pelo Espírito. A consolação "sem causa precedente" é a irrupção do Espírito em nós, cujo efeito é essa "atração de amor". A atração do amor é a linguagem da vida unitiva, onde desaparece todo objeto intermediário e há apenas a união dos amantes. Ali, o entendimento e a vontade não intervêm ativamente, mas passivamente, "deixando-se atrair".

Por um lado, então, a "consolação sem causa" implica, por parte do homem um alto grau de abandono. Mas, por outro lado, o fato de que Deus age "sem causa" significa também que "a iniciativa divina não está sujeita a etapas, nem a prazos. Em um instante é capaz de elevar a alma quando e até onde quer"[91].

Esse paradoxo também ocorre no *primeiro tempo de eleição*, com o qual se junta a *"consolação sem causa"*.

5.4. Primeiro tempo de eleição [175] ou o tempo unificante do Espírito correspondente ao primeiro grau de transparência da alma

O *primeiro tempo* é quando "Deus nosso Senhor assim move e atrai a vontade que, sem duvidar nem poder duvidar, a tal alma devota segue o que lhe é mostrado; assim como São Paulo e São Mateus o fizeram seguindo a Cristo nosso Senhor" [175,2].

No texto do *Ejercitatorio*, é dito que "o terceiro modo que Deus tem para habitar na alma é por união, como teve o apóstolo São Paulo e outros excelentíssimos contemplativos, dos quais me considero indigno, deixando-o para os grandes doutores"[92].

---

91. GOUVERNAIRE, op. cit., 101. O parágrafo completo diz: "No desenvolvimento ordinário da vida, o *homem espiritual*, mesmo que seja um daqueles que *correm pela estrada*, apenas chegará às alturas do amor de Deus após um longo, paciente e laborioso trabalho, *com a graça de Deus*. No entanto, a iniciativa divina não está sujeita a etapas, nem a prazos. Em um instantaneamente é capaz de elevar a alma quando e onde quiser. Não importa em que etapa ela se encontre, desde que esteja disposta a grandes coisas", *Quand Dieu entre à l'improviste*. Paris: DDB, Col. *Christus* 50, 1980, 100-101.
92. *Ejer*, cap. 66, p. 428, l. 35-37. O texto de GÉRSON diz exatamente o mesmo. Cf. *Opera Omnia*, I. III, col. 579.

A menção a São Paulo é comum em ambos os textos, mas se referem a dois episódios diferentes de sua vida: Inácio está pensando na conversão no caminho para Damasco[93], enquanto Gérson e Cisneros se referem ao êxtase mencionado por Paulo na Segunda Carta aos Coríntios[94]. Os dois textos diferem no estado espiritual em que o apóstolo se encontrava em um momento e no outro; porém coincidem no caráter "passivo" e "fundante" da experiência de Deus. Em ambos os casos, São Paulo não tem a iniciativa, mas é "atraído" pelo que lhe foi "manifestado", e tal "atração" e "manifestação" marcam um *antes* e um *depois* em sua vida.

Ou seja, o *primeiro tempo de eleição* tem certos elementos do estágio unitivo, e outros que não o são.

Por um lado, sua manifestação e seus efeitos correspondem à vida unitiva e unificante. Unificante porque as duas polaridades básicas da personalidade foram convocadas em uma única direção: a vontade é "movida e atraída" de tal modo que o entendimento não "duvida e nem pode duvidar"[95]. Nesse sentido, consideramos que com este *primeiro tempo de fazer eleição*, Santo Inácio, sem mencioná-lo, está se referindo a uma manifestação da vida unitiva. Como *tempo*, é imediato e de caráter transformador: é Deus mesmo quem "move e atrai a vontade". E sendo

---

93. Cf. At 9,3-19.
94. "Conheço um homem em Cristo, que há catorze anos foi arrebatado ao terceiro céu. Se estava em seu corpo, não sei; se fora do corpo, não sei; Deus o sabe. Sei apenas que esse homem – se no corpo ou fora do corpo não sei; Deus o sabe! – foi arrebatado até o paraíso e ouviu palavras inefáveis, que não são permitidas ao homem repetir" (2Cor 12,2-4).
95. No monaquismo oriental existe um termo preciso que expressa a certeza de ter tido uma autêntica experiência de Deus: a *plerophoria*. No entanto, as orientações de ambas as "certezas" são diferentes: na mistagogia inaciana, refere-se à claridade interior com a que se há percebido a vontade de Deus; tem o horizonte intra-histórico da eleição; enquanto a *plerophoria* oriental tem um horizonte mais propriamente escatológico, na medida que se refere à plena confiança recebida em torno da própria salvação. No texto precedente de Gérson-Cisneros havia menção a esta certeza interna como fruto da consolação: "Outras vezes, recebem uma segurança maravilhosa cheia de humildade", p. 426-428, l. 16-17.

unitivo, é um tempo unificante: tanto a dimensão afetiva quanto a cognitiva se encontram convocadas pela mesma atração de Deus.

Mas, por outro lado, essa unificação da pessoa não se dá unicamente em um estágio avançado da vida espiritual, mas que os dois exemplos dados por Inácio mostram que não podemos simplificar ou esquematizar os processos espirituais: São Paulo e São Mateus, no momento do chamado, estavam longe de se encontrarem no estágio unitivo[96]. É a presença de Jesus que os ilumina e suscita neles o desejo e a experiência motriz da união.

Neste *primeiro tempo* podemos perceber como a ação ("oikonomia") do Filho e do Espírito se unificam: são tanto o Filho como o Espírito quem intervêm no *tempo* da eleição, suscitando do exercitante a adesão de toda a sua pessoa ao chamado de Deus. Por outro lado, neste *primeiro tempo* Inácio não faz menção ao aspecto sensível ou "agradável", como aparece no *segundo tempo*. É que este primeiro tempo se situa em um plano ainda mais globalizante e profundo da pessoa, em seu próprio centro, naquele lugar do Espírito custodiado pelo Coração[97].

6. Os três tempos de eleição e os três estados de transparência da alma

O itinerário pelos três tempos de eleição nos tem mostrado que o paralelismo que estabelecemos no começo deste capítulo com as *três maneiras* com que Deus mora na alma, entendidas como "três estados de transparência da alma", não se corresponde completamente. Ou seja, vimos que esses *três tempos* de manifestação do Espírito têm certa autonomia em relação ao estado de receptividade do exercitante, porque Deus tem sempre a iniciativa. No entanto, sustentamos que tal paralelismo ilumina certos aspectos do dinamismo da eleição. Valem aqui umas breves referências a Guillermo de Saint-Thierry e São João da Cruz para terminar de compreendê-lo.

---

96. Cf. Mt 9,9-13; Mc 2,14-17; Lc 5,27-32.
97. Cf. p. 119-124 (no original, p. 96-99 [N. das T.]).

O primeiro fala de *três semelhanças* do homem com Deus, as quais se podem colocar em clara relação com as três vias e com os três modos que Deus tem de habitar na alma que o *Ejercitatorio* recolhe: a *semelhança* que temos com Deus pelo fato de existir; a *semelhança* que temos com Ele quando está fundada na virtude; e a *semelhança* que provém da união. Essas três semelhanças se correspondem com a vida animal, racional e espiritual[98].

São João da Cruz apresenta uma tríade parecida, falando das "três presenças que Deus pode ter na alma": a presença essencial, a presença por graça e a presença por afeição espiritual[99]. Essas três presenças se correspondem em seus dois extremos com dois graus de união[100]: a *união natural ou substancial*, que é própria de toda criatura, já que esta união é o que lhes dá o ser; e a *união de semelhança ou sobrenatural*, que ocorre quando as duas vontades, a da alma e a de Deus, estão em conformidade una, não havendo em uma coisa que seja repugnante à outra. E assim, quando a alma tirar de si totalmente o que repugna e não está conforme a vontade divina, será transformada em Deus[101].

Essa união de vontades que "transforma em Deus", isto é, que *diviniza*, acontece nos *Exercícios* por meio do ato-oferenda da eleição e é efetuada pelo Espírito[102].

---

98. Cf. *Carta a los Hermanos de Monte Dei*, III, 260-263.
99. "As presenças de Deus na alma (a essencial, pela graça e por afeição espiritual) estão encobertas, porque Deus não se mostra como é, porque não padece da condição desta vida; e assim, por qualquer delas se pode entender o versículo dito acima: *Descobre tua presença*. Isso, visto que é verdade que Deus está sempre presente na alma, pelo menos segundo a primeira maneira, não diz a alma que se faça presente nela, mas sim que esta presença velada que ele faz nela, ora natural, ora espiritual, ora afetiva, que se descubra e manifeste de maneira que se possa vê-lo em seu divino ser e formosura. Porque, assim como com seu ser presente, torna a alma natural e com sua presente graça a aperfeiçoa, que também a glorifique com sua manifestada glória", *Cántico Espiritual B*, Canción 11,3-4.
100. *Subida al Monte Carmelo*, L. 2, cap. 5, 3.
101. Ibidem.
102. Veja também: Guillermo de SAINT-THIERRY, op. cit., III, 257; 258; 262.

Assim, recapitulando, temos que os *três tempos de eleição* são três modos de desvelamento da vontade de Deus, através dos três modos de manifestar-se e de atuar do Espírito. Através da doutrina dos místicos, se reforça nossa interpretação de que esses três modos ou *tempos* de conhecimento da vontade de Deus estão intrinsicamente vinculados à disposição do exercitante para acolhê-la. Daqui que os *Exercícios* vinham preparando para essa disposição de máxima receptividade. Receptividade que Inácio chama de *indiferença*. Esta, em sua dimensão afetiva, identifica-se com a *disponibilidade* e corresponde-se à *apatheia* dos Padres do Deserto; em sua dimensão cognitiva, identifica-se com a *transparência* e corresponde-se à *pureza de coração* do Evangelho[103]. Quanto maior a receptividade, maior a disponibilidade e transparência. Por essa razão, temos chamado também os *três tempos de eleição* de *três estados de transparência*.

Vimos como essa receptividade se dava por meio do despojamento de si mesmo, à imagem e semelhança do despojamento do Senhor pobre e humilde. Os *três modos de humildade* [165-167] marcavam a gradação desse despojamento: se o desejo de não cometer pecado mortal já era um grau fundamental na renúncia ao que "repugna a Deus", o *segundo modo de humildade* [166] supõe um passo adiante. Nas palavras de São João da Cruz, não basta renunciar ao que repugna segundo o ato, mas também segundo o hábito:

> De maneira que não apenas os atos voluntários de imperfeição têm que faltar, mas os hábitos de quaisquer imperfeições se devem aniquilar [...]; para que, lançado fora tudo o que é diferente e não conforme a Deus, venha a receber a semelhança de Deus, não permanecendo nela algo que não seja a vontade de Deus; e assim, se transforma em Deus[104].

O que se consegue na vida contemplativa por meio da renúncia a "todas as criaturas, ações e habilidades" próprias[105], na vida ativa se

---

103. Cf. Mt 5,8.
104. *Subida al Monte Carmelo*, L. 2, cap. 5, 4.
105. Ibidem.

consegue por meio do *terceiro modo de humildade*. Dessa forma, o vitral já sem mancha alguma poderá ser clarificado e transformado totalmente em sua luz[106].

O momento unitivo seria a princípio pontual, enquanto o estado de consolação seria o habitual. Esta é a experiência e a convicção de Inácio: "As pessoas, saindo de si e entrando seu Criador e Senhor, *têm assídua* advertência, atenção e *consolação*"[107]. Essa "consolação assídua" da pessoa que sai continuamente de si mesma para entrar em seu Criador e Senhor – e na que o Senhor entra para fazer nela morada – resulta transformadora e unitiva: "Àqueles que amam inteiramente o Senhor, todas as coisas os ajudam e todas as coisas os favorecem a mais merecer e mais aproximar e unir com intensa caridade ao seu Criador e Senhor"[108]. É que é próprio da ação do Espírito transformar aquele que O recebe, assimilando-o cada vez mais a Cristo, modelo da divino-humanidade.

Assim, os *três tempos de eleição* apontam, embora sem se corresponder totalmente, a três estágios espirituais. Vejamos como os primeiros *Directorios* trataram essa complexa inter-relação das três maneiras de fazer eleição.

7. Os três tempos de eleição nos primeiros Diretórios

Nos primeiros Diretórios percebe-se uma certa derivação para o *segundo* e o *terceiro tempos*, considerando cada vez mais extraordinário o *primeiro*, coisa que não ocorre nem no texto dos *Exercícios* nem nos diferentes *Diretórios* que procedem de Santo Inácio[109]. No *Directorio Oficial* de 1599 inclusive se detecta uma preferência pelo *terceiro tempo*[110],

---

106. Cf. ibid., 6.
107. Carta a Francisco de Borja, Final de 1545. BAC, 701.
108. Ibid., 702.
109. BAKKER defende a tese de que a *iluminação do Cardoner* foi na vida de Inácio o modelo paradigmático e existencial da *consolação sem causa precedente*, a qual está intrinsecamente relacionada ao *primeiro e segundo tempo de eleição*. Cf. *Libertad y Experiencia*, 84-89.120-122.215-216.
110. Cf. *D* 43: 187-207, particularmente o 203.

como analisaremos a seguir. Com isso, acreditamos que a terceira geração de jesuítas começou ou tendeu a reduzir a interpretação mistagógica dos *Exercícios*, ou seja, o caráter pneumatológico e transformador de todo o processo, que no momento da eleição cobra toda sua densidade e relevo.

No *Directorio Oficial* se afirma que no primeiro e segundo tempos "a alma é impulsionada pelo divino Espírito"[111], mas não se extraem todas as consequências disso. A consolação é concebida pontualmente, não dinamicamente:

> A consolação não é um hábito, mas uma espécie de paixão espiritual, outorgada sobrenaturalmente, cuja natureza consiste em que, enquanto está presente, atos virtuosos são realizados com facilidade e mesmo com prazer, e com o ardor do afeto[112].

Ao se conceber a consolação apenas de forma pontual, sem ser integrada no dinamismo da transformação interior, sem ligá-la ao processo de abertura e de doação, a consolação tende a ser vista como algo extraordinário. Isso, somado ao temor de enganos e às ilusões que ocorreram com os alumbrados, fez com que se recorresse ao *terceiro tempo de eleição* como o mais seguro[113]:

> Esta deveria ser a regra geral: é muito perigoso querer governar-se unicamente pelos movimentos da vontade e certos sentimentos internos, não aplicando a devida consideração. Portanto, a prova e o exame devem ser feitos por meio da luz, como diz o Apóstolo: "Tudo o que se manifesta é luz" (Ef 5,13). Esta luz, depois da luz da fé, é também a própria razão humana, a qual vem de Deus, porém ajudada e iluminada pela fé. E uma não pode se opor à outra[114].

---

111. Ibid., 191.
112. Ibid., 192. Este parágrafo está tomado do *Directorio* de Gil González DÁVILA, *D* 30: 121.
113. Cf. ibid., 204.
114. Ibid., 203. Note-se a forte influência de Gil Gonzáles. Cf. *D* 31: 135.

É sinal do mau espírito querer evitar este exame pelo *terceiro tempo*[115].

Comparando esse texto com os *Directorios* de Inácio[116] e de Polanco[117], percebe-se que o tom e a orientação mudaram: o que para os primeiros era um recurso final, converteu-se para a terceira geração em norma geral; e o que para os primeiros era o ordinário, passou a ser concebido como extraordinário e permaneceu rodeado de muitas precauções e reservas[118]. A geração seguinte irá acentuar ainda mais o *terceiro tempo* como o modo mais seguro e confiável[119]. Os autores místicos, por outro lado, seguirão defendendo a hierarquia original dos *três tempos de eleição*[120].

---

115. Ibid., 204.
116. *D* 1,18: "Entre os três modos de fazer eleição, se no primeiro não se move, deve-se insistir no segundo. Quando pelo segundo não se toma resolução ou não parece ser boa para quem está dando os *Exercícios* [...], tome-se o terceiro modo".
117. "Explicar o que se diz no primeiro e no segundo tempo de eleições, omitindo o que se segue do terceiro; e declarando brevemente o primeiro, passará ao segundo, a saber, que se averigue a vontade de Deus sobre o que se deve deliberar, pela experiência de consolações e desolações". *D* 20,81.
118. Veja-se como, apesar da afirmação no [198]: "*No primeiro e segundo tempo de eleição*, se de tal modo consiste na vontade divina que a alma seja completamente confirmada e determinada, sem desejar maior certeza, pode descansar aqui; mas se isso não bastar, poderá passar ao terceiro tempo", retifica-se no [203]: "É muito perigoso querer governar-se unicamente pelos movimentos da vontade e por certos sentimentos internos, não aplicando a devida consideração".
119. No início do séc. XVII, o terceiro tempo de eleição é o que se considerará o mais habitual e paradigmático. O discernimento espiritual ficará assim reduzido a um método racional. Pensamos, por exemplo, no *Manuale Sodalitaiis* do Pe. François VÉRON (1575-1649), que teve múltiplas edições, e que muito provavelmente influenciou o jovem Descartes. Cf. HERMANS, Michel; KLEIN, Michel. *Ces Exercices Spirituels que Descartes aurait pratiqués*. In: Archives de Philosophie 59 (1996), 427-440; particularmente 436-437.
120. Pensamos em: 1) Aquiles GAGLIARDI, o qual, tendo em conta o *Directorio Oficial*, escreve com muita prudência: "A forma da eleição ou a sua prática é tripla: a primeira é puramente sobrenatural, quando um homem, iluminado pela revelação divina, se encontra determinado por uma verdadeira eleição. O primeiro modo de eleição sucede a poucas pessoas. Não o devemos desejar para não tentar a Deus, embora ao mesmo tempo possamos

Entre os autores contemporâneos, Karl Rahner foi um dos primeiros a recordar a convicção da mistagogia inaciana:

> Santo Inácio pressupõe inequivocamente que o homem deve contar com a possibilidade, experimentável praticamente, de que Deus lhe comunique sua vontade. Uma vontade cujo conteúdo não se pode sem mais conhecer por meio de considerações racionais baseadas, por uma parte, nas máximas gerais da razão e da fé, e de outra, em sua aplicação a uma situação determinada, analisada também de maneira racional e discursiva[121].

8. Fim da Segunda Semana

Uma vez feita a eleição, termina a *Segunda Semana*. Como Gastón Fessard apontou, a eleição marca uma radical distinção entre um *antes* e um *depois* no processo dos *Exercícios*[122]. E aqui entramos no ponto mais importante e delicado de nossa interpretação dos *Exercícios*: entender a eleição como o umbral da *vida unitiva*. Com efeito, por meio da eleição, deu-se uma união de vontades entre o exercitante e Deus. E isso mediante os três possíveis *tempos* com os quais se pôde fazer a eleição, porque todos os três conduzem, de fato, ao *primeiro tempo,* na medida que os três estão marcados pelo princípio unitivo da eleição, embora no *segundo e terceiro tempos* seja menos palpável.

---

e devamos dizer que não há nenhuma santa eleição que não se apoie nele", *Commentaire des Exercices Spirituels*. Paris: DDB, Col. Christus 83, 1996, p. 112. No entanto, Gagliardi diz com toda prudência que em caso de conflito entre os diferentes modos de eleição, "É necessário seguir indiscutivelmente a razão mais do que o fervor espiritual, mesmo que este seja intenso, contanto que a luz da razão esteja livre de todo afeto desordenado, seja sincera e tenha em consideração a direção e o juízo dos sábios", ibid., 113; 2) SUÁREZ, Francisco. *De religione Societatis Iesu*. L. IX, ch. 5, 30-41; 3); LA PALMA, Luis de. *Camino Espiritual*, t. I, L. II, cap. 30 e t. II, L. IV, cap. 14.

121. *La lógica del conocimiento existencial en San Ignacio de Loyola*, 104. Ver também: 126 e 133.
122. Cf. Gastón FESSARD, op. cit., 17; 36-41; 100.

Entre os autores das primeiras gerações há discrepância na identificação do início da *via unitiva*. Alguns a situam a partir da Terceira Semana[123], enquanto para outros não acontece até a Quarta Semana[124]. São poucos os que a colocam em relação ao ato de eleição[125].

Os exercícios ainda não terminaram. Tem-se que confirmar, consolidar e fortalecer essa união que, neste momento, se deu apenas pontualmente[126]. É necessário interiorizar e corporizar mais e mais o que o entendimento compreendeu e o que a vontade desejou, de modo que a eleição unifique a pessoa toda nessa oferta que faz de si mesma. Para isso, o exercitante será conduzido, primeiro, a contemplar e experimentar a radicalidade do despojamento de Cristo em sua Paixão – Terceira Semana; e depois, a contemplar e participar da fecundidade desse despojar-se – Quarta Semana. O primeiro desenvolverá no exercitante a capacidade de viver a compaixão pela dor alheia; o segundo irá desenvolver nele a capacidade de compartilhar e experimentar a plenitude do Espírito.

---

123. Tal é a posição de Aquiles GAGLIARDI (1537-1607). *Commentaire des Exercices Spirituels d'Ignace de Loyola*. Paris: DDB, Col. *Christus* 83, 1996, 115-121.
124. Tal é a posição do *Directorio Oficial* de 1599 (*D* 43, 253 e 275). Para Juan de POLANCO, a via unitiva não ocorre até o final da Quarta Semana, com a *Contemplação para alcançar amor*. Cf. *Directorio* 20,6. Pe. NICOLAI (*Directorio* 21,13) e Antonio CORDESES (*Directorio* 32,153). Luis de LA PALMA (1560-1641) considera que a Terceira Semana está dividida entre a via iluminativa e a via unitiva. Cf. *Camino Espiritual*. Primeira Parte, L. III, cap. 21.
125. Os únicos *Directorios* explícitos a respeito são: o de Jerónimo DOMENECH (*D* 14,3), VALENTINO (*D* 16,30), e o *Directorio* 18,16, atribuído a MERCURIANO.
126. Segundo uma formulação clássica dos *Exercícios*, o próprio da Terceira Semana seria *conformata confirmare* ("confirmar o conformado" pela eleição); e o próprio da Quarta Semana seria *confirmata transformare*, ou seja, "transformar o confirmado" com a força da Ressurreição. De acordo com essa formulação, o próprio da Primeira Semana seria *deformata reformata* ("reformar o deformado"); e o próprio da Segunda Semana, *reformata conformare* ("conformar o reformado"). Cf. FESSARD, Gastón. *La dialectique des Exercices*, 1. Paris: Aubier, 1956, 40-41.

Assim, a mistagogia inaciana reserva para depois da eleição a contemplação do movimento radical da *kénosis-theosis* de Redenção. E, como Cristo às portas da Paixão, o primeiro mistério a ser contemplado é a Última Ceia [190-198; 289]. A analogia é patente: o Corpo e o Sangue de Cristo oferecidos correspondem à oferta que o exercitante faz de si mesmo através da eleição, que será incorporada à oferenda do Senhor.

Por outro lado, retomando a compreensão dos *Exercícios* como caminho iniciático, a eleição permite identificar uma repetição dos quatro elementos da iniciação[127], a partir do "antes" e do "depois" que marca: antes da eleição aconteceu: 1) a separação, 2) a descida aos próprios infernos, 3) a iluminação da vida de Cristo e da própria vocação, que foi assumida, 4) a eleição, provocando uma "mutação ontológica do regime existencial"[128]. Depois dela, há um aprofundamento dessa "mutação": 1) o regime de isolamento continua; 2) a descida aos infernos e a morte iniciática se dão agora pela contemplação da Paixão de Cristo; 3) a iluminação se dá pela contemplação da ressurreição; 4) e no retorno à contemplação do mundo e na reintegração a ele com a eleição feita se dá o desdobramento daquela "mutação existencial".

---

127. Cf. *Introdução*, p. 24 (no original, p. 21 [N. das T.]).
128. ELIADE, Mircea. *Iniciaciones místicas*. Madrid: Taurus, 1975, 10.

8

Iniciação ao terceiro estágio de transformação depois da eleição: a progressiva configuração com Cristo Jesus

> *É a ti a quem compete o papel*
> *de queimar-me na união*
> *que há de nos fundir juntos.*
> *Não basta que eu morra comungando.*
> *Ensina-me a comungar morrendo.*
> Pierre Teilhard de Chardin

> *O ser humano não é capaz de suportar*
> *em demasia a realidade.*
> T. S. Eliot

Concebemos esta última parte da experiência iniciática dos *Exercícios* tão somente como uma iniciação – apesar da redundância – ao *terceiro estágio de transformação* de sua mistagogia. Um estágio de transformação – a configuração com Cristo Jesus, esse processo de cristificação que chamamos de *divinização* – que não terá prazo nem interrupção, e que deverá verificar-se e atualizar-se em cada ato da vida. Podemos dizer que estamos na *via unitiva*, ou seja, no *caminho* unitivo, mas não na *vida* unitiva[1]. Até o momento, o *terceiro modo de humildade* tem sido uma

---

1. Santiago ARZUBIALDE afirma: "Encontramo-nos totalmente na *via unitiva*. Há um aumento de elementos unitivos: dor *com* Cristo doloroso,

forma de extremar o desejo para aumentar a receptividade à graça de Deus, mas o exercitante, entretanto, ainda não teve ocasião de colocar à prova sua perseverança na pobreza e menosprezo que podem acompanhar o seguimento e identificação com Jesus.

Com a eleição ocorreu um momento fundante de união com a vontade de Deus. Se a eleição se fez conforme o *primeiro tempo*, experimentaram-se as primícias da *via unitiva*[2]. Porém agora, e ao longo de toda a vida, esta união terá que ir se consolidando, aprofundando e desdobrando.

A vida de união é própria dos perfeitos, ou seja, dos que alcançaram a plenitude[3]. Em nosso contexto podemos dizer, de algum modo, que o exercitante chegou a certa perfeição após haver feito a eleição, enquanto a *forma* atingiu um primeiro termo de sua *formação*. Não temos outra imagem da plenitude que a revelada no Filho. E essa plenitude é o Amor dilatado até o extremo, esvaziando-se de si mesmo, que na história adquire o rosto paradoxal do despojamento e do máximo rebaixamento.

Daí que, na mistagogia dos *Exercícios*, o exercitante seja conduzido à Paixão depois de haver oferecido sua própria eleição. Uma eleição que, por outro lado, não foi ele quem a elegeu, mas que lhe foi mostrada [175,2]. Ele é que foi eleito pelo Senhor: "Se sua divina Majestade for servida e me quiser eleger e receber" [147,2], tal como recorda Jesus a seus discípulos pouco antes da morte (Jo 15,16).

Por outro lado, a Páscoa é o pano de fundo definitivo de toda experiência iniciática: trata-se de passar pela Morte para ser alcançado por uma nova forma de Vida. Como mostraremos, a peculiaridade inaciana dessa Páscoa é seu caráter inacabado, isto é, seu caráter sempre aberto, seu dinamismo de ser cada vez mais crística.

---

abatimento *com* Cristo abatido, pena *interna* de tanta pena que Cristo passou por mim [203]. Encurtam-se as distâncias a respeito da humanidade de Jesus", op. cit., 425.

2. Escreve Hugo de BALMA: "este levantamento que nasce dos talantes (= decisão apenas da vontade) acendidos de amor que deseja juntar-se com Deus e ser um único espírito com Ele é sobretudo entendimento e está na mais alta parte da vontade", *Sol de Contemplativos*, cap. 23, 104.
3. "Perfeito" vem do latim *per-factus*: "feito" precedido pela partícula superlativa *per*, isto é, "acabado", "feito em plenitude".

1. Terceira Semana: a participação na kénosis de Cristo

A identificação com a Paixão de Cristo, quer dizer, a participação em sua kénosis, é o passo seguinte da eleição. Desse modo, o exercitante, através desta morte iniciática, vai aprendendo a morrer cada vez mais para si mesmo e vai aprofundando no seguimento e na imitação do modo de proceder de Deus.

Inácio, entre as manifestações da consolação, inclui aquelas lágrimas que "a alma lança motivadas pelo amor a seu Senhor, agora seja pela dor de seus pecados, ou da Paixão de Cristo" [316,3][4]. As petições próprias da *Terceira Semana* situam-se um passo além das petições da Primeira Semana. Na Primeira Semana, pedia-se sentir dor, vergonha e confusão pelos próprios pecados [48; 55]. Em outras palavras, tratava-se de uma dor autocentrada. Contudo, o que predominará agora será a participação na dor de Cristo, isto é, descentrada de si.

Por outro lado, na Primeira Semana as orações eram mais meditativas, enquanto agora, nas contemplações da Terceira Semana, vai-se interiorizando mais e mais o objeto da contemplação e da com-paixão, mediante o "ver" [194,1], "ouvir" [194,2] e "olhar" [194,3] de cada exercício. A atividade mental fica incorporada à percepção interna dos afetos, acentuando a dimensão "passiva" da contemplação.

Para o primeiro exercício se pedirá: "dor, sentimento e confusão, porque por meus pecados o Senhor vai à Paixão" [193]. Com essa petição recorda-se ao exercitante de onde ele provém: embora, pela eleição, tenha sido incorporado à bandeira de Cristo, sua cumplicidade com a bandeira de Lúcifer ainda é recente. Em primeiro lugar, o próprio exercitante é quem necessita da redenção de Cristo. Apesar de seu avanço na *vida iluminativa e que*, inclusive, tenha podido experimentar traços da *vida unitiva* no momento da eleição, essa petição o situa em suas origens: se está aqui é porque foi salvo do pecado – isto é, do "erro que separa"–, graças à entrega de Cristo. "Considerar como ele padece tudo isso por meus pecados" [197,1]. Assim, o exercitante é convidado a

---

4. Também o menciona numa carta a Francisco de Borja: *Carta de 20 de setiembre de 1548.* BAC, 752.

refazer de novo seu caminho até aqui: "que devo eu fazer e padecer por Ele" [197,2].

Desse modo, contemplando a Paixão, e começando pelo lava-pés e a instituição da Eucaristia [191,2; 289], o exercitante se incorporará de novo à humildade extrema do Senhor, e descobrirá que a oferta de sua eleição participa da oferta eucarística que Cristo faz de si mesmo ao Pai. Nesse sentido, se produz "uma verdadeira transubstanciação do eu, na qual o velho Adão morre para surgir um novo Adão, à imagem e semelhança da majestade do Senhor aos pés do homem em sua 'baixeza' existencial [289,3], para fazê-lo ressuscitar como *Cordeiro Pascal*"[5].

Tal é a nova *via de união* que se abre agora ao exercitante: participar, pela comunhão do ato contemplativo, do mistério da kénosis de Cristo. Após os três primeiros pontos habituais (*ver* [194,1], *ouvir* [194,2] e *olhar* [194,3]), os três pontos seguintes dão a pauta específica de todas as contemplações da Terceira Semana: os dois primeiros [195-196] falam dessa kénosis de Cristo e o terceiro, da participação do exercitante nela [197].

Os verbos que aparecem são: "esforçar-se", "trabalhar", "condoer-se", "entristecer-se", "chorar", "padecer", "deve fazer". Estamos plenamente em estado purificativo. Entretanto, o que se purifica agora não são tanto os próprios pecados (Primeira Semana), mas sim os últimos medos e resistências para poder participar em uma Terceira Semana inacabada até que não seja consumada a história da humanidade, na qual preenchemos com nossa kénosis pessoal o que falta à Paixão de Cristo (Cl 1,24). Pelas contemplações da Terceira Semana, o exercitante é convidado a participar no abismo kenótico de Cristo: o *quarto ponto* acentua o aspecto ativo da contemplação do exercitante: "comece com muita força, e esforce-se por condoer-se, entristecer e chorar" [195]; o *quinto ponto* acentua o aspecto passivo de Deus no contemplado: "considerar como a divindade se esconde e como deixa padecer" [196]; e o *sexto ponto* volta a remeter ao

---

5. KOLVENBACH, Peter-Hans. *La Pasión según San Ignacio*. CIS 63-64 (*Compartiendo la experiencia de Ignacio*) (1990), 70, retirado de: *Decir... al "Indecible"*. Bilbao: Mensajero-Sal Terrae, Col. *Manresa* 20, 1999, 99. Cf. FESSARD, Gaston. *La dialectique des Exercices Spirituels*, vol. I, 112-115.

aspecto ativo que é requerido por parte do exercitante, que resulta do fruto da contemplação: "que devo fazer e padecer por Ele" [197].

Nesse sentido, a Terceira Semana tem um duplo caráter: confirmatório e profético.

Confirmatório enquanto, como diz o *Directorio Oficial*, "nesta Terceira Semana se consolida e reafirma a eleição já feita à uma vida melhor, e à vontade de servir a Deus, colocando diante dos olhos tal e tão grande exemplo, como é a Paixão do Senhor e Salvador nosso"[6]. Polanco concebe que a eleição possa ser feita durante a Terceira Semana, se até então o exercitante não tenha alcançado a indiferença requerida[7]. Confirma-se também o arrependimento vivido na Primeira Semana, com a particularidade de que tal arrependimento adquire aqui traços mais unitivos com o Cristo que padece por causa de meus pecados [197] e dos de toda a humanidade.

A Terceira Semana também tem um caráter *profético*, enquanto nela se antecipam as provas, dificuldades e sofrimentos que comportará a eleição que o exercitante acaba de fazer. No Gethsêmani, o exercitante viverá a hora da tentação com Cristo para que, quando a hora da tentação real advenha, ele a reviva desde Cristo.

Nesse contexto aparece com frequência uma expressão citada e comentada: *Considerar como a divindade se esconde*, e prossegue o texto: "a saber, como poderia destruir a seus inimigos, e não o faz, e como deixa padecer sua sacratíssima humanidade tão cruelmente" [196].

Encontramos uma expressão muito semelhante em Hugo de Balma:

> Detendo-se por um tempo o servo de Deus a pensar na paixão de seu Senhor e Salvador, passe pelas chagas e humildade de sua humanidade *pensando na majestade escondida de sua divindade*, porque pela experiência de amor se possa inflamar e subir para se juntar a Deus[8].

---

6. *D* 33, 34, 43: 240. Tomado quase que literalmente do *Directorio* de Gil Gonzáles DÁVILA. Cf. *D* 31: 157.
7. *D* 20: 79.
8. *Sol de Contemplativos*, cap. 4.

Esse ocultamento da divindade na opacidade do mal da história corrige radicalmente a progressão que encontramos na mística monástica precedente. Quer dizer, a partir da mistagogia inaciana da eleição, a vida unitiva não leva a uma progressiva desistoricização, mas a um máximo de adentramento na história e no mundo. Porém, pelo olhar transfigurado, essa kénosis da Divindade, esse aparente ocultamento, é sua máxima manifestação. Tal é o paradoxo do Quarto Cântico do Servo de Iahweh[9]: o que ninguém podia imaginar, o que ninguém podia crer nem olhar, é o que Deus revelou em seu Servo.

A experiência iniciática dos *Exercícios* consiste precisamente em descobrir essa nova manifestação da Divindade, em "ver o que jamais havia sido contado, compreender o que jamais se havia ouvido" (Is 52,15): que o máximo de "poder" divino não se manifesta "destruindo aos inimigos" [196], mas perdoando através do próprio padecimento, isto é, assumindo o mal e transformando-o, ao invés de vomitá-lo e devolvê-lo aumentado. Para descobrir esse *máximo de Presença* nesse aparente *máximo de Ausência* há que atravessar a Morte, despojar-se do eu possessivo, depredador, que projeta sobre a Divindade sua própria impotência. Tal é a Divindade que se oculta até desaparecer, para deixar que se manifeste o autêntico ser de Deus. Na Terceira Semana o exercitante purifica, pois, sua imagem de Deus, deixando que Deus se revele como o Totalmente Outro de nossas projeções demasiado humanas. Produz-se, pois, uma morte iniciática de nossa imagem de Deus.

No que diz respeito à pedagogia desta Semana, a petição própria da segunda contemplação (a oração no Horto [200-203]) supõe um descentramento maior que a petição da primeira contemplação. É a que se conservará ao longo da Paixão: "dor com Cristo doloroso, abatimento com o Cristo abatido, lágrimas, pena interior por tanta pena que Cristo passou por mim" [203].

No Jardim de Gethsêmani, Cristo restaura o sim filial que Adão rompeu naquele outro Jardim do Éden[10]. Se o Primeiro Homem quis

---

9. Cf. Is 52,13-53,12.
10. Cf. CUSSON, Gilles. *Un giardino in Eden di nome Getsemani*. In: *Antropologia Biblica ed Esercizi Spirituali*, t. I. Napoli: CIS, 1994, 48-82 (tomado de: *Suppléments des Cahiers de Spiritualité ignatienne* 1 S [1978], 1-55).

arrebatar a imortalidade e o conhecimento (cf. Gn 3,3-4), Cristo, o Segundo e Novo Adão, renuncia à vida e a entender. Apenas confia. É o lado escuro da união do Filho com o Pai. A paternidade de Deus se esconde do Filho. Não tendo nada nem ninguém em quem confiar, na extrema solidão do fracasso, Jesus é tentado a fechar-se em si mesmo, a fugir, a escapar do desprezo e da dor, mas renuncia a fazer sua vontade e se abandona à vontade do Pai. Cristo está vivendo seu *terceiro modo de humildade* [167], mas só, sem ter "a quem primeiro foi tido por tal" [167,4].

Veremos a seguir o desenvolvimento completo da Terceira Semana proposta por Inácio[11].

1.1. *O desenvolvimento das contemplações da Terceira Semana*

No corpo do texto desenvolvem-se brevemente as duas primeiras contemplações da *Terceira Semana*: a Última Ceia [190-198.289] e a oração no Gethsêmani [200-203.290]. Essa será a matéria do primeiro dia.

Para o resto da semana se propõem mais oito mistérios para contemplar:

- Para o *segundo dia*, "dos mistérios passados desde o Horto até a casa de Anás, inclusive" [291] e "desde a casa de Anás até a casa de Caifás, inclusive" [292].
- Para o *terceiro*, "dos mistérios passados desde a casa de Caifás até Pilatos, inclusive" [293] e "desde a casa de Pilatos até a de Herodes, inclusive" [294].

---

11. É difícil determinar o que Santo Inácio tomou da *Vita Christi* (cap. 51-67 da Quarta Parte) e do *Compendio* (C*b*, 324-400; 415-463). Ambas as obras se distanciam de sua fonte comum, as *Meditaciones de la Vida de Cristo* de PS-BUENAVENTURA, integrando a Última Ceia no relato da Paixão. A influência redacional mais destacável da *Vita Christi* sobre o texto dos *EE* é o dinamismo que contém a apresentação de cada mistério, que começa por um "desde" e vai a um "até".

- Para o *quarto*, "dos mistérios passados desde a casa de Herodes até a de Pilatos" [295], dividindo em duas contemplações o que ali sucedeu [208,5-6].
- Para o *quinto*, "dos mistérios passados desde a casa de Pilatos até ser posto na cruz" [296] e "desde que foi levantado na cruz até que expirou" [297].
- Para o *sexto*, "dos mistérios passados desde a descida da cruz até o sepulcro, inclusive" [298], e "desde o sepulcro inclusive" [298] "até a casa para onde foi Nossa Senhora, depois de sepultado seu Filho" [208,8].
- Para o *sétimo dia* propõe a contemplação conjunta de toda a Paixão, detendo-se ao final no corpo sem vida de Cristo, na solidão e dor de Maria e na dos discípulos [208,9].

A cada dia, então, exceto o último, correspondem dois mistérios, junto com suas respectivas repetições e uma aplicação dos sentidos. Em uma nota, ao final da semana [209], se diz explicitamente que se podem tomar menos ou mais mistérios por dia, alongando ou suprimindo as repetições ou a aplicação dos sentidos.

A apresentação dos mistérios da Paixão tem um caráter itinerante: esses "desde" e "até" presentes em todos os títulos, que vão *desde* a Ceia *até* o Sepulcro[12]. Tal apresentação não é original de Santo Inácio, mas a recebe da *Vita Christi*. Porém, enquanto em Ludolfo responde a um ordenamento temporal (a distribuição da Paixão está em função das Horas Canônicas), aqui tem um caráter mais "espacial" ou topológico. Tanto o fato de Inácio ter mantido a formulação quanto a mudança que introduziu – do caráter temporal ao caráter espacial – nos parecem significativos. Esse caráter itinerante já estava presente na contemplação do Nascimento [111-112; 116][13], só que aqui é reforçado.

Esse movimento *desde-até* da Paixão nos *Exercícios* indica um triplo itinerário, um triplo êxodo (de Cristo, de Inácio e do exercitante) até um único *topos*: a morte, e morte de cruz (cf. Fl 2,8). A morte é o lugar

---

12. Cf. KOLVENBACH, art. cit., 63. e op. cit., 93-94.
13. Cf. p. 211-213 (no original, p. 172 [N. das T.]).

do máximo esvaziamento de **1)** Cristo Jesus, **2)** de Inácio e **3)** do exercitante: **1)** de Cristo, em quem se manifestará que o *Deus sempre maior é ao mesmo tempo o Deus sempre menor*, **2)** de Inácio, enquanto foi o peregrino infatigável em contínuo êxodo de si mesmo em busca desse Deus sempre maior e sempre menor – já vimos como o peregrino foi se deixando conduzir *desde* a Jerusalém de seus próprios desejos *até* a Roma de seu despojamento e acatamento amoroso; e **3)** do exercitante, na medida que deve fazer seu próprio êxodo, sua própria peregrinação, *desde* a apropriação de sua eleição, *até* o abandono de sua eleição nas mãos do Pai (cf. Lc 23,46 e Jo 19,30).

1.2. A *kénosis* de Cristo Jesus e a *kénosis* do exercitante

Conforme avança a Semana, Cristo é despojado de seus títulos: o "Cristo nosso Senhor" do momento da instituição da Eucaristia [289,5] fica primeiro reduzido a "Senhor" [290,2; 291,2; 291,4]; depois, unicamente a "Jesus" [292,3; 294,2; 295,3; 295,4; 296,2; 296,3; 296,4], para chegar aos dois últimos mistérios (crucificação e morte [297-298]), nos quais nem sequer é nomeado, senão que apenas se fala Dele em terceira pessoa. Jesus Cristo, o Senhor, o Filho do Pai, o Verbo de Deus, foi sendo despojado de tudo, até de seu nome[14]. Já não é possível nem sequer nomeá-lo.

Por outro lado, muitos dos verbos que se referem a Cristo estão na forma passiva: "se deixa beijar" [291,2], "é levado" [291,5], "o levam amarrado" [292,2], "esteve amarrado" [292,3], "o mantinham preso" [292,4], "foi tirado da cruz" [298,2], "foi levado o corpo, ungido e sepultado" [298,3]. O aspecto passivo de Cristo na Paixão nos *Exercícios* é

---

14. Também nos mistérios da infância (desde depois do Nascimento até a fuga para o Templo, ambos excluídos, [266-271]), Inácio despoja a Cristo de seus títulos, para ser chamado unicamente: "Menino" [265,3; 266,4; 269,2; 270,2], "Jesus" [266,3; 267,2], ou "Menino Jesus" [266,2; 268,2; 269,2]. Não sucede assim no *Compendio*, em que Jesus é chamado com frequência de *Filho de Deus* durante a apresentação da Paixão.

maior que o refletido pelos Evangelhos[15]. Uma Paixão que vem sendo preparada desde a infância, "trazendo à memória, frequentemente, os trabalhos, fadigas e dores que Cristo Nosso Senhor passou, *desde* o nascimento *até* o mistério da Paixão no qual estou presentemente" [206,5].

A Terceira Semana termina com a contemplação do corpo inerte de Cristo [208,10], do grão de trigo morto na terra para dar fruto e fruto em abundância (cf. Jo 12,24). Recordemos que esta Terceira Semana havia começado com a contemplação da Última Ceia. Ao término, a oferta de Cristo se consumou: seu corpo inerte no sepulcro é o grão de trigo que morreu para fazer-se pão que dará a vida ao mundo.

De um modo análogo, o exercitante viveu um processo similar: entrava na Terceira Semana com a eleição feita; tal era sua própria oferta, seu próprio corpo entregue. Agora, ao término das contemplações da Paixão, o exercitante foi capaz de descobrir o caráter radicalmente despojante e kenótico de sua eleição, em que seu "eu" deverá experimentar várias vezes a morte ao longo da vida, para poder participar cada vez mais do Tu da ressurreição.

Ou seja, a Terceira Semana prolonga o caráter kenótico da eleição, levando-a até seu ponto limite, que é a aniquilação que produz a morte. A partir desse ponto limite da Criação, nas bordas do Nada, Deus manifestará sua glória n'Aquele que "não reteve para si sua condição de Deus" (Fl 2,6) mas, renunciando a ela, pode fazer com que todos participemos dela na medida em que participemos de sua própria vida de despojamento.

2. Quarta Semana ou a participação nos efeitos da ressurreição

Nos *Exercícios*, as contemplações de Cristo Ressuscitado ocupam uma quarta parte do itinerário total[16]. Isso destaca a importância que tem a

---

15. Cf. KOLVENBACH, art. cit., 66, e op. cit., 96.
16. Nas fontes das quais Inácio pôde valer-se, as contemplações sobre a ressurreição têm uma proporção muito menor: no *Compendio*, de um total de

Quarta Semana no conjunto da mistagogia inaciana. A abundância das contemplações sobre as aparições de Cristo ressuscitado – num total de catorze – tem por objetivo impregnar o exercitante da nova vida que se desprende da ressurreição de Cristo. Uma vida nova que não se projeta sobre o céu, mas que, oriunda do céu – "descendo do alto" [237], dirá Inácio na *Contemplação para alcançar amor* –, se projeta na história para transformá-la desde dentro. O que o exercitante interiorizará através dessas contemplações serão "os verdadeiros e santíssimos efeitos da ressurreição" [223] em Cristo e nos apóstolos. A experiência iniciática dos *Exercícios* está chegando à sua última fase, e convém que o exercitante se impregne dessa vida transformada e transformante de Cristo ressuscitado para que, quando sair de seu isolamento, regresse ao mundo com um dinamismo novo, fruto de sua transformação interior[17].

Vejamos mais detalhadamente o desenvolvimento desta Quarta Semana.

2.1. As contemplações da Quarta Semana apresentadas em uma só contemplação: como Cristo Nosso Senhor apareceu a Nossa Senhora [218-225]

Embora as três Semanas anteriores comecem desenvolvendo as duas primeiras contemplações (as que correspondem ao primeiro dia de cada Semana), aqui Inácio só desenvolve uma, e sem o suporte do

---

catorze dias dedicados à vida e Paixão de Cristo, unicamente um dia (isto é, a decima quarta parte) está consagrada à Ressurreição (383-400). A mesma desproporcionalidade se dá com respeito à *Vita Christi*: de um total de 179 capítulos, unicamente catorze (II, cap. 69-82) estão consagrados às aparições de Cristo Ressuscitado, até a Ascensão inclusive. As *Meditaciones de la Vida de Cristo* de PS-BUENAVENTURA, de um total de 100 capítulos, consagram 12 capítulos (cap. 86-97) às aparições de Cristo Ressuscitado, que é um duodécimo do total da obra. O cap. 98 está dedicado a Pentecostes, e os dois últimos à importância de meditar a humanidade de Cristo.

17. Pelo contrário, na mistagogia cisneriana, o acento está posto na contemplação da visão beatifica e trans-histórica, já que a vocação monástica não tem por objetivo o regresso ao mundo, mas sim a sua superação.

texto evangélico – a aparição de Cristo a sua mãe. Todas as demais contemplações são apresentadas no anexo final dos mistérios, dizendo, como na nota final da Terceira Semana [209], que as repetições e aplicações dos sentidos "podem ser encurtadas ou alongadas" em função do número de mistérios escolhidos [226,5].

A apresentação das contemplações da Quarta Semana contém cinco pontos: os três pontos habituais de todas as contemplações precedentes – *ver, ouvir e olhar* [222] – e dois pontos específicos da Quarta Semana [223-224], que se correspondem com o *quarto, quinto* e *sexto pontos* da Terceira Semana [195-196].

Com respeito aos três primeiros, o texto se limita a se remeter às contemplações precedentes: "sejam os mesmos de costume, como os da Ceia de Cristo Nosso Senhor" [222]. É que, chegado a este momento dos *Exercícios*, o exercitante tem maior liberdade e recursos para criar suas próprias imagens. Imagens que, mais que "criar", "recebe" pelo dom da contemplação que foi adquirindo até aqui. Isso não elimina que continua sendo necessário um primeiro momento ativo – a oração preparatória [218,2], a apresentação da história que se vai contemplar [219] e a composição de lugar [220]; tudo isso preparará para um segundo tempo passivo: a contemplação propriamente dita, na qual se recebem as imagens que as Escrituras já não dão; termina-se com um terceiro tempo, novamente ativo, que são as palavras expressas no colóquio. Desse modo, exerce-se aquele "ser contemplativos na ação": ação que prepara uma passividade, passividade contemplativa; e ação final recebida e gerada naquela contemplação[18].

O que Inácio unicamente explicita na Quarta Semana são os dois pontos específicos dela:

> *Quarto*, considerar como a divindade, que parecia esconder-se na Paixão, aparece e se mostra agora tão miraculosamente na santíssima ressurreição, pelos verdadeiros e santíssimos efeitos dela [223].

---

18. Cf. DEMOUSTIER, Adrien. *Méthode et liberté dans la prière*. In: *Christus* 159 (Hors-série: *Aimer Dieu en toutes choses*), 123-124.

Quinto, olhar o ofício de consolar que Cristo nosso Senhor traz e comparando como alguns amigos costumam consolar a outros [224].

O *quarto ponto* desta Semana corresponde com o *quarto e quinto pontos* da Terceira Semana. Neles se considerava o que padecia Cristo em sua humanidade [195] e como a divindade se escondia [196]. Agora, na Quarta Semana, a divindade "aparece e se mostra". O *quinto ponto* corresponde com o *sexto* da Terceira Semana: se ali havia que considerar o que se devia fazer e padecer por Cristo [197], aqui se acentua a dimensão passivo-receptiva do deixar-se consolar. Note-se como esses dois pontos específicos da Quarta Semana supõem uma radical inversão a respeito do clima da Terceira Semana. Depois da descida kenótica e purificativa da Paixão, o exercitante entra de novo num clima unitivo. Trata-se da iluminação iniciática após a morte e a descida aos infernos que Cristo e o exercitante realizaram conjuntamente.

Detenhamo-nos por um momento no *quarto ponto*. Estudando as fontes, podemos receber mais luz sobre ele. A manifestação da Divindade em Cristo ressuscitado é um tema recorrente na mística medieval. Na *Vita Christi* de Ludolfo, o Cartuxo, Inácio pôde ler o seguinte:

> Cristo nosso Senhor foi e se chama *pão de três manjares*: 1) foi *pão subcinerício*, que quer dizer pão cozido debaixo de brasas ou de cinzas; 2) foi *pão revirado* de outro lugar na ressurreição; 3) e é *pão de trigo* na manifestação de sua clara divindade.
> 1. Pão *subcinerício* é pão debaixo de cinzas, e este pão é Deus escondido debaixo da humanidade, e este pão era Cristo antes da ressurreição.
> 2. *Pão revirado* é, pelo contrário, o homem Deus depois da ressurreição; porque primeiro a cinza encobriu o pão, como se costuma encobrir quando se coze debaixo dela, mas depois o pão encobre as cinzas, como se cobre quando se está sobre ela. E assim parece que quando Cristo teve o corpo glorificado, então a humanidade foi quase encoberta nele, onde antes da Paixão a humanidade foi muito manifesta e a verdade, muito escondida. E, portanto, era

necessário que a divindade fosse mostrada e certificada ao mundo por milagres e pela pregação. Mas, depois da ressurreição, mais se ocupava Cristo em provar sua humanidade que sua divindade, e por isso, naquele santo tempo, muito se exercitava em provar que era um verdadeiro homem à vista e ao toque, no comer e em muitos outros argumentos de evidência.

3. *Pão de trigo* sem qualquer cinza e sem farelo, e sem a menor obscuridade, mas de puríssima flor e gema é a Divindade aberta e clara. E este pão é Deus[19].

Esse texto é semelhante ao *Sermão 20 sobre o Cântico dos Cantos* de São Bernardo, que inspirou uma tripla gradação na contemplação de Cristo, que aparece na obra de Cisneros: a contemplação de Cristo primeiro, apenas segundo sua humanidade; depois, segundo sua humanidade e sua divindade conjuntamente; e finalmente apenas segundo sua divindade[20].

Deve-se compreender bem essa escala para não a taxar simplesmente de neoplatônica. Não é que um estágio anule o anterior, como se fossem roupagens a serem rompidas, mas cada estágio incorpora e integra o precedente. Assim, não é que a humanidade de Cristo vá desaparecendo, mas a divindade é que vai se manifestando nela, e a vai transformando e convocando desde a divindade[21].

---

19. II, 81, 2, f. 231 v., col. 1-2. LUDOLFO diz que tudo isto tomou de São Bernardo (*Sobre la divina Cena*). Porém, não o encontramos em nenhum dos quatro volumes da *Patrologia Latina* consagrados a SÃO BERNARDO. Cf. *PL*, vol. 82-85.
20. Cf. *Ejercitatorio*, cap. 49. No *Compendio* corresponde a (255-258). Por sua vez, CISNEROS o tomou de Gerardo de ZUPTHEN, um dos grandes autores *da Devotio Moderna: De spiritualibus ascensionibus*, cap. 27, *De tribos gradibus ascendendi contra tertiam impuritatem, quibus homo successive disponitur, ut Deo perfecte possit inhaerare* ("Sobre os três graus de ascensão contra as três impurezas, pelas quais o homem se prepara sucessivamente para poder unir-se com Deus perfeitamente"). Nele, ZUPTHEN cita com frequência o Sermão 20 do Cântico dos Cantos de SÃO BERNARDO.
21. Destacamos a bela expressão que aparece no *Compendio*: "Contempla a glorificação do corpo [de Cristo entrando na alma" (*Cb*, 456,2)].

O que acontece ao longo da vida de Cristo (vida, paixão, morte, ressurreição e ascensão) ocorre analogamente na vida do cristão, neste caso, do exercitante. Isto é, à medida em que vai avançando na vida espiritual, seu olhar vai se tornando cada vez mais diáfano, mais trans-aparente, mais capaz de perceber a divindade na humanidade de Cristo e a presença de Deus em todas as coisas. Vejamos como se produz essa progressiva "transparentação".

2.2. O caminho até a transparência do olhar

Segundo a mistagogia cisneriana, o primeiro grau da contemplação é contemplar a Cristo segundo sua sagrada humanidade e seus feitos na infância, e os que fez quando era rapaz, apreciando sua formosura e proporção de seu corpo[22], a sua fala doce e suave, a sua conversação amigável e bondosa para com todos, a sua vontade prontíssima para curar os enfermos, perdoar os pecados e compadecer-se dos aflitos (Cb, 256)[23].

Já mencionamos que para Guillermo de Saint-Thierry "a meditação da vida externa de Cristo" era o próprio do *homem animal*[24]. São Bernardo fala do *homem carnal*, utilizando a terminologia de São Paulo[25].

> Eu julgo que a causa principal porque Deus invisível quis manifestar-se na carne e habitar com os homens foi trazer ao amor de sua carne todos os afetos dos homens carnais, ou seja, daqueles que não podiam amar senão carnalmente, a fim de conduzi-los pouco a pouco ao amor das coisas espirituais[26].

---

22. Note-se as ressonâncias que tem do *Banquete* de PLATÃO.
23. Cf. *Ejercitatorio*, cap. 49, p. 328-330, l. 13-64. O fragmento citado corresponde às l. 24-34.
24. Cf. *Carta a los Hermanos de Monte Dei*, I, 5, 171. Cf. p. 206 da presente obra (no original, p. 168 [N. das T.]).
25. Cf. 1Cor 3,1.
26. *Sermón 20 sobre el Cantar de los Cantares*. Citado no cap. 99 das *Meditaciones de Vida de Cristo* de PSEUDO-BUENAVENTURA.

A dinâmica de Segunda Semana se inscreve plenamente neste movimento: depois de o olhar ter sido purificado na Primeira Semana, o exercitante é atraído pela contemplação da pessoa de Cristo. Santo Inácio pôde ler no último capítulo da *Vita Christi*:

> As coisas da humanidade do Senhor são verdadeiro fundamento para subir ao cume da contemplação de outras maiores. E que Cristo é muito mais suave para a alma no fato de ser segundo a carne do que no fato de ser Verbo do Pai[27].

A petição própria da Segunda Semana mostra como, partindo daqui, dessa "exterioridade", o exercitante vai sendo conduzido cada vez mais para dentro: "Pedir *conhecimento interno* do Senhor, que por mim se fez homem, para que mais O ame e O siga" [104]. Como já vimos[28], a *aplicação de sentidos* [120-125] indica a direção dessa progressão: num primeiro estágio, o ver [122], ouvir [123] e tocar [125] fazem referência a esse primeiro nível que irá transformando pouco a pouco os sentidos e a sensibilidade. Ao passo que o cheirar e saborear [124] já apontam ao segundo nível: "cheirar e saborear com o olfato e o paladar a infinita suavidade da divindade da alma e de suas virtudes". Já indicamos que os sentidos imaginativos estão chamados a fazerem-se cada vez mais *interiores e espirituais*.

Desse modo, o progressivo *conhecimento interno* de Cristo vai conduzindo ao segundo estágio:

> A segunda maneira de contemplar a vida e morte de Cristo é mais elevada, contemplando-lhe não somente como já foi dito [...], mas como homem e Deus. Não como Deus desnudo, nem homem apenas, mas compreender sob tua contemplação ser Deus e homem conjuntamente. De maneira que quaisquer milagres ou maravilhas que ouvires ou leres ter feito Cristo, não duvides de Cristo homem tê-las feito; e que quaisquer injúrias

---

27. II, 89, *sumario del intérprete*, f. 289, col. 1.
28. Cf. p. 101-111 (no original, p. 82-90 [N. das T.]).

ou feridas, insultos e morte que lês havê-las sofrido, não duvides havê-las Deus sofrido e padecido (*Cb*, 257)[29].

Observe-se o cruzamento que faz o texto: não é que a glória pertença à divindade de Cristo e a kénosis à sua humanidade, mas que ambas as naturezas participam ao mesmo tempo da glória e da kénosis. Lendo esse parágrafo compreende-se melhor a observação de Inácio: "considerar como a divindade se esconde" [196]. Com isso se adverte o exercitante que não considere unicamente a humanidade sofredora de Cristo, mas que também considere como sua divindade, oculta nela, também sofre. E sofre sem destruir os inimigos, deixando "padecer a sacratíssima humanidade tão cruelmente" [196], padecendo também nela e com ela. Assim, esse ocultamento aparente da divindade é precisamente sua mais alta manifestação: *o amor louco* de Deus pela humanidade[30]. Nesse sentido, a divindade não se esconde, mas se manifesta. Porém, isso implica que se produza uma conversão de nossa ideia de "divindade".

Por último, o terceiro estágio corresponde a contemplar como Cristo é Verbo eterno, uma só coisa com o Pai e com o Espírito Santo, de maneira que seu amor saia da humanidade e a transponha em sua divindade (*Cb*, 258)[31].

O *Ejercitatorio* explicita que essa contemplação é transformante e que conduz ao estado de união:

> A terceira contemplação é pela humanidade de Cristo para que o afeto espiritual se eleve contemplando, e a esse Deus "por espelho e como figura" (1Cor 13,12) com os olhos mentais olhar, e assim pelo conhecimento da humanidade ao conhecimento e amor da divindade, pela união e transformação, começa o homem, de alguma maneira, a ser feito um espírito com

---

29. Cf. *Ejercitatorio*, cap. 49, p. 330-332, l. 64-95. O fragmento citado corresponde às l. 65-80.
30. *Eros manikós*, expressão de Nicolás CABASILAS, místico bizantino do séc. XIV.
31. Cf. *Ejercitatorio*, cap. 49, p. 332-334, l. 96-121.

Deus[32] [...] E assim vê que este é o último grau de contemplação nesta peregrinação, até que subamos à essencial visão de Deus [...] E este terceiro grau de contemplação da vida do Senhor pertence aos já exercitados e que se aproximam da perfeição[33].

No momento da eleição, o exercitante começou esta *vida de união* ao "fazer-se uma só coisa com Deus pela união das vontades"[34]. Através das contemplações de Terceira Semana, essa união foi colocada à prova pelo seguimento de Cristo até a morte, e uma morte de cruz. Agora, na Quarta Semana, aquela "divindade que parecia esconder-se na paixão, (a)parece e se mostra tão miraculosamente na santíssima ressurreição, pelos verdadeiros e santíssimos efeitos dela" [223]. Foi produzido o passo iniciático da Páscoa.

"Os verdadeiros e santíssimos efeitos" da ressurreição consistem em haver passado da morte à Vida[35]. A natureza humana, que se havia

---

32. Cf. 1Cor 6,17.
33. *Ejercitatorio*, cap. 49, l. 96-104.116-118.120-121. Entre as linhas 104-115 encontra-se uma citação do Livro VII das *Confesiones* de SAN AGOSTÍN: "Como fui admoestado a voltar a mim mesmo, entrei no interior de mim mesmo e pude, guiando-me Tu, porque fostes feito meu ajudante. E vi com algum olho de minha alma, sobre este mesmo olho da minha alma, sobre minha mente, a luz do Senhor incomutável. Não aquela luz vulgar visível a toda carne, nem dessa mesma linhagem, mas era muito grande; não assim como se esta resplandecesse muito mais claramente e por sua grandeza tudo ocupasse, esta não era aquela, mas outra coisa muito diferente destas. Ele que conhece a verdade conhece aquela, e ele que conhece aquela conhece a eternidade; a caridade a conhece. Oh! eternal verdade! Oh! verdadeira caridade! Oh! amada eternidade! Tu és meu Deus, a ti suspiro dia e noite!" (*Confesiones* VII, 10, 16). Esta luz divina tem fortes ressonâncias neoplatônicas. Cf. PLOTINO, *Enéadas* V, 5, 8 e VI, 7, 33. Na Tradição ortodoxa, esta manifestação luminosa da experiência mística se chama a *Luz Tabórica*. Cf. LOSSKY, Vladimir. *Teología mística de la Iglesia de Oriente*. Barcelona: Herder, 1982, 161-174; MEYENDORFF, Jean. *Saint Grégoire Palamas et la mystique orthodoxe*. Paris: Éd. du Seuil, Col. Maîtres Spirituels 20, 1959, 120-122.
34. Cf. Guillermo de SAINT-THIERRY, op. cit., 262.
35. Cf. Rm 5-6.

convertido pelo pecado – a pulsão de apropriação – em "filha da ira"[36], se transformou em obra de Deus, recriada em Cristo Jesus[37]. Essa Vida nova é comunicada tanto por Cristo como pelo Espírito. Portanto, o *quinto ponto* específico da Quarta Semana contém um termo que é próprio tanto do Filho quanto do Espírito. Com efeito, Santo Inácio diz que os efeitos imediatos da ressurreição são os de consolar: "*Quinto ponto*, olhar o ofício de consolar que Cristo nosso Senhor traz, e comparando como os amigos costumam consolar-se" [224][38].

Aqui as missões do Filho e do Espírito se identificam, tal como vimos que o próprio do Espírito Santo – o Paráclito – era consolar[39]. Cristo, pela Ressurreição, está pneumatologizado[40], e seu "corpo espiritual" (*sôma pneumatikon*)[41] é fonte de consolação, porque é vínculo de comunhão com Deus e com a comunidade[42]. Por outro lado, na petição própria da Quarta Semana menciona-se um dos traços que aparecia na definição da consolação: a alegria[43]. A petição é: "Pedir graça para me alegrar e gozar intensamente de tanta glória e gozo de Cristo nosso Senhor" [221]. Ou

---

36. Cf. Ef 2,3.
37. Cf. Ef 2,10.
38. Na *Vita Christi* Inácio pôde ler que Cristo *consolava* aos apóstolos. Cf. II, 75,3; 75,2, f. 194 v., col. 1. Também o pôde ler na *Flos Sanctorum*, f. 89 v.
39. Cf. p. 266 (no original, p. 216 [N. das T.]).
40. Cf. 2Cor 3,17-18.
41. Cf. 1Cor 15,44.
42. Ver a propósito do Corpo Ressuscitado as reflexões que faz GONZÁLES FAUS, José Inácio *in*: La Humanidad Nueva, 1ª Parte, cap. III, *Muerte y Resurrección*, 4. *La Resurrección como utopía humana*. Maliaño (Cantabria): Sal Terrae, Santander ⁷1987. González Faus desenvolve a expressão de São Paulo do *corpo espiritual (sôma pneumatikon)*. Sua compreensão desta expressão é que "o corpo do Ressuscitado, sem perder sua individualidade, tem um certo caráter universal, adquiriu um tipo de existência que é intrinsicamente comunitária [...]. A vida do Ressuscitado já não é vida vivida como o gole que se apropria, mas é vida vivificadora como a fonte é doação da água que nela brota", 158-159. Ver também, na mesma obra, o cap. V, *La realidad del Hombre Nuevo. Jesús, Adán definitivo*.
43. "Chamo consolação [...] todo júbilo interno que chama e atrai às coisas celestiais para a saúde de sua alma, aquietando-a e pacificando-a em seu Criador e Senhor" [316,4].

seja, pedem-se ao Espírito *alegria* e *gozo* por Cristo Ressuscitado e, ao mesmo tempo, é Cristo Ressuscitado quem traz essa alegria e gozo.

Nos *Exercícios* o termo "gozo" está associado quase sempre ao estado paradisíaco[44]. Assim como na Terceira Semana a *via de união* passava por compartilhar e identificar-se com a dor, o abatimento e a pena que Cristo passou por mim [203], agora a *via de união* passa por compartilhar e identificar-se com sua alegria e gozo. A linguagem que Inácio utiliza aqui é a da reciprocidade da amizade: o exercitante comparte seu gozo com o gozo de Cristo ressuscitado. Um gozo que, por outro lado, não pode ser gerado pelo próprio exercitante, mas que ele o recebe como graça [221] e como consolo do amigo, "comparando como os amigos costumam consolar-se uns aos outros" [224].

Referindo-nos aos três graus de contemplação medievais, entendemos que, por um lado, ao longo de todos os *Exercícios*, Santo Inácio se situa no grau intermediário, que é propriamente o unitivo e unificante, porque é o que mantém a contemplação da humanidade e divindade de Cristo conjuntamente. É nesta união que se sustenta precisamente o eixo da fé cristã, formulado em Calcedônia: *Jesus Cristo, verdadeiramente Deus e verdadeiramente homem*.

Mas, por outro lado, insistimos em dizer que as contemplações evangélicas são *mistérios*, isto é, espaços teofânicos a desvelar. A partir dessa perspectiva, podemos admitir uma progressão na percepção da "glória da divindade" em Cristo. Nesse sentido, nos *Exercícios* encontramos uma gradação na percepção dessa "glória da divindade". Além disso, cremos que essa progressiva manifestação do divino em Cristo corresponde a uma progressiva divinização do humano no exercitante. E isso é obra do Espírito. "O Espírito da verdade os conduzirá até a verdade completa" (Jo 16,13). Isso mesmo é o que foi sucedendo ao peregrino ao longo de sua vida. Se no começo *via* a humanidade de Cristo[45], no final de sua

---

44. Nos *EE* aparece em dez ocasiões. Cinco delas se referem ao gozo da ressurreição: [48,2; 221; 229,2; 229,3; 301,2]; duas, ao gozo que dá Deus e seus anjos [329,1; 334,3]; outra, ao gozo que se terá no dia do juízo por haver feito uma boa eleição [187,2]; outra, ao gozo pelo nascimento do Messias [265,2]. E uma menção indeterminada [78,1].
45. Cf. *Autobiografia*, 29; 41; 44; 48; 52.

vida foi-lhe dado *ver* sua divindade[46], e isso porque continuou caminhando pelas sendas intermináveis do despojamento de si mesmo[47].

Cremos que essas progressivas manifestação e percepção da divindade na humanidade de Cristo estão em relação com o dom de discernir a vontade de Deus nas situações ordinárias da vida. Um dom que, como vimos, tem *três tempos* diversos, os quais estão em função tanto da livre iniciativa de Deus como do grau de receptividade – ou seja, de *transparência* – do exercitante. As contemplações de Quarta Semana ajudam a tornar mais e mais diáfano esse olhar, pelos "verdadeiros e santíssimos efeitos" [223] que a contemplação da Ressurreição provoca naquele que ora.

Desse modo, o exercitante, após ter feito a eleição e haver acompanhado a Cristo em sua kénosis, procurando identificar-se com Ele morrendo cada vez mais para si mesmo, entra na Quarta Semana com o olhar suscetível de fazer-se cada vez mais diáfano e de perceber a presença de Deus ressuscitando em todas as coisas.

Como indicamos desde o princípio, isso corresponde à natureza *sinergética* dos *Exercícios* e de toda a vida cristã: a manifestação de Deus é um dom, mas é um dom que requer de nossa parte a disposição para acolhê-lo[48]. O percurso feito desde a Primeira Semana – a tomada de consciência do pecado (próprio e do mundo) – até a manifestação

---

46. Lemos em seu *Diário Espiritual*: "Pareceu-me em espírito vendo que primeiro havia visto a Jesus, como disse, branco, id est, a humanidade; e em outra vez, senti em minha alma de outro modo, ou seja, não só a humanidade, mas ser todo meu Deus" [87].
47. A título de abertura, indicamos que esta manifestação da glória da divindade em Cristo pode relacionar-se com o que a Igreja Oriental chama de *luz tabórica*. Uma luz tabórica que, mais que falar da glória de Cristo, a qual estava sempre n'Ele, manifesta a mudança de estado espiritual dos discípulos, "que receberam por algum tempo a faculdade de ver o Mestre tal como era, resplandecente da luz eterna de sua divindade", LOSSKY, Vladimir. *Teología mística de la Iglesia de Oriente*. Barcelona: Herder, 1982, 166. Cf. PALAMAS, Gregorio. *Tomo Hagiorítico, Philocalie des Pères Neptiques*. Brégolles en Mauges: Abbaye de Bellefontaine, 1990, vol. 10, 309.
48. Cf. POLANCO, João de. *Directorio* 20, 8, p. 230.

gloriosa de Cristo foi passando pela progressiva incorporação e participação em seu despojamento: as sucessivas ofertas ao Senhor pobre e humilde (nas meditações do *Rei Eterno* [98], *Duas Bandeiras* [147], *terceiro grau de humildade* [167]), a própria eleição, e o seguimento de Cristo até os pés da Cruz.

Buscar a manifestação da glória sem passar por esse despojamento corresponde à tentação de Adão no Paraíso ("sereis como deuses"[49]) e às três tentações de Jesus no deserto[50]. Tal é o perigo que espreita a mística: esquecer as chagas da Ressuscitado. Nos tempos de Inácio, os Alumbrados caíram nessa tentação[51].

---

49. Gn 3,4.
50. Cf. Mt 4,1-11 e Lc 4,1-13.
51. Ver a 42ª Proposição do *Edito de Toledo* (1525). Cf. MÁRQUEZ, Antonio. *Los alumbrados*. Madrid: Taurus, 1972, *Apéndice* I, 273-283. "Os alumbrados de Toledo de 1525 constituem uma compreensão equivocada da via de recolhimento e puro amor [...] caracterizada por um amor elevado pela interioridade e pela experiência pessoal". ANDRÉS, Melquíades. *Nueva visión de los Alumbrados de 1525*. Madrid: Fundación Universitaria Española, 1973, 14. A corrente do *Recogimiento*, desenvolvida sobretudo em círculos franciscanos, tem um dos seus mais belos expoentes no *Terceiro Abecedário Espiritual* de Francisco de OSUNA (BAC, Madrid, 1972; em português pela FFB, 2013). SANTA TERESA DE JESUS conheceu esta obra no começo de sua conversão espiritual (a partir de 1537, cf. *Vida*, cap. 4,7), e desde então a teve como referência. No *prólogo* desta obra, OSUNA diz que "se todas as coisas criadas são escada para que os pés dos sábios subam a Deus, muito mais o será a sacra humanidade de Cristo, que é via, verdade e vida, para que assim, entrando em sua divindade e saindo para sua sacra humanidade, encontrássemos pastagens" (op. cit., 126). Porém pouco depois diz que, devido à imperfeição humana, "é coisa conveniente deixar algum tempo à contemplação da humanidade do Senhor, para mais livremente se ocupar por inteiro na contemplação da divindade" (op. cit., 127). SANTA TERESA se posiciona com toda claridade em face do perigo de querer prescindir da humanidade de Jesus na oração para elevar-se a contemplações superiores. Cf. *Vida*, cap. 22. Também é conhecida a posição de SÃO JOÃO DA CRUZ, o qual escreve, pondo na boca do Pai: "Cristo é toda minha locução e minha resposta, e é toda minha visão e toda minha revelação", *Subida al Monte Carmelo*, L. II, cap. 22,5.

A ressurreição corporal de Cristo significa que a *economia* de salvação não prescinde de todo o itinerário anterior, mas pelo contrário: assume a "carne" da história, a qual começou a se *divinizar* desde o primeiro momento da encarnação, através do que também está presente desde o início: a humilde kénosis do amor louco de Deus. "O Verbo se fez carne e acampou entre nós" (Jo 1,14) para que nós, carne do mundo, acampássemos e participássemos na vida de Deus. Ao longo de sete dias, o exercitante contempla essas manifestações de Cristo ressuscitado, que culminam – ou se combinam simultaneamente, segundo as escolas[52] – na *Contemplação para alcançar amor* [230-237].

Ou seja, através das contemplações da Ressurreição, o olhar do exercitante vai se empapando da glória incandescente de Cristo. E, desse modo, seu olhar vai se tornando transparente à presença de Deus em todas as coisas, isto é, à glória de Deus presente no mundo. O próprio da mistagogia inaciana é que, em vez de elevar-se até o terceiro estágio – a contemplação desnuda da Divindade –, dirige-se à contemplação do mundo que, pelo olhar despojado de si mesmo, tornou-se transparente e pode agora começar a perceber a criação como teofania de Deus. O mundo como teofania e diafania foi mostrado ao peregrino nas margens do Cardoner. Com isso, Deus lhe indicava uma nova direção da *via unitiva*.

Com efeito, após a Ascensão – último mistério a contemplar da vida de Cristo [312] –, a mistagogia dos *Exercícios* não se dirige à Divindade desnuda do Filho, senão que Santo Inácio recolhe as palavras do início do Ato dos Apóstolos:

> Estando eles a olhar para o céu, dizem-lhes os anjos: Homens da Galileia, por que estais aí a olhar para o céu? Este Jesus, que foi levado de vossos olhos para o céu, assim virá como o vistes partir para o céu[53] [312,4].

---

52. Num dos primeiros *Diretórios* se diz que a *Contemplação para alcançar amor* se pode dar na Terceira Semana, e inclusive na Segunda Semana. Cf. *D* 26: 84. Gil Gonzáles DÁVILA faz menção disso, mas considera que seu lugar próprio é ao final da Quarta Semana. Cf. *D* 31: 171.
53. Cf. At 1,11.

A *Contemplação para alcançar amor* convoca esse olhar que se elevaria ao céu para o orientar sobre a terra. Assim como Jesus disse a seus discípulos que apareceria a eles na Galileia[54], e foram aprendendo a descobrir sua presença ressuscitada nos diversos acontecimentos, do mesmo modo, o exercitante que está acabando a experiência iniciática dos *Exercícios* deve dirigir seu olhar transfigurado sobre sua Galileia. Exercitou-se nisso durante o tempo da eleição. E durante as contemplações da Quarta Semana, o exercitante foi aprendendo, como os discípulos de Emaús, a reconhecer a Cristo no partir do pão [303][55] e na fecundidade do trabalho apostólico [306,1-3][56]; foi convocado de novo por Cristo no Tabor [284; 307][57]; recebeu a efusão do Espírito Santo [304,4][58], e foi enviado em missão [307].

O Pentecostes não é mencionado nos *Exercícios*, mas é sim anunciado: "mandou-lhes que esperassem em Jerusalém o Espírito Santo prometido" [312-2][59]. O Pentecostes inaciano será a *Contemplação para alcançar amor*[60]. Com ela prepara-se a transição entre o afastamento dos *Exercícios* e o retorno ao mundo por parte do exercitante. A experiência iniciática está a ponto de terminar e está a ponto de começar a missão recebida para oferecê-la a Deus no mundo. Será no mundo, de volta à sua comunidade social e eclesial, onde o exercitante deverá confirmar a eleição feita.

---

54. Cf. Mt 28,10.
55. Cf. Lc 24,13-35.
56. Cf. Jo 21,1-13.
57. Cf. Mt 17,1-13 e 28,16-20.
58. Cf. Jo 20,22-23.
59. Cf. At 1,4-5.
60. Cf. LERA, José María. *La Contemplación para alcanzar amor, el Pentecostés ignaciano*. In: *Manresa* 246-247, vol. 63 (1991), 163-190.

9

O retorno ao mundo com o olhar e a palavra transformados

Em virtude da interligação Matéria-Alma-Cristo, o que quer que façamos, reportamos a Deus uma partícula do ser que Ele deseja. Com cada uma de nossas obras trabalhamos, atômica, mas realmente, na construção do Pleroma, ou seja, em levar a Cristo um pouco de acabamento.

TEILHARD DE CHARDIN

Neste último capítulo vamos apresentar os três elementos da mistagogia inaciana que preparam a transição entre o afastamento que supõe a experiência iniciática dos *Exercícios* e o retorno ao mundo por parte do exercitante. Referimo-nos à *Contemplação para alcançar amor* [230-237], aos *três modos de orar* [238-260] e às *Regras para sentir com a Igreja* [352-370]. Não em vão Inácio colocou esses elementos no final do itinerário. Todo caminho iniciático implica um retorno ao mundo de onde se saiu, e esse retorno deve ser preparado. Porque o exercitante – o iniciado – já não é mais o mesmo, na medida em que viveu um processo de transformação interior e de ressituação ante o mundo, embora o mundo ao qual retorna continue sendo o mesmo. A transmutação ontológica do iniciado se verifica sobretudo na existência posterior à iniciação[1].

Por outro lado, se sai do silêncio unitivo das contemplações da Quarta Semana para retomar a palavra necessária para a missão. Uma palavra que, assim como o olhar, passou por um intenso processo de depuração e densificação.

---

1. Cf. ELIADE, Mircea. *Iniciaciones Místicas*. Madrid: Taurus, 1975, 192.

1. A *Contemplação para alcançar amor* [230-237] ou a reciprocidade do amor

Esta contemplação final é uma conjunção da *via iluminativa* e da *via unitiva* de todo o itinerário precedente, enquanto contém um movimento de oferta a Deus no mundo – *via unitiva* – que inclui a percepção da presença de Deus no mundo – *via iluminativa* – onde se consuma tal oferta[2].

A *Contemplação para alcançar amor* recapitula os métodos de orar que apareceram anteriormente[3]: o *primeiro ponto* tem o caráter retrospectivo do exame geral, e os outros *três pontos* contêm os elementos prospectivos da meditação e da contemplação. A retrospecção é dada pela utilização da memória para reconhecer e agradecer os benefícios recebidos. A prospecção, pela exploração do olhar e do pensamento para desvelar o que está oculto. Ou seja, o caráter unitivo desta contemplação faz com que a memória e o pensamento sejam incorporados a estes atos de olhar, pensar e memorizar, cada vez mais cristificados, isto é, cada vez mais divinizados.

1.1. *Duas advertências: as obras e o intercâmbio do amor*

O caráter unitivo e divinizante desta contemplação está marcado pelas duas advertências: por um lado, "que o amor se deve pôr mais em obras do que em palavras" [230,2], e, por outro, que "o amor consiste na comunicação das duas partes" [231].

O que Inácio trata de colocar em relevo com a primeira advertência é que as obras são o fruto maduro do amor. O exercitante foi se impregnando de Cristo Jesus, no qual não há dissociação entre Palavra e Obra. Ele é a Palavra encarnada – obra – do Amor de Deus por nós. As palavras da oração estão chamadas a cristificarem-se, isto é, a converterem-se em obra de encarnação e de co-redenção. Talvez tenham ressoado na mente

---

2. Do ponto de vista das fontes, a *Contemplação para alcançar amor* sintetiza os exercícios das *vias iluminativa e unitiva* do *Ejercitatorio-Compendio* (*Ejer*, cap. 23 e 27; *Cb*, 140-196 e 205-251).
3. Cf. DEMOUSTIER, Adrien. *Méthode et liberté dans la prière*. In: *Christus* 159 (Hors-série: *Aimer Dieu en toutes choses*), 124-126.

de Inácio as palavras de Cristo no Evangelho: "Se não faço as obras de meu Pai, não acrediteis em mim; mas se as faço, mesmo que não acrediteis em mim, crede nas obras, a fim de reconhecer de uma vez que o Pai está em mim e eu no Pai" (Jo 10,37-38).

A segunda advertência assinala que essas obras, assim como as palavras, não surgem da própria vontade, mas da reciprocidade. São obras e palavras intercambiadas.

O amor consiste na comunicação das duas partes, a saber, em dar e comunicar o amante ao amado o que tem, ou do que tem e pode, e assim, ao contrário, o amado ao amante, de maneira que, se um tem ciência, a dê ao que a não tem, e do mesmo modo quanto a honras ou riquezas; e assim em tudo reciprocamente, um ao outro [231].

Ao final do itinerário dos *Exercícios*, Inácio utiliza a linguagem nupcial. Estamos no universo da *vida unitiva*, na qual os beijos se dão e se recebem na boca[4]. Guilhermo de Saint-Thierry também utiliza essa imagem, desvelando que esse beijo de união é o Espírito Santo. O mesmo beijo que une ao Pai e ao Filho é o que une ao homem e a Deus:

> O homem se faz uma coisa com Deus, um só espírito [...]. A essa unidade denominamos *unidade de espírito* não apenas porque a faz o Espírito Santo dispondo ao homem em seu espírito, mas porque essa unidade é o próprio Espírito Santo, Deus-Amor. *Unidade de espírito* que se dá em verdade quando Aquele que é amor do Pai e do Filho, sua unidade e suavidade, seu bem e beijo, seu abraço e tudo mais que possa convir a ambos na unidade soberana da verdade e na verdade da unidade, acontece à sua maneira entre o homem e Deus. Como o Filho com o Pai e o Pai com o Filho, pela unidade consubstancial, então, de certo modo sucede à alma ditosa quando, de um modo inefável, impossível de imaginar, o homem de Deus merece transformar-se não em Deus, certamente, mas no que Deus é. O homem é pela graça o que Deus é por natureza[5].

---

4.   Cf. SÃO BERNARDO. *Sermones 3 y 4 sobre el Cantar de los Cantares*.
5.   *Carta a los Hermanos de Monte Del*, II, 263, p. 115.

A linguagem da união é a linguagem da divinização. No fim do itinerário, ao exercitante é entregue tudo aquilo do que ele havia se desprendido: ciência, honras, riqueza [231]. Cai-se na conta de que Santo Inácio enumera aqui exatamente na ordem inversa os despojos do *terceiro modo de humildade* [167]: a loucura se torna ciência; os opróbios, honras; e a pobreza, riqueza. O lugar mais baixo alcançado na kénosis dos *Exercícios* corresponde com o intercâmbio entre amantes da *Contemplação para alcançar amor*. A divindade oculta [196] torna-se divindade manifesta [223].

Encontramos o mesmo movimento no hino cristológico de Fl 2,5-11, com a mesma estrutura quiástica[6]:

a) Ter os mesmos sentimentos que teve Cristo Jesus:	a) "Pedir conhecimento interno de Cristo Jesus, que por mim se fez homem, para que mais O ame e O siga" [104].
b) O qual, sendo de condição divina, não se apegou a sua igualdade com Deus,	b) Meditação da Encarnação [101]
c) Pelo contrário, esvaziou-se a si mesmo (*ekénosen*), tomando a condição de escravo e fazendo-se um de tantos [...]; e tornando-se semelhante aos homens,	c) Rei Eterno [94-98]. Capitão pobre e humilde [143-147]. Contemplações de Segunda Semana
d) humilhou-se a si mesmo,	d) Pobreza [98,3; 147,2; 167,2]. Opróbios e injúrias [98,3; 147,3; 167,3]. Loucura [167,4]
e) OBEDECENDO ATÉ A MORTE d') e uma morte de cruz.	e) ELEIÇÃO d') Terceira Semana
c') Por isso Deus o exaltou, e lhe conferiu o nome que está acima de todo nome; para que, ao nome de Jesus	c') Aparições de Cristo Ressuscitado
b') todo joelho se dobre nos céus, na terra e debaixo da terra, e toda língua confesse que Jesus Cristo é Senhor	b') Ciência [213,2]; Honras [231,2]; Riqueza [231,2]
a') para a glória de Deus Pai.	a') Pedir conhecimento interno de tanto bem recebido, para que eu [...] possa em tudo amar e servir à sua divina Majestade [233].

---

6. Por estrutura quiástica se entende a composição de um texto baseado na série: a – b – c – d – c' – b' – a'; isto é, é uma estrutura que apresenta uma simetria circular. (N. das T.: É uma figura de linguagem em que os elementos são dispostos de forma cruzada, visando enfatizar o elemento central.)

Os dois textos contêm o mesmo movimento: uma descida (*katabasis*) que, após a oferta da eleição – obediência –, alcança o máximo abaixamento – "uma morte e morte de cruz" –, a partir do que se produz o ponto de inflexão que conduz à máxima exaltação (*anabasis*). Nessa exaltação, à imagem de Cristo, é restituído ao exercitante – embora de um modo transformado – aquilo que ele havia entregue. Essa restituição de "ciência, honras e riqueza" é a restituição do "corpo ressuscitado". "Ciência, honras e riquezas" que já não serão ocasião de autocentramento, mas de permanente oferecimento, porque são recebidas como dom. O grão de trigo morreu (cf. Jo 12,24) e deu seu fruto. Fruto que já não é para si mesmo, mas um fruto compartilhado: percebido como recebido, e não como conquistado ou merecido, é acolhido para ser entregue.

1.2. Viver desde a consciência de que tudo é dom

A petição própria desta contemplação é:

> Pedir conhecimento interno de tanto bem recebido, para que eu, inteiramente reconhecendo, possa, em tudo amar e servir a sua divina Majestade [233].

Reencontramos assim o ideal da meditação inicial do *Princípio e Fundamento*: a percepção da própria existência como radicalmente recebida – por – e, portanto, como radicalmente oferecida – *para*. Tal é a reciprocidade da vida intratrinitária, intradivina, na que é introduzido o exercitante. A *vida unitiva* se aprofunda e se estende a todos os níveis da existência. Isso é o que desdobram os quatro pontos da contemplação.

Por outro lado, nesse "*conhecimento interno* de tanto bem recebido" encontramos a recapitulação dos dois *conhecimentos internos* anteriores: o *conhecimento interno* dos pecados [63,2], próprio da vida purificativa, e o *conhecimento interno* de Cristo [104], próprio da vida iluminativa[7].

---

7. A este respeito escreve Parmananda DIVARKAR: "Quando o exercitante pede de todo o coração *interno conhecimento de meus pecados* [63], o que

Um *conhecimento interno* que vimos até que ponto resultava transformante e nos ia moldando à imagem do modelo da divina-humanidade[8]. Nesta contemplação da vida unitiva, vislumbramos que o reino da transparência se estende a toda a criação, tal como se deu a sentir o peregrino nas margens do Cardoner. E vislumbramos também que o umbral atravessado graças à eleição inaugura um estado de vida que consiste em *viver em atitude de oferta permanente*.

A essa forma de vida chamamos *início do terceiro grau de transformação*. "Início" apenas, porque sua concreção, aprofundamento e dilatação se farão ao longo de toda a vida. Por isso Inácio não a menciona explicitamente. A *vida unitiva* anunciada ao final dos *Exercícios* consiste no oferecimento permanente de si mesmo, como resposta ao oferecer-se permanente de Deus em sua Criação. É isso que se dá a contemplar ao exercitante nos quatro pontos que se seguem.

---

    está pedindo é poder ver sua maldade no contexto de sua relação íntima com Deus em Cristo. Ao longo dos *EE*, o constante e fundamental interesse constitui-se precisamente nessa relação íntima, esse *conhecimento interno do Senhor* [104]. E o ponto culminante desse processo de aproximação cada vez maior a Deus consiste em ver tudo à luz dessa intimidade, de forma que toda experiência humana seja uma experiência de Deus. Por isso a petição final é de *conhecimento interno de tanto bem recebido* [233]. Seguramente é um feito acidental, mas nem por isso menos interessante, que as três frases correspondam aos três estágios ou aspectos da vida espiritual que tradicionalmente têm sido chamados 'purificação', 'iluminação' e 'união'. Esses mesmos três aspectos aparecem naquela expressão com a qual São Paulo resume tão maravilhosamente a vida cristã: *mortos para o pecado e vivos para Deus em Cristo Jesus* (Rm 6,11)". *La senda del conocimiento interno*. Sal Terrae, 1985 (1982), 34-35.

8. Novamente com palavras de DIVARKAR: "Há uma transformação mais profunda e significativa operada em nós pelo *conhecimento interno*. Quando se trata de uma relação pessoal, o *conhecimento interno* constitui também um compromisso que não pode deixar de ter seu influxo em toda nossa existência. Se o compromisso é com Deus, se se trata de um *conhecimento interno* do Senhor, o resultado é precisamente o que conhecemos por 'graça santificante': somos autenticamente divinizados", op. cit., Sal Terrae, 1985 (1982), 36.

1.3. O primeiro ponto: o dar-se a mim de Deus

É trazer à memória os benefícios recebidos, da criação, redenção e dons particulares, ponderando com muito afeto quanto tem feito Deus nosso Senhor por mim, e quanto me tem dado, do que tem e, consequentemente, o mesmo Senhor deseja dar-se a mim o quanto pode, segundo sua ordenação divina; e com isso refletir sobre mim mesmo considerando, com muita razão e justiça, o que devo de minha parte oferecer e dar à sua divina Majestade, a saber, todas as minhas coisas e a mim mesmo com elas, assim como quem oferece, afetando-se muito: Tomai, Senhor, e recebei... [234].

Os três benefícios que Inácio menciona – da criação, redenção e dons particulares – são um resumo dos exercícios da *via iluminativa* da obra de Cisneros[9]. Colocados e sintetizados aqui, ao final de sua mistagogia, têm uma maior força e efeito que aqueles que tinham na proposta cisneriana. Ali, a consideração dos benefícios de Deus "iluminava o coração, trazia à memória quanto era obrigado o homem a amar a quem tantas mercês lhe fez e fazia a alma hábil para maiores exercícios de contemplação" (*Cb*, 131).

Aqui, depois de todo o percurso feito, resulta ainda mais diáfana a percepção de que a existência é dom – "benefícios de criação"; de que a existência só tem sentido em Cristo – "benefícios de redenção"; e a percepção da singularidade da própria vocação – "benefícios dos dons particulares". Como tudo é dom recebido, tudo se torna dom entregue. Por isso, a oração de oferecimento do "Tomai, Senhor, e recebei" contém cinco "todos".

Contudo, o exercitante está chamado a compreender que perceber a existência como um dom está em relação direta com a atitude de seu próprio oferecimento: "considerando com muita razão e justiça o que devo de minha parte oferecer e dar à sua divina Majestade" [234,3]. O exercitante acaba de fazer o oferecimento de sua vida através da eleição. Mas a eleição, em si mesma, não é nada. Ela só indica uma direção, a direção da própria doação. Essa doação está interminavelmente aberta

---

9. Cf. *Ejercitatorio*, cap. 23 e *Cb*, 140-196.

até a hora da morte, na qual o despojamento chegará ao seu ponto culminante. Até então, a oferta estará aberta sem cessar.

Assim, o que o exercitante está chamado aqui a "conhecer internamente" é que a doação de Deus para com ele não fez mais do que começar: "o próprio Senhor deseja dar-se a mim o quanto pode, segundo sua ordenação divina" [234,2]. A *ordenação divina* é dupla: por um lado, que o amor é recíproco; por outro, o transbordamento de seu amor. A superabundância de seu amor se dá ali onde há disposição para acolhê-lo. Essa disposição é a da própria oferta. Daí que convenha "afetar-se muito", ou seja, abrir ao máximo a porta da reciprocidade.

1.4. *O dar-se do exercitante: "Tomai, Senhor e recebei"*

Inácio coloca palavras concretas a este oferecimento, em que a passividade da contemplação dos benefícios recebidos torna-se expressão verbal e ativa da própria doação:

> Tomai, Senhor, e recebei toda minha liberdade, minha memória, meu entendimento e toda minha vontade, tudo o que tenho e possuo; Vós me destes; a Vós, Senhor, restituo, tudo é vosso; disponde de tudo, à vossa inteira vontade; dai-me o vosso amor e graça, que isto me basta [234,4-5].

A palavra torna-se sóbria e densa, quase ato. As palavras revisadas no *exame de consciência* [40] já não ficam mais ociosas. São ditas aqui porque "muito aproveitam" [40,1]. É palavra transformada, palavra *divinizada*, na medida em que é palavra que transparece e veicula o silêncio unitivo do amor, que aqui se torna todo oferta, eucaristia: "Tomai, Senhor, e recebei" – "*Tomai e comei todos dele*" – "toda a minha liberdade, minha memória, meu entendimento e toda minha vontade, etc.", – "*porque este é meu corpo*, etc.".

Cinco "todos" aparecem nessa oblação. É o movimento totalizante do amor, a reciprocidade plena, a união que se renova incessantemente pelo mútuo entregar-se, o oferecimento sem limites. Assim, vão se entregando as diferentes dimensões que constituem a pessoa:

- O dom da própria liberdade, isto é, o espaço sagrado da própria identidade, que já não se concebe encerrada sobre si mesma, mas está atraída e radicalmente referida a Deus.
- O dom da memória, isto é, do passado enterrado nas camadas escuras do inconsciente e do supraconsciente.
- O dom do entendimento, que está sendo progressivamente iluminado e transfigurado pelas sucessivas ondas de *internos conhecimentos*.
- O dom da vontade, que já não se pertence a si mesma, mas à vontade divina de recapitular tudo em Cristo e Cristo em Deus.
- O dom de tudo o que se tem e possui, porque em tal comunhão já não se tem e não se possui mais nada, senão que "tudo é vosso" e, portanto, de todos, através da doação de si mesmo feita na eleição, realizada no marco concreto da história.

"Dá-me vosso amor e graça, que isto me basta". Esse "amor e graça", esse beijo, é, como vimos, o Espírito Santo. O Espírito Santo, cuja "economia" é engendrar Cristo na história. Maria foi fecundada pelo Espírito e ficou grávida do Filho. A Igreja foi fecundada pelo Espírito e desde então o restante do Corpo Místico de Cristo vai sendo engendrado. Dessa forma, pelo dom de si mesmo que se abre à recepção do Espírito, concentrado no ato da eleição, vai sendo de novo gerado o Filho, vai sendo "assim novamente encarnado" [109].

O *segundo, terceiro e quarto pontos* correspondem aos exercícios da *via unitiva* da mistagogia cisneriana[10]. Nela, a *via unitiva* era "aquela pela qual o homem dado à oração e à contemplação, estando já purgado pela *via purgativa* e iluminado pela *via iluminativa*, é unido por caridade com seu Criador, alegrando-se de suas perfeições e desejando agradar unicamente a Ele pronta e alegremente" (Cb, 198).

É inegável que ambos os horizontes unitivos coincidem; porém, os acentos são diferentes. A "união pela caridade com o Criador" acontece na *Contemplação para alcançar amor* por amá-lo e servi-lo em sua criação. "Desejar agradá-lo" se concretizará, a partir de agora, no discernir a

---

10. Cf. *Ejercitatorio*, cap. 27 e Cb, 205-251.

vontade de Deus em todas as situações e todas as coisas, que cada vez mais se revelam em Deus e Deus nelas.

1.5. O segundo ponto: a presença de Deus em todas as coisas e de todas as coisas em Deus

Olhar como Deus habita nas criaturas, nos elementos dando-lhes ser, nas plantas vida vegetativa, nos animais vida sensitiva, nos homens vida intelectiva; e assim em mim dando-me o ser, o viver, o sentir e fazendo-me entender[11]; do mesmo modo, fazendo de mim seu templo, sendo criado à semelhança e imagem de sua divina Majestade. Outro tanto, refletindo em mim mesmo, pelo modo que está dito no primeiro ponto, ou por outro que sentir melhor [235].

Aqui vemos aparecer a escala dos seres da *ordo medieval*[12]. Deus, criador de tudo, está presente em tudo. Porque Deus não cria separando-se da Criação, mas a sustenta desde dentro de si mesmo. É o *pan-enteísmo* dos místicos, a percepção dos *logoi* da Criação que Santo Inácio pôde intuir na ilustração do Cardoner[13]. Ou seja, Deus não é apenas transcendente à criação, mas também lhe é absolutamente imanente. Na lenta escala dos seres que a evolução confirma, dando-lhe uma impostação temporal, o ser humano está situado na ponta desse desdobramento cósmico, que vai de *Alfa* a *Ômega*[14].

---

11. Santo Inácio corrigiu no autógrafo "fazendo-me entender", em vez de "entendendo". Assim, insistiu no caráter "recebido" do conhecimento.
12. Cf. SANTO TOMÁS, *Summa Theologica*, 1ª, q. 76, a. 4, resp. 3: "Na matéria se distinguem distintos graus de perfeição, como o ser, o viver, o sentir e o entender. Mas, quando a um grau se adiciona o seguinte, a perfeição sempre aumenta". Como indicamos em seu momento (cf. 89-90, nota 14, no original, p. 73, nota 14 [N. das T.]), a escala se detém no entendimento, mostrando suas origens aristotélicas, em vez de beber das fontes patrísticas, que incluiriam o *espírito*, como atributo divino na constituição do ser humano.
13. Cf. p. 52-55 (no original, p. 42-45 [N. das T.]).
14. Cf. TEILHARD, Pierre de Chardin. *El fenómeno humano*. Madrid: Taurus, 1967, 307-329 e *El porvenir del hombre*. Madrid: Taurus, 1967, 193-225; *La energía humana*. Madrid: Taurus, 1967, 30.

Santo Inácio situa a eleição do exercitante dentro desse movimento de ascensão dos seres, dessa lenta espiritualização – *divinização* – da matéria. Nela se dá o ponto de conexão, por assim dizer, entre Deus e o mundo. Por isso é preciso "refletir em si mesmo", isto é, deixar que essa conexão se faça em si mesmo. Libertos da opacidade e deformidade do pecado, é restaurada a "similitude e a imagem de sua divina Majestade" em nós. Essa restauração é outro nome para a *divinização* ou união com Deus. União com Ele que implica a união com o trabalho de Deus no cosmos:

1.6. Terceiro ponto: o trabalho e a fadiga de Deus em sua criação

Considerar como Deus trabalha e labora por mim, em todas as coisas criadas sobre a face da terra, *id est, habet se ad modum laborantis*, assim como nos céus, elementos, plantas, frutos, animais etc., dando ser, conservando, vegetando e sentindo etc. Depois refletir em mim mesmo [236].

Enquanto o *Ejercitatorio* e o *Compendio* sublinham os aspectos impassível e imutável de Deus[15], Santo Inácio destaca aqui o aspecto ativo e "fatigante" de Deus implicado na criação. Por um lado, o termo "trabalho" está associado à *economia do Filho* e da Redenção: "trazendo à memória frequentemente os trabalhos, fadigas e dores de Cristo nosso Senhor que passou, desde o momento em que nasceu até o mistério da Paixão" [206,5][16]. O termo *labora* redunda sobre a ideia de trabalho[17]. Do mesmo modo que depois da eleição a *via de união* foi introduzida na Terceira Semana, agora a contemplação da união volta a insistir no caráter inacabado da história, para a qual foi feita a oblação da eleição. Ressoam aqui também as palavras de Jesus: "Meu Pai ainda segue trabalhando e

---

15. "Pense como Este que você ama é quietíssimo, e perpetuamente e sem mudar-se governa o mundo todo, permanecendo estável, fazendo mover todas as coisas" (*Cb*, 237); "Pense em como teu Amado é tão digno de ser amado quanto é bom, e como é infinitamente bom, só Ele é suficientíssimo para se amar e se gozar" (*Cb*, 243).
16. Ver também: [9,2; 51,5; 97,1; 116,2].
17. Gastón FESSARD afirma que é incomum na linguagem escolástica. Cf. op. cit., 158-159.

eu sigo trabalhando também" (Jo 5,17) e "Enquanto é dia, temos de realizar as obras d'Aquele que me enviou" (Jo 9,4). Daí que, uma vez mais, tenha-se que "refletir em mim mesmo" e pronunciar de novo a oferta do "Tomai, Senhor e recebei".

1.7. Quarto ponto: a criação como participação na glória de Deus

Olhar como todos os bens descem do alto, assim como a minha limitada potência, do sumo e infinito (poder) do alto, e assim justiça, bondade, piedade, misericórdia etc., tal como do sol descem os raios; da fonte, as águas etc. Depois acabar refletindo em mim mesmo, como já foi dito [237].

São João da Cruz escreveu belíssimas páginas sobre a "notícia" que as criaturas carregam do Criador[18]. "A imanência absoluta de Deus para sua criatura vem de sua transcendência. Porque Deus é absolutamente Outro, pode estar totalmente presente nela."[19] O que é uma afirmação teológica, aqui o exercitante é chamado a convertê-la em experiência pessoal. Por isso os *Exercícios* são uma mistagogia, e não um tratado de

---

18. Citando dois textos do Novo Testamento: "Todas as coisas nele são vida" (Jo 1,3-4) e "Nele vivem, existem e se movem" (At 17,28), escreve: "Aqui, todos descobrem as belezas de seu ser, virtude e formosura e graças, e a raiz de duração e vida [...] A alma mostra aqui como todas as criaturas acima e abaixo têm sua vida e duração e força em Deus [...] E embora é verdade que aqui a alma vê que essas coisas são diferentes de Deus, na medida em que seu ser criado, e os vê Nele com sua força, raiz e vigor, é tanto o que conhece ser Deus em seu ser com infinita eminência todas essas coisas, que as conhece melhor em seu ser do que nelas mesmas. *E este é o grande deleite desta memória: conhecer por Deus as criaturas, e não pelas criaturas a Deus; que é conhecer os efeitos por sua causa e não a causa pelos efeitos, que é conhecimento posterior e o outro essencial* [...] Deus é sempre assim, como a alma confere, governando e dando ser e virtude e graças e dons a todas as criaturas, tendo-as todas em si virtual e presencial e substancialmente, vendo a alma o que Deus é em si e o que em suas criaturas em uma única visão". *Llama de Amor viva* (B), *Canción* 4, 5.7.
19. DEMOUSTIER, Adrien. *Trouver Dieu en toutes choses. In: Christus* 159 (Hors-Série: *Aimer Dieu en toutes choses*) 1993, 17.

teologia ou de vida espiritual. A transparência das coisas está indissoluvelmente ligada à pureza de coração do exercitante que olha a Criação sem possuir, mas dando-se e agradecendo.

Desse modo, seguindo as grandes Tradições espirituais, pode-se recapitular assim o caminho percorrido até aqui, distinguindo três estágios principais no itinerário do homem para o coração de Deus:

1. "O primeiro é quando, percebendo à nossa volta os inumeráveis sinais do amor de Deus, reconhecemos sua presença e aceitamos seu convite. *Encontramos a Deus em todas as criaturas*.
2. O segundo é quando, acedendo mais profundamente o mistério de Deus, conseguimos cair na conta de que ele é infinitamente mais do que qualquer sinal possa nos dizer sobre ele. *Somos levados ao deserto e encontramos a Deus mais além de todas as criaturas*.
3. O terceiro e último estágio é quando, acedendo a Deus tal como é em si mesmo, *encontramos todas as criaturas em Deus*. As conhecemos e as valorizamos tal como realmente são, em Deus. A perfeição desse estágio final só terá lugar no céu, quando Deus for tudo em todas as coisas (1Cor 15,28)."[20]

Nesses mesmos termos se expressava Inácio ao dar a definição de consolação: "quando a alma vem a se inflamar no amor de seu Criador e Senhor; e consequentemente quando nenhuma coisa criada sobre a face da terra pode amar em si, senão que no Criador de todas elas" [316,2].

O que no começo é apenas uma experiência pontual, está chamado a converter-se num estado espiritual permanente, na medida em que se radica em uma vida que "em tudo ama e serve a sua divina Majestade" [233][21]. Aqui chegamos ao núcleo da mistagogia inaciana: pelo trabalho

---

20. DIVARKAR, Parmananda. *La senda del conocimiento interno*. Sal Terrae, 1985 (1982), 62.
21. Josep CALVERAS escreve: "O exercitante sai do mês de *EE* em disposição de 'poder em tudo para amar e servir sua divina Majestade' [233], síntese completa do efeito espiritual concreto, típico e distinto ao qual apontam os *EE* de Santo Inácio", *Qué fruto se ha de sacar de los Ejercicios Espirituales*

de purificação (ordenação dos afetos), recebe-se o conhecimento experiencial de que todas as coisas estão no Criador – que transparentam a presença do Criador nelas –, e assim se convertem em vias, lugares de união com Ele. Recorde-se o que Santo Inácio dizia no *exame de consciência*: "os perfeitos, pela assídua contemplação e iluminação do entendimento, consideram, meditam e contemplam mais ser Deus nosso Senhor em cada criatura, segundo sua própria essência, presença e potência" [39,6]. Algo disso deve ter sido dado a entender na *ilustração do Cardoner*.

Renovando uma vez mais a oferta do "Tomai, Senhor, e recebei", o exercitante termina os *Exercícios* "com o coração transformado", diz Polanco[22]. O coração transformado, que transfigura o olhar, permitindo ver a Deus em todas as coisas – "Felizes os puros de coração porque verão a Deus" (Mt 5,8) –, e o coração transformado que dá toda sua força e autenticidade à palavra pronunciada, tanto à palavra da oração dirigida a Deus, como à palavra da missão dirigida aos homens.

Assim como os mistérios da vida de Jesus haviam sido preparados pela oferta ao Rei Eterno [94], agora a vida inteira se converterá no mistério no qual *desvelar* e *comunicar* a presença de Deus entre os homens por meio da oferta do "Tomai e recebe"[23].

Ao terminar sua experiência mistagógica, o exercitante recebe mais dois elementos para a sua reintegração no mundo: *os modos de orar* [238-260] e as *Regras para sentir com a Igreja* [352-370]. Os *modos de orar* lhe proporcionarão recursos para viver em comunhão com Deus em um meio mais disperso que aquele em que viveu durante seu isolamento iniciático, no qual as meditações e contemplações feitas durante os *Exercícios* serão doravante mais difíceis de praticar. As *regras para sentir com a Igreja* lhe oferecem a *composição de lugar* daquela eleição que, feita na intimidade do retiro, deverá agora enraizar-se e desdobrar-se na comunidade dos crentes.

---

de San Ignacio. Barcelona: Biblio. de EE, Série II, *Inteligencia de los EE*, vol. I, Librería religiosa, 1950, 139.
22. Cf. *Directorio* de Juan de POLANCO, *D* 20,8.
23. Cf. FLIPO, Claude. *Le monde, lieu de l'expérience spirituelle*. In: *Christus* 159 (Hors-série: *Aimer Dieu en toute chose*) (1993), 77-88.

2. Os três modos de oração como três vias de acesso à comunhão

Na *Primeira Anotação* dos *Exercícios* se lê o seguinte:

> Por este nome, exercícios espirituais, entende-se todo o modo de examinar a consciência, de meditar, de contemplar, de orar vocal e mentalmente, e de outras operações espirituais, de que adiante falaremos [1,2][24].

Ao longo dos capítulos anteriores falamos da oração meditativa e da contemplativa, com suas respectivas fases preparatórias e os colóquios finais; também mencionamos a *consideração* como um modo de oração. Ao final dos *Exercícios*, Santo Inácio apresenta *três modos de orar* como "outras operações espirituais", que não costumam receber a atenção que merecem. A razão desse descuido é que são marginais no que diz respeito à corrente temática que circula através das Quatro Semanas.

De fato, cada um dos *três modos* pode ser colocado em paralelo com as *três vias*, visto que são três maneiras diferentes de entrar em comunhão com Deus:

1. O *primeiro modo de orar* [238-248][25] se trata de um rever orante das diferentes dimensões da pessoa, através de um movimento que

---

24. Uma apresentação semelhante é encontrada no prólogo do *Compendio*, acompanhada por uma comparação sugestiva. Diz-se que vão colocar "algumas maneiras de exercícios que os santos ensinaram e serão diversos; porque assim como ao gosto corporal sempre se lhe desse um manjar, por mais bem preparado que fosse, gerava incômodo; assim também, se ao paladar de nossa vontade e entendimento sempre lhe propuséssemos um exercício apenas, lhe causaria desânimo" (*Cb*, 8). Fragmento correspondente ao cap. 8 do *Ejercitatorio*, que por sua vez está tirado de BALMA, Hugo de. *Theologia Mystica*, cap. 3, parte 3 (*Sol de Contemplativos*, cap. 43).
25. Várias fontes possíveis para esta forma de orar foram identificadas. O primeiro é a *Vita Christi*, onde Inácio pôde ler: "Deve considerar os bens que deixou e os males que fez [...] com todos os cinco sentidos, contra todos os dez mandamentos, contra os sete sacramentos e contra todas as obras de misericórdia"

vai do mental ao corporal: começa-se considerando as atitudes ante os dez mandamentos [241-243]; então ante os sete pecados capitais [244-245], que correspondem com sete tendências básicas do homem, provenientes da antropologia grega e recolhidas pelos Padres do Deserto[26]; depois se toma consciência das três potências da alma [246] e, finalmente, se faz cair na conta do uso dos cinco sentidos corporais [247]. Por sua temática, esse método está situado na *vida purificativa*[27]. E é concebido como um exercício para iniciar na oração e na vida espiritual [18,4-5]. Inácio considera que esse *primeiro modo de orar* bastaria a um exercitante que não estivesse preparado para fazer todo o itinerário dos *Exercícios* [18,5.7]. Nele remete ao conteúdo da memória cultural das pessoas simples.

2. O *segundo modo de orar* [249-257] se corresponde com a *via iluminativa*, na medida que se trata de saborear internamente de diferentes orações conhecidas, detendo-se em cada "palavra, tanto tempo quanto haja significações, comparações, sabor e consolação em considerações pertinentes a tal palavra" [252]. Esse método de oração era muito difundido na época de Inácio. Nós o encontramos, por exemplo, na *Vita Christi*[28], na *Art de Contemplació* de Ramón Llull[29], e em *Sol de Contemplativos* de Hugo de Balma[30]. Este último dedica a maior parte dos capítulos sobre a *via iluminativa* fazendo uma explicação das palavras do Pai Nosso. Seu caráter meditativo o situa claramente nesta via. Quanto maior for a pacificação interior e a abertura ao Espírito, mais as palavras vão adquirindo luz e sabor [2,4].

(I, 85, 5). A segunda é *Art de Contemplación* de Ramón LLULL, onde fala de orar com as potências da alma. Cf. GUIBERT, Joseph de, art. cit.

26. Chegaram à Igreja Latina através das Instituições cenobíticas (L. V-XII) de Juan CASIANO. A teologia escolástica sistematizou a partir daqui a doutrina dos sete pecados capitais.
27. Veja-se o belo artigo de: RAMBLA, Josep. *Orar desde la debilidad – el primer modo de orar en los Ejercicios Espirituales*. In: Manresa 65 (1993), 47-59.
28. 1,5, 5; 1,6, 8; e I, 37.
29. Cap. VII e VIII.
30. Cap. 12-20.

3. No *terceiro modo de orar* [258-260] trata-se de compassar a oração ao ritmo da respiração, "de modo que só se diga uma palavra entre uma respiração e outra, e enquanto durar o tempo entre uma respiração e outra, olhe principalmente ao significado de tal palavra, ou na pessoa a quem se reza..." [258][31]. Esse método de oração por "respiração" remete a toda a tradição hesicasta da oração contínua[32]. Na tradição latina medieval, Hugo de Balma vincula esses afetos unitivos tanto ao desejo de união dos começos quanto à união consumada dos perfeitos[33]. E relaciona esses "desejos ardentes

---

31. No *quinto aviso final* do *Compendio* lemos: "Indo ou vindo da presença de Deus, de onde há de vir o socorro com algum suspiro e desejo amoroso, dizendo mais com o coração do que com a boca, algumas vezes: 'Oh Deus meu, ajuda-me, pois vês minha necessidade!' [...], ou com outras palavras semelhantes que os santos chamam de orações jaculatórias, porque sobem como flechas levadas por nosso desejo e afeto até o acatamento divino, e sempre voltam com bom recado, e isso se faz andando, comendo e despertando a noite, quando o relógio bate as horas, ou passeando pela horta, e vendo um dia claro, vendo uma bela flor [...] E assim não se fadiga tanto a cabeça e a nossa alma está atenta e com memória de Deus" (*Cb*, 494). O autor do *Compendio* está mencionando a Santo Agostinho, o qual teve notícias sobre o tipo de oração que faziam os eremitas do Egito: "Diz-se que os irmãos do Egito se exercitam em orações frequentes, mas muito breves e como lançadas [jaculo] em um piscar de olhos, para que a atenção se mantenha vigilante e alerta, e não se fadigue nem embote com a prolixidade", *Carta a Proba*, X, 20. No *Ejercitatorio* se distinguem diversas posturas possíveis na oração, dependendo se se é um *principiante, proficiente* ou *perfeito*. Sobre estes últimos diz: "os perfeitos estando em pé, olhos postos ao céu com desejos e suspiros unitivos", cap. 69, p. 446, l. 42-43.
32. Irénée HAUSHERR comparou a oração hesicasta a este *terceiro modo de orar* dos *Exercícios*. No entanto, a mentalidade lamentavelmente apologética da época não lhe permitiu chegar a conclusões muito favoráveis. Cf. HAUSHERR, Irénée. *Les Exercices Spirituels de Saint Ignace et la méthode d'oraison hésychaste*. In: *Orlentalia Christiana Periodica* 20 (1954), 7-26.
33. *Sol de Contemplativos*, cap. 2 e 23. Francisco de OSUNA, in *Tercer Abecedario Espiritual* relaciona os três beijos de SÃO BERNARDO com os três modos de orar. Cf. BAC, Trat. 13, *Tres clases de Oración*, cap. 4, 405. A primeira oração é vocal; a segunda é sem pronunciar palavras; a terceira é a oração mental, espiritual ou de recolhimento.

de amor" com o beijo na boca do *Cântico dos Cânticos*, tema recorrente em São Bernardo[34]. Tudo isso nos remete a um clima de *via unitiva*.

Com isso, o exercitante que está prestes a terminar os *Exercícios* dispõe de três métodos simples de oração que poderá praticar na vida ordinária. É conveniente que o que dá os *Exercícios* os tenha sugerido ou ensinado em algum momento precedente, e que o exercitante os tenha podido praticar em alguns momentos durante o dia. Conforme seja o estado espiritual ou anímico em que se encontre, o exercitante poderá no futuro recorrer a eles para entrar em comunhão com Deus, a partir do acesso diferente que acentua cada um deles, e que corresponde, como temos sugerido, a cada via: a comunhão com Deus através da perspectiva penitente e de arrependimento; a comunhão com Deus através da escrutinação e iluminação das palavras; e a comunhão com Deus através do desejo e impulso de união.

A experiência mistagógica tida durante o mês pelo exercitante terá lhe fornecido critérios para perceber que tipo de oração mais lhe convém em cada momento. Porque embora tenha passado pelos diversos estágios de transformação, o acento de cada uma das três vias é válido para toda a vida, porque em nossa condição de criaturas necessitadas de redenção sempre há e haverá ocasião de arrependimento, de iluminação e de anseio de união.

3. Regras para sentir com a Igreja [352-370] ou o marco da comunhão eclesial

O último componente da mistagogia inaciana é uma série de *regras* que enraízam o exercitante na comunidade eclesial. O máximo de experiência pessoal desemboca em um máximo de comunhão eclesial. Novamente estamos diante do paradoxo do Mistério. Essa comunhão será a garantia de que aquela experiência não seja possuída pelo exercitante,

---

34. Cf. *Sermones* 3, 4, 6 e 8 sobre o *Cântico dos Cânticos*.

mas que a coloque à disposição da comunidade. A época que tocou Santo Inácio viver tendia a opor a experiência pessoal com a Tradição e a autoridade eclesial. Ele mesmo teve que sofrer processos e suspeitas por parte das instâncias eclesiásticas. Doze vezes, concretamente, os *Exercícios* foram objeto de suspeita na vida de Inácio. Em Salamanca levantaram a dicotomia entre se havia recebido seu conhecimento por "letras", isto é, por mediação da Tradição, ou "pelo Espírito Santo"[35].

Apesar dessas dificuldades e obstáculos, a trajetória de Inácio foi cada vez mais eclesial, ao ponto de que um dos traços mais característicos da Ordem que fundou foi a fidelidade ao Romano Pontífice[36]. Além

---

35. No interrogatório que ele teve no convento de Santo Estevão de Salamanca, um frade lhe propôs uma alternativa que o colocava em perigo perante a Inquisição: "Vós não sois letrados, disse o frade, e falais de virtudes e de vícios; ora, *disso ninguém pode falar, senão em uma de duas maneiras: ou por letras ou pelo Espírito Santo. Não por letras, logo, pelo Espírito Santo.* Aqui ficou o peregrino um pouco de sobreaviso, não lhe parecendo bem aquela maneira de argumentar; e depois de haver calado um pouco, disse que não era necessário falar mais destas matérias", *Autobiografia*, 65.

36. Cf. *Formula del Instituto* (1550), 2; *Constituciones, Examen*, 7. Santo Inácio deve ter elaborado estas regras pouco a pouco, a partir de seus primeiros conflitos com as autoridades eclesiásticas em Alcalá (1526) e Salamanca (1527). E, claro, durante os sete anos de estudos em Paris, em plena agitação reformista. Alguns autores têm sustentado que Santo Inácio deve ter elaborado umas primeiras regras em Alcalá, a partir do Édito de Toledo contra os Alumbrados, promulgado em 1525. Cf. JURADO, Manuel Ruiz. *Discernimiento Ignaciano del sentido eclesial. In: Manresa* 63 (1991), 213-223. O *Edicto de Toledo* de 1525 contra os Alumbrados pode ser encontrado em: MÁRQUEZ, Antonio. *Los Alumbrados*. Madrid: Taurus, 1972, Apêndice I, 273-283. Compare a 7ª regra [359] com o artigo 11 do Édito; regras 6ª, 7ª, 8ª e 9ª [358-361] com artigos 11, 13, 16, 17, 18, 19, 20, 22, 24, 26, 27, 28, 42 e 43; e a 15ª Regra [367] com o artigo 33. Os autores franceses tendem mais a defender fontes posteriores, como as Atas do Concílio de Sens (1528-1529) e os escritos antiprotestantes do canonista Clichtove. Essa é a tese de Paul DUDON em sua *Vida de San Ignacio* (1921-1933). Cf. CORELLA, Jesús. *Sentir la Iglesia. Comentario a las Reglas Ignacianos para el sentido verdadero de la Iglesia*. Bilbao-Maliaño (Cantabria): Mensajero-Sal Terrae, Col. *Manresa* 15, 1996, 46; 107-108.

das conjunturas históricas, essa opção reflete um sentido profundo de comunhão e a convicção de que a verificação da experiência pessoal é dada por sua aceitação na comunidade. Sem essa instância exterior, a experiência pessoal pode cair em muitos autoenganos; o pior de todos é o orgulho da autossuficiência. Pelo contrário, a referência à comunidade eclesial transforma toda possível *hybris* – desmesura – em contenção.

Sem torná-lo explícito, Santo Inácio aporta com essas regras um novo critério de discernimento de espíritos: a experiência pessoal que tende à comunhão é do Bom Espírito, enquanto a que leva à separação é do Mau Espírito, porque o próprio do Mau Espírito é separar. O Bom Espírito comunica a vida intratrinitária, onde o máximo de personalização se dá em um máximo de comunhão, enquanto o Mau Espírito trata de fomentar a contradição entre o pessoal e o comunitário. *Diabo* ("dia-bolos") significa precisamente isto: "o que separa". Vamos apresentar as *Regras* a partir dessa chave.

Na *primeira Regra* [353], se expõe plenamente, desde o começo, o aspecto kenótico da própria vontade e do próprio juízo por amor à Igreja: "Deposto todo juízo, devemos ter ânimo preparado e pronto para obedecer em tudo à verdadeira esposa de Cristo nosso Senhor, que é a nossa santa Mãe a Igreja hierárquica" [353]. Esse aspecto nupcial e maternal da Igreja estará implícito nas regras que virão em seguida[37]. É também a razão de ser do sentir eclesial de Inácio: se a Igreja é esposa de Cristo, cada alma é, por sua vez, esposa de Cristo[38], à qual "o mesmo Criador e Senhor se comunica abrasando-a em seu amor e louvor" [15].

---

37. Gastón FESSARD fez ver a importância dos elementos femininos nestas *Reglas de la Ortodoxia*. Estas regras estão relacionadas com a *vergonha* e com o pudor. Inácio insiste nelas na importância de ter tato, discrição e reserva, sobretudo no falar. Cf. *La Dialectique des Exercices*, vol. II (1966), 167-253.
38. Esta foi uma evidência na eclesiologia medieval, e mais particularmente em SÃO BERNARDO. Cf. BUCKLEY, Micheal J. *Misticismo Eclesial en los Ejercicios Espirituales: Dos notas sobre Ignacio, la Iglesia y la Vida en el Espíritu*. In: LOMAS, Juan M. Gracia (ed.). *Ejercicios Espirituales y mundo de hoy*, Congreso Internacional de *Ejercicios* (Loyola, 20-26 de setiembre de 1991). Bilbao-Santander: Messenger-Sal Terrae, 1991, Col. *Manresa* 8, 185-195.

Reencontramos assim, de novo, implícitos da *vida unitiva* no final dos *Exercícios*.

Por outro lado, quem une Cristo à Igreja é o Espírito, o qual a torna fecunda, ou seja, a converte em nossa *mãe*, enquanto somos gerados por ela e nela [*décima terceira regra*, 365].

Só assim se pode compreender a seguinte afirmação:

> Devemos sempre ter, para em tudo acertar, que o branco que eu vejo é negro, se a Igreja hierárquica assim o determina [365,1][39].

Não se trata de negar a realidade por submissão a uma autoridade externa, mas de entrar em comunhão com o Espírito que a inspira, e ser capaz de renunciar a crer que se tem a verdade absoluta. Porque o que diz o texto não é que devamos crer que é preto o que é branco, mas o que "eu vejo branco". Todos temos experiência do quão subjetivos e parciais podemos ser em nossas "visões" e apreciações. Com isso, Inácio está dando aqui um complemento às *Regras de Discernimento*: é sinal de que se está animado pelo bom espírito quando é capaz de questionar as próprias evidências se estas fazem romper a comunhão.

A partir desse desejo de preservar a comunhão se entendem todas as demais regras. O conceito de "Igreja Hierárquica" que aparece em várias ocasiões [170,2; 353,1; 365,1] remete aos escritos de Dionísio, o areopagita, *A Hierarquia Celestial e A Hierarquia Eclesiástica*, precisamente aquelas nas quais aparecem as três funções hierárquicas de *purificar, iluminar* e *aperfeiçoar*. Hierarquia vem de *hieros* – "sagrado" – e *arché* – "principio". Quer dizer, Inácio situa o exercitante não no plano

---

39. Santo Inácio está fazendo uma referência implícita a uma famosa frase de Erasmo de ROTTERDAM, que diz: "Se algo escreveu Beda indigno desta Faculdade – e certamente escreveu muito assim – isso é de tão manifesta falsidade que, ainda que o papa o desse por bom, eu apelaria do papa meio adormecido ao papa desperto [...]. Porque o preto não será branco nem sequer pelo fato de que assim o afirme o Romano Pontífice, coisa que eu sei que ele não fará de nenhuma maneira", *Supputatio errorum in censuris Beddae*. Lugduni: Opera Omnia, 1706, vol. IX, col. 517E, citado por Jesús CORELLA, op. cit., 139.

disciplinar, mas no plano místico da comunhão eclesial: entre "o princípio sagrado" da ordem celeste e o "princípio sagrado" da ordem eclesial há correspondência, e o exercitante está chamado a situar-se nesta harmonia[40].

Nove das *regras* exortam a louvar diversas práticas estabelecidas pela Igreja: receber a confissão e a comunhão frequente [354]; ouvir missa frequentemente [355]; as ordens religiosas [356] e os três votos que se fazem nelas [357]; as relíquias dos santos [358], jejuns [359]; a veneração às imagens [360], e outros preceitos diversos [361]; a louvar tanto a Teologia patrística quanto a escolástica [363]. *Louvar* indica uma atitude mais profunda que a mera aceitação ou respeito. *Louvar* supõe sentir-se agradecido e transbordado por algo. Esse "algo" não são os aspectos concretos que menciona, já que podem variar em cada momento histórico, mas que o objeto do louvor é o descobrimento, por parte do exercitante, de que é membro de uma comunidade que existe antes dele e que seguirá existindo depois dele.

Outras seis *regras* exortam a falar com respeito e com cuidado de temas que possam escandalizar ou confundir aos pequenos [362, 364, 366-369][41]. Essa prudência e respeito no falar remetem à transformação da palavra que mencionamos como um dos frutos da experiência dos *Exercícios*. A palavra, destilada no silêncio da oração, adquiriu uma dimensão nova. Também o *exame de consciência* das palavras [38-41] foi sensibilizando o exercitante a não a banalizar. Como um novo apóstolo enviado, o exercitante tem em sua boca um instrumento poderoso. Com a palavra pode construir ou destruir, bendizer ou maldizer, edificar ou escandalizar; em definitivo, com sua palavra pode criar comunhão ou criar divisão. Portanto, "é de advertir muito no modo de falar e comunicar a respeito desses assuntos todos" [366].

Finalmente, a *décima oitava regra* [370] recapitula o itinerário completo dos *Exercícios*, ao falar do temor servil, do temor filial e do amor puro:

> Visto que sobretudo se deve estimar o maior serviço a Deus nosso Senhor por puro amor, devemos, contudo, muito louvar

---

40. Cf. CORELLA, Jesús, op. cit., 91-98.
41. As quatro últimas referem-se a doutrina da predestinação.

o temor de sua divina Majestade; porque não somente o temor filial é coisa pia e santíssima, onde outra coisa melhor ou mais útil o homem não alcance, ajuda muito para sair do pecado mortal; e, saído, facilmente se chega ao temor filial, que é totalmente aceito e agradável a Deus nosso Senhor, por ser um com o amor divino [370].

Nesse breve parágrafo se percorrem os três estágios mencionados ao longo dos *Exercícios*: o *temor servil* corresponde-se com o início da *vida purgativa* ou do primeiro estágio de transformação; o *temor filial* corresponde-se com a *iluminativa* e com o início do segundo estágio de transformação; e o amor puro corresponde-se com a *vida unitiva*, "que é totalmente aceito e agradável a Deus nosso Senhor, por *ser um com o amor divino*" [370,3]. Com essa regra Inácio conclui o livrinho dos *Exercícios*[42], utilizando pela primeira e única vez o termo união: "ser *um* com o amor divino". A mistagogia inaciana, então, culmina em horizonte unitivo. Uma *vida unitiva* que, com a experiência dos *Exercícios*, não fez mais que começar, através do caminho concreto da vocação pessoal vislumbrado na eleição, o que chamamos *início do terceiro estágio de transformação*. Com isso tratamos de expressar que tal união não será um estado adquirido, mas uma busca permanente de Deus manifestando-se através de sua Vontade, específica para cada um no momento preciso da história.

União com Deus como tendência, o que implicará também a progressiva unificação de toda a pessoa em torno a essa Única Vontade. União e unificação que também chamamos divinização – por participação –, que é cristificação e pneumatologização ao mesmo tempo, e que só se consumarão após a última oferta, quando a gota de nossa individualidade submergir no Grande Oceano, em que perderemos nosso contorno, mas não nossa identidade, porque Ele o será todo em nós, em todos e em tudo. Participaremos então para sempre de sua eterna paz e de seu eterno movimento.

---

42. O *Ejercitatorio* (cap. 10) e o *Compendio* (Cb, 21) começam seu itinerário falando dos três temores de Deus: servil, inicial e filial (Cb, 21).

10
Conclusões

A Realidade sempre maior
se manifesta como um Bem superior
que cativa nossas disposições
e nos impede de olhar para trás.
São Gregório de Nisa

O místico é aquele ou aquela
que não pode deixar de avançar
e que com a certeza d'Aquele que lhe falta
sabe de cada lugar e de cada objeto que não é isso,
que não se pode instalar aqui
nem se contentar com este outro.
O desejo cria um excesso.
O desejo lhe excede, e excedido,
transpassa os lugares e se perde,
porque há que ir sempre mais além,
sempre a outra parte.
O místico não habita em lugar nenhuma parte,
mas é habitado.
Michel de Certeau

1. A "Epéctasis" Inaciana

O término da mistagogia dos *Exercícios* é não ter término. Não há término porque, se houvesse, significaria que haveria culminado a história ou que haveria se esgotado nossa relação com Deus como mistério inesgotável. Os *Exercícios* estão atravessados por um *magis*, por um "sempre mais". Daí o título da última contemplação: *Contemplação para alcançar amor* [230-237]. "Para alcançar amor", isto é, que esse amor de Deus está sempre por alcançar, sempre mais além, porque o amor de Deus é abismal, impossível de esgotar em sua totalidade, já que é fonte de doação perpétua, infinita.

Sempre há mais amor por alcançar. Mas o *magis* inaciano não é uma tensão voluntarista para o *máximo*[1], como se fosse uma *hybris* que pretendesse alcançar a todo custo o impossível, ou como se tivesse a pretensão de aceder ao mais perfeito[2]. Não, o *magis* inaciano é a imersão no movimento da vontade divina que se converte em um *epéctasis*[3] contínuo, no qual não há término, tanto porque a história ainda está em processo, como porque Deus continua permanecendo mais além de tudo, Ele, que sendo imanente a nós, permanece sempre transcendente[4]. E, assim, nosso crescimento não para. Por outro lado, esse *magis*, esse *epéctasis* inaciano, supõe, ao mesmo tempo, um dinamismo para o interior de nós mesmos, porque Deus também é mais imanente a nós do que nós mesmos.

---

1. Cf. COSTA, Mauricio. *Aspetti dello stile di elezione di S. Ignazio nell'Autobiografia*, CIS, Col. *Subsidia* 6, Roma, 1974, 23-24.
2. Entendemos que tal foi a segunda conversão do peregrino durante sua estada em Manresa. Se em Loyola conheceu sua primeira conversão, reorientando sua vida para o seguimento de Jesus, em Manresa descobriu que a sua tendência aos extremos não era mais que um obstáculo para se deixar conduzir por Deus. O "eu" ainda autocentrado do primeiro período eremítico de Manresa foi se transformando em uma confiança cada vez mais abandonada ao *Tu de Deus*, que o foi "tratando como um mestre-escola a uma criança, ensinando-o", *Autobiografia*, 27.
3. Palavra grega que significa "tender para a frente". Provém de uma soma do prefixo *ep*, que indica o término para o qual se dirige o movimento, com o prefixo *ec*, que indica a origem de onde provém o movimento. Esse termo foi tomado dos escritos de Gregório de NISSA (*Vida de Moisés y Homilia VIII sobre* el *Cantar de los Cantares*). Também o utiliza SÃO PAULO na *Carta aos Filipenses*: "avançando para o que diante (*epekteinómenos*), corro para o alvo, para conseguir o prêmio que Deus nos prometeu receber em Cristo Jesus" (Fl 3,13-14).
4. A participação na glória de Deus pode ser sempre maior, quanto maior pode ser sempre sua glória. Entendemos que a aparição frequente da expressão "sua divina Majestade" (26 vezes ao longo dos *Exercícios*) faz referência a esse caráter transcendente de Deus.

O acento inaciano está posto na busca dessa vontade de Deus, para que "internamente sentida, inteiramente a cumpramos"[5]. A união com Deus se realiza através da união com sua vontade. Uma vontade que está em movimento até que se produza a recapitulação de tudo em Cristo. Nesse sentido, a mistagogia inaciana não culminaria tanto no êxtase da visão, quanto na atenção à audição – discernimento. A visão pertenceria ao Já-Sim do fim dos tempos, enquanto que a audição, ao fiar-se na Voz na Noite do Ainda-Não da História.

Em nosso entender, tal é o motivo do silêncio sobre a *via* ou *vida unitiva* nos *Exercícios*: porque a união seria descanso, parada, enquanto os *Exercícios* tratam de incorporar-se ao movimento kenótico de Cristo neste mundo que ainda está gemendo em dores de parto[6]. Um movimento de descida e esvaziamento que se revela como caminho da plenitude. Em Cristo Jesus foi manifestado que a glória de Deus é sua kénosis, ou seja, que o ser de Deus é o dar-se infinito de si mesmo. Participar do ser de Deus (*théosis*) é participar de seu despojamento (*kénosis*), que é o máximo da doação. Quanto mais participação em seu ser (*théosis*), mais capacidade de doação-despojamento (*kénosis*), e quanto mais doação-despojamento (*kénosis*), mais participação no ser de Deus (*théosis*). Desse modo, o anseio místico que mencionávamos na introdução como uma das características de nossa época é assumido, corrigido e plenificado pela mistagogia que propõe Santo Inácio[7].

A *eleição* é o nome concreto que os *Exercícios* dão a esse processo de divinização que passa pelo ato de doação. Enquanto a eleição é participação na doação de Deus, é umbral da vida unitiva, e assim a temos apresentado. Mas, uma vez que a eleição é tão somente o início do despojamento de si mesmo, a *união* e a *divinização* apenas podem ser nomeadas com extremo pudor e cautela. Por outro lado, tratamos de mostrar que a eleição é fruto de um processo de transformação interior e que, ao mesmo tempo, é semente de uma transformação ulterior.

---

5. Já vimos que assim terminam 992 de suas cartas. Cf. p. 85-86 (no original, p. 68 [N. das T.]).
6. Cf. Rm 8,22.
7. Cf. MANRESA, Fernando. *Asumir, corregir, plenificar.* Sant Cugat del Vallès (Barcelona): *Cuadernos de l'Institut de Teologia Fundamental* 17 e 18, 1991.

Compreendida assim, a eleição não é só um ato "ascético" e pontual que separa o itinerário dos *Exercícios* em um *antes* e um *depois* da eleição, mas é o que dá a estrutura interna à experiência e vida cristã tal como concebe Santo Inácio. A eleição vai muito além de uma decisão concreta a tomar. *Eleição significa estado de oferta e disponibilidade em cada momento da vida para fazer a vontade de Deus.* Eleger desvela-se então como um *deixar-se eleger,* descentrando-se radicalmente de si mesmo, perdendo-se a si mesmo para ser encontrado n'Ele[8].

Os *Exercícios* são uma iniciação mística que conduz a sair (*êxtase,* de *ek-stasis,* literalmente: "sair de si") de si mesmo para entrar no *êxtase* de Deus – sua doação. Um sair de si mesmo que, ao mesmo tempo, como vimos, supõe paradoxalmente um entrar cada vez mais em si mesmo (*en-stasis*), uma vez que a participação na vida de Deus vai unificando a pessoa toda a partir do caminho específico pelo qual se entrega.

A interpretação dos *Exercícios* como uma *mistagogia* nos permitiu compreender também como a *eleição* supõe uma participação no ato redentor trinitário, através do binômio *kénosis-théosis*. A *eleição* participa da *oikonomia* do Filho, que consiste nesse esvaziamento de si mesmo da encarnação para nos ganhar a todos n'Ele. É participação também na *oikonomía* do Espírito, cuja missão é a de fecundar e iluminar, conduzindo à verdade plena[9]. O trabalho de discernimento para perceber a vontade de Deus em cada momento e em cada situação supõe essa abertura ao Espírito. Uma abertura – a *indiferença,* na linguagem dos *Exercícios* – que está intrinsicamente vinculada ao ato de doação. Além disso, a *indiferença* – entendida como pureza de coração, abertura, disponibilidade – é sua condição de possibilidade para que o Espírito atue. Ele é quem vai nos configurando a Cristo, atuando em nós a *divinização.*

Divinização que implica intrinsecamente a incorporação no movimento encarnatório do Filho, por meio dos atos de eleição. Inácio diz após a contemplação da Encarnação [101-109]: "Para mais seguir e imitar ao Senhor nosso, assim novamente recém-encarnado" [109]. Se contemplar a encarnação de Cristo supõe, de algum modo, que Cristo

---

8. Cf. Fl 3,8-9.
9. Cf. Jo 16,13.

se encarna novamente, quanto mais se poderá dizer que O *seguir* e O *imitar* supõe uma nova encarnação de Cristo no mundo através de cada exercitante. Pertence à *oikonomia* do Espírito Santo a fecundação dessa encarnação. É o Espírito quem revela o modo e o lugar concretos nos quais que se deve produzir a nova encarnação.

A eleição, então, entendida como a busca permanente da vontade de Deus, é o que dá os traços específicos da espiritualidade inaciana. Em concreto, referimo-nos a três traços: o enraizamento na história, a vocação pessoal e o discernimento.

1.1. O enraizamento na história

A história é o lugar da doação e do encontro com Deus. O movimento ascendente das *três vias* transformou-se em um movimento descendente até o coração do mundo. A *vida unitiva* é participação no movimento kenótico do Filho, que começa com a Encarnação, se prolonga ao longo de toda sua vida, manifestando-se como Senhor pobre e humilde, e culmina com a Páscoa, na qual morte e ressurreição são inseparáveis[10].

1.2. A vocação pessoal

Que a história e o mundo sejam os espaços de doação passa também pelo discernimento concreto da vontade de Deus para cada um. Essa vontade de Deus para cada um entendemos como o caminho concreto pelo qual cada pessoa é chamada a entregar o melhor de si mesma, desde o núcleo de si própria, a partir dos dons particulares que recebeu. A revelação da vontade de Deus é ao mesmo tempo a revelação do mistério único, irrepetível, que é cada pessoa. Já Nadal destacava a importância dos *Exercícios* como desveladores dessa vocação pessoal:

---

10. "A essência do mistério de Cristo está no vínculo que une sua paixão e morte com sua ressurreição", ALFARO, Juan. *Teología de la elección ignaciana como conversión a Cristo*. In: *Ejercicios-Constituciones, Unidad Vital*, Congreso Ignaciano Loyola, Setembro, 1974. Bilbao: Mensajero, 1975, 167.

Dos *Exercícios* tira-se uma muito especial graça de alcançar cada um a notícia e sentimento de sua *vocação especial*, com a qual a alma alcança uma especial quietude e união com Deus, em espiritual obediência e particular execução do caminho por onde se há de se ir a Deus[11].

Nesse sentido, a dimensão *extática* da eleição se complementa com sua dimensão *enstática* (de *en-stasis*, "entrar em si"). Ou seja, embora a dinâmica da eleição suponha um permanente descentramento de si mesmo, paradoxalmente supõe, ao mesmo tempo, um recentramento ao mais profundo de si. Isto é, a saída para o exterior de si mesmo corresponde simultaneamente com um adentramento na própria intimidade. Esse paradoxo já havia sido formulado por Santo Agostinho: o "Deus *semper maior*"[12] é ao mesmo tempo o "Deus *intimor intimo meo*"[13]. Assim, a *vocação pessoal* constitui o caminho *extático* da doação e o caminho *enstático* da unificação interior, sístole e diástole de um único movimento pelo qual cada um é chamado a se configurar com Cristo Jesus. O chamado pessoal de Deus se inscreve no mais profundo de cada um, e vai se descobrindo na medida da própria entrega. Quanto mais entrega, mais esquecimento de si, e quanto mais esquecimento de si, mais percepção da claridade do chamado de Deus. Sucedeu o mesmo com Jesus: quanto mais se entregava à vontade do Pai, mais ia percebendo que Ele era seu Filho; e quanto mais sentia que era Filho, mais se entregava. Isto é, des-centrando-se, era re-centrado; esvaziando-se, era plenificado, através dos sinais que ia discernindo em cada momento.

1.3. *O discernimento como qualidade do conhecimento em estado de oferta*

Pela ação do Espírito, a atitude de doação não é aniquiladora, mas transformadora. Só assim podem se compreender as ofertas crescentes

---

11. MHSI, *Nadal IV, Sobre la oración en la Compañía*, 673.
12. Cf. *Comentario a los Salmos*, 62,16.
13. *Confissões*, III, 6.

que vão desde a meditação do *Rei Eterno* [98] e *Duas Bandeiras* [147] até o "Tomai, Senhor, e recebei" [234,4-5], passando pelos *três modos de humildade* que precedem a eleição [165-167]. A doação é o que nos faz participar da vida divina. Doação que vai transfigurando progressivamente todo nosso ser, e vai fazendo-o receptivo ao Espírito, isto é, à presença e ação de Deus em todas as coisas. O discernimento se revela assim como um estado interior da pessoa que vive esquecida de si mesma. O discernimento como percepção da vontade de Deus é uma qualidade do conhecimento transfigurado.

Os *três tempos de eleição* são três modos de manifestação da vida do Espírito em nós. Já dissemos que, sem que se correspondam completamente aos três estados espirituais da pessoa, eles estão relacionados com seu grau de receptividade[14]. Sem negar a livre iniciativa de Deus, que pode se manifestar como e quando Ele desejar, os três tempos de eleição os temos compreendido como três estados sucessivos de transparência à manifestação do Espírito.

Nesse sentido, a qualidade e a característica do discernimento estão intrinsecamente vinculadas aos *modos de humildade*, na medida em que quanto maior é o esquecimento de si, quanto maior é a desapropriação, mais diáfana será a manifestação de Deus. Quer dizer, comunhão e conhecimento tendem a se identificar. Por isso, *o terceiro modo de humildade* está colocado justo antes das eleições: para suscitar o máximo de abertura à manifestação de Deus. Porque o ser de Deus é esse dar-se contínuo, cujo único obstáculo é o fechamento – pulsão de apropriação – que pode encontrar em nós. Um Deus que manifestou não ter mais que uma única vontade, um único desejo: recapitular tudo em Cristo e Cristo em Deus, "para que Deus seja tudo em todos" (1Cor 15,28). E o Espírito é quem vai abrindo e manifestando os caminhos concretos dessa recapitulação.

Os *Exercícios* são um caminho mistagógico para adentra-se nesse sentir de Deus. O discernimento é um "conhecimento interno" que se aprende a "sentir" com todo o ser. Conhecimento orante e adorante, unificante e ao mesmo tempo despojante, atuante, ao mesmo contemplativo.

---

14. Cf. p. 280-283 (no original, p. 226-229 [N. da T.]).

Assim, no discernimento aparece plenamente a circularidade das *três vias*: em primeiro lugar, todo discernimento inclui a tomada de consciência da própria opacidade, da própria tentação de apropriação; isto é, todo processo de discernimento começa apelando à conversão[15], de modo que se dê uma disposição a uma maior receptividade (*via purificativa*); em seguida, inclui o momento cognitivo de escrutínio da vontade de Deus, por algum dos três *tempos* que vimos (*via iluminativa*); e culmina no ato unitivo de adesão de toda a pessoa à direção indicada pelo Espírito (*via unitiva*).

Em outras palavras ainda, o discernimento é o que nos faz *contemplativos na ação*, entrelaçando de outro modo as *três vias*: um primeiro momento ativo, no qual a pessoa se dispõe para receber (*via purificativa*); um segundo momento passivo-contemplativo, em que se acolhe a manifestação de Deus (*via iluminativa*); e um terceiro momento *unitivo*, no qual se coloca em ato o fruto da contemplação[16], unificando a ação e a contemplação.

Três vias que encontramos também no processo de unificação interior que produz a prática dos *Exercícios*: a *via purgativa* trabalha o terreno dos afetos; a *via iluminativa* trabalha o terreno da inteligência; a *via unitiva* começa a ocorrer na integração e harmonização dos afetos e do entendimento, do amor e do conhecimento.

Recolhendo os diferentes elementos que vimos ao longo dos *Exercícios* – tanto aqueles que são mencionados explicitamente por Inácio como aqueles que provêm da Tradição mística – podemos organizá-los

---

15. "A conversão e a eleição não devem ser consideradas como dois processos distintos; antes, são antes duas fases de um único processo vital na progressiva transformação do exercitante", ALFARO, Juan, art. cit., 165.
16. Cf. DEMOUSTIER, Adrien. *Méthode et liberté dans la prière. In*: Christus 159 (Hors-série: *Aimer Dieu en toutes choses*) (1993), 123-124. Veja também, do mesmo autor: *La Transmission de l'Expérience. Le rapport de Nadal á Ignace*, Conférence-Débat, 3 de abril de 1996, Centre Sèvres (*pro manuscripto*), 5-8. Este tema foi retomado e desenvolvido por: LÉCRIVAIN, Philippe. *Los Ejercicios Espirituales, un camino de modernidad. In*: Roma: CIS 80 (1995), 26-30.

Conclusões

de acordo com o "modo e ordem" que Nadal percebia neles[17] e que corresponde ao ritmo ternário das *três vias*:

ESTÁGIO PURIFICATIVO	ESTÁGIO ILUMINATIVO	ESTÁGIO UNITIVO
Primeira Semana	Segunda Semana	Terceira e Quarta Semana
Temor servil	Temor filial	Puro Amor
Principiantes	Avançados	Perfeitos
Corpo	Alma	Espírito
Homem animal	Homem racional	Homem espiritual
Memória	Entendimento	Vontade
Subconsciente	Consciente	Supraconsciente
Vontade exterior	Vontade interior	Vontade essencial
Pensamentos	Palavras	Obras
Adições e preâmbulos	Pontos	Colóquios
Meditação	Consideração	Contemplação
Sentidos imaginativos	Sentidos alegóricos	Sentidos místicos
Primeiro modo de orar	Segundo modo de orar	Terceiro modo de orar
Primeiro modo de humildade	Segundo modo de humildade	Terceiro modo de humildade
Terceiro tempo de eleição	Segundo tempo de eleição	Primeiro tempo de eleição
Conhec. interno do pecado	Conhec. interno de Cristo	Conh. int. de que tudo é dom
Lágrimas pelos pecados	Lágrimas pela Paixão	Lágrimas pela Trindade
Vida ativa	Vida contemplativa	Vida supraessencial
Beijo nos pés	Beijo nas mãos	Beijo na boca
Pão subcinerício	Pão virado	Pão de trigo
Contemp. da humanidade	Cont. humanidade e divindade	Contemp. da divindade
Deus e as coisas	Deus nas coisas	As coisas em Deus

---

17. Cf. *Exhortación en España* (1554), MHSI 90, *Nadal V*, 93.

2. Recapitulação final

2.1. A mistagogia dos Exercícios como síntese da ascensão linear das três vias e da descontinuidade kénosis-théosis

Assim pois, em nosso entendimento, nos *Exercícios* continuamos encontrando o movimento de fundo das *três vias* da tradição mística precedente a Inácio, porque estas respondem a um processo profundamente antropológico, inclusive cósmico, de todo crescimento. No entanto, vimos como a eleição lhes dá indiscutivelmente uma inflexão particular: a tendência harmônica das *três vias* fica atravessada pelo movimento kenótico da eleição. Porque a eleição incorpora o escândalo da cruz e participa dele. A eleição supõe um despojamento, um abaixamento que não está explicitado na ascensão linear das *três vias*. Um despojo que está colocado em um lugar preciso dos *Exercícios*, e que necessita do trabalho prévio sobre os afetos e sobre a inteligência (*vias purgativas e iluminativa* da Primeira e Segunda Semana). A precisão desse lugar é o que constitui a graça e o segredo da *mistagogia dos Exercícios*.

Mistagogia, e não meramente *pedagogia*, porque há um perder-se a si mesmo nesse itinerário que não é nada natural nem evidente. Um perder-se a si mesmo que é um adentrar-se no mistério de Deus que se perde por amor a nós. Tal é o paradoxo do mistério de Deus: que, perdendo-se, é como manifesta toda sua glória. Desde que Deus se revelou em Cristo Jesus, todos devemos passar por essa Páscoa, por essa metamorfose, para adentrarmos Nele e nos unir a Ele.

Assim, na mistagogia dos *Exercícios*, as *três vias* estão atravessadas pelo movimento da *kénosis-théosis*: o esvaziamento como o caminho da divinização. Um esvaziamento que não pode ser entendido como mera passagem, mas como a característica própria do ser de Deus. A partir daqui, a "ascensão" – *anabasis* – das *três vias* se converte em uma radical "descida" – *katabasis*. E essa descida é o que se manifesta como *divinizador*.

Tal é a experiência iniciática, a transformação mística que se oferece nos *Exercícios*, por meio: 1) daquela separação inicial, 2) daquela descida aos próprios infernos e aos infernos do mundo, 3) daquela iluminação do lugar que se deve ocupar no mundo e 4) do retorno a esse mundo de cuja transformação é necessária participar, não apenas com Deus e para Deus, mas desde Deus e em Deus.

Desse modo, o anseio místico do ser humano resta assumido ao mesmo tempo em que é transformado: a divinização não entendida como o absoluto do poder[18], antes, todo o contrário, como o máximo de amor, ou seja, de despojamento. Em Jesus, a Divindade foi revelada como o máximo de entrega. Os *Exercícios* conduzem a essa progressiva transformação por meio da entrega de si mesmo na oferta da eleição. Assim, fica restaurada em nós a "imagem e semelhança divina".

Eleição que tem tanto a estrutura iniciática da Encarnação (separação-descida-iluminação-retorno) como a da Eucaristia (conversão-escuta da Palavra-oferecimento-comunhão). Sobre a vida oferecida, o Espírito a vai transubstanciando no Corpo e no Sangue de Cristo. Assim, a busca permanente da vontade de Deus é a via unitiva que nos convoca sempre mais além; nessa convocação sem fim, somos progressivamente transformados, nós e o mundo que carregamos conosco. Ação de graças, perdão, iluminação e oferta de união sempre presentes em uma circularidade que não é uma repetição, mas um lento, silencioso e esperançoso avanço em espiral pelo qual avança o cosmos inteiro até a recapitulação final, em que tudo será entregue a Cristo, e o Filho ao Pai, e então "Deus será tudo em todos" (1Cor 15,28).

Assim, a mistagogia dos *Exercícios* transborda do marco dos trinta dias para converter-se em uma forma de estar e de ser-no-mundo, *em* e *para* Deus.

---

18. Cf. Gn 2,5: "Sereis como deuses".

Bibliografia

AGUSTÍN, San. *Confesiones*, Espasa-Calpe, Col. *Austral* 1199. Madrid.
_____. *Tratado sobre la Trinidad*. Madrid: BAC, vol. V, 1958.
ALBAREDA, Anselmo (OSB). *Bibliografia dels Monjos de Montserrat al segle XVI. In: Analecta Montserratina*, vol. VII, 1928, 110-142.
_____. *Intorno alla scuola di oratione metodica stabilita a Monserrato dall'Abate Garsias Jiménez de Cisneros* (1493-1510). AHSI 25 (1956), 254-316.
_____. *Sant Ignasi a Montserrat*, Publicacions de l'Abadia de Montserrat. Monastir de Montserrat 1990 (1930), 262p.
ALDEA, Quintín (ed.). *Ignacio de Loyola en la gran crisis del Siglo XVI. Congreso Internacional de Historia* (Madrid, 19-21 de nov. de 1991). Santander: Mensajero-Sal Terrae e Universidad Complutense de Madrid, 1991, 375p.
ALETTI, Centro. *L'intelligenza spirituale del sentimento*, Pubblicazioni del Centro Aletti n° 3. Roma: Ed. Lipa, 1994, 254p.
ALFARO, Juan. *Teología de la elección Ignaciana como conversión a Cristo. In: Ejercicios-Constituciones, Unidad Vital*, Congreso Ignaciano Loyola (setiembre de 1974). Bilbao: Mensajero, 1975, 157-175.
ALFONSO DE MADRID. *Arte para servir a Dios. In: Místicos Franciscanos*, t. I. Madrid: BAC, 1948, 97-182.
ALPHONSO, Herbert. *La vocazione personale. Trasformazione in profondità per mezzo degli Esercizi Spirituali*, CIS, Roma, 1991, 87p. Em cast.: *La vocación personal. La transformación en profundidad por medio de los Ejercicios Espirituales. In:* ALEMANY, C.; GARCIA-MONGE, J. (eds.). *Psicología y Ejercicios ignacianos*, Col. *Manresa* 5. Bilbao-Santander: Mensajero-Sal Terrae, 1991, vol. II, 84-106.

ALTÉS, Xavier. *Tres ediciones anónimas del siglo XVI de la escuela espiritual del Monasterio de Montserrat*. In: *Varia Bibliográfica. Homenaje a José Simón Díaz*. Reichenberger: Kassel Edition, 1988, 35-45.

ÁLVAREZ, Baltasar. *Escritos Espirituales*. Barcelona: C. M. Abad y F. Boado, 1961.

ANDRÉS MARTÍN, Melquíades. *Nueva visión sobre los Alumbrados de 1525*. Madrid: Fundación Universitaria Española, 1973, 38p.

_____. *Los Recogidos. Nueva visión de la Mística Española (1500-1700)*. Madrid: Fundación Universitaria Española, 1976, 850p.

_____. *Corrientes teológicas y erasmistas en la primera mitad del siglo XVI*. In: PLAZAOLA, J. (ed.), *Ignacio de Loyola y su tiempo. Congreso Internacional de Historia* (9-13 de setiembre de 1991). Bilbao: Universidad de Deusto & Mensajero, 1992, 305-328.

ANÓNIMO. *Compendio breve de Ejercicios Espirituales*. Barcelona: Casa de la viuda de Carles Amorosa, 1555, 132p.

ANÓNIMO. *Manual de la eterna salvación: Directorio para orar y meditar; Directorio para las horas canónicas; Directorio para se confesar; Directorio para comulgar*. Zaragoza: Impresor Jorge Cori, 1539.

ARINTERO, Juan. *La evolución mística*, nº 91. Madrid: BAC, 1952, 804p.

_____. *Cuestiones Místicas*, nº 154. Madrid: BAC, 1956.

ARROYO, Jesús. *Presencia del Espíritu en la afectividad*. In: ALEMANY, C.; GARCÍA-MONGE, J. A. (eds.), *Psicología y Ejercicios ignacianos*, Col. Manresa 6. Bilbao-Santander: Mensajero-Sal Terrae, 1991, vol. II, 107-122.

ARZUBIALDE, Santiago. *Theologia Spiritualis. El camino espiritual del seguimiento a Jesús*, t. l. Madrid: Publicaciones de la Universidad Pontificia Comillas, 1989, 265p.

_____. *Ejercicios Espirituales de San Ignacio. Historia y análisis*, Col. Manresa 1. Bilbao-Santander: Mensajero-Sal Terrae, 1991, 904p.

_____. *Casiano e Ignacio. Continuidad y ruptura. Una original aportación de Ignacio a la historia de la Tradición espiritual*. In: PLAZAOLA, J. (ed.), *Las fuentes de los Ejercicios Espirituales de San Ignacio*, Simposio Internacional (Loyola, 15-19 de setiembre de 1997). Bilbao: Mensajero, 1998, 123-186.

ASCHENBRENNER, G. *Consciousness Examen*. In: *Review for Religious* 31 (1972), 14-21.

ASTRÁIN, Antonio. *Historia de la Compañía de Jesús en la Asistencia de España*, Madrid: Imp. Sucesores de P. de Ribadeneira, t. I (1902): *San Ignacio de Loyola* (1540-1556), e t. II (1905): *Laínez-Borja* (1556-1572).

BAKKER, Leo. *Libertad y Experiencia. Historia de la redacción de las Reglas de discreción de espíritus en Ignacio de Loyola*, Col. *Manresa* 13. Bilbao-Maliaño (Cantabria): Mensajero-Sal Terrae, 1995 (1970), 276p.

BALLESTER, Mariano. *Experiencias de oración profunda*. Col. *Ejercicios* 15. Roma: CIS y Secretariado Internacional del Apostolado de la oración, 1978, 108p.

———. *Oración profunda. Camino de integración*. Madrid: PPC, 1979, 148p.

———. *Para orar continuamente*, Paulinas, Col. *Betania* 1, Madrid, 1984, 108p.

———. *Ejercicios y Métodos Orientales*. Roma: CIS, 1985, 114p.

———. *"Ya me quiera dormir...". La primera adición, clave de la interpretación onírica*. In: ALEMANY, C.; GARCIA-MONGE, J. (eds.), *Psicología y Ejercicios ignacianos*, Col. *Manresa* 5. Bilbao-Santander: Mensajero-Sal Terrae, 1991, vol. II, 22-34.

BARTHES, Roland. *Préface aux Exercices Spirituels*. Paris: Union Générale d'Éditions, 1972, 53p.

BATLLORI, Miquel. *Cenacles lul·lians i cenacles erasmistes a la Barcelona del Renaixement*. In: *Pregons*, Ajuntament de Barcelona, 1989, 55-70 e *in: Suplementos ANTHROPOS*, diciembre de 1990, Sant Cugat del Valles, 71-80.

———. *San Ignacio, ¿un personaje medieval o renacentista?*. In: *El pueblo vasco en el Renacimiento (1491-1521), Actas del Simposio celebrado en la Universidad de Deusto (San Sebastián) con motivo del V Centenario del nacimiento de San Ignacio de Loyola* (1-5 de octubre de 1990). Bilbao: Universidad de Deusto & Mensajero, 1994, 15-30.

BEIRNAERT, Louis. *Aux frontières de l'acte analytique*. Paris: Éd. Du Seuil, 1987: *Une lecture psychanalytique du Journal spirituel d'Ignace de Loyola*, 205-218.

_____. *L'expérience du désir et la naissance du sujet (psychanalyse, éthique et mystique)*, Travaux et Conférences du Centre Sèvres 18. Paris: Media Sèvres, 1989, 59p.

BENITO DE CANFIELD. *La Règle de Perfection. The Rule of Perfection* (ed. crítica publicada y anotada por Jean ORCIBAL). Paris: Presses Universitaires de France, 1982, 505p.

BENITO, San. *Regla de los monjes*. Introducción y comentario por G. M. COLOMBÁS, OSB, n° 406. Madrid: BAC, 1979.

BENVENISTE, Émile. *Problèmes de linguistique générale*, t. I. Paris: Gallimard, 1966, 351p.

_____. *Le vocabulaire des institutions indo-européennes*, t. II: *Pouvoir, droit, religion*. Paris: Les Éditions de Minuit, 1969, 177-273.

BERGAMO, Nino. *La science des saints. Le discours mystique au XVIIème siècle en France*. Grenoble: Jérôme Millon, 1992, 279p.

_____. *L'anatomie de l'âme. De François de Sales à Fénelon*. Grenoble: Jérôme Millon, 1994, 199p. Trad. castelhana: *Anatomía del alma*. Madrid: Trotta, 1998.

BERNARD, Charles A. *Vie spirituelle et connaissance théologique*. In: *Gregorianum* 51/2 (1970), 225-243.

_____. *Teología espiritual*, Atenas, Col. Síntesis. Madrid: 1994, 571p.

BERNARDO, San. *Sermones sobre el Cantar de los Cantares*. In: *Obras de San Bernardo*, vol. XIX, n° 491. Madrid: BAC, 1987, 1065p.

_____. *La Consideració*. Col. *Clàssics del Cristianisme* 10. Barcelona: Facultat de Teologia de Catalunya y Fundació Enciclopèdia Catalana, 1989, 153p.

BERTRAND, Dominique. *Il ruolo dell'intelligenza nella vita spirituale. Evario Pontico e Ignazio di Loyola*. In: *L'antropologia dei maestri spirituali*. Milano: Paoline, 1991, 95-103.

BESSE, J. M. (OSB). *Une question d'histoire littéraire au XVIème siècle: l'Exercice de García de Cisneros et les Exercices de Saint Ignace*. In: *Revue des questions historiques* 61 (1897), 22-51.

BOROS, Ladislaus. *Decisión liberadora. Los Ejercicios de san Ignacio en su dimensión actual*. Barcelona: Herder, 1979, 213p.

BOUYER, Louis. *Mysterion. Du mystère à la mystique*. Paris: O.E.I.L., 1986, 382p.

BREMOND, Henri. *Saint Ignace et les Exercices. In: Supplément à la "Vie Spirituelle"* (1929), 1-47.73-111.147-190.

BROU, Alexander. *Saint Ignace, maître d'oraison.* Paris: Éd. Spes, 1925, 256p.

BUCKLEY, Michael. *The Contemplation to Attain Love. In: The Way Supplement* 24 (1975), 92-104.

_____. *Misticismo Eclesial en los Ejercicios Espirituales: Dos notas sobre Ignacio, la Iglesia y la Vida en el Espíritu. In:* LOMAS, J. M. G. (ed.), *Ejercicios Espirituales y mundo de hoy, Congreso Internacional de Ejercicios* (Loyola, 20-26 de setiembre de 1991), Col. *Manresa* 8. Bilbao-Santander: Mensajero-Sal Terrae, 1991, 185-195.

BUENAVENTURA, San. *Itinéraire de l'esprit vers Dieu* (Intr., traduct. et notes par Henry DUMÉRY) Paris: Librairie Philosophique, J. VRIN, 1960, 111p. e *in: Obras Completas*, t. 1. Madrid: BAC, 1945, 541-633.

_____. *Les trois voies de la vie spirituelle* (introd., traduct. et notes de Jean-François BONNEFOY, OFM). Montréal: Éd. Franciscaines, 1944, 140p. e *in: Obras Completas*, t. IV. Madrid: BAC, 1947, 115-163.

BUENAVENTURA, Pseudo (J. DE CHOUX, DE CAULIBUS), *Meditationes vitae Christi* (entre las obras de S. Buenaventura), t. VI. Montserrat: Moguntiae, 1609, 1499, 333.401.

_____. (J. de MILÁN). *Stimulus amoris* (entre las obras de S. Buenaventura), t. VII. Montserrat: Moguntiae, 1609, 193-233.

BULTMANN, Rudolf. *Connaître*, Dictionnaire Biblique Gerhard Kittel. Ginebra: Labor et Fides, 1967, 116p.

CALVERAS, José. *De qué humildad se habla en las Dos Banderas. In:* Col. *Manresa* 9 (1933).

_____. *Dónde hay que colocar la consideración de las Tres maneras de humildad. In:* Col. *Manresa* 10 (1934).

_____. *La humildad de pensamiento según San Ignacio. In:* Col. *Manresa* 10 (1934).

_____. *La afectividad y el corazón según Santo Tomás*, Biblioteca de EE. Manresa: Barcelona, 1950, 211p., reproducción completada del artículo *"El corazón y la afectividad según Santo Tomás". In:* Col. *Manresa* 19 (1947).

_____. *Los cinco sentidos de la imaginación en los Ejercicios de San Ignacio*. In: Col. *Manresa* 20 (1948), 47-70.125-136.

_____. *Qué fruto se ha de sacar de los Ejercicios Espirituales de San Ignacio*. Barcelona: Bibl. de Ejercicios Manresa, 1950, 430p.

_____. *Los tres modos de orar en los Ejercicios de San Ignacio*, s. II, vol. 3. Barcelona: Biblioteca de EE Manresa, 1950.

_____. *La Ilustración del Cardoner y el Instituto de la Compañía de Jesús según el P. Nadal*. In: *AHSI* 25 (1956), 27-54.

_____. *La inspiración de los Ejercicios*. In: *Estudios Eclesiásticos* 30 (1956), 391-414.

_____. *San Ignacio en Montserrat y Manresa através de los procesos de canonización*. Barcelona: Balmes, 1956.

_____ *Ejercicios Espirituales, Directorio y Documentos de San Ignacio de Loyola. Glosa y vocabulario de los Ejercicios*. Barcelona: Balmes, ²1958, 519p.

CANTIN, Roger. *L'illumination du Cardoner*. In: *Sciences Ecclésiastiques* 7 (1955), 23-56.

_____. *Le troisième degré d'humilité et la gloire de Dieu selon saint Ignace de Loyola*. In: *Sciences Ecclésiastiques* 8 (1956), 237-266.

CARRIER, Hervé. *La "discreta charitas" et les Exercices Spirituels*. In: *Science Ecclésiastiques* 8 (1956), 171-203.

CASANOVAS, Ignasi. *Comentario y explanación de los Ejercicios Espirituales de San Ignacio*, t. I e II (Introducción y documentos). Barcelona: Balmes, 1954, 731p.

CASIANO, Juan. *Institutions cénobitiques*, nº 109. Lyon: Sources Chrétiennes, 1965.

CASTILLO, José María. *La afectividad en los Ejercicios según la teología de Francisco Suárez*, Granada: Facultad de Teología de Granada, 1966, 191p.

CERTEAU, Michel de. *La fable mystique*. Col. *Tel* 115. Paris: Gallimard, 1982, 414p.

CLÉMENCE, Jean. *Rythme et Structure du progrès spirituel d'après les Exercices Ignatiens*. Roma: CIS, 1982, 150p.

CLÉMENT, Olivier. *Questions sur l'homme*. Paris: Stock, 1972, 221p.

COATHALEM, Hervé. *Commentaire du livre des Exercices*. Col. *Christus* 18. Paris: DDB, 1965, 365p.

CODINA, Arturo. *Origen de los Ejercicios Espirituales de San Ignacio de Loyola*. Barcelona: Balmes, 1926, 167-177.261-285.

CODINA, Víctor. *Claves para una herméutica de los Ejercicios*. In: Col. *Manresa* 48 (1976), 51-72.141-150; reeditada in: *Seminario de Ejercicios*, Col. *Ayudar* 12. Barcelona, 1993, 32p.

_____. *Estructura iniciática de los Ejercicios*. In: *Manresa* 49 (1977), 291-307.

COGNET, Louis. *De la Dévotion moderne á la Spiritualité française*. Col. *Je sais – Je crois*. Paris: Librairie Arthème Fayard, 1958, 121p.

_____. *Histoire de la Spiritualité*, vol. III. Paris: Aubier, 1966, 15-38. 187-230.

COLOMBÁS, Garcia M. *Un reformador benedictino en tiempo de los Reyes Católicos, García Jiménez de Cisneros, abad de Montserrat*. Montserrat: Scripta et Documenta n° 5, 1955, 510p.

CORELLA, Jesús. *Sentir la Iglesia. Comentario a las Reglas ignacianas para el sentir verdadero de la Iglesia*, Col. *Manresa* 15. Bilbao-Maliaño (Cantabria): Mensajero-Sal Terrae, 1996.

COSTA, Mauricio. *Aspetti dello stile di elezione di S. Ignazio nell'Autobiografia*, Col. *Subsidia* 6. Roma: CIS, 1974, 93p.

CUSSON, Guilles. *Experiencia personal del misterio de salvación*. Madrid y Zaragoza: Apostolado de la Prensa & Hechos y Dichos, 1973, 302p. (Ampliação da tese de doutorado apresentada na Gregoriana sob o título: *L'expérience biblique du salut dans les Exercices de Saint Ignace*).

_____. *Le paradigme des Exercices*. In: *Cahiers de Spiritualité ignatienne* 12 (1979), 275-278.

_____. *Enquête Historique*. In: *Suppléments Cahiers de Spiritualité ignatienne* 27 (1990), 11-21.

_____. *Les Exercices Spirituels et l'expérience de Dieu aujourd'hui*. In: *Cahiers de Spiritualité ignatienne* 60 (1991), 701-716.

_____. *Antropologia Biblica ed Esercizi Spirituali*, vol. I e II *Appunti di Spiritualità*, n°s 38 e 39. Napoli: Centro Ignaziano de Spiritualità, 1994, 104p. e 90p. (compilação de diversos artigos publicados *in:*

Cahiers de Spiritualité ignatienne e *in: Suppléments del Centre de Spiritualité Ignatienne de Québec*).

_____. *La vie mystique dans le sillage de l'Ad amorem*. In: *Cahiers de Spiritualité Ignatienne* 76 (1995), 231-240.

CHÉRCOLES, Adolfo. *La afectividad y los deseos*. Col. Ayudar 16. Barcelona: Cristianisme i Justícia-Eides, 1995, 32p.

DALMAIS, Irénée. *Divinitation (Patristique Grecque)*. In: *DS* 3 (1957), col. 1376-1389.

DEBONGNIE, Pierre. *Exercices Spirituels III. De Jean Ruysbroeck à Saint lgnace*. In: *DS*, IV-2ème (1961), cols. 1923-1933.

DÉCHANET, Jean-Marie. *Contemplation: XII-XIII siècles*. In: *DS* 2-2° (1953), col. 1948-1966.

DEMOUSTIER, Adrien. *Le dynamisme consolateur et les Règles du Discernement des esprits dans la deuxième semaine des Exercices Spirituels d'lgnace de Loyola*. Sant Didier au Mont d'Or: 1984, 100p.

_____. *Contemplatif en action*. In: *Christus* 152 (1991), 470-478.

_____. *Lire la vie comme œuvre de Dieu à la lumière des Écritures. La lectio divina dans la pratique ignatienne de la vie chrétienne (pro manuscripto)*.

_____. *Vers le bonheur durable. Consolation-désolation selon Saint lgnace*. Paris: Supplément à Vie Chrétienne, 1992, 73p.

_____. *Trouver Dieu en toutes choses*. In: *Christus* 159 (Hors-série: *Aimer Dieu en toutes choses*) (1993), 8-20.

_____. *Méthode et liberté dans la prière*. In: *Christus* 159 (Hors-série: *Aimer Dieu en toutes choses*) (1993), 121-126.

_____. *L'originalité des Exercices Spirituels d'lgnace de Loyola au XVI Siècle*. In: Luce GIARD et Louis de VAUCELLES, *Les Jésuites à l'Âge Baroque*. Grenoble: Jérôme Millon, 1996, 23-35.

_____. *Les "temps" de l'élection dans les Exercices spirituels*. In: *Christus* 173 (1997), 102-108.

DIONISIO EL AREOPAGITA. *Ouevres Complètes* (trad. Maurice de Gandillac). Paris: Aubier, 1944.

DIVARKAR, Parmananda. *La senda del conocimiento interno*. Col. Pastoral 23. Santander: Sal Terrae, 1984, 235p.

_____. *La transformación del yo y la experiencia espiritual: El enfoque ignaciano a la luz de otros modelos antropológicos*. In: ALEMANY, C.;

GARCÍA-MONGE, J. (eds.), *Psicología y Ejercicios ignacianos*. Col. *Manresa* 5. Bilbao-Santander: Mensajero-Sal Terrae, 1991, vol. I, 23-34.

_____. *La experiencia de Dios que hace y configura a la persona humana*. In: GARCÍA LOMAS, J. M. (ed.), *Ejercicios Espirituales y Mundo de Hoy*. Col. *Manresa* 8. Bilbao-Santander: Mensajero-Sal Terrae, 1992, 139-146.

DUDON, Paul. *San Ignacio de Loyola*. México: Buena Prensa, 1945 (1921-1933).

DÜRCKHEIM, Karlfried Graf. *El Maestro interior*. Bilbao: Mensajero, 1987, 246p.

_____. *Meditar. Por qué y cómo*. Bilbao: Mensajero, 1989, 272p.

MAESTRO ECKHART. *El fruto de la nada y otros escritos*. Madrid: Siruela, 1998.

ECHARTE, Ignacio (ed.). *Concordancia ignaciana*. Col. *Manresa* 16. Bilbao-Maliaño (Santander): Ed. Mensajero-Sal Terrae, 1996, 1445p.

EGAN, Harvey D. *The Spiritual Exercises and the Ignatian Mystical Horizon*. St. Louis: The Institute of Jesuit Source, 1976, 178p.

ELIADE, Mircea. *Iniciaciones místicas*. Madrid: Taurus, 1975.

ENOMIYA-LASSALLE, Hugo Makibi. *Zazen y los Ejercicios de San Ignacio*. Col. *Betania* 13, Madrid: Paulinas, 1985, 95p.

_____. *Vivir en la nueva conciencia*. Col. *Betania* 41, Madrid: Paulinas, 1987, 164p.

_____. *Zen y mística cristiana*. Madrid: Paulinas, 1991, 425p.

ERASMO DE ROTTERDAM. *Enchiridion Militis Christiani*. Paris: Librairie Philosophique J. Vrin, 1971, 216p.

EUDOKIMOV, Paul. *Les âges de la vie spirituelle*. Paris: DDB, 1964, 236p.

ESTIBALIZ, Luis María. *Discernimiento de espíritus*. Bilbao: Mensajero, 1960, 322p.

FABRE, Pierre-Antoine. *Ignace de Loyola. Le lieu de l'image. Le problème de la composition de lieu dans les pratiques spirituelles et artistiques jésuites de la seconde moitié du XVIe siècle*. Paris: Éd. de l'École des Hautes Études en Sciences Sociales et Librairie Philosophique J. Vrin, 1992, 364p.

FABRO, Pedro. *Memorial*. Buenos Aires: Diego de Torres, 1983, 364p.

FESSARD, Gastón. *La dialéctique des Exercices Spirituels de Saint lgnace de Loyola*, vol. I: *Temps. Liberté. Grâce*, Col. *Théologie* 35. Paris: Aubier, 1956, 363p.

_____. *La dialectique des Exercices Spirituels de Saint lgnace de Loyola*, vol. II: *Fondement. Péché. Orthodoxie*, Col. *Théologie* 66. Paris: Aubier, 1966, 283p.

FESTUGIÉRE, André M. J. *La trichotomie de 1Thess 5,23 et la Philosophie grecque*. In: *Revue des Sciences Religieuses* 20 (1930), 385-415.

FILELLA, Jaime. *Los Ejercicios Espirituales y la psicología de Cari Jung*. In: ALEMANY, C.; GARCÍA-MONGE, J. (eds.), *Psicología y Ejercicios ignacianos*. Col. *Manresa* 5. Bilbao-Santander: Mensajero-Sal Terrae, 1991, vol. I, 310-229.

FLIPO, Claude. *Le monde, lieu de l'expérience spirituelle*. In: *Christus* 159 (Hors-série: *Aimer Dieu en toutes choses*) (1993), 77-88.

FONT, Jordi. *Discernimiento de espíritus. Ensayo de interpretación psicológica*. In: *Manresa* 59 (1987), 127-157.

GAGLIARDI, Achilles. *Commentarii in Exercitia spiritualia S. P. Ignatii de Loyola*. Bruxelle: Desclée de Brouwer, 1882, 200p. Trad. francesa: *Commentaire des Exercices Spirituels d'lgnace de Loyola* (1590). Col. *Christus* 83. Paris: DDB, 1996, 252p.

GARCÍA DOMÍNGUEZ, Luis M. *Las afecciones desordenadas. Influjo del subconsciente en la vida espiritual*. Col. *Manresa* 10. Bilbao-Santander: Mensajero-Sal Terrae, 1992, 180p.

_____. *Obras Completas*. Tomo I. *Introducción e índices* (preparados y presentados por Dom Cipriano Baraut, monje de Montserrat). Montserrat: Abadia de Montserrat, 1965, 248p.

GARCÍA JIMÉNEZ DE CISNEROS. *Obras Completas*. Tomo I. *Introducción e índices* (preparados y presentados por Dom Cipriano Baraut), *Obras Completas*. Tomo II. (Texto establecido por Don Cipriano Baraut, monje de Montserrat). Montserrat: Abadía de Montserrat, 1965, 936p. Particularmente: *Directorio de las Horas Canónicas*, 1-75 e *Ejercitatorio de la vida espiritual*, 79-455.

GARDIEL, Ambroise. *La Structure de l'âme et l'Expérience mystique*. Paris: Gabalda, 1927, vol. I e II.

GÉRARD ZERBOLT DE ZUTPHEN. *De Spiritualibus Ascensionibus*. Montserrat, 1499.

GÉRSON, Juan. *Opera Omnia*, 5 vols. Antwerpia: Sumptibus Societatis, 1706.

GIL, Daniel. *La consolación sin causa precedente. Estudio sobre el discernimiento espiritual*. Roma: CIS, 1971, 128p.

GIOIA, Mario (ed.). *Per via di annichilazione. Un inedito testo mistico del'500 di Isabella Cristina Berinzaga redatto da Achille Gagliardi*. Roma: Pubblicazioni della Pontificia Facoltà Teologica dell'Italia Meridionale-Sezione "San Luigi", 1994, 306p.

GIULIANI, Maurice. *Les motions de l'Esprit*. In: Christus 4 (1954), 62-76.

⎯⎯⎯⎯. *Se décider sous la motion Ovine*. In: Christus 14 (1957), 165-186.

GONCALVES DE CÁMARA, Luis. *Recuerdos Ignacianos. Memorial del Luis Gonçalves de Cámara*, Versión y comentarios de Benigno Hernández Montes. Bilbao-Santander: Mensajero-Sal Terrae, 1992, 279p.

GONZÁLEZ FAUS, J. Ignacio. *La Humanidad Nueva*. Bilbao: Sal Terrae, [7]1987, 644p.

⎯⎯⎯⎯. *Notas sobre la Experiencia Espiritual en los Ejercicios de San Ignacio*. In: Manresa 52, n° 202 (1980), 65-86.

⎯⎯⎯⎯. *Proyecto de Hermano*. Santander: Sal Terrae, 1987, 751p.

GONZÁLEZ HERN, Luis. *El primer tiempo de elección según San Ignacio*. Madrid-Buenos Aires: Studium, 1956, 235p.

⎯⎯⎯⎯. (con IGNACIO IPARRAGUIRRE). *Ejercicios Espirituales. Comentario pastoral*. Madrid: BAC, 1965, 1022p.

GOUVERNAIRE, Jean. *Quand Dieu entre á l'improviste*. Col. Christus 50. Paris: Desclée de Brouwer, 1979, 166p.

⎯⎯⎯⎯. *Un discernement plus subtil. Règles de seconde Semaine*. Paris: Supplément á Vie Chrétienne, 1993, 48p.

GRANDMAISON, Léonce de. *Les Exercices de Saint Ignace dans l'édition des Monumenta*. In: Bulletin de Littérature religieuse de Recherches des Sciences Religieuses 10 (1920), 391-408.

GUIBERT, Joseph de. *La "méthode des trois puissances" et L'Art de Contemplation de Raymond Lull*. In: Revue D'Ascétique et Mystique (RAM) 6 (1925), Toulouse, 367-378.

⎯⎯⎯⎯. *Mystique ignatienne*. In: RAM 19 (1938), 113-140.

_____. *La espiritualidad de la Compañía de Jesús*. Santander: Sal Terrae, 1955, 483p.

GUIDÓN II EL CARTUJANO. *Lettre sur la vie contemplative (L'échelle des moines)*, Sources Chrétiennes 163. Paris: Éd. Du Cerf, 1970, 1-123.

GUILLEN, Antonio. *La contemplación según San Ignacio*. In: Manresa 65 (1993), 19-30.

GUILLERMO DE SAINT-THIERRY. *Carta a los hermanos de Monte Dei y otros escritos*. Col. *Ichthys* 18. Salamanca: Sígueme, 1995, 210p.

_____. *Le miroir de la foi*. Col. *Sources Chrétiennes* 301. Paris: Éd. Du Cerf, 1982, 203p.

HAUSHERR, Irénée. *Les Exercices Spirituels de Saint Ignace et la méthode d'oraison hésycaste*. In: *Orientalia Christiana Periodica* 20 (1954), 7-26.

_____. *La discreción de espíritus*. In: *1º Cursus Internationalis Exercitiorum Spiritualium in hodierna luce Ecclesiae*, (Roma: 1 de Oct.-8 de Dec. 1968). Roma: CIS, 1968, vol. II, 127.130.131.134/1-25.

HERMANS, Michel; KLEIN, Michel. *Ces Exercices Spirituels que Descartes aurait pratiqués*. In: *Archives de Philosophie* 59 (1996), 427-440.

HERP, Enrique. *Directorio de contemplativos*. Col. *Ichthys* 10. Salamanca: Sígueme, 1991, 271p.

HUGO DE BALMA. *Sol de Contemplativos* (traducción castellana de *Theologia Mystica*). Col. *Ichtys* 14. Salamanca: Sígueme, 1994, 200p.

IPARRAGUIRRE, Ignacio. *Historia de los Ejercicios*, 1522-1556, III. Roma: Bibliotheca Instituti Historici (BIH), 1946, 320p.

_____. *Historia de los Ejercicios*, 1556-1599, VII. Roma: BIH, 1955, 587p.

_____. *La oración en la Compañía naciente*. In: AHSI 25 (1956), 455-487.

_____. (con LUIS GONZÁLEZ), *Ejercicios Espirituales. Comentario pastoral*. Madrid: BAC, 1965, 1022p.

JIMÉNEZ, Julio. *Formación progresiva de los Ejercicios Ignacianos. Primera parte: Loyola y Montserrat*. Anales de la Facultad de Teología, vol. 20 (1968-1969). Santiago: Universidad Católica de Chile, 1969, 116p.

_____. *Formación progresiva de los Ejercicios Ignacianos. Segunda parte: Manresa (Temas generales)*. Anales de la Facultad de Teología, vol. 21 (1970). Santiago: Universidad Católica de Chile, 1970, 112p.

JOHNSTON, William. *Teología mística*. Barcelona: Herder, 1997, 389p.
JUAN DE LA CRUZ. *Obras Completas*. Madrid: Ed. de Espiritualidad, 1993, 1248p.
JUANES, Benigno. *La elección ignaciana por el Segundo y Tercer Tiempo*. Roma: CIS, 1980, 174p.
JUNG, Carl Gustav. *El Yo y lo Inconsciente*. Barcelona: Luis Miracle, 1936, 253p.
_____. *Psicología y Religión*. Buenos Aires: Paidos, 1949, 169p.
_____. *El hombre y sus símbolos* (1964). Barcelona: Caralt, 1984, 334p.
KEMPIS, Tomás de. *Imitació de Crist*. Col. *Clàssics del Cristianisme* 31 (introd. per Josep Rambla). Barcelona: Proa, 1992, 254p.
KOLVENBACH, Peter-Hans. *Imágenes e imaginación en los Ejercicios Espirituales*. In: CIS 54 (1987), 11-30. Retirado de: *Decir... al "Indecible"*. Col. *Manresa* 20. Bilbao: Mensajero-Sal Terrae, 1999.
_____. *La Pasión según San Ignacio*. In: CIS 63-64 (1990), 61-71. Retirado de: *Decir... al "Indecible"*, cf. supra.
_____. *"Locos por Cristo"*. In: CIS 63-64 (1990), 72-89.
_____. *Misión/Cuerpo de la Compañía* (Alocución a los miembros de la C. G. 34, 6 de enero de 1995). In: *Congregación General 34 de la Compañía de Jesús*. Bilbao-Santander: Mensajero-Sal Terrae, 1995, 470-483.
LABERGE, Jacques. *Teilhard de Chardin et Ignace de Loyola. Les notes de retraite* (1919-1955). Paris: DDB, 1971, 235p.
LALLEMANT, Louis. *Doctrine spirituelle*. Col. *Christus* 3. Paris: DDB, 1959, 407p.
LECLERCQ, Jacques. *À propos du séjour de Saint Ignace à Montserrat*. In: *Christus* 50 (1966), 161-172.
LÉCRIVAIN, Philippe. *Comme à tâtons. Les nouveaux paysages de la mystique*. In: *Christus* 162 (1994), 136-145.
_____. *Los Ejercicios Espirituales, un camino de modernidad*. In: Roma: CIS 80 (1995), 15-30.
_____. *Pertinencias e "impertinencias" del recurso a las fuentes en las reglas de discernimiento*. In: PLAZAOLA, J. (ed.), *Las fuentes de los Ejercicios Espirituales de San Ignacio*, Simposio Internacional (Loyola, 15-19 de setiembre de 1997). Bilbao: Mensajero, 1998, 65-100.

LETURIA, Pedro. *El influjo de San Onofre en San Ignacio a base de un texto de Nadal*. In: *Estudios ignacianos*, vol. I. Roma: Biblioteca del Instituto Histórico, 1957, 97-111 (publicado anteriormente *in:* Col. *Manresa* 2 (1926), 224-238).

_____. *Génesis de los Ejercicios de San Ignacio y su influjo en la fundación de la Compañía de Jesús* (1521-1541). In: *AHSI* 10 (1941), 19-59.

_____. *El gentilhombre Iñigo López de Loyola*. Barcelona: Labor, 1949, 317p., especialmente 149-191.

_____. *¿Hizo San Ignacio en Montserrat o en Manresa vida solitaria?*. In: *Estudios ignacianos*, vol. I. Roma: Biblioteca del Instituto Histórico, 1957, 113-178 (publicado anteriormente *in: Hispania Sacra* 3 [1950], 251-318).

LEWIS, Jacques. *Le rôle de l'élection dans les Exercices Spirituels*. In: *Sciences Ecclésiastiques* 2 (1949), 109-127.

_____. *La connaissance spirituelle dans les Exercices*. In: *Cahiers de Spiritualité Ignatienne* 19 (1981), 178-195.

_____. *Conocimiento de los Ejercicios Espirituales de San Ignacio*. Col. *Pastoral* 30. Santander: Sal Terrae, 1987 (Montréal, 1981), 312p.

_____. *L'actualité des Exercices Spirituels*. In: *Cahiers de Spiritualité Ignatienne* 60 (1991), 695-700.

_____. *L'expérience de Dieu par les Exercices*. In: *Cahiers de Spiritualité Ignatienne* 62 (1992), 89-95.

_____. *Le théologien qu'était Saint Ignace*. In: *Cahiers de Spiritualité Ignatienne* 74 (1995), 77-95.

LONSDALE, David. *Eyes to see, Ears to hear. An Introduction to Ignatian Spirituality*. London: Darton Longman & Todd, 1990, 184p. Tradução francesa sob o título, *Ignace, Maître Spirituel*. Col. *Christus* 75. Paris: Desclée de Brouwer, 1992, 211p. Tradução castelhana: *Ojos para ver, oídos para oír*. Col. *Servidores y Testigos* 52. Santander: Sal Terrae, 1992, 210p.

LOP, Miguel. *Los Directorios de Ejercicios*. Col. *Manresa* 23. Bilbao: Mensajero-Sal Terrae, 2000, 703p.

LOSSKY, Vladimir. *À l'image et à la ressemblance de Dieu*. Paris: Aubier & Montaigne, 1967, 225p.

_____. *Teología mística de la Iglesia de Oriente*. Barcelona: Herder, 1982, 205p.

_____. *La vision de Dieu*. Neuchâtel: Delachaux & Niestlé, 1962, 170p.

LOT-BORODINE, Myrrha. *La déification de l'homme*. Paris: Éd. Du Cerf, 1970, 286p.

LUDOLFO DE SAJONIA. *Vita Christi Cartujano*, traducida por Fray Ambrosio de Montesinos. Alcalá de Henares: 1502 y 1503, 4 vol. con un total de 1211 folios a doble columna.

_____. *Vida de nuestro adorable Redentor Jesucristo*, traducida y aumentada por Antonio Roselló y Sureda. Madrid: Celestino Álvarez y Joaquín Sierra, 1847, III vol., 1774p.

LLULL, Ramón. *Llibre d'Amic e Amat*. Col. *Els Daus* 52. Barcelona: Claret, 134p.

_____. *Llibre de les meravelles*. Barcelona: Ed. 62 i "la Caixa", 1990 y in: *Obras literarias*. Madrid: BAC, 1946, 605-1000.

_____. *Arte de contemplación*. In: *Obras literarias*. Madrid: BAC, 1946, 524-596.

MADORE, Lucille. *L'impact de l'Élection dans la vie spirituelle*. In: *Cahiers de Spiritualité ignatienne* 76 (1995), 241-258.

MANRESA, Fernando. *Ejercicios Espirituales y Teología Fundamental*. Cuadernos nº 19. Sant Cugat del Valles (Barcelona): Institut de Teologia fonamental, 1991, 77p.

_____. *Andando siempre a buscar lo que quiero:* Seminario de Ejercicios, Col. *Ayudar* 5. Barcelona, 1992, 40p.

_____. *La Oración. "Con el sentimiento de una presencia"*. Col. *Ayudar* 18. Barcelona: EIDES, 1995, 32p.

MARCH, José María. *Quién y de dónde era el monje manresano, amigo de San Ignacio de Loyola*. In: *Estudios Eclesiásticos* 4 (1925), 185-193.

_____. *S. Ignacio de Loyola y el B. Ramón Llull. Semejanzas doctrinales*. In: Col. *Manresa* 8 (1925), 333-350.

MARÉCHAL, Joseph. *Application des sens*. In: *Dictionnaire de Spiritualité* 1 (1937), col. 810-828.

_____. *Études sur la pysicologie des mystiques*, 2 vol. Paris: Desclée de Brouwer, 1937.

MARIE DE L'INCARNATION. *La relation de 1654*. Paris: Aubier, 1942, 229p.

MÁRQUEZ, Antonio. *Origen y caracterización del Iluminismo (según un parecer de Melchor Cano)*. In: Revista de Occidente 6 (1968), 320-333.

_____. *Los alumbrados. Orígenes y filosofia 1525-1559*. Madrid: Taurus, 1972, 302p.

MARTIN VELASCO, Juan. *El malestar religioso de nuestra cultura*. Madrid: Paulinas, 1993, 349p.

_____. *El fenómeno místico*. Madrid: Trotta, 1999, 509p.

MARXER, Fridolin. *Die inneren geistlichen Sinne. Ein Beitrag zur Deutung ignatianischer Mystik*. Freiburg: Herder, 1963, 208p.

MÁXIMO EL CONFESOR. *Mystagogie*. In: Irenikon 13 (1936), 466-472. 595-597.717-720; 14 (1937), 66-69.182-185.282-284.444-448; 15 (1938), 71-74.185-186.276-278.390-391.488-492 (trad. Myhrra Lot-Borodine).

MEDINA, Francisco de Borja de. *Iñigo López de Loyola: Probable estancia en Sevilla (1508 y 1511) y su reflejo en los Ejercicios*. In: AHSI 125 (1994), 3-75.

MEJÍA SALDARRIAGA, R. *La dinámica de la integración espiritual*. Roma: CIS, 1988.

MELLO, Anthony de. *Sadhana, un camino de oración*. Col. Pastoral 4. Maliaño (Cantabria): Sal Terrae, 1994 (1979), 156p.

MELLONI, Javier. *Los Caminos del Corazón. El conocimiento espiritual en la Filocalia*. Col. Pozo de Siquem 68. Maliaño (Cantabria): Sal Terrae, 1995, 192p.

_____. *Al encuentro de dos tradiciones: la Filocalia y los Ejercicios*. In: Col. Manresa 69 (1997), 33-55.

_____. *Las fuentes cisnerianas de los Ejercicios*. In: PLAZAOLA, J. (ed.), *Las fuentes de los Ejercicios Espirituales de San Ignacio*. Simposio Internacional (Loyola, setiembre de 1997). Bilbao: Mensajero, 1998, 353-377.

_____. *Los Ejercicios de San Ignacio, un eslabón en la Tradición de Occidente*. Col. Ayudar 23. Barcelona: Cristianisme i Justícia-Eides, 1998, 52p.

MOMBAER, Johannes. *Rosetum Exercitatorium Spiritualium e sacrarum meditationum*, Typographia Baltazaris Belleri sub Circino áureo, Duaci, 1620, 834p. (a doble columna).

MORA, A. de la. *La devoción en el espíritu de San Ignacio*. Extracto de la disertación ad Lauream, México: Facultad de Teología de la Gregoriana, 1960, 102p. Reedição em Roma: *CIS*, 1982.

MOUROUX, Jean. *L'expérience chrétienne*. Paris: Aubier, 1952.

NADAL, Jerónimo. *Orationis observationis*, Monumenta Hist, 90 bis. Trad. francesa: *Contemplatif dans l'action*. Col. *Christus* 80. Paris: DDB, 1995.

NELLAS, Panayotis. *Le vivant divinisé. Anthropologie des Pères de l'Église*. Paris: Éd. Du Cerf, 1989, 249p.

NICOLÁS, Antonio T. de. *Powers of imagining. Ignatius de Loyola*. New York: State University of New York Press, 1986, 390p.

NICOLAU, M. *Jerónimo Nadal. Obras y doctrina espirituales*. Madrid: Consejo Superior de Investigaciones Científicas, 1949, 566p.

NONELL, Jaime. *Los Ejercicios Espirituales de San Ignacio en sí mismos y en su aplicación*. Manresa: Imp. de San José, 1896, 499p.

_____. *Estudio sobre el texto de los Ejercicios*. Manresa: Imp. de San José, 1916, 214p.

OLPHE-GALLIARD. *Les sens spirituels dans l'histoire*. In: *Nos sens et Dieu*. Paris: DDB, 1954, 179-193.

O'MALLEY, J. M. *Los primeros jesuitas*. Col. *Manresa* 14. Bilbao-Maliaño (Cantabria): Mensajero-Sal Terrae, 1995 (198), 466p.

ORCIBAL, Juan. *San Juan de la Cruz y los místicos renano-flamencos*. Madrid: Ed. Fundación Universitaria Española y Universidad Pontificia de Salamanca, 1987, 281p.

O'REILLY, Terence. *The Exercices and the Exercitatório*. In: *Studia Monastica* (Montserrat), 16 (1974), 301-323.

_____. *Melchor Cano and the Spirituality of St. Ignatius Loyola*. In: PLAZAOLA, J. (ed.), *Ignacio de Loyola y su tiempo*. Bilbao: Mensajero, 1992, 349-380.

_____. *From Ignatius Loyola to John of the Cross. Spirituality and literature in Sixteenth Century Spain*. Cork: Collected Studies University College, 1995.

OSUNA, Francisco de. *Ley de Amor Santo* (*Cuarto Abecedario*). In: *Místicos Franciscanos*, 1.1. Madrid: BAC, 1948, 217-700.

_____. *Tercer Abecedario*. Madrid: BAC, 1972.

PALMA, Luis de la. *Camino Espiritual*. Barcelona: Jaime Subirana, 1860, 2 vol.

PEERS, Allison. *Study of the Spanish Mystics*, vol. 2. London: Shelton Press, 1930.

PEETERS, Louis. *Hacia la unión con Dios*. Bilbao: Mensajero, 1944, 247p.

PENNING DE VRIES. *El discernimiento. Dinámica existencial de la doctrina del Espíritu de San Ignacio*. Bilbao: Mensajero, 1967, 223p.

PINARD DE LA BOULLAYE, H. *Sentir, sentimiento, sentido dans le style de Saint Ignace*. In: *AHSI* 25 (1956), 416-430.

_____. *Les étapes de rédaction des Exercices de saint Ignace*, (1943), al final de *Exercices Spirituels selon la Méthode de Saint Ignace*, T. I. Paris: Beauchesne, 1945, 61p.

PLOTINO. *Enneadi* (a cura di Giuseppe FAGGIN). Milano: Rusconi, 1992, 1602p.

PORETE, Margarite. *Le Miroir des âmes simples et anéanties* (introd., trad. et notes de Max Huot de LONGCHAMP). Paris: Albin Michel, 1984, 271p.

POUSSET, Edouard. *La vie dans la foi et dans la liberté. Essai sur les Exercices Spirituels de Saint Ignace*. Paris: CERP, 1972, 159p.

PRZYWARA, Erich. *Una teología de los Ejercicios. Selección de fragmentos de su obra*: *Deus semper maior, Theologie der Exerzitien*, Seminario de Ejercicios. Col. *Ayudar* 8 e 10. Barcelona: Mensajero, 1993, vol. I (32p.) e vol. II (3p.).

PUENTE, Luis de la. *Guía espiritual*. Barcelona: Libr. de la V. e H. de Jaime Subirana, 1877, 646p.

_____. *Vida del Padre Baltasar Álvarez*. Madrid: Apostolado de la Prensa, 1943, 675p.

RAHNER, Hugo. *Ignacio de Loyola y su histórica formación espiritual*. Santander: Sal Terrae, 1955, p. 122. (original alemão de 1947). Trad. francesa: *La genèse des Exercices*. Col. *Christus* 69. Paris: DDB, 1989, 125p.

_____. *Saint Ignace Théologien*. In: *Christus* 31 (1961), 355-375, versão abreviada de um estudo publicado no volume de homenagem a Eric

PRZYWARA, *Der Beständige Aufbruch*. Nürnberg: Glock und Lutz, 1959.

_____. *Génesis y teología de los Ejercicios*. Madrid: Apostolado de la Prensa, 1966, 220p.

RAHNER, Karl. *Le début d'une doctrine des cinq sens spirituels chez Origène*. In: *RAM* 13 (1932), 113-145.

_____. *La doctrine des "sens spirituels" au Moyen-âge, en particulier chez saint Bonaventure*. In: *RAM* 14 (1933), 236-299.

_____. *Tertulia sobre el sueño, la oración y otras cosas*. In: *Escritos de Teología*, t. III, Madrid: Taurus, 1961, 251-267.

_____. *La lógica del conocimiento existencial en San Ignacio de Loyola*. In: *Lo dinámico en la Iglesia*, Barcelona: Herder, 1963, 93-181.

_____. *Una tarea nueva para la Teología fundamental*. In: *Selecciones de Teología* 50 (1974), 100-104.

_____. *Palabras de Ignacio de Loyola a un jesuita de hoy*. Santander: Sal Terrae, 1979, 38p.

RAITZ VON FRENTZ, E. *Ludolphe Le Chartreux et les Exercices de S. Ignace de Loyola*. In: *RAM* 25 (98-100) (1949), 375-388.

RAMBLA, Josep. *La elección en los Ejercicios*. In: *Perseverancia*, Suplemento abril-maio 1974, 30-36.

_____. *Del "peregrino" a la "mínima" Compañía de Jesús*. In: Col. *Manresa* 54 (1982), 5-23.

_____. *El pelegrí. Autobiografia de Sant Ignasi de Loiola*. Col. *Horitzons* 9. Barcelona: Claret, 1983.

_____. *Ejercicios en la vida corriente*. Col. *Ayudar* 4. Barcelona: EIDES, 1991, 47p.

_____. *Orar desde la debilidad: El primer modo de orar en los Ejercicios Espirituales*. In: Col. *Manresa* 65 (1993), 47-59.

RAMIÉRE, Henri. *El Corazón de Jesús y la divinización del cristiano*. Bilbao: Mensajero, 1931, 487p.

RAVIER, André. *Ignacio de Loyola. Fundador de la Compañía de Jesús*. Madrid: Biografías Espasa, 1991 (Paris, 1974).

REYPENS, L. *Ame (son fond, ses puissances et sa structure d'après les mystiques)*. In: *DS* 1 (1936), 433-469.

RICARD, Robert. *Deux traits de l'expérience mystique de Saint Ignace*. In: *AHSI* 25 (1956) (Paris, Sorbonne), 431-439.

RICOEUR, Paul. *Finitud y Culpabilidad*. Madrid: Taurus, 1982, 500p.

ROBERT, Sylvie. *Une autre connaissance. Règles de discernement chez Ignace de Loyola et connaissance de Dieu*. Col. *Cogitatio Fidei* 204. Paris: Éd. Du Cerf, 1997, 604p.

RODRÍGUEZ LARA, Ramón. *Principio y Fundamento. El texto: su identificación e individuación*. In: *Estudios Eclesiásticos* 70 (1995), 317-353.

ROQUES, Rene. *L'univers dionysien*, Paris: Aubier, 1954.

ROTSAERT, Mark. *Ignace de Loyola et les Renouveaux Spirituels en Castille au début du XVI siècle*. Roma: CIS, 1982, 162p.

_____. *L'originalité des Exercices Spirituels d'Ignace de Loyola sur l'arrière tond des renouveaux spirituels en Castille au débout du XVIème siècle*. In: PLAZAOLA, J. (ed.), *Ignacio de Loyola y su tiempo*. Bilbao: Mensajero, 1992, 329-341.

ROYÓN, Elias. *Ignacio, un hombre de elección*. In: Col. *Manresa* 63 (1991), 67-78.

_____. *Principio y Fundamento, ¿Inicio o Conclusión?*. In: Col. *Manresa* 53 (1981), 23-32.

RUIZ DE MONTOYA, Antonio. *Sílex del Divino amor* (Introd., transcr. e notas de José Luis Rouillon Arróspide), Pontificia Universidad Católica del Perú, Fondo Editorial, 1991, 294p.

RUIZ JURADO, Manuel. *Hacia las fuentes del Principio y Fundamento de los Ejercicios*. In: *Gregorianum* 58/4 (1977), 727-754.

_____. *¿Influyó en S. Ignacio el Ejercitatorio de Cisneros?*. In: Col. *Manresa* 198 (1979), 65-75.

_____. *L'antropologia di sant'Ignazio di Loyola*. In: BERNARD, Ch. A. (ed.) *L'antropologia dei Maestri Spirituali. Simposio organizzato dall'Instituto di Spiritualità dell'Università Gregoriana* (Roma, 28 aprile – 1º maggio, 1989). Roma: Paoline, 1989, 239-256.

_____. *Discernimiento Ignaciano del sentido eclesial*. In: Col. *Manresa* 63 (1991), 213-223.

RUPNIK, Marko Ivan. *Il "sentimento religioso" nel discernimento secondo S. Ignazio di Loyola*. In: CENTRO ALETTI, *L'intelligenza spirituale del sentimento*, Pubblicazioni del Centro Aletti, n° 3. Roma: Lipa, 1994, 225-254.

RUUSBROECK, Juan. *Obras*. Madrid: Universidad Pontificia de Salamanca y Fundación Universitaria Española, 1985, 740p.

SEGURA, Florencio. *Ejercicios Espirituales de San Ignacio*. Col. *Pastoral*. Santander: Sal Terrae.

SMITS VAN WANBERGHE, M. *Origine et développement des exercices spirituels avant Saint Ignace*. In: *RAM* 33, 1957, 267-272.

SOLIGNAC, Aimé. *Mémoire*. In: *Dictionnaire de Spiritualité* 10 (1980), col. 991-1002.

_____. *Voies*. In: *Dictionnaire de Spiritualité* 16 (1994), col. 1200-1215.

_____. *Volonté*. In: *Dictionnaire de Spiritualité* 16 (1994), col. 1220-1240.

_____. *Le Compendium Brève de L'Exercitatório de Cisneros et les Exercices Spirituels*. In: *AHSI* 125 (1994), 141-159.

_____. *Le Manuel de Montserrat et les Exercices de saint Ignace*. In: *Christus*, 1995, 358-369.

SPIDLÍK, Tomás. *Ignazio di Loyola e la spiritualità orientale*. Roma: Studium, 1994, 167p.

SUÁREZ, Francisco. *De Religione Societatis Jesu*. In: Tratado 10°, livro 9t. XVI-bis. Paris: Opera Omnia, 1866, 1017-1044.

TEILHARD DE CHARDIN, Pierre. *El fenómeno humano*. Madrid: Taurus, 1967, 378p.

_____. *El medio divino*. Madrid: Taurus, 1965.

_____. *La energía humana*. Madrid: Taurus, 1967, 201p.

TELLECHEA, J. I. *Ignacio de Loyola. Solo y a pie*. Salamanca: Sígueme, 1990, 433p.

TERESA DE JESÚS. *Obras completas*. Burgos: Monte Carmelo, 1982.

THIÓ, Santiago. *El pelegrí endins. Diari espiritual de sant Ignasi de Loiola*. Col. *Horitzons* 20. Barcelona: Claret, 1990, 229p.

_____. *L'Amic i l'Amat. Cinquena Setmana*. Col. *Ayudar* 15. Barcelona: Eides, 1995, 39p.

THOMAS, Joseph. *Le Secret des jésuites. Les Exercices Spirituels*. Col. *Christus* 57. Paris: DDB, 1984, 224p.

TOMÁS DE AQUINO. *Suma Teológica*, 1ª, Tratado del hombre, q. 75 (Sobre la esencia del alma humana); q. 77 (Sobre las potencias del alma); q. 79, (Sobre las potencias intelectivas); 1ª-2ª, Tratado de las pasiones, q. 22-48. vol. III-2 e IV. Madrid: BAC.

TONER, Jules. *Discerning God's Will. Ignatius of Loyola's Teaching on Christian Decision Making*. St. Louis (USA): Institute of Jesuit Sources, 1991, 344p.

TORRES QUEIRUGA, Andrés. *¿Qué queremos decir cuando decimos infierno?*, Col. *Alcance* 48, Santander: Sal Terrae, 1995, 106p.

VARILLON, François. *La souffrance de Dieu*. Paris: Centurion, 1992 (1975), 115p.

_____. *L'humilité de Dieu*. Paris: Centurion, 1994 (1979), 160p.

_____. *Beauté du monde et souffrance des hommes*. Paris: Centurion, 1980, 399p.

_____. *Vivre le Christianisme. La dernière retraite du Père Varillon*. Paris: Centurion, 1992, 309p.

VERHEECKE, Monique. *Dieu et l'homme. Dialogue et combat. Théologie et anthropologie dans les Exercices Spirituels d'Ignace de Loyola*. Louvain-la-Neuve: Centre d'Histoire des Religions, 1986, 221p.

VOGT, Peter. *Die Exerzitien des Hl. Ignatius, ausführlich dargelegt in Aussprüchen der Kirchenväter*. Regensburg: Friedrich Pustet, 1925.

VYSESLAVCEV, Boris. *Il Cuore nella mistica cristiana e indiana*. In: CENTRO ALETTI, *L'intelligenza spirituale del sentimento*. Pubblicazioni del Centro Aletti, nº 3. Roma: Lipa, 1994, 19-80.

VV.AA. *I Misteri della Vita di Cristo negli Esercizi Ignaziani*. Roma: CIS, 1980, 116p.

_____. *La experiencia mística*. Barcelona: Kairós, 1992, 315p.

_____. *Los Directorios de Ejercicios* (Traducción, introducciones y estudio por Miguel LOP), Col. *Manresa* 23. Mensajero-Sal Terrae, 2000, 703p.

_____. *Más allá del ego. Textos de psicología transpersonal*. Barcelona: Kairós, 1993.

_____. *Philocalie des Pères Neptiques*, Abbaye de Bellefontaine, vol. I-XI, 1979-1991.

WATRIGANT, Henri. *La genèse des Exercices* (Extrait des Études). Amiens: Yvert et Tellier, 1897, 22-42.92-102.

_____. *La Méditation fondamentale avant saint Ignace*. In: *Collection de la Bibliothèque des Exercices*, 9 (1907).

_____. *La Méditation méthodique et l'école des frères de la vie commune.* In: *RAM* 3 (1922), 134-155.

_____. *La Méditation méthodique et Jean Mauburnus.* In: *RAM* 4 (1923), 13-29.

_____. *Quelques promoteurs de la Méditation méthodique au quinzième siècle.* In: *Collection de la Bibliothèque des Exercices* 59 (1919), 62-83.

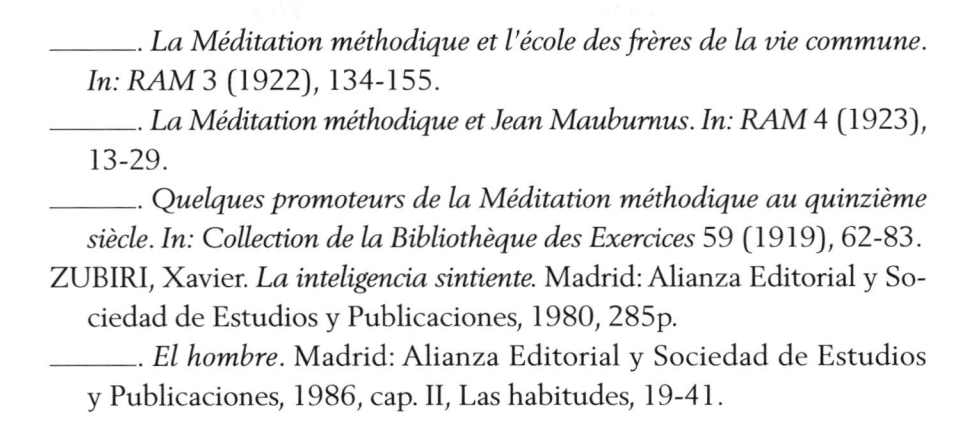

ZUBIRI, Xavier. *La inteligencia sintiente.* Madrid: Alianza Editorial y Sociedad de Estudios y Publicaciones, 1980, 285p.

_____. *El hombre.* Madrid: Alianza Editorial y Sociedad de Estudios y Publicaciones, 1986, cap. II, Las habitudes, 19-41.

Edições Loyola

editoração impressão acabamento

Rua 1822 nº 341 – Ipiranga
04216-000 São Paulo, SP
T 55 11 3385 8500/8501, 2063 4275
www.loyola.com.br